中国科学院研究生院教材
Textbooks of Graduate University of Chinese Academy of Sciences

环境与社会
——人文视野中的环境问题

肖显静 著

Environment and Society:
Human Perspectives on Environmental Issues

高等教育出版社
Higher Education Press

内容提要

这是国内第一部针对高等院校研究生的环境与社会通识教育类教材。

以国内外环境问题为背景,运用科学哲学、技术哲学、环境科学、环境政治学、可持续发展战略、环境经济学、环境伦理学等相关知识,从人文社会科学的角度,探讨环境与社会发展、环境与科技、环境与人口、环境与政治经济、环境与文化价值观念、环境与宗教、环境与战略以及环境与中国社会发展之间的关联,分析环境问题产生的社会原因以及科学技术方面的原因,寻求有利于环境保护的社会发展道路、人口政策、政治经济制度架构、文化价值观念以及科学技术的发展方向和知识构成等。内容涉及环境与人类社会关联的众多方面,力图给出环境与社会之间的关系的概貌,使读者能够在有限的时间和知识篇幅内,广泛深入地理解环境与社会的关联,分析环境问题产生的人文社会原因,寻求环境问题的社会解决之道。

本书可作为硕士研究生开设"环境与社会"课程的教材,也可作为环境管理、环境社会学、环境教育、环境哲学与伦理学、环境工程等专业的教学与研究参考书,还可供关心环境问题与社会的其他读者阅读。

中国科学院研究生院教材编审委员会

主　　任：白春礼

顾　　问：余翔林

副 主 任：马石庄（常务）　刘志鹏　韩兴国　苏　刚

委　　员(按姓氏笔画排列)：

　　　　　石耀霖　刘嘉麒　杨　乐　李伯聪　李　佩　李家春

　　　　　吴　向　汪尔康　汪寿阳　张文芝　张增顺　徐至展

　　　　　黄荣辉　黄　钧　阎保平　彭家贵　裴　钢　谭铁牛

管理人文学科编审组

主　　编：李伯聪

副 主 编：汪寿阳

编　　委：吕本富　周寄中　胡新和　袁江洋　徐引篪　徐伟宣

　　　　　隋　南　魏一鸣

总　序

在中国科学院研究生院和高等教育出版社的共同努力下，凝聚着中国科学院新老科学家、研究生导师们多年心血和汗水的中国科学院研究生院教材面世了。这套教材的出版，将对丰富我院研究生教育资源、提高研究生教育质量、培养更多高素质的科技人才起到积极的推动作用。

作为科技国家队，中国科学院肩负着面向国家战略需求，面向世界科学前沿，为国家作出基础性、战略性和前瞻性的重大科技创新贡献和培养高级科技人才的使命。中国科学院研究生教育是我国高等教育的重要组成部分，在新的历史时期，中国科学院研究生教育不仅要为我院知识创新工程提供人力资源保障，还担负着落实科教兴国战略和人才强国战略，为创新型国家建设培养一大批高素质人才的重要使命。

集成中国科学院的教学资源、科技资源和智力资源，中国科学院研究生院坚持教育与科研紧密结合的"两段式"培养模式，在突出科学教育和创新能力培养的同时，重视全面素质教育，倡导文理交融、理工结合，培养的研究生具有宽厚扎实的基础知识、敏锐的科学探索意识、活跃的思维和唯实、求真、协力、创新的良好素质。

研究生教材建设是研究生教育中重要的基础性工作。由一批活跃在科学前沿，同时又具有丰富教学经验的科学家编写的中国科学院研究生院教材，适合在校研究生学习使用，也可作为高校教师和专业研究人员的参考书。这套研究生教材内容力求科学性、系统性、基础性和前沿性的统一，使学习者不仅能获得比较系统的科学基础知识，也能体会蕴于其中的科学精神、科学思想、科学方法，为进入科学研究的学术殿堂奠定良好的基础；优秀教材不但是体现教学内容和教学方法的知识载体、开展教学的基本条件和手段，也是深化教学改革、提高教育质量、促进科学教育与人文教育结合的重要保证。

"十年树木，百年树人"。我相信，经过若干年的努力，中国科学院研究生院一定能建设起多学科、多类型、多品种、多层次配套的研究生教材体系，为我国研究生教育百花园增添一枝新的奇葩，为我国高级科技人才的培养作出新的贡献。

中国科学院 常务副院长
中国科学院研究生院 院长
中国科学院 院士

二〇〇六年二月二十八日

序言：大力推进环境与社会通识教育

全球性的人口危机、资源危机、环境危机使人类处于严重挑战的紧急关头，需要人类社会转变传统发展方向。要实现这种转变，必须分析造成环境问题的原因，在此基础上，建构有利于环境保护和社会发展的人口政策、资源政策、环境政策、政治经济制度架构、文化伦理观念以及科学技术等的知识体系。目前，人们在自然科学以及人文社会科学的各个领域，对生态环境危机进行了广泛而深入的研究，创建了环境科学与工程以及相应的环境管理学、环境政治学、环境经济学、环境伦理学等学科体系。要使这些学科知识真正应用于环境保护的实践，就必须对公众，尤其是对高等院校理工科学生（诸如环境科学与工程、环境管理、生态学、地学、生物学、化学等与环境问题相关的专业的学生）和文科学生（特别是学习环境社会科学类专业的学生）进行相关的环境教育，提高他们的环境保护意识和分析解决环境问题的能力。

正是基于上述考虑，许多高校已经或准备开设一门或几门环境人文社会科学类课程，向学生进行讲授。但是，这样做的欠缺是显而易见的，不能全面系统地了解环境与社会的广泛关联，不能同时从人文和社会的角度综合分析并解决环境问题。要避免这一点，可以采取两条途径：一是在高等院校开设并讲授所有或绝大多数环境人文社会科学类课程；二是在高等院校进行"环境与社会通识教育"，开设"环境与社会"综合新型交叉课。第一条途径是很难行得通的，因为，在高校，环境与社会并不是一级学科，环境社会科学类课程的开设讲授学习是放在各个一级学科之下单独孤立地进行的。如对于法学学科的教学，可能会开设"环境法学"选修课；对于哲学学科的教学，可能会开设"环境伦理学"的选修课；对于管理学学科的教学，可能会开设"环境管理学"的选修课；对于社会学学科的教学，可能会开设"环境社会学"的选修课……即使到了研究生学习阶段，也只是针对某一具体的研究方向学习某一门或几门环境社会科学类课程，绝大多数高校一般是没有条件开设所有的环境社会科学类的课程的。即使开设了门类齐全的环境人文社会类课程，在目前教学资源有限、学生的时间和精力有限、学生所重点学习的专业各有不同的情况下，绝大多数理工科学生和文科学生没有精力也没有必要去学习。因此,选择第二条途径就是必然和合理的了。

肖显静老师自2000年就在中国科学院研究生院开设"环境与社会:人文视野中的环境问题"课程。该课程作为理工科硕士研究生的公共选修课,受到同学们尤其是环境科学与工程、地学、生物学、化学等专业学生的欢迎和好评,选课人数每次都超过200人,最多达到398人。

现在,他在吸取博士阶段研究成果"生态政治:面对环境问题的国家抉择"(该成果2003年由山西科学技术出版社出版)、博士后阶段研究成果"后现代生态科技观:从建设性的角度看"(该成果2003年由科学出版社出版)的基础上,将近几年反复修改使用的课程讲义加以整理,以教材的形式交由高等教育出版社出版。

本书从环境问题的产生及其解决与人文社会的关联为主线进行编排,以这一过程涉及的环境案例为思考的焦点,运用科学哲学、技术哲学、环境科学、环境政治学、环境经济学、环境伦理学等的相关知识,从人文社会的角度,完整地给出了环境与社会的知识体系,内容涉及环境与人口、科技、政治经济、文化伦理、国家安全等各个方面。据我所知,这是国内第一部针对高等院校环境与社会通识教育的教材,可以作为高校开设"环境与社会"通识课程的教学用书,满足各高校开设该门课程进行相关教学的需要。

该教材的使用能够使学生在有限的时间内,了解国内外环境问题的现状,理解造成环境问题的人文社会原因,并能从人文社会的角度分析环境问题的解决之道。针对理工科学生,尤其是学习环境科学与工程、生态学、地学、生物学、化学等与环境问题相关的专业的学生,能够使他们从人文和社会的角度分析环境问题产生的原因以及寻求环境问题的解决途径,以弥补他们单纯从自然科学去分析和解决环境问题的欠缺,增强他们的创新能力。相应的,针对学习各门环境社会类课程的文科学生开设这门课程,能够扩展他们的知识面,弥补目前对于这类学生环境教育的不足。

综观本书,在内容上具有下列几方面的特点:

1. 科学性

这里所谓的科学性不仅是指相关理论的论述及相关数据、事例的引用做到了准确可靠,而且还客观公正地反映了环境问题的现状及来龙去脉,反映了人文社会因素对环境问题产生的影响以及利用人文社会因素解决环境问题的可能性、阶段性和局限性及其意义。

2. 系统性

本书的写作是以专题的形式进行的,每一个专题集中论述人文社会因素中的某一方面与环境问题的关联。先论述人文社会因素对环境问题产生的影响,再论述出于环境保护可能对该因素的改变,最后论述该因素的改变需要社会做些什么。

3. 针对性

(1) 针对相应环境问题的产生和解决的案例,使用相应的理论进行解析,在此基础上,系统、深入、简要地述评相关的理论;

(2) 结合环境社会类课程的相关理论知识来写作,对理论知识的介绍和评介简明扼要、切中要害;

(3) 针对高等院校学生的知识结构和专业水平,特别是针对他们的人文社会科学类知识、环境社会科学类的知识和专业水平来写作;

(4) 按高等院校环境通识课程类教学的要求来写作,体现该门课程的特点;

(5) 适当结合环境问题产生和解决的自然科学因素来写作,起到互补作用;

(6) 以专题讲座的形式写作,使问题的论述更具集中性。

4. 通俗性

(1) 写作方式灵活,论述平实,有理有据,可读性强;

(2) 提供适当插图,强化读者直观印象,做到图文并茂;

(3) 利用案例分析方法,用人文社会科学的相关知识,分析解决相关的环境问题;

(4) 采用辩论对话的方式,从正反两方面对案例和论点进行分析;

(5) 每章后的材料评论题和思考讨论题,能够使学生结合所学习的理论知识,进行相关的具体分析。

总之,在高等院校开设环境通识教育类课程,进行相应的环境教育,是我国高等教育的大势所趋,也是我国政府的期望,更是我国实施可持续发展战略的必然选择。该书的出版正当其时,能够满足长远的需要,对于加强高等院校的环境与社会普及教育,推动高等院校环境与社会通识课程的优化教学,具有重要的理论意义和教育价值。

牛文元

2006年6月于北京

目 录

导论 必要的补充:人文视野中的环境问题 1
　一、从自然科学的角度考察环境问题 2
　二、环境问题需要从人文社会的角度来考察 4
　三、"环境与社会"的主要内容 13
　材料评论 16
　问题与讨论 17
　参考文献 18

第一章 可持续发展:人类的必然选择 19
　一、环境危机与"增长的极限" 19
　二、科技解决环境问题的限度 24
　三、从经济增长观到可持续发展观 33
　四、可持续发展的具体行动纲领 38
　材料评论 43
　问题与讨论 43
　参考文献 44

第二章 环境与科学:科学自身的欠缺与出路 45
　一、环境问题只是人们滥用科学的结果吗 45
　二、科学造成环境问题的原因探析 48
　三、推动科学革命保护环境 76
　材料评论 81
　问题与讨论 84
　参考文献 84

第三章 环境与技术:技术的本质缺陷与环境技术创新 86
　一、技术的本质与环境问题的产生 86
　二、从技术创新到环境技术创新 91
　三、环境技术创新的社会形成 99
　材料评论 103

问题与讨论 ··· 104
　　参考文献 ··· 104

第四章　人口变化：问题有多严重　106
　　一、世界人口变化的新趋势 ····································· 107
　　二、人口乐观论批判 ··· 109
　　三、正确看待世界人口增长问题 ································· 112
　　四、中国未来人口发展战略 ····································· 117
　　材料评论 ··· 120
　　问题与讨论 ··· 121
　　参考文献 ··· 121

第五章　市场经济：走向可持续发展的经济　123
　　一、将自然的多种价值纳入 GDP ································· 124
　　二、建立稳态经济，确立代际补偿 ······························· 129
　　三、从物质经济走向非物质化经济 ······························· 133
　　材料评论 ··· 137
　　问题与讨论 ··· 138
　　参考文献 ··· 138

第六章　政府行为：加强干预保护环境　139
　　一、环境保护中的市场失灵 ····································· 139
　　二、有利于环境保护的政府干预 ································· 145
　　三、政府干预的环境保护失灵 ··································· 152
　　材料评论 ··· 161
　　问题与讨论 ··· 161
　　参考文献 ··· 162

第七章　环境与国内政治：制度选择与公民环境权的维护　163
　　一、"绿色绿党"：对资本主义进行改良 ··························· 164
　　二、"红色绿党"：走生态社会主义道路 ··························· 171
　　三、维护公民的环境权 ······································· 183
　　材料评论 ··· 190
　　问题与讨论 ··· 191
　　参考文献 ··· 191

第八章　环境与国际政治:国家安全、主权和利益的调整　193

  一、维护国家环境安全 …………………………………… 194
  二、全球环保中的国家主权建构 ………………………… 209
  三、调整国家利益,保护全球环境 ……………………… 219
  材料评论 …………………………………………………… 230
  问题与讨论 ………………………………………………… 230
  参考文献 …………………………………………………… 231

第九章　消费主义文化:对于环境保护意味着什么　233

  一、消费主义文化的符号学解读 ………………………… 233
  二、消费的异化与消费社会的环境代价 ………………… 240
  三、建立可持续消费文化 ………………………………… 245
  材料评论 …………………………………………………… 256
  问题与讨论 ………………………………………………… 257
  参考文献 …………………………………………………… 257

第十章　环境伦理学:走进还是走出"人类中心主义"　259

  一、走出"人类中心主义" ………………………………… 259
  二、走进"非人类中心主义" ……………………………… 265
  三、人与自然协调发展的可能性 ………………………… 272
  材料评论 …………………………………………………… 278
  问题与讨论 ………………………………………………… 280
  参考文献 …………………………………………………… 281

第十一章　环境与宗教:宗教中的生态伦理意涵　283

  一、宗教与生态环境保护的关联 ………………………… 283
  二、基督教的生态伦理意蕴 ……………………………… 292
  三、佛教的生态伦理意义 ………………………………… 301
  四、道教的生态伦理精神 ………………………………… 304
  五、民族传统宗教与原始宗教生态伦理的表现和原则 … 308
  材料评论 …………………………………………………… 313
  问题与讨论 ………………………………………………… 313
  参考文献 …………………………………………………… 314

第十二章　环境与战争：战争生态学　　316

一、为资源而战 …………………………………… 316
二、战争不能维护国家环境安全 ………………… 320
三、化刀剑为犁锄 ………………………………… 328
材料评论 …………………………………………… 332
问题与讨论 ………………………………………… 332
参考文献 …………………………………………… 333

第十三章　中国的必然选择：从可持续发展到科学发展　　334

一、中国的环境问题及其起因 …………………… 334
二、坚持经济发展与环境保护的协调 …………… 343
三、从可持续发展观到科学发展观 ……………… 350
材料评论 …………………………………………… 357
问题与讨论 ………………………………………… 358
参考文献 …………………………………………… 359

后记　　361

导论

必要的补充:人文视野中的环境问题

　　尽管科学家和技术员的工作对于解决最紧迫的环境问题是必不可少的。但是,难题自身是社会实践的结果,它们是典型的社会问题,其根植于文化倾向的长期的稳定的发祥地上。因此,如果我们不将对它们特性的科学分析,对它们的社会、文化、行为起源的恰当理解以及用于解决它们的制度结构结合起来,那么,环境问题的解决注定是很难的。

　　　　　　　　　　——[美]利奥·马克斯(Leo. Marx)

- 为什么要从人文视野考察环境问题
- 从人文视野考察环境问题的意义
- 环境与社会的主要内涵

　　随着科技的发展以及人类改造自然能力的增强,工业时代的人类在使国民生产总值呈指数增长的同时,对自然环境的破坏呈现加速和全球化的趋势;在人口剧增、人类对资源的消耗和需求剧增的同时,自然资源日益贫乏。这就是说,人类在对自然进行巨大改造的同时,也给自然带来了巨大的破坏;人类在自身得到极大发展的同时,也使全球濒临灾难的边缘。空间资源的有限和生态圈自身的脆弱开始与无限的文明力量产生对抗。全球性的人口危机、资源危机、环境危机,使人类处于生死存亡的紧急关头:要么沿着传统的老路走下去,从而加速人类对自然的破坏,最终导致人类的灭亡;要么沿着可持续发展的道路行进,确立人与自然的和谐关系,留下一个适合于后代生存和发展的地球。无疑,后一条道路是我们的必然选择,同时也意味着人类社会历史发展方向的转变。

　　要实现这种转变,就要分析造成环境问题的原因以及解决的途径。它可以分为两种:自然科学的和人文社会的。不过,任何一种途径都不是充分的,为此需要我们从自然科学和人文社会科学的途径来进行。这里我们以全球变暖这一环境问题为例加以说明。

一、从自然科学的角度考察环境问题

对于全球变暖这一环境问题,从自然科学角度考察,需要明确回答以下几点:

(1) 全球变暖是否是真实的

对于这一问题,联合国政府间气候变化问题研究小组的报告以及各个国家科学家的研究,给出了肯定的答案。全球气候变暖不仅为诸种异常现象所证实,而且也为全球气温的不断升高所确认。

(2) 这种全球变暖对自然和人类社会的发展有什么影响

有关这方面,科学家们作了比较充分、全面的研究,结果表明人类赖以生存的大千世界,正在受到这一气候变化的严重威胁。它能够导致海平面升高,使某些国家和地区遭受灭顶之灾;能够造成生态系统紊乱,使某些地区疾病蔓延,死亡率将大大提高,细菌性、病毒性和寄生虫类疾病将迅速增加;能够导致耕地面积的减少,以及害虫大量繁殖;能够加剧农业污染,造成大面积土壤碱化、沼泽化,由此导致农作物品种退化、粮食减产等。

尽管在全球变暖将给整个世界带来什么样的后果这一问题上,有些人持有与上面不同的观点,认为全球变暖未必使海平面上升,而且温度适度增高将使农作物增产,但是,更多的和更有说服力的科学研究表明,全球气温升高确实会带来巨大的负面效应。这一点已成为大多数科学家和公众的共识。

(3) 全球变暖是由什么因素造成的

科学研究表明,全球变暖主要是由大气中过高浓度的二氧化碳、甲烷等温室气体引起的温室效应造成的。虽然二氧化碳不足大气层中所有气体的万分之三,但是对于人类来说,二氧化碳和氧气同样不可或缺。它既是绿色植物通过光合作用制造碳水化合物的主要原料之一,又是人类生产食用的淀粉和糖等必不可少的原料,而且还是调节地球表面气温的一个重要因素。一方面,二氧化碳对来自太阳的短波辐射如可见光、紫外线等开绿灯,允许它们长驱直入到达地球表面,从而使地球吸入能量后温度升高;另一方面,地球又以长波方式将能量向宇宙空间扩散,这种辐射主要是红外线,而二氧化碳却对红外线这样的长波辐射亮红灯,这样就使热量滞留在地球表面,破坏了维持地球温度的收支平衡,使地球温度升高。这种作用很像温室所起的作用,所以也叫做温室效应。空气中二氧化碳浓度越高,温室效应越显著,地球的温度也会越高。据世界观察研究所统计,自1750年工业革命到1990年,大气中二氧化碳含量已增加了30%以上,达到那一时期的最高水平。不仅如此,自那以后,全球二氧化碳排放量的增长并没有停止,而且还要持续下去。表0-1列出了1990年后的全球二氧化碳排放量情况及其增长趋势。

一、从自然科学的角度考察环境问题

表 0-1 全球二氧化碳排放量增长趋势[1]

年度	全球 CO_2 排放量/Mt	经济合作与发展组织国家/%	经济转型国家/%	发展中国家/%
1990	20 878	51.0	19.5	29.5
1997	22 561	50.8	11.4	37.8
2010	29 575	44.9	10.5	44.6
2020	36 102	39.6	10.6	49.8

在这种情况下,联合国政府间气候变化专门委员会呼吁各国政府制定应对温室效应的战略措施,竭力阻止全球气候变暖以及可能给人类造成的灾难性后果。

(4) 阻止全球变暖的科学技术手段有哪些

对这一问题的回答有三种思路:一是减少二氧化碳等温室气体的排放;二是减少大气中的二氧化碳等温室气体;三是不考虑前面两点,而是通过其他的途径来给地球降温。对于第一个问题,科学技术的回答主要集中在提高能源效率以及积极发展绿色能源上。对于第二个问题,科学技术所能够提供的回答主要是,增加森林面积和提高树木生长率,以此通过光合作用吸收更多的二氧化碳以及利用海洋中的植物进行光合作用来吸收更多的二氧化碳,甚至还有人设想利用二氧化碳和植物生产石油来减少二氧化碳。对于第三个问题,宇航科学家提出了一个造福人类的"空间气候工程",即利用空间科学技术来控制并改变地球的气候。

专栏 0-1

空间气候工程

(1) 制造尘埃云

基本设想是:在位于地球至太阳的某一位置上,设法产生一片飘浮的尘埃云,用来遮挡太阳光。

这里有两个问题需要回答:一是尘埃云的位置应该在哪里? 二是这种方法所用的尘埃材料从哪里获得? 对于第一个问题,回答应该是在地球至太阳距离的 1% 处。为什么这样呢? 在这个点上任何物体相对于太阳、地球和月球的距离始终是保持不变的,如此,就可以使这片尘埃云的位置保持不变。对于第二个问题,回答是从月球上取得。把装有月球尘埃的若干个圆筒发射到空间的某个位置上,在圆筒中装上炸药,当圆筒到达固定位置时,引爆炸药,使尘埃扩散开来,制造一片永久性的、具有一定厚度的尘埃云,就可以遮挡阳光。

这里有人会产生疑问：这些尘埃云对地球没有其他影响吗？有影响，可以落到地球上，但对地球的负面影响不大。

(2) 撑起太阳伞

科学研究表明，要解决目前气候变暖问题，只需要把照射到地球的太阳光遮挡掉3%就可以了。要满足这一要求，只需在空间支起一把2 000 km² 左右的"太阳伞"就行了。只是这把伞的伞面应该用厚度只有0.002 mm的金属薄膜或塑料薄膜制成，而且它还是应该放在地球至太阳距离的1%处。

(3) 竖起反射镜

基本设想是：在空间安置一面反射镜，把部分太阳光集中反射到某个局部区域，就能改变这个局部地球的气候状况。为什么会这样呢？把太阳光集中反射到高空云层上，让云层逐渐受热而散开，这样就能加快地表热量的散失而降低地球的温度。而且，也可以将太阳光反射到海洋中，促进浮游生物的生长并更快、更多地从大气中吸收二氧化碳，可以一举多得。

(4) 编织激光网

上面的三个方案有一个共同的缺点，就是一旦出现故障，很容易产生太空垃圾。为此，有些科学家设想，可向太空中发射多颗人造地球卫星，且从卫星上发射激光，形成激光网，让太阳发射的对海面温度有影响的红外线发生变化，以阻止气候变暖。

上面主要是从自然科学的角度分析并试图解决全球变暖问题的，没有这方面的考虑，我们就不知道全球是否确实是变暖了以及全球变暖会有哪些影响，不知道全球变暖是由二氧化碳等温室气体的增加引起的，更不知道要阻止全球变暖就要减少二氧化碳的排放并采取什么样的减排途径。这方面的工作意义重大，应该大力发展环境科学与工程，为环境保护做贡献。

二、环境问题需要从人文社会的角度来考察

从自然科学的途径分析环境问题的产生原因及其解决之道，是非常重要的。但是，这并不意味着从自然科学的途径就可以充分地弄清环境问题的起因以及完全地解决环境问题。实际上，环境问题的产生主要是由人类对自然的不合理改造活动引起的，环境问题的解决最终也需要人类及人类社会来贯彻。如果不运用人文社会科学知识从人类及人类社会的角度去分析环境问题，就不能正确全面地弄清环境问题产生的原因，也不可能很好地解决环境问题。

对于全球变暖问题，科学的途径只是指明了全球变暖是由大气中二氧化碳等温室气体的浓度增加引起的，但是，它没有深入分析造成大气中二氧化碳等温室气体增加的人类社会原因，实际上，这些温室气体的增加是由人类活动引起

的。根据 2003 年 11 月 26 日《科技日报》的报道,美国气候专家指出,温室气体中二氧化碳的主要排放源来自火力发电厂,一座 1 000 MW 的火力发电厂每年排放 560 万吨二氧化碳。另外,交通也是二氧化碳的排放大户,如一辆欧洲产的汽车,以每一百千米耗油 7.8 升,每年行驶 1.6 万千米计算,每年将排放 3 吨二氧化碳,几乎是这辆车自重的 3 倍。据 1995 年 18 个工业化国家的统计,温室气体中的二氧化碳,交通排放占 27%,能源工业排放占 36%,工业排放占 21%,家庭及服务业排放占 15%。由此可见,大气中的二氧化碳的增加是由人类生产和生活活动引起的,这才是全球变暖问题产生的根本原因。

既然如此,要减少二氧化碳排放就不仅需要从自然科学的途径考虑,而且也需要从人类社会的途径,即从改变人类活动方式,尤其是经济活动方式考虑。但是,削减二氧化碳排放量,就要抑制化石燃料的消费。也就是说,必须抑制能源需求。而能源需求与经济发展的关系尤为密切,减排二氧化碳必将影响经济发展。根据有关模型预测分析,抑制能源需求必定抑制经济发展。削减二氧化碳排放量的 10%~30%,GDP 将降低 2% 左右。[2] 这一点对工业化进程中的发展中国家影响尤甚。不仅如此,在没有外在限制的情况下,各国是根据自我福利最大化选择温室气体排放的,由于在全球气候变化问题中大气容量资源为公共资源,一国温室气体的排放所造成的温室效应的负面影响由全球所有国家承担,而产生的经济效益为各个国家自身所有,因此,个别国家就可能为了本国的经济利益而置全球环境于不顾,肆意向大气中排放温室气体,这就是环境外部性。又由于在环境问题的解决上,是需要成本的,成本不可能由每个国家来分摊,而且,经过其他国家改善了的大气资源仍可以为某一国家分享,其他国家无法禁止,因此,很多国家就可以不采取任何措施,在国际环境保护中采取不合作的态度来分享其他国家努力取得的环境保护成果,即所谓的"搭便车"。

正因为如此,在历次会议上,南北各国为了维护本国的经济利益,都不愿作出这方面的承诺。他们一方面强调二氧化碳的减排对本国的影响如何强烈,另一方面尽量凸显其他国家对温室效应的责任,减轻乃至推卸本国所应负的责任,以达到少减排甚至不减排的目的。

在这种情况下,要想实现全球二氧化碳减排的目标,就必须着眼于历史,分清主权国家在二氧化碳排放上负有什么样的责任,明确哪些国家应该承担什么样的义务,在此基础上,通过国际社会,订立相关国际公约,促使相关国家减排二氧化碳气体。

从历史上看,大气中二氧化碳气体浓度的增加主要是由发达国家在其工业化过程中造成的。自产业革命以来,发达国家已肆无忌惮地排放温室气体达 200 年之久。至今大部分温室气体仍在其存留期内,并持续不断地通过累积效应对今天的气候产生影响。有关统计数字表明,发达国家人口只占世界总人口的 20%,而温室气体排放却占全球总排放的 75%。通过计算,发达国家过去温室气体的排放,对全球平均气温升高的贡献已达88%。发达国家是全球变暖的主要肇事国,理应在削减废气排放量方面承担更多的责任。当然,保护和改善全球环境是世界各国的共同责任,但是,由于发展中国家目前经济、技术的实际承担能力以及它们给环境所造成的较少危害,让它们承担较少的责任也是合情合理的。这就是共同但有区别的环境责任,体现了"污染者负担原则"。

专栏 0-2
1860—1990 年居前 10 位的国家累积排放比较

温室气体在大气中具有一定的存留期,某一时点的排放在存留期内对未来浓度都产生影响,而且影响程度随时间的推移逐渐衰减。例如,二氧化碳的存留期为 140 年,30 年后对浓度的影响将衰减为原来的 81%,经过 100 年则衰减为 49%。同时,地面增温速率(即辐射强迫)与温室气体浓度成正比,而全球平均地面增温又与地面增温速率的时间累积成正比。由此,在某一时段内,当已知时段起点的初始温度和时段内每年的温室气体排放量的情况下,通过"排放—辐射强度—增温"之间的定量关系,可以得出该时段终点由温室气体排放引起的全球地面平均增温,即温室气体的"有效排放"(effective emission)("有效排放"的概念由巴西代表团在 1997 年《联合国气候变化框架公约》第三次缔约方京都会议上提出,对于划分南北国家之间的历史责任发挥了重要的作用)。通过这种方法计算,1860—1990 年累积排放居前 10 位的国家如图 0-1 所示。

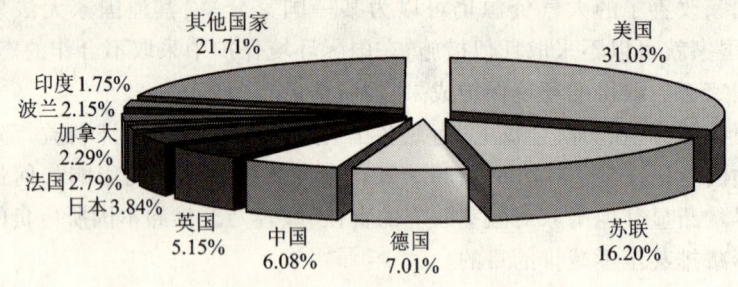

图 0-1 1860—1990 年累积排放居前 10 位的国家的累积排放情况[3]

为了对二氧化碳排放的历史责任有更清楚的认识,有必要对附件 1 国家(主要由发达国家和经济转型国家组成)与非附件 1 国家这两大集团的累积排放情况进行比较。从图 0-1 可以看到,考虑历史责任后,附件 1 国家与非附件 1 国家(其他国家)的排放比将由 1990 年的 66%:34% 变为 78%:22%,中国的碳排放占全球的比例将有较大幅度的降低,由 1990 年的 11.1% 降至 6.05%,亚洲其他国家的碳排放比例也将由 12.2% 降至 5.96%,而北美与西欧将分别由

25.5%和15.5%上升至33.32%和21.72%。这更加说明了发达国家是二氧化碳排放的主要贡献者,今天大气中二氧化碳浓度的增加主要来源于发达的工业化国家过去200多年间的排放,而发展中国家的排放只是在近年来随着经济的迅速发展才有所增加。

然而,一些发达国家,如美国认为,中国、印度等发展中国家二氧化碳排放量的增长速度很快,二氧化碳的排放总量位于世界前列,对温室效应的贡献较大,理应削减排放。更何况,从未来看,发展中国家的能源消耗将呈快速增长趋势。2035年发展中国家的排放量可能会达到全球总排放量的一半(1995年为27%),而到那时,中国的二氧化碳排放量可能达到全球总量的17%(1995年为11%)。[4]因此,他们认为,发展中国家如中国等理应承担温室气体减排义务。

上面的观点遭到了发展中国家的反对。发展中国家几乎一致认为,环境破坏的主要原因在于发达国家,发达国家应首先表明自己的责任,制定限制的框架。在目前情况下,不应该迫使发展中国家实行义务性限制措施。尽管发展中国家目前排放量增长速度较大,但那是发展中国家在发展过程中不可避免的。根据美国麻省理工学院的研究,在人均年收入1 000美元左右时,收入每增加1%,二氧化碳排放量增加1.29%,而在人均年收入超过8 000美元时,这种关系才趋于淡化;在10 000美元以上时,人均排放量则随收入增加而下降。[5][6]对于广大发展中国家,它们的人均年收入大多在1 000美元以下,消除贫困和发展经济乃是这些国家压倒一切的首要任务。此时二氧化碳排放量的增加在情理之中,不足为怪,应该允许发展中国家二氧化碳排放量在一定时期内增加。

至于中国、印度等发展中国家近年来较大的排放总量,也不能成为发展中国家应该承担减排义务的根据。原因之一是中国、印度的排放总量较大并非意味着发展中国家温室气体排放总量较大,由个别——中国、印度不能推出一般。原因之二是中国、印度温室气体排放总量较大也只是近几年的事情。如果将此与发达国家近200年的排放总量相比,真可谓九牛一毛。规定承担减排义务不能只看当前而忽视历史。正是历史的累积才导致今日的温室效应,发达国家应为历史上的行为所造成的今日温室效应后果负责。原因之三是现在发达国家用作"发展中国家应该承担减排义务"根据的"某些发展中国家温室气体排放总量",从数值上看是大的,但回避了人均排放量。从人均排放量上看,印度、中国的数值还是低的。以中国为例,中国的人均年拥有电量只有700 kW·h,中国人均温室气体的排放只占发达国家平均水平的1/7。就此而言,发展中国家的二氧化碳排放是"生存排放",而发达国家的二氧化碳排放是"奢侈排放"。发达国家应当改变自己的生产和生活方式,而不应强迫发展中国家移去老百姓餐桌上的食物。

专栏 0-3
附件 1 国家和非附件 1 国家以及全球二氧化碳历史排放情况

《京都议定书》以 1990 年为基年对附件 1 国家规定了减少或限制温室气体排放的义务,因此将 1860—1990 年的排放称为历史排放。图 0-2 表示了 1860—1990 年附件 1 国家与非附件 1 国家以及全球二氧化碳年排放量增长情况。对于附件 1 国家,在 130 年间的前 65 年,二氧化碳年排放量只增长了 9 亿吨 C,而后 65 年却增长了 28 亿吨 C,约是前 65 年增长量的 3 倍。对于非附件 1 国家,其排放量在前 65 年极其微小,后 65 年才有明显的增加,从 1935 年的 0.7 亿吨 C 增加到 1990 年的 19.6 亿吨 C,但仍远低于附件 1 国家的排放量。

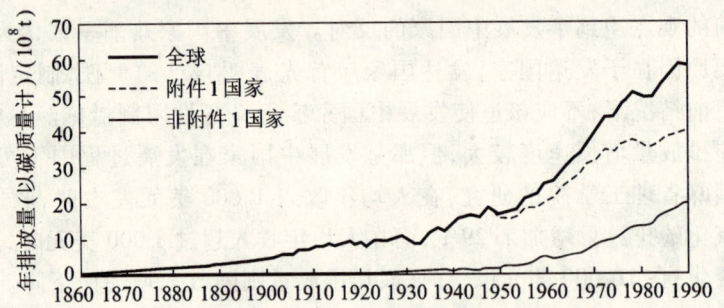

图 0-2　1860—1990 年全球及附件 1 和非附件 1 国家的年排放量(以 C 质量计)[7]

如对于中国,主要能源是煤。在一次能源消费中,煤炭约占 70%。受能源结构的制约,我国通过调整能源结构来减少二氧化碳排放量的潜力有限。如果近期就承担温室气体控制义务,我国的能源供应将受到制约。我国城市化水平仅为 31%,而世界平均水平为 46%;人均能源消耗只有世界平均水平的 53%。同时,因缺少相应的技术支撑,我国的经济发展将受到严重影响。

这表明发展中国家的能源消费尚不能满足人民的基本需求,其人均温室气体排放仍然很低。表 0-2 列出了发达国家与发展中国家的碳排放需求。可以看出,发展中国家目前没有责任,也不可能参与减排或限排。当前,如果发达国家硬要发展中国家承担减排义务,是不公平的,无疑剥夺了发展中国家的生存权和发展权。其情景正如《纽约时报》上的一幅漫画所反映的:左边是个衣衫褴褛的穷人,正跪在地上费力地吹着一小堆木柴生火烧饭;右边则昂首挺胸站立着一个西装革履的富人,其背后烟囱林立,浓烟滚滚,富人颐指气使地向穷人喝令道:停止全球变暖!

表 0-2 发达国家与发展中国家碳排放需求比较[8]

发展需求	内容	发达国家	发展中国家	碳排放需求评估
基本生存	衣、食、住（住房面积、家用电器、空调、供热）	已基本满足	尚有较大差距	仍将有较大的需求增长，主要用于发展中国家改善国民生存条件
生活质量	医疗卫生、教育文化、期望寿命等	已处于较高水平	仍处于相对低下水平	直接排放需求较低，可忽略不计
经济与制度结构	合理的劳动就业结构、社会保障、政治与民事权益	已基本建立并趋于完善	传统农业部门的制度惯性，阻碍合理经济制度结构的建立	发展中国家需要工业化、城市化和法制化来大量吸收和转化传统的、低效的农业劳动力，必然需要大量的碳排放
社会分摊成本	邮电、交通、通讯、道路、防洪抗旱设施、自来水和排污设施、污染治理设施等	体系相对完善，主要为维护和折旧投入	体系尚未建立或尚在建，主要为建设投入	发达国家对体系维护的碳排放需求较低；但发展中国家体系建立的碳排放需求巨大
环境保护	污染治理、碳排放强度等	污染得到基本控制，碳排放强度较低	污染仍在蔓延，碳排放强度较高	发达国家的碳排放强度可望进一步降低；发展中国家的碳排放强度需要经过一个从增加到降低的过程

可以说，联合国召开的《联合国气候变化框架公约》历次缔约方大会，就是在这样的讨价还价的背景中结束的。在每次会议上，南北各国为了维护本国的经济利益，都不愿作出主动的承诺，使得全球二氧化碳气体减排异常艰难。

专栏 0-4

历次联合国气候变化会议和《京都议定书》的制定及其生效

在 20 世纪 80 年代后期到 90 年代初期，一系列政府间会议将问题集中于气候变化，与会者对全世界发出呼吁，要求各国行动起来，通过改变经济活动的方式和规模，来减少含碳燃料的燃烧，从而减少二氧化碳气体的排放，延缓气候的变化。1988年联合国环境规划署和世界气象组织共同发起组建了政府间气候变化专业委员会(IPCC)。两年后这个委员会提交了第一份评价报告,呼吁出台气候变化框架公约。当年12月联合国大会同意开始公约的谈判。

1991年2月至1992年5月,IPCC先后召开了5次会议,来自150多个国家的代表参与了公约内容的讨论,并于1992年5月9日在纽约通过了最终文本。一个月后,154个国家在巴西的里约热内卢签订了这份公约,即《联合国气候变化框架公约》。

这是国际社会在对付全球气候变化问题上进行国际合作的基本框架,是第一个全面控制二氧化碳气体排放以对付全球气候变暖给人类经济和社会带来不利影响的国际公约。公约在规定义务履行程序上对发达国家和发展中国家作了区别。要求发达国家采取具体措施限制温室气体排放,并向发展中国家提供资金,支付发展中国家履行公约义务所需的费用。发展中国家仅承担提供温室气体源与温室气体汇的国家清单的义务,制定并执行含有温室气体源与汇方面措施的国家方案,不承担有法律约束力的限控义务。

但是,十几年来,公约的履行虽已进入轨道,但进展并不尽如人意。公约规定,发达国家应在20世纪末将其温室气体排放量稳定在1990年的水平上。但根据它们提交的信息看,绝大部分发达国家没有兑现这一承诺。1994年,一些工业国家最重要的温室气体二氧化碳的排放量已经超出1990年排放量的5%。1996年,美国二氧化碳排放量增加了3.4%。至于资金援助方面,情况就更糟!在1992年里约热内卢会议上,发达国家曾作出原则承诺,每年拿出总额为其国民生产总值0.7%的资金,即1 250亿美元来帮助发展中国家治理环境。结果怎样呢?不仅没有增加,反而减少了。根据联合国秘书长安南的报告,发达国家官方援助总额由1992年的583亿美元减少到2000年的531亿美元。发达国家官方援助平均量在其国民生产总值中的比重由1992年的0.35%下降到2000年的0.22%。只有丹麦、卢森堡、荷兰、挪威和瑞典5个国家在2000年达到了联合国大会达成的0.7%的援助目标。

在这种情况下,国际社会并没有放弃,而是继续努力。可以说,历次《联合国气候变化框架公约》缔约方大会的召开,最终目的就是通过磋商,采取措施,减排导致全球气候变暖的二氧化碳等温室气体,并期望通过一个具有法律约束力的温室气体减排目标和期限,以使发达国家更加有效地降低温室气体的排放量,尽快抑制全球气候变暖的趋势。

1997年12月1日在日本文化名城京都召开了《联合国气候变化框架公约》第三次缔约方大会,会议最终通过了《京都议定书》。《京都议定书》除指定二氧化碳等六种气体为造成地球变暖的主要废气外,还规定了发达国家削减废气排放量的指标,即在2010年实现整体削减1990年废气排放标准的5.2%。其中日本6%,美国7%,欧共体8%。至于要求发展中国家自主承担削减废气排放量义务等有关内容则因发展中国家的强烈反对而作罢。

2000年11月,联合国第六次气候变化会议在海牙举行。会议的主要内容是就1997年《京都议定书》达成的发达国家削减温室气体排放措施形成具体行动方案。在这直接涉及各国经济利益的实质性谈判中,发达国家分歧严重。美、日等国建议,为了能达到规定的削减目标,排放大量二氧化碳的国家可以用其森林和农田吸收这种气体的能力来抵消其排放量;欧盟则坚持严格的国内政策实施削减计划,把至少50%的削减义务在自己国家完成。

美国曾于1998年11月签署了《京都议定书》,但在2001年3月,布什政府拒绝执行议定书。其中的主要理由是气候变化给美国带来的损失尽管可能达到600亿~700亿美元(约合国民生产总值的1%),但是,达到《京都议定书》规定的削减二氧化碳气体排放所需的直接费用可高达380亿美元,如此将会严重影响美国经济发展;同时发展中国家也要承担减排义务。

2001年10月29日到11月10日,在摩洛哥中部名城马拉喀什召开了《联合国气候变化框架公约》第七次缔约方大会。在会议中,俄罗斯、日本、加拿大和澳大利亚四国仍坚持对一些问题提出异议,其中俄罗斯要求将其国内森林植被能够抵消的温室气体由原定的1 760万吨改为3 300万吨,而日本则反对给《京都议定书》的"弹性机制"(即所谓的"减排配额交易机制")附加限制条件。发展中国家和欧盟最终决定以大局为重,同意对上述四国作出非原则性妥协。

2002年10月1日,《联合国气候变化框架公约》第八次缔约方大会在印度新德里召开。185个国家的谈判代表经过10天的艰苦磋商和激烈争论,终于在会议的最后一天达成共识,正式通过《德里宣言》,并呼吁有关国家尽早批准《京都议定书》。但是,截止到当年11月21日,虽然正式批准加入《京都议定书》的国家和地区达97个,但他们所占的温室气体排放量只有37.4%,这表明《京都议定书》还不能生效。因为《京都议定书》规定的生效条件是:必须有55个国家批准议定书;而且批准的国家必须占承担减排义务国家二氧化碳排放总量的55%。这样,议定书才能在其后的第90天生效。

2003年12月12日,为期12天的《联合国气候变化框架公约》第九次缔约方大会在意大利工商重镇米兰落下帷幕。由于在一些核心问题上各执己见,发达国家与发展中国家未能在后者关心的技术开发与转让、能力建设等问题上取得实质性进展。与会专家指出,气候变化是全球共同面对的难题,需要发达国家与发展中国家共同努力,才能有效防范和控制气候变化给人类带来的负面影响。

这次大会是在全球气候变暖趋势加剧、旨在控制温室气体排放的《京都议定书》前景不确定因素增大的背景下举行的,因此备受国际社会关注。来自188个缔约方和近百个政府间国际组织及非政府组织的5 000多名代表参加了大会。

与前几次缔约方大会相比,本次大会取得的成果十分有限,在推动《京都议定书》尽早生效并付诸实施方面未能取得实质性进展。会议最后没有发表宣言或声明之类的最后文件,有关气候变化领域内的技术转让等核心问题也推迟到下次大会继续磋商。

由上可见,《京都议定书》的生效真是太难了。究其原因,在于它的实行需要经济结构,特别是能源和工业结构的调整。而在化石燃料仍然是世界主要能源的情况下,从化石燃料转向非化石燃料将是非常困难的。这需要经济结构的调整和经济规模的削减,势必影响经济的发展和就业。这就使得全球温室气体减排一波三折,任重而道远。

但是,历史的潮流不可阻挡。2004年11月,另一个二氧化碳排放大国俄罗斯正式批准了《京都议定书》,从而使得《京都议定书》满足了正式生效的比例要求,即需要占1990年全球温室气体排放量55%以上的至少55个国家批准才具有国际法效力。到2005年2月16日,全世界有141个国家和地区签署了《京都议定书》,其中包括工业化国家。国际社会已于2005年2月16日宣布《京都议定书》正式生效。从2月17日开始,批准了这一议定书的工业化国家便承担了减少温室气体排放的明确义务。同时,美国退出《京都议定书》的行为也引起国际社会的普遍不满。

不言而喻,《京都议定书》生效的意义重大。它是有关环境问题的第一个写入数值目标,并具有约束力的文件。它作为一个可供今后仿造的范例展示给国际社会,它将政府、民间团体和商业界组织在一起,为发达国家的政府和私营部门之间的合作提供了机会,为向发展中国家提供资金和技术方面的援助创造了条件。

不过,京都会议只是"万里长征"的第一步,今后的道路还很漫长。考虑到温室气体的排放曲线,在100年后必须使全球气温比现在低两度,这就要求发展中国家最晚在2030年也加入削减排放的行列,每10年减少7.5%,而发达国家则在2010年减少5%以后,2030年必须比目前水平减少29%。

这是一个相当严峻的任务,它要求对削减排放做出承诺的国家,忠实地履行《京都议定书》的各项规定,积极调整经济结构,在维护经济增长的同时,逐步削减温室气体的排放。而对于发展中国家,虽然《京都议定书》暂时没有对其排放进行约束,但是现在没有受到约束并不意味着将来也不会受到约束。发展中国家不能毫无节制地排放温室气体,必须强化对主要高能耗生产的限制,提高能源的利用效率,加快新能源的开发,在保持经济持续增长的同时努力削减温室气体的排放。也只有这样才能体现共同但有区别的责任。

要实现上述目标,就需要国际机构,如联合国,树立国际权威,在调查、谈判、协商的基础上,建立一套公开、公正和有效的激励机制,具体包括执行框架,限制、实施的手段,合作计划,分担的任务,奖惩措施和双方的义务,以促进有关各方合作。

为了保证环保合作的顺利进行,应该注意下面几点:

(1) 着眼于历史,分清主权国家的责任和义务,本着公平原则制定合理的国际公约和协议,使主权国家自愿成为公约和协议的签署国。

(2) 一个国家总是从自身利益需要出发,构建和发展对外关系的。但是国家利益有多种,既有国家安全利益、经济利益,又有国家政治利益、环境利益等。因此各个国家在面对环境保护的国际合作时,不能为了某种利益而无原则、无限度地牺牲其他利益,而要进行各种利益的均衡与调整。有鉴于此,国际社会可以通过对主权国家安全利益、政治利益、环境利益等的强调,使主权国家采取合作策略时所获取的综合国家利益大于其不合作时所获取的国家利益。

(3) 国际机构应对各国承诺的环保合作措施加以审核,确定各国在国际环保上采取的是合作策略还是不合作策略,使国际环保合作公开化、公正化。

(4) 对于不合作的国家,应采取惩罚性措施,如经济制裁等,使该国付出更大的代价以不得不选择合作。否则,违规的事还是可能发生的。

(5) 对于合作的国家,应该肯定该国合作所应具有的国家多种利益,使它们看到合作的好处。尤其是对于合作得较好的国家,还应该给予特殊的奖励,如向该国输入先进技术、提供优惠贷款等。否则,将使合作的国家积极性受损。

只有这样,才能使主权国家基于对自身利益最大化的考虑选择合作,主动采取措施,减排二氧化碳等温室气体,避免大的风险,获取更大的国家利益。

从上面的论述可以看出,人类生产和生活活动是造成大气中温室气体增加的根本原因,消减二氧化碳气体排放,可以通过各主权国家改变经济活动方式、减少化石燃料的燃烧来进行。但是,这对各主权国家的经济利益是有负面影响的,主权国家不可能自觉自愿地减排二氧化碳。为此,需要国家社会和从事环境人文社会科学工作的人士行动起来,运用相关的人文社会科学知识,结合自然科学的相关研究,分清各主权国家的责任和义务,通过国际谈判,订立国际性的减排二氧化碳气体公约,并敦促有关国家签署公约,采取相应措施减排二氧化碳,为遏制全球变暖作贡献。

三、"环境与社会"的主要内容

上面的分析充分地说明,运用科技分析并解决环境问题是有限度的,要想遏制全球变暖,就必须建立自然科学家和社会科学家的联盟,运用自然科学和人文社会科学的相关知识,去分析该环境问题的产生原因以及解决之道。关于这一点,对于其他环境问题同样适用,这从图0-3可以看出。

这就给我们从事自然科学研究的人员,尤其是从事环境科学的人员,提出了

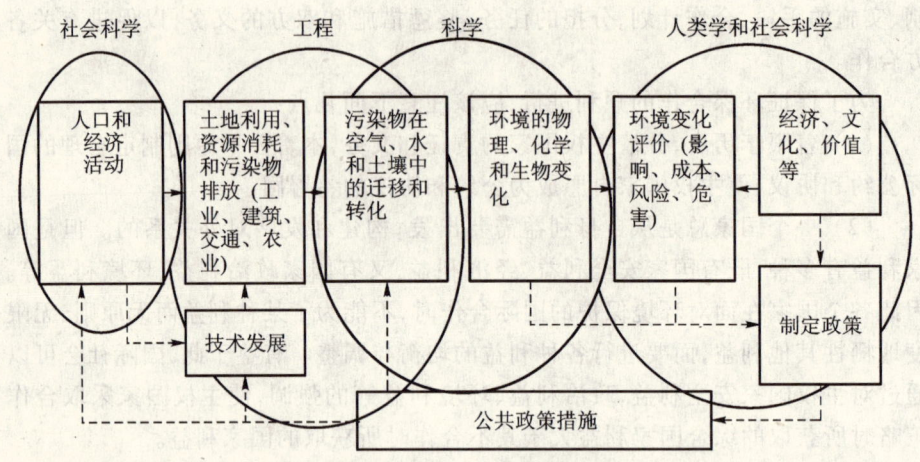

图 0-3 各环境主题纳入传统的学科门类的框图[9]

一个新的任务,在运用自然科学分析并解决环境问题的时候,更多地吸取人文社会科学的相关知识,从自然科学和人文社会科学两个途径去分析环境问题的产生原因以及解决之道。

正是出于上述思考,作者从 2000 年开始在中国科学院研究生院为理工科研究生开设了"环境与社会:人文视野中的环境问题"课程,目的是在有限的时间内,为理工科研究生,尤其是为从事环境科学与工程、环境管理、生态学、地学、生物学、化学等与环境问题有着紧密关联的专业学习的研究生,提供一个不同于自然科学视野的人文社会视野去考察环境问题产生的原因和解决之道,弥补他们单纯从自然科学途径分析和解决环境问题的欠缺,增强他们的创新能力。现在呈现在读者面前的这本教材就是在课程讲义的基础上修改完成的。

本书共分十三章。第一章首先对人类所面临的环境危机和"增长的极限"进行分析,说明如果人类不进行新的变革,"增长的极限"确实可能。既然如此,科学进步能否完全解决人类所面临的环境问题呢?进一步的分析表明不能。如此,就需要人类反思传统的经济增长观,坚持可持续发展观,将社会的发展模式由经济增长转向可持续发展。这种可持续发展的行动纲领怎样呢?该章最后一节将对此加以概括。

第二章主要从自然哲学、科学史、科学哲学、科学知识社会学、后现代主义、科学认识论和方法论等关于科学的相关论述,分析科学与环境问题的产生及其解决之间的关联。环境问题只是人们滥用科学的结果吗?环境科学的发展对此给出了否定的答案。既然如此,科学因为什么造成了环境问题呢?主要是由于近现代科学诞生以及发展所依赖和体现出来的机械自然观、科学认识的方法论原则和具体的科学方法对自然的作用方式、科学理论的相对真理性、科学的价值负荷等造成的,近现代科学所依赖的哲学基础的深层次欠缺是造成环境问题的根本原因。进一步地,一种有利环境保护的科学所应该坚持的自然观、认识论、方法论、价值论应该是什么呢?本章对这一问题作了比较详尽的探讨,结论是:必须进行一次新的科学革命,才能使科学及其应用担负起保护环境的责任。

第三章主要分析技术与环境问题的产生及其解决之间的关联。首先运用相关的技术哲学的知识,从技术本质的角度分析其造成环境问题的原因。在此基础上,详细地论述了环境技术创新的主要内涵,然后给出有利于环境保护的技术创新——环境技术创新的社会支撑条件。

第四章主要分析人口与环境问题之间的关系。首先通过人口变化的历史和现实状况以及人口转变理论,说明世界人口不可能无限制地增长下去。尽管如此,是否就可以对人口问题抱乐观态度呢?不可以。发展中国家面临着"人口增长过快、发展不足"的难题,发达国家面临着"人口增长过慢、人均消耗自然资源过多"的问题。也正因为这样,要对关于人口的新马尔萨斯的观点、新古典经济学的观点、结构主义的观点进行具体分析,给出世界人口问题的正确看法。最后针对中国的现实状况,分析评价了中国未来人口发展战略。

第五章和第六章探讨经济与环境问题的关联。第五章从宏观的角度重点探讨了一种可持续发展的经济模式应该是怎样的。结论是:要将自然的多种价值纳入 GDP;要确立代际补偿,建立稳态经济;要从物质经济走向非物质经济。第六章主要从环境保护的市场失灵和政府干预的角度,首先阐明了环境保护的市场失灵,而且,正是由于相对于环境保护存在着市场失灵,所以就需要政府采取一系列措施,如合理确定最优污染水平和排污费的收费标准、调整产业结构、走集约化生产的道路、明晰产权来保护环境。不过,针对现实,政府在这几个方面的干预是存在失灵现象的,需要对此进行分析、评价、完善和发展。

第七章和第八章探讨政治与环境之间的关联。第七章主要就国内政治制度与环境的关联进行分析。"绿色绿党"认为要摆脱生态危机,就要对资本主义进行改良;"红色绿党"认为单纯进行这种改良还不行,应该走"生态社会主义道路"。对此应该进行具体的分析。不过有一点应该肯定,无论走什么样的政治道路,环境保护的实行一定要维护公民的环境权利。第八章主要就国际政治与环境的关联进行分析,以探讨建立什么样的国际政治新秩序才有利于全球环保。涉及一系列相关问题,如主权国家如何面对生态环境危机对国家安全的威胁,以建立新的国家环境安全?主权国家如何面对全球环保对国家主权的弱化?主权国家如何调整国家利益以符合全球环境保护?本章对这些问题作了阐述。

第九章主要从消费主义文化与环境问题的关联的角度来分析文化价值观念对于环境保护的影响。首先分析了消费社会是怎样利用消费主义文化来进行消费生产的,然后说明这样的消费生产使得生产出来的商品具有了符号象征性,不仅具有交换价值和使用价值,而且还具有象征、符号价值——表达文化意义和社会地位的价值,如此对该商品的消费就不单纯是消费它的物理功能和使用价值,而且也是在消费它的象征、符号价值,消费它所代表的意义。这就是象征性消费。这种消费方式必然引发过度消费、超前消费、炫耀性消费、浪费等,过度消耗了自然资源,造成了环境破坏。为此需要我们批判"不消费就衰退"、"消费越多越幸福"等消费主义思想,确立可持续的消费文化。

第十章主要探讨伦理与环境之间的关联。首先对各种人类中心主义的内涵进行了深入分析,然后就这种内涵具体阐述了它们对于环境保护的意义;其次对各种非人类中心主义思潮,如动物解放/权利论、生物中心主义、生态中心主义进行了介绍和评论;最后从环境保护不能消解人的主体性、自然的内在价值、重构主体性三个方面来深入阐述人与自然协调发展的可能性。

第十一章讨论环境与宗教之间的关系。首先概括论述了宗教与生态环境的关联,在此基础上,进一步分别探讨了基督教、佛教、道教、民族宗教和原始宗教中的生态伦理精神和内涵。

第十二章探讨战争与环境之间的关联。本章主要探讨的是:主权国家如何解决环境安全呢?是采取合作协调的方式,还是采取冲突战争的方式,为资源而战?结论是:虽然历史和现实的考察表明很多时候、很多国家都在为资源而战,但是,战争对自然环境会造成破坏,战争最终不能维护国家环境安全。既然如此,是否就应该放弃战争准备了呢?也不是。只是应该做到在战争准备以及战争过程中尽量保护环境,而且,尽量不要为资源而战,化刀剑为犁锄,加强国家环境安全上的合作,为全球环保作贡献。

第十三章主要探讨中国的环境问题和发展道路的选择。首先分析了中国的环境问题的起因,表明中国的环境问题的尖锐性;然后针对这样的社会发展与环境保护之间的矛盾,说明中国应该走发展经济与环境保护相协调的道路;最后进一步指出,单纯走可持续发展的道路是不够的,应该从可持续发展观走向科学发展观,走全面、持续、协调的发展道路。

总之,本书以国内外环境问题为背景,运用科学哲学、技术哲学、环境科学、环境政治学、可持续发展战略、环境经济学、环境伦理学等的相关知识,从人文社会的角度探讨造成环境问题的人口、政治、经济、文化价值以及科学技术等方面的原因以及解决之道,寻求有利于环境保护和社会发展的人口政策、政治经济制度架构、文化价值观念以及科学技术的发展方向和知识构成等。内容涉及环境与人类社会关联的各个方面,力图给出环境与社会的概貌。

材料评论

1. 有人给出工业生态学研究中的学科分类如图0-4:

请你根据图0-4对环境保护的理论与实践需要自然科学与人文社会科学

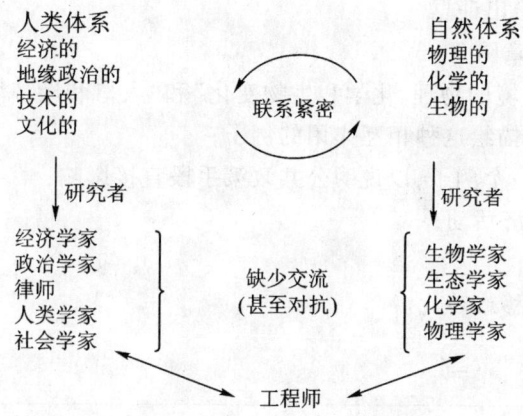

图 0-4 工业生态学的学科分类[10]
在构造各个子系统时将自然和人类分为两个互相独立的系统

的联盟加以评论。

2. 为了促进《京都议定书》的生效以及二氧化碳等温室气体减排,国际社会采取了两项措施:一是清洁发展机制,就是对于那些减排压力较大的发达国家,可以在发展中国家投资实施减排项目,由此得到的减排量可以记在发达国家的账上;二是排污权交易,即那些难以完成任务的国家可以从那些超额完成任务的国家购买超过的额度,而且,发达国家还可以从本国实际排放量中扣除森林所吸收的二氧化碳数量。

请就上述两项措施的得与失进行评论。

问题与讨论

1. 结合你所学的专业,从自然科学途径和人文社会科学途径具体分析某一环境问题产生的原因以及解决之道。
2. 结合本章相关内容,从自然科学和人文社会科学的角度分析温室效应产生的原因以及减缓温室效应的途径。
3. 你认为在高等院校开设"环境与社会"这门课程有什么必要性、重要性?
4. 你认为下列选项中哪一个是解决全球变暖威胁的合适手段?
(1) 将所有的非电动车驱逐出公路;
(2) 要求所有发电厂将排放削减到零;
(3) 显著改善所有汽车的排放控制;
(4) 鼓励产业合作,寻找更低排放的途径;
(5) 没有合适的手段可以解决全球变暖威胁。

就你的看法给出证据。

5. 请针对本章图 0-3,

(1) 说明"环境的物理、化学和生物变化"和"人口和经济活动"之间的相互作用,并给出三个描绘这种相互作用的例子;

(2) 请给出一个例子,以说明公共政策手段直接影响:

① 人口和经济活动;

② 技术发展;

③ 污染物迁移或转化。

参考文献

[1] 国际能源机构(International Energy Agency). 2000 年世界能源展望摘要版. (World Energy Outlook 2000—Highlights) [M]. Feb. 4, 2001. http://www.iea.org/weo/index2.htm.

[2] Zhang H X. Macroeconomic effects of CO_2 emission limits: a computable general equilibrium analysis for China. A Paper Presented at the 7th Annual Conference of the European Association of Environmental and Resource Economists: Lisbon. 1996.

[3][7][8] 潘家华,庄贵阳,陈迎. 减缓气候变化的经济分析[M]. 北京: 气象出版社, 2003: 8, 9, 36.

[4] Nairobi. Where We Stand: A State of the Environment Overview for the Global Environment Facility. The Global Environment Outlook Programme, UNEP, 1998.

[5] Eckaus R S. Trial Solutions to a Model for the Projection of Future Carbon Draft Paper. 1994.

[6] Schmaleness R. World Energy Consumption and Carbon Dioxide Emissions in China, Dioxide Emission(1950 —2050), 1995.

[9][10] [美]Rubin E S. 工程与环境导论[M]. 郝吉明, 叶雪梅, 译. 北京: 科学出版社, 2004: 8, 49.

第一章

可持续发展：人类的必然选择

> 如果人类是在走这种造成破坏因素的道路，那就应当趁着为时还不晚的时候，自发地改正自己的行为。否则，我们自身将不可避免地由于全球性的灾难而遭殃。
>
> ——［意大利］奥·佩切伊（Aurelio Pecei）

- 如果人类不改变其发展道路，那么"增长的极限"确实有可能存在
- 科技解决环境问题是有限度的，单纯依靠科技进步不能解决环境问题
- 经济增长不等于社会发展，必须从"经济增长观"走向"可持续发展观"
- 可持续发展的具体行动纲领是人类社会发展方式的整体改变

在工业革命以前，人类所面临的问题是生产和消费不足的问题，也就是生存问题。自从工业革命以后，人类的生产能力有了极大的提高，生产和消费不足的问题正被逐步解决，但是，新的问题，如人口问题、资源环境问题逐渐凸现出来，迫使人们对过去的发展道路进行反思，努力摆脱困境，由经济增长观走向可持续发展观。

一、环境危机与"增长的极限"

1944年，美国海岸警卫队在白令海上的圣马修岛引进了29只驯鹿为19位控制台人员作后备食物。第二次世界大战结束一年后，基地关闭，工作人员撤出该岛。1957年，当美国渔业和野生动物部的生物学家大卫·克莱因（David Klein）再度造访该岛时，发现一个数目多达1 350只的兴旺驯鹿种群，它们以覆盖在这座32×4英里的岛上4英寸厚的苔藓为食。因为没有任何捕食者，驯鹿的数量爆炸性地增长。到了1963年，数量已经达到了6 000只。但当他1966年再度回来时，看见的却是一座散布着驯鹿骨架不再有苔藓的岛。只有42只驯鹿存活下来：41只雌鹿和一只不完全健康的雄鹿。没有一只小鹿。到了1980年左右，剩下的驯鹿相继死光了。

这样的案例在自然界中并非少数。生态学的研究发现，无论是植物、动物还是人，都有营养需求，这种需求来自于其所处的生态系统及物理环境。但是，生

态系统为每一种有机体供应的营养是有限的,每个生态系统都有一个其能供养的种群数量大小的极限。一旦一种种群的数量过大,就会使生态环境过载,结果是种群规模面临压力而开始萎缩。

对于人类,有可能存在这样的困境吗?如果存在,人类将怎样摆脱这一困境呢?

1. 全球环境危机与"增长的极限"

人类是生态系统的一员,既不可能违背生态系统规律,也不可能脱离生态系统而存在。人口的过度繁殖必将给自然生态环境带来压力。关于这一点,英国历史与经济学教授马尔萨斯(Thomas Robert Malthus)在 1798 年出版的《人口论》一书中作了阐述。他认为,既然性欲是永恒的,人口将以几何级数——指数速度增长,而土地、粮食和物质资源的供应是以算术级数增长,如此一来,人口的增长速度将快于人类食物供给的增长速度,人口过剩和食物匮乏就成为必然,饥馑、瘟疫和为争夺资源而进行的战争也就不可避免。他认为,不是有限的自然资源和劳动力导致了对人口增长的限制,而是人口增长导致了资源的过度使用和劳动力市场价值的下降;不是资源和劳动力的缺乏产生了贫困和人类的灾难,而是人口增长导致了这一点。人口增长是人类苦难的最重要原因。

真的如此吗?他的理论提出后,很多人从各种不同的角度表示怀疑。他的同时代人,法国政治经济学家孔德赛(Condorcet)就指出,科技进步将会抵消回报的递减:"新工具、技术和织机能增加人类的力量……(并且)……立即提高人类生产的质量和精确性,能减少那些不得不花费在它们上的时间和劳力……数量很少的土地将能够产出更多的供应……并且产生更少的原料浪费。"[1]

不能说他的反对没有一点道理。综观马尔萨斯之后人类社会的发展,可以发现,虽然人口变化真的如他所预言的那样呈指数增长了,但是,随着科技的进步以及人类社会的发展,农业的生产效率提高了,人类的物质生产和资源供应并没有像他所预言的那样呈算术级数增长,而是呈指数增长,人们的生活反而越来越好。但是,人类社会在使得人口和生产呈指数增长的同时,也使得资源消耗和环境破坏日益剧烈,让全世界共同面临复杂的环境问题(图 1-1)。整个 20 世纪,人类消耗了 1 420 亿吨石油、2 650 亿吨煤、380 亿吨铁、7.6 亿吨铝、4.8 亿吨铜。占世界人口 15% 的工业发达国家,消费了世界 56% 的石油、60% 以上的天然气和 50% 以上的重要矿产资源。如此巨大的消费,是靠透支地球自然资源的存量取得的。这不仅减少了人类赖以生存的资源数量,出现了资源危机,而且破坏了生物赖以存在的生态环境基础,造成了地球所储存能量和物质的巨大消耗,引起地球生态呈现失调的、不稳定的状态,引发了自然地理环境的恶化,无情地报复了置自然地理环境保护于不顾的人类。如果听任这种状况继续下去,那么人类社会的发展在一定时间内达到某一极限之后很可能会出现崩溃。

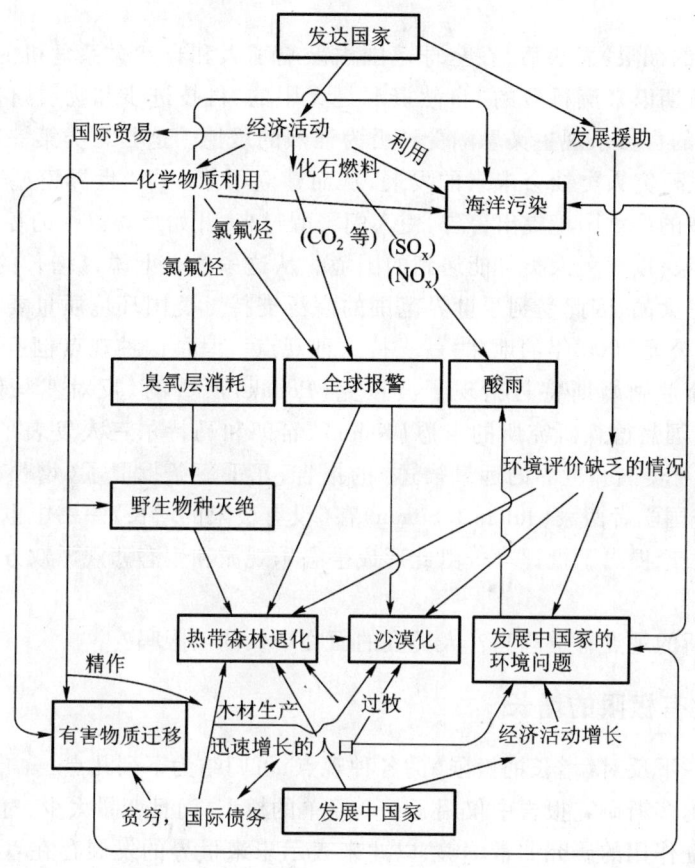

图 1-1　复杂的世界环境问题[2]

作为"罗马俱乐部"成员,美国科学家梅多斯(Meadows)对此问题进行了深入研究,他在 1972 年出版的《增长的极限》一书中,提出了"增长的极限"的概念。在该书中,他指出,地球是有限的,在地球上决定人类命运的有五个因素:人口、粮食生产、工业化、环境污染和不可再生的自然资源消耗,这五个因素每年都按指数在增长。当这许多不同的因素在一个系统里同时增长时,在一个较长的时期中,每一个因素的增长都将最终反馈影响自身,从而形成恶性循环。比如世界人口每三十年翻一番,工业生产每十年翻一番,如此就会继续出现更多的人口和更高的人均资源需求,而增加了的资源消耗又将加剧环境污染,这样粮食生产就会下降,最后使人口减少……这个恶性循环走向极端就是地球上的不可再生资源被耗尽,环境污染无法消除,粮食生产增长终止。同时,在资源耗尽之时,越来越多的资本必须用于获得资源,只剩下极少投资被用于未来的增长,最后投资跟不上折旧,工业基础就崩溃。总之,人与自然界在相互作用中最终将遭到灾难性的冲击。

《增长的极限》发表后,在全球范围内敲响了人和自然关系危机的警钟,使西方社会长期以来流行着的"自然资源是无限的、科技进步和物质财富增长是无止境的"的盲目乐观主义思潮受到极为强烈的震撼。这是人类第一次用系统动力学方法研究人类社会未来的发展,从而建立了第一个"世界模型";第一次对人类发展的严重困境提出警告,使人们警醒过来,开始反思以往的社会发展道路,寻求对策,以避免人类可能遇到的困境。从这一意义上说,《增长的极限》历史功绩是巨大的,因此受到了世界范围的广泛支持。美国环境质量委员会等组织编写的《公元2000年的地球》就支持这种观点。但是这种观点也遭到很多人的反对。荷兰阿姆斯特丹出现了波拉克(Pollak)所著的《反对罗马俱乐部》;1976年,美国赫德森研究所的卡恩(Kahn)、希朗和马特尔三人发表了《下一个两百年:关于美国和世界的远景描述》的报告,几乎逐条批驳了《增长的极限》;1981年,美国学者西蒙(Julian L Simon)在《没有极限的增长》一书中也对罗马俱乐部的极限论提出了批评……由此形成生态乐观派和生态悲观派双方长期对峙的局面。

梅多斯的观点有道理吗?人类真的面临增长的极限吗?

2. 没有极限的增长

综合一下反对《增长的极限》的各种观点,可归结为下列几点:

(1)梅多斯研究报告中仅用了一个简单的模型,而且变量太少,对五个变量之间的相互作用的研究非常不够,以此来表示未来世界的发展存在着很大的局限性。而且,这种模型分析所假设的未来的人口、工业生产、粮食生产、环境污染和对不可再生的资源消耗都呈指数增长也不一定必然如此。

(2)梅多斯静态地使用资源的"已知储量"除以当时每年的消费量,得出尚能供应消费的年数是错误的。实际上,对于资源可以有一个"可发现储量"的问题。这导致《增长的极限》中的一些预测是错误的。如《增长的极限》预测,金、水、银、锡、锌、石油、天然气、铜等分别在1981年至1993年用完。现实是这种情况并没有出现。《增长的极限》没有足够重视原料贮存的可能性。

(3)人口增长不仅不是坏事,还是一件好事。因为人口的增长、资源消耗的增加将迫使人们推动技术进步,寻找更多的、更廉价的资源,借此消除人口增加所带来的资源压力,资源问题并不存在。西蒙就持有这一观点。

在这种思维的基础上,有些人认为,提出"增长的极限"的人们不过是一些不切实际而又固执己见的"卡珊德拉"(Cassandras,意指遇事过分悲观的人),他们习惯性地描绘一些不真实的悲观的图景,"增长的极限"并不存在。

真的这样吗?增长的极限真的不存在吗?或者真的存在没有极限的增长吗?答案是否定的。下面的分析表明了这一点。

3. "增长的极限"确实可能存在

首先,《增长的极限》一书所使用的模型简单,并不必然导致它的结论错误。而且,随着研究模型的完善,所得的结果将会越来越准确。梅多斯对此进行了修正,得出的结论是:

(1) 人类对许多重要资源的使用以及许多污染物的生产都已经超过了可持续的比率。不对物质和能量的使用作显著的削减,在接下去的几十年中人均粮食产出、能源使用和工业生产将会有不可控制的下降。

(2) 上述的下降是不可避免的。要想防止这种下降,两个改变是必须的。第一便是修改使物质消费和人口持续增长的政策和惯例;第二是迅速地提高物质和能源的使用效率。

(3) 可持续发展的社会在技术和经济上都是可能的。它比试图通过持续扩张来解决问题的社会更可行。向可持续发展的社会过渡需要兼顾长期的和短期的目标,同时又要强调产出的数量。它需要的不只是生产率和技术,它还需要成熟、热情和智慧。[3]

其次,虽然《增长的极限》一书中的某些预测没有成为现实,但是,这并不意味着人类发展的未来不会出现资源短缺、环境破坏。诚然,发达国家的环境确实有所改善,但这并不意味着《增长的极限》没有言中,而这正是因为他们听从了它的警告,从而改变了事态发展的方向。现在人类生存的整体自然环境,并没有比罗马俱乐部在20多年前的预告更好。1999年联合国环境规划署发表了一份题为《2000年全球环境展望》的报告,在综合了全世界850多位科学家和30多所著名研究机构的意见后指出:联合国环境发展会议召开7年后,在体制建设、国际共识的建立、有关公约的实施、公众参与和私营部门的行动方面已取得一些进展,一些国家成功地抑制了污染并使资源退化的速度放慢,然而总体情况是全球环境趋于恶化,重大的环境问题仍然存在于所有区域和各国的社会经济结构之中,制止全球环境恶化的时间所剩不多。尽管国际社会对改善环境采取了许多措施,但是全球性的生态环境问题不仅没有缓解,反而加剧了。

再次,人口增长刺激技术创新这一点乍一看有点道理,其实不然。人口增长所导致的自然资源短缺,确实有可能促使人们进行技术创新和市场变革,生产更多的资源,以满足日益增长的人口对资源消耗的需要。但是,它并不总是这样。原因之一是,如果较快的人口增长不能推动和提高技术创新的速度,从而使收入增长的速度快于人口增长的速度,那么,就有可能导致人均国民收入的停滞甚至实际减少,形成恶性循环。原因之二是,技术创新的原动力在一个复杂的社会中不是或主要不是由人口因素所引起的资源短缺决定,而是由其他非常复杂的政治、经济、文化等因素所决定。人口增长、资源短缺并不一定导致技术创新,相反很有可能阻碍技术创新。因为工业社会中的技术创新是以节省劳动、提高劳动生产率为特点的,这一点与利用大量劳动力的劳动密集型经济不同,它并非由于人口众多产生出来。这表明,人口的增加,并不必然刺激技术革新,从而能够超越增长的极限。相反,倒有充分的证据表明:"缓慢的人口增长对于世界上绝大多数发展中国家来说,将会有利于经济发展。"[4]而且,科学家经过研究发现,很少有证据表明人口减少将减缓技术革新的速度、降低经济效率和经济规模,从而导致较低的人均收入。如此就应该认真考虑新马尔萨斯理论了。

即使不考虑所有上述方面,默认人口的增加推动了科技进步。科技进步真的能够找到人工制造的资源以替代自然资源,克服人口增长所引发的资源短缺吗? 单纯的科技进步真的能够解决人类所面临的环境问题吗?

二、科技解决环境问题的限度

有人认为,科技的认识及其应用的历程表明,一部科技发展和应用史就是一部变不能为可能的历史。如18世纪法国科学院的一些科学家不相信陨石是从天上掉下来的;19世纪的一些数学家坚持说火车头的速度不能超过21英里,若超过此速度,空气就会被驱出,旅客便会窒息而死;1943年,IBM总裁沃森(Thomas Watson)曾说,"我认为整个世界的计算机市场需求也许是5台";甚至直到1977年,数据设备公司(DEC)创办人奥尔森(Ken Olsen)还坚持"任何个人都没有必要在家里摆上一台计算机"……但是他们的这种不可能性预言被打破了。以致很多人发出这样的惊呼:科技进步能够将一切不可能转化为可能;过去认为很多不可能的事情,现在已经实现了;过去没有的,现在有了;现在没有的,将来会有;没有科技所不能为的;科技进步能够减少资源的消耗、能够使有限资源无限化、能够满足高消费对资源的需求、能够不再产生新的环境问题、能够解决由其他因素引起的环境问题等,科技进步必将能够解决人类所面临的环境和资源问题。

真的是这样吗? 答案是否定的!

1. 资源消耗总量并不一定随科技进步而减少

回顾历史,不难发现,每一种经济时代都将造就一批发达的国家和民族。原始自然经济时代造就了四大文明古国;劳动力资源经济时代,造就了欧亚文明的发达;现代自然资源经济时代造就了西方经济的崛起。由此,有人认为,随着科技的进步,劳动生产率的提高,单位资源的利用率必将大大提高,对资源的消耗必将大大减少,而且信息技术的进步必将促使人类更多使用知识信息,从而减少对物质和能量资源的消耗,这些必将使得人类对资源的消耗大大减少。

实际并非如此。可以说,现在人类仍然处于现代自然资源经济时代,对自然资源的大量消耗不可避免。谁占有的自然资源越多,谁开发的自然资源越多,谁的经济就越发达。虽然在未来的知识经济时代,知识的应用提高了劳动生产率和资源的利用率,但这并不一定意味着减少了资源利用量。道理很简单——虽然知识的进步增强了人们认识和改造世界的能力,但是也使人类开发利用资源的力度、广度、深度、速度提高了,资源消耗增加了。况且世界人口的增长,经济的发展,生活质量的提高,消费社会的兴起也使人类所耗资源日趋增长。过去的人类社会发展的历史充分证明了这一点(图1-2)。

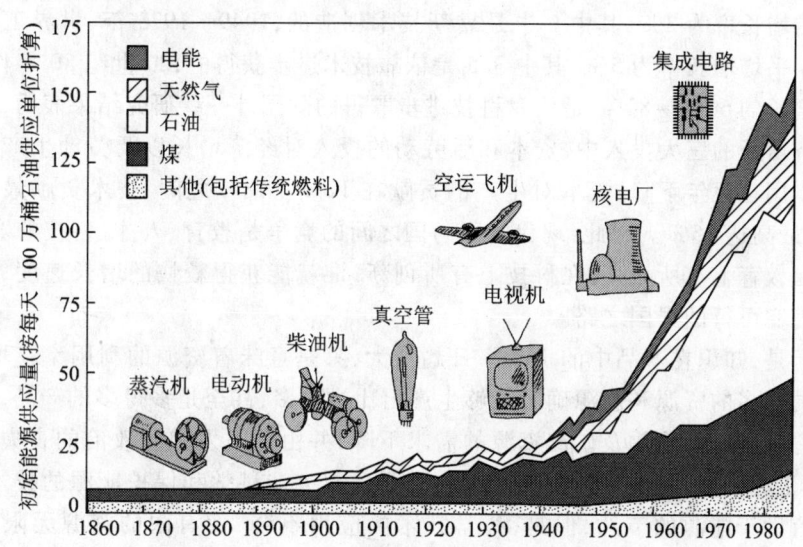

图1-2 工业时代能源消费的增长[5]

当然,过去的历史并不代表以后的发展,未来的科技进步在推动新的资源开发和利用的同时,也有可能减少资源的使用量。但是,从宏观的角度分析,我们确实不能肯定人类未来的资源消耗必将减少。

2. 科技进步并不能使有限资源无限化

有人认为:在信息社会,为国家发展提供动力并决定其在国际政治中所处地位的因素,已从农业文明的农产品、工业文明的化石资源转为智力资源——知识和掌握知识的人;从依附于土地,以土地为载体,转为以人脑为载体,以人为中心;知识和技术已成为主要资源。由此,地缘政治理论将丧失它曾在历史上的主导性地位,而让位于新的"智缘政治理论"。

这里所说的智缘政治是指在信息社会中,各国视智力资源为国家实力最重要的构成要素,致力于人才的培养和争夺,通过知识的竞争来谋求其在国际关系领域的优势地位,即各国致力于科技的角逐。"因为高度发达的知识能产生新的材料、利用新的能源、使有限的资源无限化,因而各国对农作物及矿产资源的需求下降。这使得以夺取土地为目的的战争不再成为增加财富的主要手段。"[6]

不能说他们的看法一点道理也没有。在当今,科学技术已经成为第一生产力,随着生产、技术、科学的关系由生产→技术→科学向科学→技术→生产的历史性转向,科技转化为生产力的周期明显缩短,已成为提高劳动生产力,加速经济发展的前提条件。据有关权威人士估计,1913—1940年,世界工业总产值的年平均增长率为2%,其中一半是靠新技术创造的;1949—1973年,世界工业总产值年平均增长率为5%,其中3/5是依靠技术进步获得的;20世纪80年代后,经济增长的60%~80%是依靠科技进步取得的。国外一些研究结果表明,在促进经济增长的三大投入中,资本和活劳动的投入对经济增长以及劳动生产率提高的作用在逐年下降,资本对生产的贡献在12%~18%之间,技术贡献最低为40%,最高达75%。因此,现代的国与国之间的竞争是教育、人才、科技的竞争,谁能在教育上有所振兴,在科技上有所创新,谁就能获得较快的增长速度,走上一条确实可行的强国之路。

但是,知识在产品中的贡献率日趋增大,只是意味着资源的利用率在增强,利用同样多的资源和能源确实能够生产出比过去多,甚至是多得多的产品,并不意味着各国对农作物及矿产资源的需求下降,并由此引发地缘政治的丧失。今天,向工业社会或者向信息社会过渡,需要采用尖端科学和保护能源的技术,这自然有助于能源的节约,但是,科学技术的应用不会"使有限的资源无限化"。不要忘记,目前节约资源、有利于保护环境的技术主要应用于信息领域。而信息领域需要冶金、采矿、化学等传统工业部门的产品。另外,在人类所经受的一切巨大变化中,农田、森林、水和渔业资源的退化和衰竭将是未来几十年内社会动荡的最主要根源。自然资源的减少会造成巨大的恶果,不仅使现有的许多问题存在下去,而且会产生许多新的问题。对这些问题,科学技术的发展至少无法彻底解决。

3. 科技进步不能满足高消费对资源的消耗

美国著名的战略学家兹比格纽·布热津斯基(Brzezinski)曾经忧心重重地指出,一股追求丰饶中的纵欲无度的精神空虚之风正在主宰人类的行为。"界定个人行为的道德准则的下降和对物质商品的强调,两者相互结合就产生了行为方面的自由放纵和动机方面的物质贪婪。'贪婪就是好'——20世纪80年代后期美国雅皮士的口号——对于丰饶中的纵欲无度来说是恰如其分的座右铭。"[7]

只要人类不改变这种"丰饶中的纵欲无度",那么试图通过科技进步来改变目前人类面临的资源危机就只是一句空话。目前发达国家一个居民消费的资源约等于发展中国家的3~8倍。一个美国人消费的粮食是非洲居民的8倍,煤炭是500倍,石油是1 000倍。试想,如果非洲居民达到美国人的资源消费水平,全球居民达到美国人的资源消费水平,该需要多少资源?对资源的这种需求能够由知识的进步降低或代替吗?

这绝对不能。虽然知识的进步可以延缓不可再生资源的使用年限,可以寻找到替代原有资源的新资源,可以增加可再生资源的数量,但是,它不能改变人类对资源需求量的日益增长,不能改变人类对资源的日益强烈的需求渴望。知识的进步所减少的资源消耗量远远不能弥补人类出于物欲对资源需求的增加量。

更何况在现代,人均自然财富水平并没有很大提高,相反,环境资源对人口的承载力日趋脆弱,正在向极限逼近。世界上目前已有100多个国家粮食不能自给。目前全球剩余可采石油储量约为1 511亿吨,仅可维持50年,仅仅20世纪内,全球矿物燃料的使用量就增加了30倍。由于人口增长,可供淡水资源更为紧张,加上污染影响,导致淡水危机。在这种情况下,谈论科技进步能够满足人类的消耗无异于痴人说梦,与社会发展的现实相背离。

4. 科技进步不能解决由其他问题引起的环境资源问题

产生环境问题的原因集中起来有人口、政治、经济、文化伦理、科学技术等。由非科技因素引起的环境问题可以由科技进步来解决。但是,单纯依靠科技进步是不能完全解决由其他因素引起的环境问题的。在此以人口为例,对这一问题加以分析。

人类可以找到一些资源的替代品,从而在一定程度上缓解资源危机。例如,对于能源的减少、石油的短缺,我们可以利用能源保护和建造更有效的机械设备去提高资源的利用率,也可以找出可替换、可更新的能源去弥补。但是,只要世界人口继续以指数增长,那么,单靠科技进步并不能解决资源问题。

现在我们前瞻性地探讨一下氢能源的利用情况。假定在不远的将来,热核聚变研究取得了突破性的进展,以至于重氢(氢原子的一种,它的质量数为2)能够被用作产生原子能的燃料,那么,如果世界人口保持不变,并且以现在的强度消耗能源,海水中的重氢将可供人类使用100万年。有人甚至给出了更大的数值。但是,如果世界人口以每年1%(现在1.33%)的速率增长,即使每个人所消耗的能源与以前一样多,那么,上述100万年燃料的储存也将在920年内用完。

从100万年到920年,说明了人口指数增长对能源使用年限的巨大影响,尽管1%看起来不是一个大数字,但是,按照人口指数增长公式,它意味着每79年人口将翻一番,这样经过920年的翻番,人口数字将是巨大的。

有人会说,你这里没有考虑提高能源的使用效率。依靠科技进步,人类完全有可能使得每一个人消耗的能量只有以前的一半。这难道不会大大延长能源的使用时间?

真的不会,通过计算可以回答。假定人口仍然以不变的速率增长,我们所做的只是降低能源的消耗,在经过一个类似的计算后,得到了一个令人失望的结果:海水中的重氢只能使用 990 年。

990 年只比 920 年多 70 年,效果不明显,说起来不太令人相信。但是,情况确实如此。这一结论可以普遍化。假定人口以 n 年翻一番进行指数增长,即使每个成员削减一半资源的消耗量,那么资源的使用寿命也将仅仅延续 n 年。

这表明单纯的技术进步对于解决能源危机效果不大。只要人口以指数形式增长,那么,资源的永恒以及人类价值的永恒之塔将会倒塌。

说到这里,有人会说你这里只是举了核能的例子,可利用的替代能源、可更新能源很多,如太阳能、海洋能、生物质能等,对这些新能源的开发应用,肯定能够将人类从能源危机中解放出来。

真的如此吗? 以太阳能为例,太阳持续不断地储存在地球表面的能量大约为 4×10^{16} W。我们现在的技术可开发利用的太阳能只相当于地球接受的总辐射能量的 0.076%。假定我们乐观地预言技术的进步,使我们能够使用上述能量的一半,即使用效率达到 50%(这个数字是非常高的),这对解决能源危机意味着什么呢? 在经过若干年之后,为了满足地球上人类的需要,地球表面将完全被太阳能收集器覆盖。

世界上总的能量消耗当前已经达到大约 10^{12} W,来自太阳的可用的总能量大约是现在来自其他能源的 20 000 倍,如果以同样的强度使用能源,同时人口以 1% 的速度增长,那么在整个地球被太阳能收集器覆盖之前,我们只能增加能量消耗 20 000 倍。计算结果表明,也只是在经过不到 14 次的翻番之后,人类所消耗的太阳能就达到可利用的最大数值。如果以每次翻番的时间 70 年计算,那么最终经过的年限也只有大约 1 000 年。

上述论证表明,如果不减少人口的增长率,那么,其他能源的开发利用也只能满足人类使用有限个年头。[8]

在这里我们看到了人口数量呈指数增长的威力,看到了控制人口将是一个比技术进步对解决能源问题更有效的方法,又一次体会到了更先进的技术并不能解决所有问题。这也表明:由其他因素如人口、政治经济、文化价值观念等产生的环境问题不能用科技完全解决。

因此,最有效的解决方式是减少人口增长率。假定我们将人口增长率从 1% 减少到 0.5%,并且假定每个人口的能源消耗保持不变,那么海水中的重氢的使用寿命将从 920 年增加到 1 700 年。1 700 年是一个不小的数字,但是,在人类的历史长河中,也仅仅只是一个小片断。我们已经经历了 6 000 年有文字记载的文明史,我们还想拥有更长的人类发展史。要达到这样的目的,还需要我们做很多工作。

5. 科技应用会产生新的环境问题

从以往的历史看,科技应用产生了环境问题。从现在和未来的一段时间看,科技的应用肯定还会产生新的环境问题。其理由是:从科技开发和利用的目的看,它主要是为经济服务的,而不是为生态环境服务,这必然导致科技发展应用的经济合理性和保护生态的不合理性。除此之外,为了解决这些问题以及保证科技未来的应用尽可能少地产生环境问题,人们发展了环境科技。但是,环境科技的发展和应用只是科技发展和应用的一个方面,不可能涵盖以及超前于科技的发展和应用,不可能完全解决由科技引起的环境问题。这一切必将导致:产生环境问题,解决环境问题,再产生环境问题,再解决环境问题……这样一个永无止境的过程。

专栏 1-1

基因工程的环境风险

对于基因工程,人们能够利用它创造效果神奇的药物,进行基因疗法,促进人类的身体健康;能够生产出优良植物品种、转基因动物及动物产品,解决饥饿人口的温饱问题;能够生产特定的能源和纤维,构筑一个"可再生"的"新社会",对于推动社会的发展具有重大的意义。但是,基因工程有可能带来负面效应,带来生物风险。具体表现在下列几个方面:

(1) 在开发利用基因技术时,有可能出现意想不到的安全问题。如转基因动植物在环境释放后,可能占领其他作物的领地,也可能干扰原先物种的进化,使自然的生态平衡遭到破坏,对生物多样性构成威胁。此外,基因工程药物、疫苗、转基因食品、基因治疗等都可能存在各种各样的问题。

(2) 基因技术的误用也可能带来很大的安全隐患。如澳大利亚科学家曾将IL-4基因导入鼠痘病毒,再注入鼠体内,试图研制一种灭鼠用的节育疫苗,但导入的病毒摧毁了植入鼠的免疫系统,导致所有实验鼠在9天内全部死亡。

(3) 基因技术将使基因武器成为现实。通过生物技术可使生物战剂毒力更强,对环境的抵抗力更大,对抗生素产生抗性,使原本有效的检测、治疗和预防措施失去作用,甚至可能人工制造出新的微生物毒剂和战剂。它可以大大提高生物战剂的生产能力,使得生物技术成为制造生物武器、进行生物恐怖活动的工具。不仅如此,生物技术使种族基因武器成为可能。随着人类基因组计划的完成以及对人类基因背景的认识,完全可以针对不同种族的基因差异,设计出攻击特定人种的基因武器。

鉴于此,需要我们针对这种潜在的危险,采取强有力的措施,有选择地发展基因技术,控制基因技术的使用,尽量避免由基因技术所带来的生物风险。例如,在创造基因工程产品时,用其他一些保险的方法控制外源性基因的扩散和污染;选择外源性基因不易扩散的方法生产人们所需要的产品;在创造基因工程产物时,不用跨物种的基因,只用某种物种自身的基因等。

6. 科技应用对环境影响的延迟效应

所谓延迟效应,"就是事物的产生与其影响显露之间总会间隔一段时间。"[9]这种现象广泛存在于科技应用对自然的破坏上。如 DDT 是于 1874 年合成的,1939 年发现它具有杀虫特性,1942 年投入生产使用,在使用的很长一段时间里,它对环境和人类的影响都没有表现出来。直到 20 世纪 50 年代,人们才发现它会对环境和人类产生危害。当 DDT 被喷洒到田地中间,其中一部分蒸发,然后随空气落回土地或海洋。在海洋中,一部分 DDT 被浮游生物吸收,浮游生物又被鱼吃下去,这些鱼又被人吃下去,在这个过程的每一步,DDT 毒性都因为吸取过程而降低,因而对人造成的伤害也不大。但影响较小并不等于没有。如果 DDT 在人体内不断积聚,毒性就会日益明显,就会严重损害人的内脏系统。这种延迟效应一方面增加了人们认识科技应用的环境负效应的难度;另一方面也增加了在意识到这种危害时采取各种措施控制环境破坏的难度。如影响臭氧层的氯氟烃(CFC),从 20 世纪 40 年代以来一直被广泛地使用着,1974 年关于它会破坏臭氧层的论文才发表,也使人们第一次认识到它的危害。13 年之后,蒙特利尔协议才签订。从协议到伦敦的加强执行又过了 13 年。至于把氯从平流层中完全除去还需要一个世纪。这表明科技产生环境问题的复杂性和环境问题解决的长期性、艰巨性。

7. 环境科技应用的成本增加

科技能否解决环境问题还与科技改造自然和保护自然的成本有关。当然,随着科技的进步,科技获得自然资源和生产新产品的成本在逐渐减少。但是,不可否认,由于"某种技术的利益越是强大和深远,那么它失败和误用后的附带效应很可能越严重。某种技术可从无序中产生的结构越多,那么它的产物离热平衡就越远,要去逆转相应的过程就越困难。"[10]具体表现在下列两方面:

第一,随着对不可再生资源的开发利用,存在于自然中的一些资源如金属矿石的含量就要减少,从而导致开采这一矿物所需的能量和产生的废弃物急剧增加,生产同样多的产品需要更多的能源和将产生更多的废弃物,如图 1-3 和图 1-4 所示。

第二,随着环境标准的提高,对废弃物的处理成本越来越大,如图 1-5 所示。

图 1-5 中去除二氧化硫的成本曲线是针对东欧的,以德国马克计;而氮氧化物曲线则是针对西欧的。从图 1-5 可以看出,仅减少大烟囱排放管中排放的

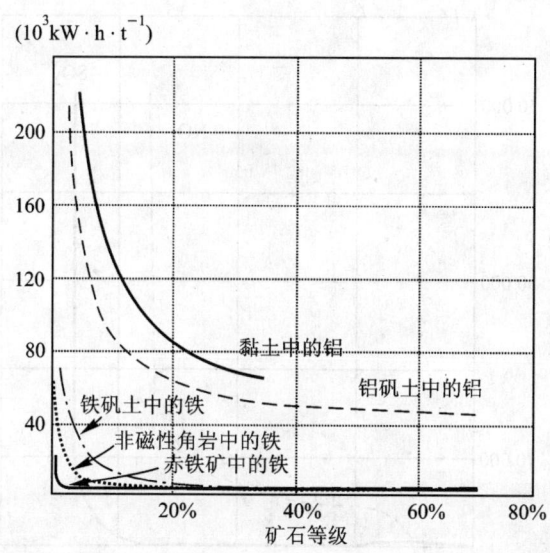

图1-3 从矿藏中提炼金属所需的能量随着金属含量的下降而急剧增加[11]

二氧化硫的80%是不需花费太高代价的,但是,在此之后,要想进一步除去更多的污染物,就需要非常高的成本了。这里可能有人要说,环境标准的提高不是无限的,因此,对废弃物的处理成本就不是无限增长的。这有一定道理,对于有些污染物,情况确实是这样。但是,随着人们生活水平的提高,污染总量的加大,对环境标准的要求将会越来越严格,从而使治污成本上升得很快。而且,从污染物的总量考虑,有时需要对污染物进行彻底的清除。如为了维护一个有利于人类和生态的城市大气质量,就需要减少汽车尾气的排放。当汽车的数量增加一倍时,就必须把每辆汽车排放的污染物减少一半才能保持以前的空气标准;当汽车数量翻两番,就要减少75%的污染;当汽车数量翻三番,就需要减少87.5%的污染。这时减少汽车尾气排放的成本就非常高了。这也是科技进步不能完全解决环境问题的一个重要原因。它表明,有时并非科技本身不能解决这一环境问题,而是这样的解决太昂贵了,经济状况不允许这样做。

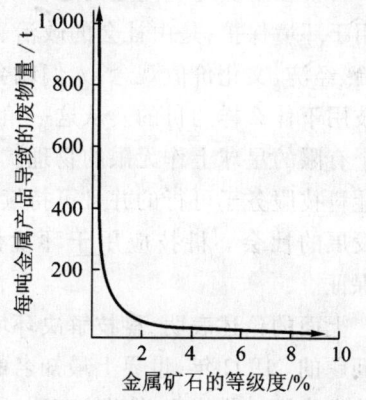

图1-4 金属矿石含量的下降使开采矿石所产生的废物量急剧增加[12]

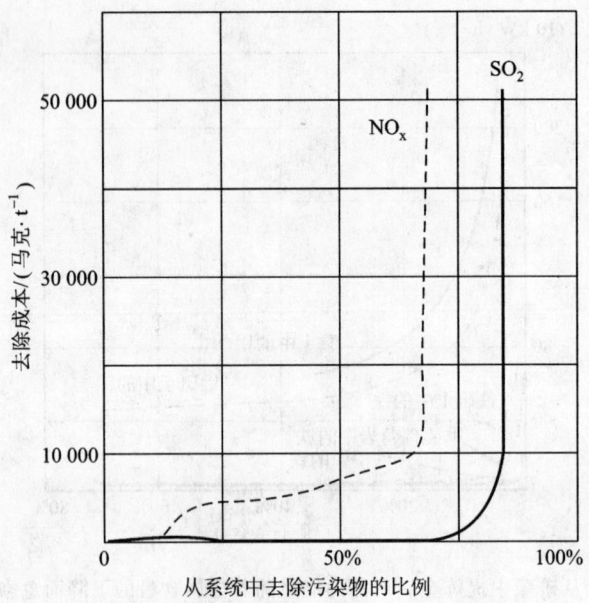

图1-5 污染减少的非线性成本[13]

8. 科技的应用要受到其他因素的限制

科技在解决环境问题的过程中仅仅是工具,它们能否应用于环境保护,怎样应用于环境保护,是由社会的政治、经济、文化价值观念等决定的。有什么样的政治、经济、文化价值观念,人们就会开发出什么样的科技,或将已经开发出来的科技用于什么样的目的。从这一角度看,如果人类仍然抱着征服自然的态度,在一个有限的星球上作无限的物理扩张,就必将导致生态环境危机。相反,如果人类让科技服务于可行的并且可持续的目标,则科技又可帮助人类建立一个可持续发展的社会。科技应用于环境保护需要有政治经济制度和文化价值观念的保证。

上面的论述表明,科技解决环境问题是有限的,单纯应用科技是不能解决环境问题的。1992年,世界上最知名的两个科学组织,美国国家科学院和伦敦皇家学院发表了一份史无前例的声明:科学和技术上的进展不再能使我们避免环境恶化和大多数人的持续贫困,这一结果是不可逆转的。[14]为此,人类必须抛弃对科技不切实际的想法,反思人类社会发展的传统轨迹,矫正人类社会的发展模式及其方向,超越"增长的极限",摆脱人类所面临的生态环境危机。美国理查德·托尼(Richard H. Tawney)就说,在这个非同寻常的时代,仅仅往前走是不够的。我们有必要弄清楚自己的方向,如果不知脚下的路通向何方,就要另择他途。重新选择需要重新思考,这对于那些自称切合实际的忙乱人群来说,也许是不适宜的……但是一个迷途的旅人所应做的最切合实际的事情,不是沿着错误的方向继续以最快的速度前行,而是考虑如何找到正确的道路。

三、从经济增长观到可持续发展观

怎样超越"增长的极限"呢？有人认为,应该实行生态保护第一,发展经济和科技第二的"抑制增长"或"零增长"的生产模式。这样的生产模式对于发达国家和发展中国家都是行不通的。实际上,超越增长的极限并不必然要求把保护环境凌驾于人类发展之上,摆脱生态环境危机与人类社会的发展并不矛盾,而只是与人类社会传统的发展模式相排斥。可以这么说,生态环境危机的产生是与人类社会以往的发展模式以及发展观念的不合理相关的。

1. 传统的经济增长观及其缺陷

在一切社会形式下,人类的生存和发展都必然以经济活动为前提,以经济增长来保护人类生活质量的提高,因此,增长经济成为人们孜孜以求的事情。这点在第二次世界大战后表现得更加突出。第二次世界大战以后,随着一大批殖民地、半殖民地国家的相继独立,整个世界都忙于战后的重建、恢复和发展。各国都把加速经济建设视为最紧迫的任务;战后独立的国家关心的是如何振兴本国经济,消除贫困,确立它们在世界体系中的地位,走上真正的自立发展之路。

在这样的背景下,在20世纪60年代之前,各国以发展经济学为中心、以物质财富的增长为发展目标来构建经济发展理论,促进经济的增长。当时,人们还没有把"发展"(development)与"增长"(growth)两个概念区别开来,而是认为经济增长可以解决诸如贫困、收入分配不公以及社会安定等一系列问题。在这种情况下,社会发展就成为一种经济行为,经济客体成为发展视界的唯一或主要选择,经济增长的具体标准成为衡量社会发展的尺度,社会发展仅仅归结为国民生产总值的增加:国民生产总值增加了,社会也就进步了,社会发展的程度也就提高了。这是传统的经济增长观。它将经济增长等同于社会发展。

发展是大多数人渴望的目标,通过经济发展获得社会发展是大多数人的希望所在。但是,传统的经济增长观注重近期和局部利益,片面强调经济发展,忽视人口、资源、环境的协调发展,很可能会带来人口膨胀、过度城市化、分配不公、社会腐败、政治动荡、环境危机等问题,也就是带来"有增长无发展"、"无发展的增长"或"恶的增长"的结果。

专栏1—2

仅有增长是不够的

以巴西的发展为例,巴西在第二次世界大战以后30年(1945—1975年)里国内生产总值每年增长率高达 10.2%,巴西的发展被人们称为"经济奇迹"。但是巴西的经济奇迹未能使巴西人民的生活质量得到有效改善,相反在巴西奇迹的背后存在着一系列难题:

(1) 分配严重不公,贫富差距不断扩大。据统计,巴西最底层的 50% 的人的收入占全部收入的比重 1960 年为 17%,1980 年降为 12.6%,而最上层的 10% 的人收入比重则从 36.9% 上升到 50.9%,收入最高的那 20% 的家庭和收入最低的那 10% 的家庭收入差距为 33:1,全国有 3 200 万人生活在绝对穷困线下,是世界上分配最不公平的国家之一。

(2) 巴西 159 家企业资产相当于国民生产总值的 50%,每年开支 210 亿美元,而平均每年向国家纳税却只有 100 亿美元,许多人在国营企业中无所事事,但这些企业却受到政治家的保护,政治家和国有企业领导人利用自己的职务之便大谋私利,给国家造成了巨大的损失。

(3) 外债负担过大,通货膨胀严重。巴西自 20 世纪 70 年代至 80 年代中期,投资大型项目高达 520 亿美元,其中大部分依赖向外借债筹集。1986 年巴西外债高达 1 044.48 亿美元。1990 年增至 1 200 亿美元,1988 通货膨胀率高达 933.62%。沉重的外债负担和恶性通货膨胀,严重地阻碍了巴西经济的进一步发展。

(4) 地区发展失衡。巴西按自然地理、经济发展水平和政治状况,大致可分为五个独特的地区:东南部、南部、东北部、中西部和北部。其中,东南部地区最发达,南部地区为发达地区,东北部地区为发展中地区,中西部地区和北部地区为落后地区。上述地区发展的失衡给巴西的经济发展带来了很大的负效应。一是导致巴西地区经济布局和产业结构布局的不合理;二是导致巴西国民收入分配极度不均,贫富差距进一步扩大;三是导致巴西人口分布不均;四是导致城乡差距扩大,城市人口急剧扩张。

这种情况必然引起人们的普遍忧虑,尤其是从 20 世纪 60 年代初到 80 年代,人类在经历了一系列重大的公害事件对经济和社会发展的严重冲击后,痛定思痛,开始反思和总结"经济增长观"。人们逐渐认识到,经济增长和社会进步之间是不能画等号的。单纯的经济增长不等于发展,虽然经济增长是发展的重要内容,但发展本身除了"量"的增长要求以外,更重要的是要在总体的"质"的方面有所提高和改善,即社会在整体的意义上获得进步。

2. 增长不等于发展

增长的含义是"通过吸收或生长产生新增物质从而带来规模上的自然增加",发展则意味着"扩张或实现某种潜能,逐渐达到更规范、更令人满意或更好的状态"。说某物增长了,是说它变得更大了;而说它发展了,是说它变得不同了。经济增长的含义较窄,通常指纯粹意义的生产增长。发展的含义较广,除生产数量的增长外,还包括经济结构和某些制度的变化。它不仅要有量的增长,而且要有质的提高。如此,经济增长和经济发展是不同的。经济增长意味着在一定时期所生产的产品数量和服务总量(GNP)的增长,也意味着通过一定经济系统的物质和能量的流动速率(自然流量)的增长。这样的增长在生物物理上是有限制的,甚至在经济上,即边际成本开始超过边际收益的意义上,也是有限制的,不可能超越资源再生和废物接纳的可持续的环境能力而永远持续下去。如果放任这样的经济增长持续下去,将使人们更加贫穷而不是更加富有,也将使得消除贫困和保护环境更加艰难。正因为这样,一旦达到这个临界点后,生产和再生产就应该仅仅是替代。物理性增长应该停止,质量性改进应该继续,最终由经济增长走向经济发展。

这就告诉我们,经济增长不同于经济发展,更不同于社会发展。社会发展必定要有经济增长,经济增长是一切社会发展的基础,是支撑其他一切政治、文化、法律、道德等的基础。一个国家要繁荣、稳定、发展,离不开经济增长。但是,经济增长并不必然带来人类社会的发展。以经济增长代替人类社会发展,是以人之外的"物"代替了人,以发展经济代替了发展人类,忽视了经济发展与政治制度、意识形态、文化价值的相互关系,必将引发一系列经济社会问题。

英国学者杜德利·西尔斯(Sears)意识到了这一点。他在《发展的含义》一文中指出:经济增长和社会进步之间不能画等号。"增长"和"发展"是两个不同的范畴。增长仅仅只是物质的扩大,增长本身是不够的,事实上甚至对社会有害;一个国家除非在经济增长之外,在不平等、失业和贫困方面趋于减少,否则不可能享有发展。法国社会学家佩鲁(Perrex)则认为,增长、发展、社会进步是性质不同的概念。增长是指社会活动规模的扩大。发展是结构的辩证法,是指社会整体内部各种组成部分的联结、相互作用以及由此产生的活动能力的提高。假如增长不能改变整体内部诸要素之间的关系和能力,就应被称为"无发展增长"。

鉴此,西方有识之士普遍主张应该由社会发展的经济增长观向综合的社会发展观转变。英国学者托达罗(Todaro)指出:"应该把发展看作包括整个社会体制重组在内的多维过程。除了收入和产量的提高外,发展显然还包括制度、社会和管理结构的基本变化以及人的态度,在许多情况下甚至还有人们习惯和信仰的变化。"法国学者罗兰·柯兰则把"社会进步指数"作为衡量社会、政治和文化现象的综合标准,其中包括技术系统、经济系统、政治系统、家庭系统、个人社会化系统、思想与哲学宗教系统等六大方面。1970年10月24日,在纪念联合国宪章生效25周年会议上,在通过的"联合国第二个发展十年(1970—1980年)"国际发展战略目标中,除经济指标外,还规定了反映社会政治状况改善的其他指标。与此同时,许多国家在制定国家计划时,不再像过去那样搞"国民经济发展计划",而是制定"经济社会发展计划"。

这种综合的社会发展观,唤醒了人们对自身社会发展终极目的的理性思考,提出了一种不同于经济增长观的新的发展战略,赋予了人作为发展主体的内涵,从以物质为中心的发展转到以人为中心的发展,为人们寻找更好的社会发展道路,打开了广阔的视野。

考察上述综合发展观,不难发现,它对社会发展的理解实现了从"一维的、无人的社会发展"向"多维的、有人的社会发展"模式的转变;在为当代人着想的价值取向下,考察了经济政治文化等社会主要方面的整体进步,揭示了人与社会之间或人与人之间关系上协调发展的必要性,摒弃了单纯以国民生产总值来衡量社会发展的局限性。这是其积极的一面。但是,由于受着时代的限制,它没有摒弃"人类中心主义",没有系统考察人类社会的发展与自然环境之间的关系,没有考察当代人的发展与后代人的发展之间的关系,也就是说,没有考察人类持续发展问题。一个美好的社会不仅应该是现在美好,而且应该也为未来的美好创造条件,应该使得人类能够永远地发展下去。否则,如果经济的增长以环境资源的损害为代价,则经济增长是不可能永远持续下去的。在这种背景下,在环境问题的突现以及寻求解决之道的过程中,可持续发展观的提出就成为必然了。

3. 可持续发展观的内涵

可持续发展作为一种概念,1980年首次在联合国制定的《世界自然保护大纲》提出;作为一种理论,于1987年形成于《我们共同的未来》;作为一种发展战略普遍被各国接受,是于1992年联合国环境与发展大会通过的《21世纪议程》。

可持续发展最权威的定义是在《我们共同的未来》中提出的:"既满足当代人的需求,又不对后代人满足其自身需求的能力构成危害的发展。"之后,不同学科的学者从本学科的角度出发,提出了一些有关可持续发展的定义。从这些定义看,可持续发展就是协调人与自然之间的关系和人与人之间的关系,以体现公平性原则、可持续性原则、协调性原则,最终达到自然的可持续发展、经济的可持续发展、社会的可持续发展。

自然的可持续发展是指维持健康的自然过程,保护自然环境的生产潜力的过程,使之能够满足经济和社会可持续发展的需要。自然的可持续发展是社会、经济可持续发展的基础。没有前者,后者的发展也不能实现。但是,前者的发展不是自发的。由于人类社会的进步、人类改造自然的力量的增强,人类因素已经成为自然发展变化的主要因素,因此,自然的可持续发展的实现必须由人类恰当的行为和思想来保证,由经济的和社会的可持续发展来保证。

经济的可持续发展是指在保护自然资源和环境的前提下,保持经济的稳定增长,最大限度地增加经济发展的利益,提高国家的收入,使环境与资源具有明显的经济内涵。这样看来,经济可持续发展有二:一是在经济发展过程中保持自然的可持续发展;二是在自然的可持续发展基础上保持经济增长。经济可持续发展的目的不是自然的可持续发展,保持自然可持续发展的直接目的是为了经济和社会的可持续发展。否定经济的可持续发展来追求自然的可持续发展,就是放弃人为,消极地顺应自然,以经济和社会的停滞发展为代价获得自然的可持续发展。可以说,这绝不是真正的可持续发展。可持续发展战略不仅要求自然、经济和社会的可持续,而且要求这三者要发展,要求在这三者的发展过程中保持三者的可持续,在这三者可持续的过程中获得发展。放弃发展是一种历史的倒退,不为现实所接受;放弃持续发展,是杀鸡取卵、竭泽而渔,会加快人类的消亡。两者都是片面的。鉴此,经济可持续发展绝不意味着增长,在决定经济增长方案之前,需要了解它是为了什么,需要多少自然成本,这样的增长能够持续多长时间,地球的资源消耗和存量可否接受,有无危及后代人的发展。在此基础上,积极地促进经济发展,以保护自然资源环境,推动人类社会向前发展。

可以说经济的可持续发展是可持续发展战略的核心和关键。自然的可持续发展在可持续经济的运行中实现,实现可持续发展的自然又为经济的可持续发展提供物质基础,也只有经济的可持续发展才能保证社会的可持续发展。

对于社会的可持续发展,一般是指满足社会的基本需要,保证同代人之间、不同代人之间在资源和收入上的公平分配。这一定义现在被人们普遍接受。它从时间的角度体现了可持续发展的特征。但是,它并没有充分阐述可持续社会发展应是一个什么样的状态,即什么样的社会才能保证其可持续发展。查尔斯·哈珀对此进行了阐述。他认为,一个可持续社会能够抑制人口增长并使之稳定;一个可持续社会将保存其生态基础,包括肥沃的土壤、草地、渔场、森林和淡水地层;一个可持续社会将逐渐减少或停止对矿物燃料的使用;一个可持续社会在任何意义上说,都将变得更有经济效率;一个可持续社会将拥有与这些自然、技术和经济特性相和谐的社会形式;一个可持续社会将需要一个信仰价值和社会范式的文化;在一个相互联系而且共同分享一个环境的世界中,一个可持续社会将需要在其他社会的可持续性基础上与其他社会进行合作——按照他们的不同环境。[15]

如此,社会的可持续发展是实施可持续发展战略的根本保证和最终目的!当然,可持续发展社会的建立是一个系统工程,其中任何一个要素的可持续发展都离不开其他要素可持续发展的支撑,唯有保证了社会整体的可持续发展,才能保证各要素的可持续发展。而只有保证各要素的可持续发展,才能保证社会整体的可持续发展。各要素可持续发展的最终目的是实现社会的可持续发展。中国科学院可持续发展战略研究组遵从系统学的理论和原则,对"可持续发展系统"的本质要素进行了遴选和研究,于2000年给出了可持续发展的系统基本构成图(图1-6)。

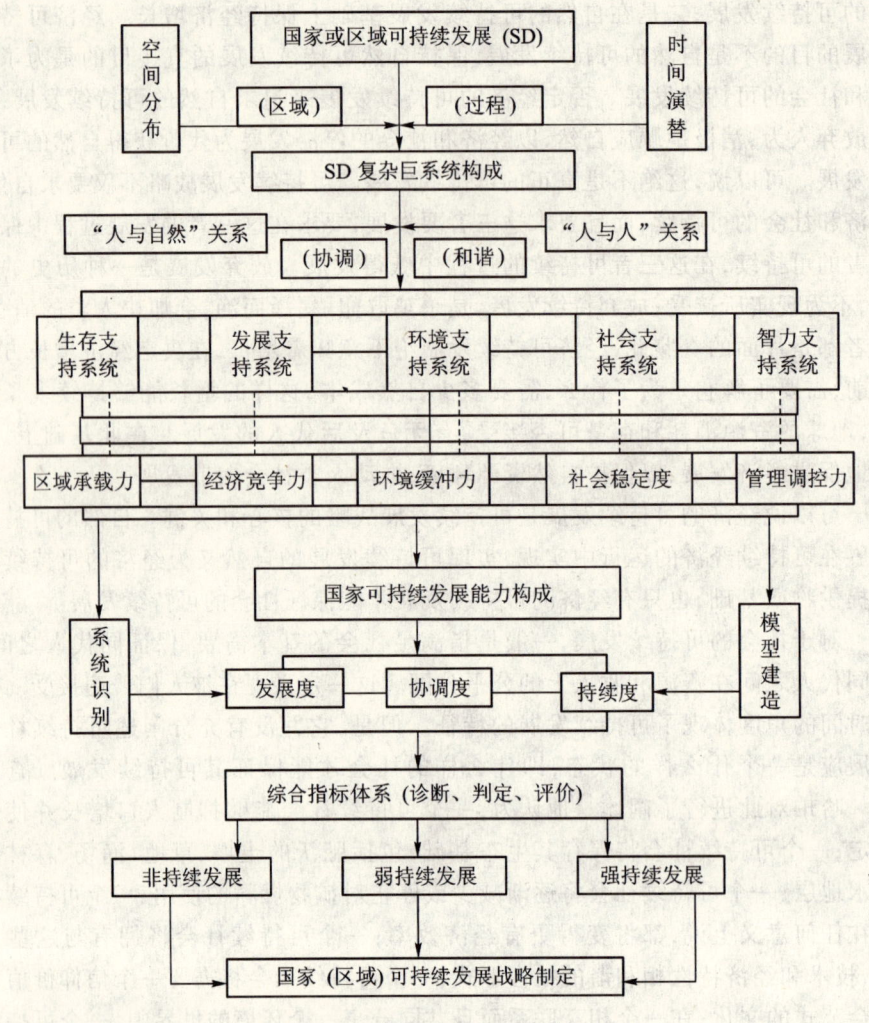

图 1-6 可持续发展系统基本构成图[16]

四、可持续发展的具体行动纲领

美国著名环境学者、环境教育家泰勒·米勒(Tyler Muller)从环境保护、污染防治、物质和能量转化、生态学、政治学及伦理学诸方面,提出了关于保证经济与环境持续发展所应遵循的众多基本原理、原则和定律,可以作为可持续发展的具体行动纲领。[17]

1. 关于保护资源、防治污染和防止环境退化

(1) 有限性原则(principle of limits):资源是有限的,是不充裕的,绝不允许

浪费。

（2）自然界无废物原则（no waste in nature principle）：大部分废弃物和污染物都是资源，人类应予利用。否则，将贻害无穷。人类应尽可能减少废弃物和污染物的产生。

（3）回收和再利用原则（principle of recycling and reuse）：减少污染，减少资源消耗，减少废物，对其进行回收和再利用。

（4）回收不是最终目标原则（recycling is not the ultimate answer principle）：因为回收矿物资源要消耗能源，会再次引起环境污染和使环境退化。

（5）局地性原则（principle of localism）：为了防止资源浪费和保证资源持续供给，人们应尽可能从最局部范围内获得最大需要，也应尽可能在最局部范围内处置和回收废物。

（6）节制原则（principle of moderation）：为减少污染、减少资源消耗和减少废物，在开始利用资源时应考虑到总需求，以使对资源的利用达最高效率。

（7）可持续性原则（principle of sustainability）：强调对可再生资源的永续性利用，不得超过其可再生速度。

（8）资源使用多样性原则（principle of resource diversity）：应从众多渠道获取资源。

2. 关于物质和能量

（9）物质守恒定律（law of conservation of matter）：我们不能创造或消灭物质，我们只能将物质由一种形态改变为另一种形态。我们扔掉的任何物质都将永远以某一种形式与我们在一起。

（10）优质原则（principle of better quality）：人们选用的物质通常是高质量物质。人们以承受得起的价格对其进行提取、加工和转化为有用产品；人们不选用和抛弃的只能是低质的、要花昂贵价格才能转化为有用产品的物质。

（11）可支付回收原则（principle of affordable recycling）：不要对废弃物进行稀释，也不要将有用产品与可回收的废物混合在一起。

（12）能量第一定律或称能量守恒定律（first law of energy or law of conservation of energy）：我们不能创造或消灭能量，我们能将能量由一种形态转变为另一种形态。能量不能从无产生，只有消耗能量才能得到能量。

（13）优能原理（principle of energy quality）：人们选用的能量通常是优质的可被广泛利用的能量。人们不选用的和抛弃的只能是低质能量。

（14）能量第二定律或称能质退化定律（second law of energy or law of energy - quality degradation）：在能量由一种形态向另一种形态转化时，高质的有用能通常退化为低质的无用能。低质能不能被回收和转化为高质能。人们对能的质量是无能为力的。

(15) 优能优用原则(principle of matching energy quality to energy tasks):不要使用高质能去做使用低质能可以完成的事,不要用锯条去锯黄油块。

3. 生态学原则

(16) 生态学第一定律或称生态偏移原则(first law of ecology or principle of ecological backlash):在自然界中人们所做的每一件事都可能产生难以预测的后果。

(17) 生态学第二定律或称生态关联原则(second law of ecology or principle of ceological interrelatedness):自然界的每一件事物都与其他事物相联系,人类的全部活动亦居于这种联系之中。

(18) 生态学第三定律或称化学不干扰原则(third law of ecology or principle of chemical non-interference):人类产生的任何化学物质都不应干扰地球上的自然生物和地球化学循环,否则地球上的生命维持系统将不可避免地退化。

(19) 承受限度定律(law of limits):地球生命维持系统能够承受一定的压力,但其承受力是有限度的。

(20) 忍受范围原则(range of tolerance principle):每一个物种和每一个生物个体只能在一定的环境条件范围内存活。

(21) 承载量原则(principle of carrying capacity):在自然界中,没有某一物种的数量能够无限地增多。

(22) 复杂性原则(principle of complexity):自然界不仅比我们想象的复杂,而且比我们所能想象的更为复杂。

4. 经济学原则

(23) 外部费用内化原则(principle of internalizing all external cost)任何事物的市场价格都应该包括现在和未来对环境产生污染,使环境退化和对社会产生其他有害影响而造成的损失在内。

(24) 增加效益和产率原则(principle of increasing efficiency and productivity):应尽可能从较少的资源输入中得到最高的产品输出;用尽可能小的投入获得尽可能大的产出。

(25) 经济癌症原则(principle of economic cancer):某些经济增长形态是有害的;不允许制造有害产品。

(26) 无用效益原则(principle of wasteful efficiency):花费资源生产有害产品,即使效益很高也是无效的。

(27) "没有免费的午餐"原则(no free lunch principle):目光短浅和短期行为必将引起长期的环境和经济灾害;绝不允许浪费资本去损害未来。

(28) "过度消费导致报复"原则(principle of overconsumption and thing tyr-

anny):你向自然界掠取得越多,自然界对你的报复也越多。

（29）经济和生态奖赏原则（principle of economic and ecological reward）：不要给人们以津贴和免税优惠去生产有害产品，要教育人们不要浪费资源,应该取消所有资源补贴,只奖赏能减少资源消耗、能减少污染和能防止环境退化的生产者。

（30）"经济即地球物质"原则（economy as the earth matter principle）：在病态环境中不可能有健全的经济。

5. 政治学原则

（31）预防原则或称输入控制原则（prevention, or input control principle）：对环境问题事先预防比事后处理要便宜得多和有效得多；花费1盎司进行预防等同于花费10盎司进行处理。

（32）坏事变好事原则（bad news can be good news principle）：任何危机都将是一次改变的机会。

（33）真正保护原则（principle of true conservatism）：如果你不想真正保护地球,就不要称呼你为保护主义者。

6. 自然伦理观

（34）一体化原则（principle of oneness）：人类是自然界的一部分。

（35）相同价值原则（principle of humility）：人类是有价值的物种,但不是凌驾于其他物种之上的超级物种。所有生命——人类和非人类,具有天生相同的价值。

（36）尊重自然原则（respect-for-nature principle）：任何活有机体都有生存的权利,至少有求取生存的权利,道理很简单,因为它们是生命,这种权利不决定于它们是否对人类有实际的或潜在的价值。

（37）合作原则（principle of cooperation）：人类的作用是认识自然,与自然合作相处,而不是去战胜它们。

（38）可持续性原则和生态中心原则（principle of sustainability and ecocentrism）：做任何有利于维护人类和其他物种赖以生存的地球生命维持系统的事都是正确的,反之就是错误的。维护好地球是基础之基础,是大事中的大事。

（39）保护野生生物和生物多样性原则（preservation of wildlife and biodiversity）：凡是有可能引起野生生物物种永久灭绝和野生生物栖息地消失或退化的事都是错误的。

（40）自卫原则（principle of self-defense）：在有害和危险性生物面前,人类有权保护自己。但是这种保护仅仅应当在人类已暴露在这些生物面前,且其安全受到威胁的时候。人类在保护自己时,应尽可能减小对对方生物的伤害。

(41) 生存原则(principle of survival):为了提供足够的食物以维护人类的生存和健康,人类可以宰杀其他生物,但这仅仅是对人类的基本生活条件和基本健康需求而言。在这方面,人类无权有非基本的和奢侈的需求。

(42) 最小错误原则(principle of minimum wrong):当人们为满足自己的基本和非基本需要而改造自然时,人类应选用对其他生物伤害程度最小的方法。当不得已时,至多伤害某些生物个体,而不要伤害物种,更不要伤害生物群落。

(43) "经济并非唯一"原则("economy is not everything" principle):只考虑人和其他生物的经济价值的观点是错误的。

(44) 义务原则(rights of the born principle):当我们离开地球时,应使地球处于我们所见到的最好状态。

(45) 负责原则(responsibility of the born principle):所有人都应该对他们所造成的污染和环境退化问题负责。

(46) 知足原则(principle of enoughness):任何个人、团体或国家无权滥用地球的有限资源。不允许人类为满足需求而滑进贪婪之境。

(47) 生态系统保护和整治原则(principle of ecosystem protection and healing):人类必须保护地球上残存的野生生态系统,使其免遭人类活动的进一步破坏。应该整治和恢复已遭人类破坏的生态系统,持续地利用自然生态系统,应该使已被我们占据和毁坏的各类生态系统尽可能恢复到野生状态。

(48) "伦理比守法更重要"原则(ethics often exceeds legality principle):在保护和维持大自然的过程中,倾心热爱自然比守法更重要。

(49) "控制生育比控制死亡更重要"原则("birth control is better than death control" principle):为了防止人类和其他生物的消亡,人类必须首先控制自身的生育。阻止人类过度繁殖比阻止人类和其他生物的消亡更为重要。

(50) "尊重人类的根"或"地球第一"原则("respect your roots" or "earth-first" principle):人类自身及人类已经拥有和将要拥有的一切都来源于太阳和地球。没有人类,地球照样运转;但如果没有地球,人类的一切都将停止。地球枯竭了,经济也必将枯竭。

(51) 维持地球平衡原则(balanced-earth budget principle):人类不应做任何有损于地球物理、化学和生物过程的事,因为所有这些过程都维持着人类的生命和社会经济活动。地球遭受损失是最大的损失。

(52) 热爱和保护物种原则(principle of species love and protection):像爱护自己一样爱护今天的和未来的生物物种。

(53) "身体力行是最好的教师"原则("direct experience is the best teacher" principle):认识与珍爱地球和你自己,去直接认识空气、水、土壤、植物、动物、细菌和地球。只从书本上和电视上间接地学习地球是不够的。

(54) "热爱你的邻居"原则("love your neighborhood" principle):热爱你居

住的环境,向它学习,在你居住的地方文明地生活。

材料评论

《科技日报》2005年11月24日在国外科技前沿专版中,有一篇署名王俊鸣的文章,题目是"美国可再生能源技术发展趋势"。对于太阳能,该文写道:"世界著名太阳能专家施密特指出,'太阳能将在21世纪取代原子能作为世界性能源,唯一的问题是在2030年实现,还是在2050年实现'。"对于风能,该文写道:"有专家预计,'一个世界范围内的风力发电高潮已经到来。预计到2020年,风力发电将可提供世界电力需求的10%'。"对于生物质能,该文写道:"有关专家估计,生物质能到21世纪中叶,采用新技术生产的各种替代燃料将占全球总能耗的40%以上。"对于地热能,该文写道:"研究表明,地热能的蕴藏量相当于地球煤炭储量热能的1.7倍,可供人类消耗几百亿年。"对于海洋能,该文写道:"有专家指出,21世纪是海洋的世纪。2020年后,全球海洋能源的利用率将是目前的数百倍。海洋被称为未来的'能量之源'。"对于水力发电,该文指出:"美国国家水力发电协会指出:水电是21世纪之后一种与人共处的、自然的、低成本的、有效的、有利于环境的电力资源。"[18]

请你对上述材料加以评论。

问题与讨论

1. 你对增长的极限是如何理解的?
2. 科技进步能够超越"增长的极限"吗?为什么?
3. 传统经济增长观的主要内涵是什么?
4. 你对"增长不等于发展"是如何理解的?
5. 综合社会发展观的主要内涵是什么?
6. 可持续发展观的主要内涵是什么?
7. 你对书上的"可持续发展具体行动纲领"有何评价?
8. 请你针对本章图1-1,说明发达国家和发展中国家所面临的环境问题有什么不同。
9. 用自己的语言描述一下什么样的世界是可持续的世界,包括这个世界的生活模式和它可以供养的人口数量。为了保证你的方案能够实现,你需要怎样的数据和分析?

参考文献

[1] Condorcet M De. Sketch for a Historical Picture of the Progress of the Human Mind[M]. Trans. Barraclough J. London:Wiedenfield & Nicholson ,1795.

[2] 林培英,杨国栋.环境问题案例教程[M].北京:中国环境科学出版社,2004:313.

[3][11][12][13] [美]唐奈斯·H.梅多斯.超越极限:正视全球性崩溃,展望可持续的未来[M].赵旭,译.上海:上海译文出版社,2001:5,89,119,188.

[4] Nation Research Council. Population Growth and Economic Development:Policy Question[M]. Washington DC:National Academic Press,1986:90.

[5] Davis G R. Energy for the Planet Earth[J]. Scientific American, 1990. 263(3):55 - 62.

[6] 张蔚斌,马磊.地缘政治与智缘政治[J].世界经济与政治,1998,8:66.

[7] [美]兹比格纽·布热津斯基.大失控与大混乱[M].潘嘉玢,刘瑞祥,译.北京:中国社会科学出版社,1994:76.

[8] Rothman M A. The Science Gap:Dispelling the Myths and Understanding the Reality of Science[M]. New York:Buffalo,1992:213 - 218.

[9] 高健等.罗马俱乐部决断力[M].北京:中国城市出版社,1998:87.

[10] [英]约翰·巴罗.不论——科学的极限与极限的科学[M].李新洲,译.上海:上海科学技术出版社,2000:202.

[14] Miller G T Jr. Living in the Environment[M]. 7th ed. Belmont C A:Wadsworth Publishing Company,1992.

[15] [美]查尔斯·哈珀.环境与社会——环境问题中的人文视野[M].肖晨阳,译.天津:天津人民出版社,1998:326 - 329.

[16] 中国科学院可持续发展研究组.2000中国可持续发展战略研究报告[M].北京:科学出版社,2000:26.

[17] Miller G T Jr. Living in the Environment[M]. 6th ed. Belmont C A:Wadsworth Publishing Company,1990.

[18] 王俊鸣.美国可再生能源技术发展趋势[N].科技日报(国外科技前沿专版),2005 - 11 - 24.

第二章

环境与科学：科学自身的欠缺与出路

科学家，因为具有专门的知识，更有条件提前获悉科学发现带来的危险和潜能。因为，他们对于时代最紧迫的问题，具有专门的本领，也肩负特别的责任。

——《维也纳宣言》

- 环境问题并不只是人们滥用科学的结果
- 不同的科学真理观会产生不同的环境影响
- 近现代科学所依据的机械自然观不利于环境保护
- 近现代科学对自然的认识特征决定了其应用会造成环境破坏
- 要保护环境必须进行新的科学革命

科学为什么会造成环境问题？应该以及如何发展一个什么样的科学来解决环境问题并使其应用有利于环境保护？可以从科学和哲学两个角度进行研究。前者属于环境科学与工程研究的范围，已经广泛而深入地展开了，成果很多。后者属于哲学研究的范围，成果并不多见，由此造成一手硬、一手软的局面。如何从哲学的高度深入分析近现代科学诞生以及发展所依赖和体现出来的机械自然观、科学认识的方法论原则和具体的科学方法对自然的作用方式、科学理论的真理性等与环境问题的关联，并在此基础上建构有利于环境保护的科学所应该具备的自然观基础和认识论、方法论的原则，是人类必须面对的问题。这对于人们从哲学的角度正确理解科学与环境问题的产生及其解决之间的深刻关联，为发展以及运用有利于环境保护的科学，消除环境问题产生和解决上的科技悲观论和乐观论，具有重要的理论意义和实践价值。

一、环境问题只是人们滥用科学的结果吗

科学是造成环境问题的一个重要原因，这是不言而喻的。问题是科学为什么会造成环境问题呢？一些人认为，科学本身没有过错，这是人们滥用科学的结果。科学真的没有过错吗？环境问题真的是人们滥用科学的结果吗？持有绝对科学真理观的人们对此持肯定态度。他们认为，科学认识是具有绝对真理性的，

成熟的科学知识能够被当做"自然之镜"(mirror of nature),成为外部世界的真实摹写,它不随认识者的个人品质和社会属性转移,具有客观正确性,是对外界自然规律的正确反映,应用它改造自然时就能够获得正确的结果,而不会产生环境问题,环境问题的产生就是人们滥用科学的结果。

但是,如果对这一结论进行深入分析,发现还是存在问题的。人们为什么要滥用科学呢?一种合理的解释是一些人为了获取个人利益,在明知某些科学的应用会带来生态环境破坏的情况下,仍然利用该项科学成果来进行生产。这有一定道理。如果我们考察现实的环境破坏,将会发现,有很多人为了追求个人利益的最大化,在明知某项科学应用会带来环境问题的情况下,仍然利用该科学成果。不过,如果我们全面历史地考察环境问题的产生,将会发现广泛地存在着这种情况,即在很多的科学应用前或应用后的一段时间,环境问题没有表现或明显地表现出来,此时,人们并不知道这些科学会造成生态环境问题,但是最后仍然产生了很多的环境问题。这说明了什么呢?说明了这种情况下的科学应用就不能被看做是滥用,人们在现实的不滥用科学的过程中仍然产生了环境问题,科学本身应该是有缺陷的。这个缺陷应该是造成生态环境问题的重要原因。可以说,环境科学对科学成果的应用所造成的环境问题的原因的分析,比较充分地说明了环境问题是人们在应用科学进行生产和消费的过程中产生的,是由科学应用的产物造成的。

如环境科学的研究表明,引起臭氧层破坏的原因有多种,其中公认的原因之一是哈龙类物质 CFCs 等的大量使用。CFCs 被广泛应用于制冷系统、发泡剂、洗净剂、杀虫剂、除臭剂、头发喷雾剂等。虽然 CFCs 化学性质稳定,易挥发,不溶于水,但当其进入大气平流层后,就会受紫外线辐射而分解产生 Cl 原子,引发破坏 O_3 的循环反应:

$$Cl + O_3 \longrightarrow ClO + O_2 \qquad (2.1)$$

$$ClO + O \longrightarrow Cl + O_2 \qquad (2.2)$$

在第一个反应中消耗的 Cl 原子,在第二个反应中又重新产生,并可以和另外一个 O_3 起反应,因此每一个 Cl 原子都将参与大量破坏 O_3 的反应,这两个反应加起来的总反应是:

$$O_3 + O \longrightarrow 2O_2 \qquad (2.3)$$

反应的最后结果是将 O_3 转变为 O_2,而 Cl 原子本身只起到催化剂的作用。如此,O_3 就被 CFCs 分子所释放出的 Cl 原子引发的反应破坏了。结论是人们大量使用和排放的 CFCs 是造成臭氧层破坏的主要因素。

专栏 2-1

保护臭氧层

臭氧层存在于对流层上面的平流层中,主要分布在距地面 10~50 km 范围内,浓度的峰值在 20~25 km 处。臭氧层在保护地球生态环境方面起着十分重要的作用:一方面,它吸收太阳紫外辐射把电磁波转变为热能,使平流层大气因吸收太阳短波辐射而增温,这好比对流层上的"热盖子",使我们行星上的生命得以持续下去;另一方面,臭氧层有强烈吸收太阳紫外辐射的功能,特别是有效吸收对人类健康有害的 UV-B 段紫外线,使地球生命免受伤害。与此同时,它让对地球生命无害的紫外线和可见光等太阳辐射通过,支持各种生物生长,构成食物链的基础。此外,透过的少量紫外线,可起到杀菌治病的作用。正因为如此,有人把臭氧层称为地表生物系统的保护伞。

早在 20 世纪 70 年代,美国科学家舍伍德·罗兰(Sherwood Rowland)和马里奥·莫利纳(Mario Molina)研究表明氯原子可以消耗平流层的臭氧层,德国的保罗·克鲁岑(Paul Crutzen)更进一步提出,一类被称为氯氟烃类化学物质(CFCs)是平流层中氯原子的主要来源,对臭氧层有破坏作用。之后,各国科学家进一步进行研究,基本上弄清了大气中 CFCs 对平流层臭氧的损耗的过程,如图 2-1 所示。

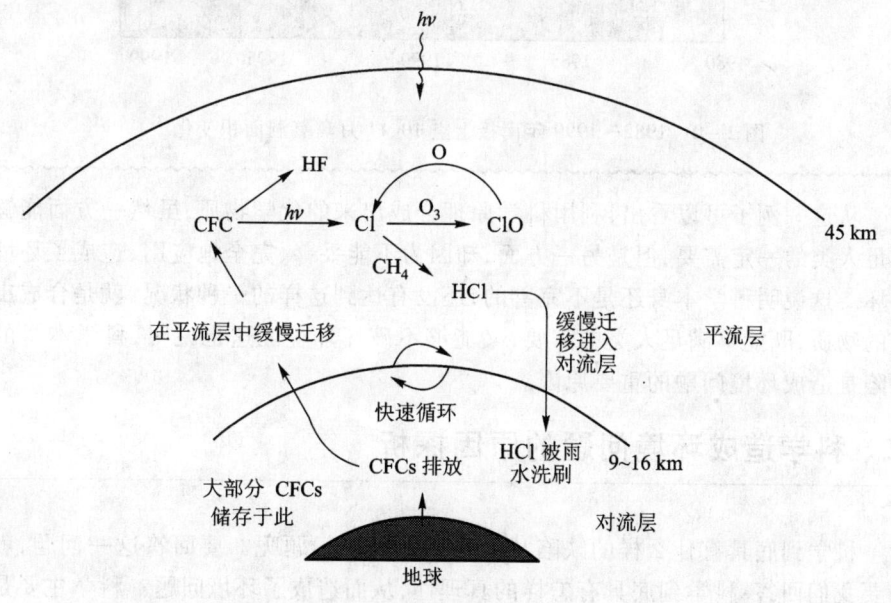

图 2-1 大气中 CFCs 分子的变化图[1]

这种氯氟烃类物质的释放对臭氧层的破坏到底有多大呢? 1985 年英国南极探险家法曼(J. C. Farman)等首先提出南极出现了"臭氧空洞",之后科学家对此进一步研究,发现臭氧空洞的面积呈现增长的势头,如图 2-2所示。

在这种情况下,联合国环境规划署为保护臭氧层,于 1987 年主导签订《蒙特利尔议定书》。蒙特利尔协议决定管制 5 种 CFCs 和 3 种哈龙,亦即溴氯氟烃的生产。议定书要求签约国在 1998 年之前将 5 种 CFCs 消费量减少 1/2,3 种哈龙则冻结在 1986 年的消费量。后来又通过修正条款准许在过渡期间以 HCFC 替代 CFCs,因前者的破坏力仅为后者的 37%。这一协议通过后,世界 CFC-11 和 CFC-12 的生产量有所降低。但是,由于 CFCs 的停留期太长,而且可破坏臭氧层的其他化学物质的含量仍在增加,因此世界气候组织研究报告认为 50 年内臭氧层不可能恢复到 1980 年的状况。

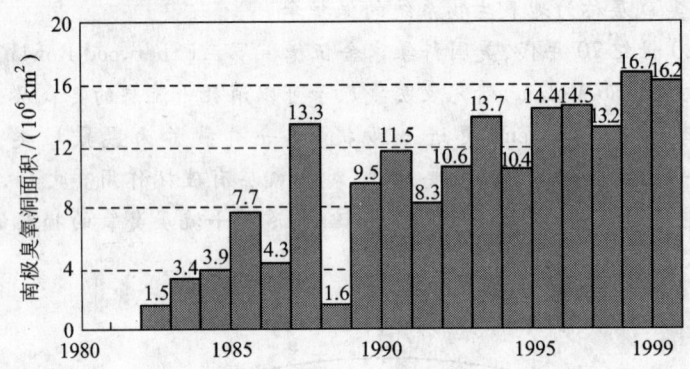

图 2-2 1982—1999 年南极上空 10、11 月臭氧洞面积变化[2]

从这一例子可以看出,利用科学原理合成出来的化学物质,虽然一方面能够满足人类的一定需要,但是另一方面,却因为不能妥善、完全地应用,造成了环境破坏。这说明科学本身还是不完善的,还没有达到这样的一种状况,就是合成出来的物质,既能够满足人类的需要,又能够不破坏环境。这也说明,科学本身的缺陷是造成环境问题的重要原因。

二、科学造成环境问题的原因探析

科学到底具有什么样的缺陷从而造成了环境问题呢?要回答这一问题,就需要我们回答:科学到底具有怎样的真理性,从而造成了环境问题?科学主要是依据什么来对自然进行认识的?这对于环境保护意味着什么?科学在认识自然的过程中,对自然的作用方式怎样?获得了什么样的对自然的认识?这样的认识被应用于改造自然时将会造成什么样的环境影响?

1. 科学所具有的真理性与环境问题的产生

20 世纪之前,人们普遍持有绝对的科学真理观。为什么会这样呢?主要原因在于,17 世纪牛顿力学的完成奠定了科学大厦的基础,在牛顿研究纲领的指导下,18、19世纪自然科学取得了巨大的成就。自然科学所具有的认识特征,如逻辑严密性、外部一致性、解释和预言的准确性等,使得人们相信它是具有客观真理性的认识体系,可以作为人类知识的典范。而且,科学的物化所释放出来的人类认识并改造世界的能力,使人们更加坚信科学确实获得了对自然的正确认识,即科学知识是客观的、严格决定论的、精确的、形式体系简单的,科学以其完全排除了人的主观性的面貌,而显示它作为人类认识体系所具有的绝对的真理性。20世纪之后,虽然有更多的人认识到科学认识的局限性,从而坚持相对的科学真理观,但是,仍然有为数不少的人坚持科学的绝对真理观。

科学真的获得了对自然的绝对正确的认识了吗?要回答这一问题,首先就要回答人类凭什么能够获得对自然的正确认识,即人类的认识为何能够合乎"自然的法则",即自然的规律?持有科学的绝对真理观的人们普遍认为是由于下列几方面的理由:

其一,科学所获得的经验事实具有客观中立性。它消除了认识者的主观影响,具有正确性,是自然界本身所具有的。

其二,建立在这样的经验事实基础之上的科学理论是唯一的。也就是说,能够正确解释某一组经验事实的科学理论是唯一的。

其三,经验事实对科学理论的检验是确定的。也就是说,当科学理论与经验事实相一致时,就证明该理论是正确的;当科学理论与某一经验事实不一致时,则证明该理论是错误的。

这几条理由站得住脚吗?如果我们深入考察科学哲学、科学知识社会学等的相关分析,将会发现,科学对自然的认识过程并不能保证人类获得了对自然的真理性认识。由此可以得出科学不具有绝对的真理性。主要理由如下:

(1)科学事实并不具有绝对的客观中立性

科学事实是通过观察实验获得的。传统的观点认为只要排除人的主观性的影响,就能获得纯客观性的事实——与自然本身的表现相一致的事实。这种想法本身是好的。根据传统的观点,如果能够做到这一点,那么,也就获得了正确的客观性的事实,为科学理论的正确建立以及正确检验奠定了基础,保证了科学理论的正确性。自然而然,应用这样的科学理论去改造自然,就能获得正确的结果而不造成环境破坏。但是,这样的思想受到来自科学哲学的怀疑批判。他们提出"观察的渗透理论"对此加以弱化。

现在请你观察图2-3,你将"看"到

图2-3 观察的渗透理论

什么呢?

对于图2-3,如果一个人从侧面看,他可能会看出这是一个人的侧面像,并且如果他进一步具有印第安人的知识结构,他会看出这是印第安人的侧面像;如果一个人从正面看,他可能会看出这是一个坐着的人的背视图,并且如果他碰巧又具有爱斯基摩人的概念结构,那么,他看到的就是爱斯基摩人的背视图;如果他不具有上述概念结构,那么,他看到的将既不是印第安人,也不是爱斯基摩人,至于到底是什么人,还需要进一步确定。

上面的例子说明了观察本身是观察者与被观察对象之间的相互作用,观察者的知识背景会影响观察结果和对观察结果的解释。同一个人或不同的人对同一个对象的观察,会得出不同的结果。至于具体得到什么样的结果,取决于观察者已有的概念结构、观察者的价值观和以往的知识经验。观察者并不是先看到某一现象然后对此加以摹写,而是在渗透已有各种知识的背景下去进行观察的。在观察的同时,也对被观察对象进行了解释。因此,观察到了什么绝不仅仅取决于被观察对象,而且还取决于观察者的视野以及观察者的知识背景。视野不同,所观察到的对象不同,知识背景不同,对被观察到的对象的感觉和理解也不同。可以说,当人们观察事物时,事物本身以及观察者的眼睛所接受的刺激没有改变,所改变的只是观察者的视角以及不同的知识负荷,随之就改变着人们对被观察对象的感觉和确认。这就是"观察渗透理论"的结果。

"观察渗透理论"对于所获得的观察实验事实的客观正确性意味着什么呢?它意味着人们所获得的经验事实有可能会受到理论的污染,人们确实不能保证所获得的事实就是客观事实;意味着科学的观察语句和科学的理论语句的二分已不再可能,那种企图通过中性的观察事实来确定性地构建和检验理论已不再可能。这对科学的绝对真理观是一个打击。

(2) 科学理论建构的相对性

科学家是采用多种方法建构科学理论的。其中既有理性的方法,如归纳演绎方法,也有非理性方法,如直觉方法等。无论哪种方法,一个基本的原则就是必须以经验事实为依据,所构建的科学理论必须能够解释经验事实,与所获得的科学事实相一致。

例如,黄铜棒的温度和它的长度之间有什么样的关系呢?这首先要进行实验,然后在此基础上,建构和选择科学理论来反映这种关系。

对黄铜棒进行的实验结果为:在室温为20℃时,棒的长度是1.000 m,然后棒被加热,并且每隔5℃时,测量它的长度。长度与温度的对应关系表示为表2-1:[3]

表 2-1 黄铜棒的长度与温度的对应关系

实验序列	1	2	3	4	5	6
温度/℃	20	25	30	35	40	45
长度/m	1.000 0	1.000 1	1.000 2	1.000 3	1.000 4	1.000 5

在长度和温度之间有什么样的关系呢？如果我们用理论来描述这些关系，那就是要求这一理论与观察到的现象相一致。根据这一原则，对于上述实验所获得的同一现象应该有多个理论对它加以说明。典型的有图 2-4 所示的三种：

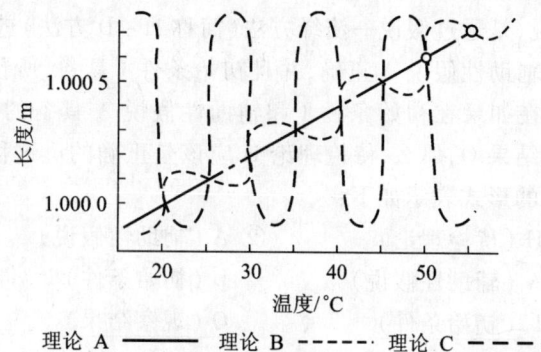

图 2-4 解释和检验一组实验数据的多种理论

在图 2-4 中，可以发现 A、B、C 理论不仅描述了实际发生的情况（这点由观察实验确定），而且还描述了大量的假设的情况（即那些观察实验中没有涉及的），给出了该事物将来所发生的事件的预言，涵盖并且超越了实际的证据。直线 A、曲线 B 和 C 表征的理论都解释了所有的被观察现象，通过了所有的实验数据点，各自预言了将来的情况和可检验性。如果我们不嫌麻烦的话，还可以构建许多理论来说明这些实验数据。这表明，对于一个有限的实验数据点，可以有大量的理论所对应的曲线通过它们，并且能够解释它们。此时，科学家怎么办呢？他们一般根据方法论意义上的简单性原则，即根据自然是简单的，所构建的理论应该具有综合简明性，来选取理论 A。假如他们不相信这样的简单性原则，那么，对于所构建出来的科学假说的选择也是不可能的。

这样的选择有道理吗？从科学发展历史看有一定道理。因为科学史上的很多理论就是通过这一原则确定的，且由此带来了科学上的巨大成功。但是，成功的获得并不意味着真理的获得。简单性原则肯定是一个实用的特征，但它不是一个支持真理的特征。从形式以及人们认识的方便看，理论应该是越简单越好。但是，越简单的理论并不意味着越正确。理论的正确是否取决于该理论与所研究的对象的本质内涵是否一致。对应于上例，如果简单性是一条自然原理，那么,将简单性原则应用到建构、评价和选择科学理论中就是合理的、正确的;否则,只是科学家在建构、评价和选择科学理论时所采用的一个认识论的策略。虽然它的应用有时能够获得正确的科学理论,从而正确地认识自然,但是,它不能保证所构建和选择的所有理论都是正确的,不能保证对所有的自然,尤其是自然中的复杂系统,都能够获得正确的认识。在复杂性系统中,简单性和真理性不是一回事,复杂性才与真理性有着更紧密的关联。

(3) 科学理论正确性检验的不充分决定性

根据上面的论述,能够解释某一经验事实的科学理论可以有好多种,其中哪一种是正确的呢?还需要经验事实的进一步检验。科学家们是怎样检验科学理论的呢?一般来说,是通过假说—演绎方法(简称 H-D 方法)进行的。也就是:如果待检理论 H、辅助性假说 A 正确,并且初始条件 I 具备,所预言的观察结果 O 应该出现;而现在如果在初始条件 I 和辅助性假说 A 具备的情况下,进行实验,观察到了观察结果 O,那么,待检理论 H 应该是正确的。这称为科学理论的确证,可以用一般的形式表示如下:

① H(待检理论)　　② A(辅助性假说)
　A(辅助性假说)　　　 I(初始条件)
　I(初始条件)　　　　 O(观察结果)
　O(观察结果)　　　　 H(待检理论)

这种科学理论的检验推论过程充分吗?进一步的分析表明,这一过程主要存在下述两方面的困难:

第一,逻辑学上的困难。分析上面的确证过程,① 的演绎论证过程是正确的。从前提到结论是一个有效的演绎过程。只要前提正确,结论肯定是正确的。但是,② 的逻辑论证过程就不是有效的了。在实验过程中观察到了由待检理论 H、辅助性假说 A、初始条件 I 演绎推得的观察结果 O,并不表明待检理论 H 一定是正确的。这点正如天下雨,那么地变湿;而现在地变湿,并不表明天一定就下了雨。地变湿也可能是由其他原因引起的。

针对上例,我们设计实验来检验理论 A 是否正确。如果理论 A 是正确的,那么进行实验在温度为 50℃时,测量黄铜棒的长度应为 1.000 6 m;而现在进行实验,在温度为 50℃时,测量得到了黄铜棒的长度为 1.000 6 m。这种实验结果并不表明理论 A 是正确的,它只是表明该黄铜棒在 50 ℃时,它的长度与温度之间的关系符合理论 A。这就是说,这一次实验只是给了待检理论 A 一次支持。多次这样的检验成功将对理论 A 的真理性提供多次归纳的支持。在这种情况下,如果我们要想对理论 A 的正确性给予强有力支持的话,就要进行更多次的实验。检验的次数越多,对待检理论 A 的支持就越多,该理论的正确性就越高。但是,由于该理论是针对黄铜棒在所有温度条件下的温度与长度之间的关系,因此,从理论上讲,需要我们进行无数次实验才能完全证明该理论。但这是不可能的。我们只能进行有限次的实验来对该理论加以归纳支持。由此出发,通常我们所说的"我们检验某一理论是正确的",其实指的是:到目前为止,我们发现该理论是正确的。该理论并没有通过所有的检验保证为绝对正确,只是受到了迄今为止的所有实验的检验,没有出现反例。

这表明,当科学实验与科学理论的预言相一致时,并不表明这一理论完全正确。观察到理论的一个正确推论并不演绎地、绝对肯定地证实该理论。它只是表明这一理论被该实验证据支持,增加了该理论的正确性。但无论怎样,并不构成对待检理论的明确的不含糊的确证。实际上理论可能还是错误的。如此,我们就不能指望用一次实验来确立科学理论,而应该用多次实验来支持科学理论的正确性。如爱因斯坦的广义相对论并不将它的正确性完全寄托在光线弯曲这一推理预言上,它也做出了其他的解释和预言,如水星近日点的进动、光谱线的引力红移等。这些预言被观察到会给广义相对论以归纳性的支持。

第二,多个竞争理论的困难。让我们重新考虑上述实验的情况。当在温度为50 ℃时,测量获得了黄铜棒的长度为1.000 6 m,它既与理论A相符合,也与与它相竞争的理论B相符合,甚至还与其他许多潜在的能够说明理论A所说明的事实的竞争理论相符合。既然如此,当我们用一组实验数据确证了理论A时,逻辑上也就同时确证了与这一实验数据相符合的无限多的与该理论不一致的其他理论。在这种情况下,我们怎么能够宣称所检验的那一理论是正确的呢?实际上,它在检验了这一理论正确的同时,也检验了其他理论的正确。

也许有人会说,我们可以进行更多的实验,获得更多的实验数据,然后根据理论是否与这一实验数据相符来逐一排除与实验数据不相符的理论。但是,从逻辑上说,与某一理论相符的实验数据是无限的,人们不可能进行无限的实验,获得无限的数据来检验该理论;而且,与一组或更多组实验数据相符的理论也是无限的,逐一排除是不可能完成的。实际上,我们只能在有限的实验数据的基础上构建有限的能够解释实验数据的理论,然后再继续进行实验,以进一步排除与新的实验事实不相一致的理论,以获得我们认为与更多的实验事实、更进一步的实验事实相一致的理论。

科学家们常常是这样做的。但是,他们并不总是这样做。原因一在于这样做的非现实性;二是科学并不总是程式化的努力,科学家能够运用大量的方法,如观察、深思、比较、直觉甚至于梦想去提出某一理论来解释一定的现象,并且根据科学的一些外在特征,如可检验性、简单性、逻辑一致性、系统性等来评价和选择理论。但是,所有这一切都不能绝对保证所选择的理论的绝对正确性。况且,根据多种原则所建构、评价和选择的科学理论不是唯一的,其正确性也不能保证。既然如此,我们又凭什么根据有限的实验就断言待检理论是正确的呢?

通过上面的论述,可以得出下面的结论:保证科学绝对真理性的几个基础是不牢固的。人类对自然的认识过程并不能保证人类获得了对自然的真理性认识,科学并不具有绝对的真理性。至于它是否没有真理性,还是具有相对的真理性,需要进一步分析。

科学是否没有真理性呢?西方科学哲学内的反实在论、科学知识社会学的强纲领、激进的后现代主义对此持肯定态度。概括西方学术领域中否定科学真理性的思潮,可以分为四种:工具主义、经验主义、科学知识社会学、后现代主义。下面分别加以介绍。

工具主义认为,不应该将科学理论想象成正确的或是错误的。理论无所谓正确或错误。理论的特征不是正确的或错误的,而是有用的或没有用的,可应用的或不可应用的。这点正像锤子没有正确和错误的属性,只有实用的属性。这种属性只有通过它的用途以及完成特定的任务去判断。理论只是科学家理解和解决问题的工具,为了预言未来的现象以及组织观察实验服务。因此,科学理论评价的标准就是服务的标准和应用的标准,而不是真理的标准。理论化的目的是经验的适当性——现象的充分组织和成功预言。平等的、经验适当的理论是平等的、可接受的。没有理由将试图作为经验的恰当使用的理论当做真理看待。

根据这个观点,科学家们经常发明科学理论作为智力的工具,帮助人们理解事物。例如,在物理学上,一个物体的磁场是根据磁力线来描述和思考的,如图2-5所示。线的密度与磁场的强度有关。当切割磁力线时,线圈中的磁场将发生变化。这些磁力线对于描述磁场的变化是有用的,但是,如果认为我们确实能够切割磁力线那就错了。甚至有没有这样一些磁力线围绕着地球或者是磁体还是问题。对磁力线这一概念,只能说它是有用的,把它们看做是真实的或是虚假的都是不合适的。有关磁力线的描述只是处理磁现象的一个有效的智力工具。

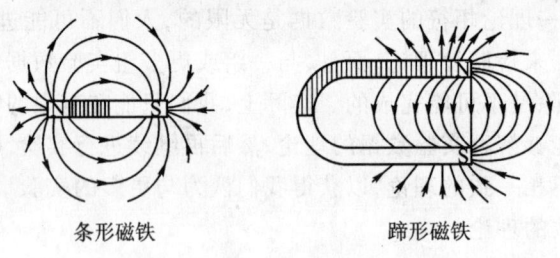

条形磁铁　　　　　　　蹄形磁铁

图2-5　磁铁磁场的磁力线分布

工具主义认为,上述观点可以普遍地应用到所有的理论中。科学所做的工作就是经验的适当性。对于一些概念,如夸克等,就像上面的磁力线概念,是专为认识理解世界准备的。当科学用不可观察的对象来说明可观察的对象时,它们已与占星术无法区别。正因为如此,工具主义认为,科学不应该对不可观察物进行研究,不去说这类事情,也不去承诺对不可观察物的描述是正确的。

如此一来,工具主义所倡导的科学不再是令人激动的科学。它放弃了科学上最值得去做的事情——就是理解在可观察现象背后所发生的事情。事实上，与工具主义相反，对不可观察物的追求一直是科学认识的目标。

经验主义认为，科学理论事实上是真的还是假的，应该针对可观察与不可观察两种情况分别加以考虑。对于可观察物，我们可以作出真假判断；对于不可观察物，我们无法作出真假判断。这些对象是否存在不得而知。对它们的理论描述是否正确也无法判断。对于这类对象的正确性信念超出了人类认识的范围。对此，应该采取不可知论的态度。如经验主义的代表范·弗拉森(Van Fraassen)就认为，科学理论建构的目的不是为了与客观世界完全一致，而是为了要适合于可观察的世界；我们接受一个理论不是由于这个理论是正确的，而是由于这个理论对于我们解释事实是好的，即"经验上的适当性"。"科学活动是建构而非发现，是适合现象的模型建构，而非发现关于不可观察物的真理。"[4]他认为原因在于：科学理论与世界之间的关系是一种模型的关系，实际世界只是这个模型的一部分。理论是科学家精心建构的。它部分地解释世界，部分地说明理论本身。

而且，经验主义认为，对于某一理论，它们或者是对的，或者是错的。这是确定无疑的。问题是：我们无法确定它到底正确或错误到什么程度。当科学家将电子理论化时，他们认为他们确实在谈论真正的事情，他们打算成为真理的诉说者，但是，根据解释或检验的复杂性，我们不可能辨别它是绝对正确的或是绝对错误的。我们只能从很可能是错误的理论中区分出很可能是正确的理论来。尽管有好的理由把理论当成正确的去使用，但是，确实没有好的理由去相信理论是正确的。根据经验主义者的标准，还是应该拒绝相信不可观察物的存在以及拒绝去相信关于不可观察物描述的真理性。

科学知识社会学是否定科学认识真理性的第三种观点。总结他们的观点可以看出："第一，他们认为科学不是一个由规则支配的活动，科学并不遵循一套能引导科学工作者独立发现真理的程序。第二，他们认为科学争论并非总是由经验证据来裁决。由于证据只有在与相关证据相联系时才有意义，因此证据不可能解决对立理论间的争端。第三，也是最重要的一点，他们在哲学上采取相对主义的立场，否定自然界作为客观外界的重要性，否定自然界对科学知识的内容有影响作用。在他们看来，不是自然界决定科学，而是科学家在实验室中的社会行为决定了自然规律要如何界定。"[5]

一些后现代主义者、生态女权主义者等也从他们各自的角度否认科学的真理性，认为科学与真理一点关系也没有。激进的后现代主义具有反基础主义和本质主义的共同特征。他们否认人类认识具有确定的、坚实的、可靠的基础，否认人类认识所追求的目标：客观真理性、确定性、系统性，否认现象背后有着内在的、稳定的、终结的本质以及人类能够认识这种本质。

法国哲学家德里达(J. Jacques Derrida)从解构主义的立场出发，通过对中心的消解、对能指和所指区分的消除，实现了对寻求文本意义的这一努力的否定。

他认为,"文本之外无他物",也就是说,文本与文字之外无真理,也不显示真理。寻求真理的活动是一种游戏,游戏是没有规则的。真理只是自我设定的真理,而非客观的真理。

美国哲学家罗蒂(Richard Rorty)则从实用主义的立场出发阐述他的相对主义真理观。他认为:"信念是行为的习惯而不是表象实在的努力。根据这种信念观,一个信念之真,是其使持此信念的人能够应付环境的功用问题,而不是其摹写实在的本身的存在方式的问题。根据这种真理观,关于主体与客体、现象与实在的认识论问题可以由政治问题,即关于为哪些团体目的、为何种需要而从事研究的问题取而代之。"[6]这样就从客观真理观走向协同性的真理观。

上述否定科学理论真理性的观点有道理吗?不能说一点道理也没有,但是,如果我们深入分析,将会发现,否定科学的真理性是站不住脚的。虽然科学只是对有限对象的有限认识,还有许多科学没有认识到的或不能很好认识的对象,但是,科学是对某些对象的正确认识,虽然科学方法并不能保证我们所获得的科学认识是绝对正确的、确定的,但是,它能够保证科学知识体系是一个具有相对真理性的知识体系;虽然科学方法并不是普遍有效的,但是,它可以视具体情况应用于研究过程中去。科学理论的真理性是否定不了的,它具有相对的真理性。

鉴于上面几个方面的论述,科学理论不再是被严格构建和绝对证实的绝对真理,而只是在一定程度上经过实践检验的、具有内在逻辑一致性的、与其他被辩护的科学理论相一致的知识体系,具有真理的相对性。狭义相对论将牛顿理论作为它的特例,表明了科学真理的相对性;热力学统计规律的完成,表明真理的概率性、不确定性。鉴此,科学的目标并非获得了绝对正确的认识,而是扩充准确无误的知识。人类必须由科学的绝对真理观走向科学的相对真理观,在获得真理、修正真理、获得更完备的真理过程中,将人类认识自然的能力和程度推向更高的阶段。

这点对于环境保护具有十分重要的意义。既然科学理论只具有相对的真理性,那么,我们就不能把科学看做是完全正确的,从而盲目相信和崇拜科学,不加批判地应用于改造自然。而应该谨慎对待,认识到科学认识自然的局限性,对科学的真理性加以评价。在此基础上,有针对性地、有选择地、有规模地应用这样的科学理论,然后在科学应用的过程中再对科学的真理性加以分析考察,通过它的应用是否有利于自然从实践上判断它是否更加正确。如果是有利于自然的,那么,这对科学的真理性是一个支持;如果它不利于自然,则对科学的真理性是一个削弱。在前一种情况下,我们可以适当地加大科学的应用力度。这一般不会给自然带来很大的伤害。在后一种情况下,我们应该对科学理论本身进行再考察,完善它的理论体系,力求增强它的真理性,以便保证它的应用给自然带来较小的损害。如果这一点不能完成,则我们应该非常谨慎地、有限度地应用这一科学理论,或者不应用这一科学理论,直到科学的进步完善了这一理论之后,或者比较明确认识到这一理论的应用给自然带来了什么样的损害之后,再应用它。这才是稳妥的做法,也是我们应该坚持的。

但是,在 20 世纪之前,人们普遍持有绝对的科学真理观。20 世纪之后,虽然有更多的人认识到科学认识的局限性,从而坚持相对的科学真理观,但是,仍然有为数不少的人坚持科学的绝对真理观。可以说,环境问题的产生正是由于许多人都持有这种绝对真理观,从而盲目地滥用科技的结果。持有这种观点的人们普遍地将科学对真理的追求提升为对真理的获得,认为科学研究提供给人们的就是认识了自然的纯客观规律,人们遵循这样的规律,利用这样的规律去改造自然,就必然会得到正确的结果,而不会遭到自然的处罚。这就在主观上预设了人类可以正确地认识自然并改造自然,不会招致错误的行为和结果、招致自然对人类的报复,从而毫无保留地、不加限制地利用科学去改造自然,而不必考虑科学技术的应用会带来环境危机。即使在科学技术的负效应产生之后,他们仍然认为科学技术能够解决一切问题,盲目乐观,而没有看到问题的严重性。这非常不利于环境保护。

事实上,科学家并非都是客观的;科学事实并非总是客观事实;科学是人的科学;科学对自然的认识并非是绝对正确的;科学知识体系只具有相对的真理性。这是科学哲学、科学技术史、科学社会学、技术哲学等学科经过深入而广泛的分析得出的结论。然而,持有绝对的科学真理观的人们没有认识到这一点,导致他们滥用科学技术去改造自然,造成了环境破坏。

因此,要从科学的绝对真理观中走出来,坚持正确的科学真理观。但是,有些人不是这样,他们受到否定科学真理观的思潮影响,在否定科学的绝对真理观的同时,也完全否定科学的相对真理观,完全否定人类正确认识自然的可能性,也就是完全否定科学的真理性。这对环境保护意味着什么呢?如果科学获得的不是对自然的正确认识,意味着科学越发展,对自然的错误认识越多,对自然的改造能力越大,对自然的错误改造的机会越大,从而对自然的破坏作用就越大,人类受到的威胁就越大,人类就越没有前途。如果科学对自然的认识确实是这样,对人类来说,真是一个悲剧。

也许正因为如此,否定科学真理观的人们一般会走向科技悲观论、生态悲观论。认为科技是造成环境问题的罪魁祸首,科技的进步非但不能解决些许的环境问题,而且还会带来新的更严重的环境问题。要解决环境问题,唯一的出路就是彻底否定和抛弃科技,科学技术必须停止乃至后退,甚至主张人类应该回到前工业社会中去。

这种态度是不可取的。它会导致相对主义和科学虚无主义,会导致反科学,不利于科学发展、环境保护和社会进步,是应该抛弃的。实际上科学并非一点正确性也没有。它是一个具有相对真理性的知识体系。它给人类带来负效应的同时,也会给人类带来福利。我们不能因为它能够产生负效应而将它抛弃。而应该在具体分析科学认识真理性的基础上,坚持科学的相对真理观,给出科学的正确看法:不反对科学本身,而反对将科学绝对化;不否定科学是真理性的知识体系,而反对绝对的科学真理观;不反对科学的方法可以应用到人文社会科学中去,而反对机械地将科学方法盲目地应用到所有的人文社会科学中去;不反对科学能够给人们带来幸福,而反对视科学为导向人类幸福的唯一工具;不反对科学所起的广泛作用,而反对科学万能的霸权主义。这样做的目的是深化对科学的理解,校正科学的发展方向,让它们更好地为人类社会发展服务。这种观点与普及科学知识、传播科学文化、弘扬科学精神、倡导科学方法是相辅相成的,是科学精神的具体体现,应该大力提倡。这本身有利于环境保护。

不过,应该清楚的是,问题到这里并没有结束。通过对科学的相对真理性的哲学论证的考察,可以发现,它只是指明了科学理论建构和科学理论验证的真理的相对性,只是指明了科学理论的可错性,从而使得它有可能导致环境问题,而并没有确实地指明科学自身的欠缺到底在哪里,并且因为这样的欠缺而导致了环境问题。对于该问题的探究,必须深入到具体的科学的起源和科学研究的实践中,以探明科学是怎样产生的?它的自然观基础怎样?这样的自然观决定了人们对自然有一个什么样的观念,从而对于环境保护意味着什么?这样的自然观与科学认识方法论原则和具体的科学方法的形成有一个怎样的关联?这样的方法论原则和具体的科学认识方法在被运用到对自然的认识时,对自然的作用方式怎样?这样的作用方式究竟获得了对自然什么样的形态的科学知识?而这样的科学知识是如何应用于改造自然的?这样的改造又是如何导致环境问题的?通过对这一系列问题的考察和回答,我们可进一步深入地发现,科学对自然的认识及其应用内在地含有对自然的破坏,科学是由于自身内在的缺陷而造成环境问题的。

2. 科学所依据的机械自然观与环境问题的产生

近代科学的产生不是偶然的,是多种因素作用的结果,其中之一是以机械自然观为基础的。在机械自然观没有成为社会的主导范式以前,近代科学不可能产生。这一点通过考察人类各个时期自然观以及人类对自然的认识就可以看出来。

在史前,人类所持有的是神话宗教自然观。在这种自然观中,自然现象被神化和人格化了。史前人类已经在制作工具,进行狩猎等活动,但是,那时没有任何具有严格确定性特征的理论知识——科学,没有文字,只有口头文化。这种状况使得他们只有通过想象来认识事物。他们往往把人和生物的特性投射到那些在我们看来不但与人性无关,而且与生命无关的物体或世界上去,认为:"自然是一个茫茫有生命的、自我运动的、有感觉和有意识的有机体,其中人类和其他生物被置于渗透一切的灵魂实体的中心。这个灵魂最终与构成万物的、不能再分解的材料（或本质）同一，也是它的纯粹形态。"[7]既然如此，他们就没有我们现代人关于知识和真理的概念体系，没有任何自然规律的概念以及因果决定论，没有现代科学所认可的那种事物间机械和物理的相互作用。但是，他们具有因果关系的想法。只不过这种想法是用人格化的原因来解释事物的发生。他们认为，宇宙中所发生的事情是善恶两种力量作用的结果，或者是由那些看不见的力量所控制。对这种力量进行某种仪式操作，就能够控制自然和社会。这与近代的科学自然观有着巨大的鸿沟。在他们的自然观中，拟人化的神对自然以及人类的干涉具有无限性，因此对任何事情不可能得到可靠的预测，世界成了一个反复无常的世界，自然现象被人格化和神化了，被看做是神意下的壮举。在这种情况下是不可能诞生自然科学的。

在此之后，如果概括一下西方与科学起源相关的自然观的演变，可以发现，古希腊时期的自然观有有机生成论、原子论、毕达哥拉斯的自然的数的本质学说、柏拉图的理念说、亚里士多德的内在目的论等。从近代科学的诞生及其发展来看，古代原子论是一个了不起的成就，但是，它在古代和中世纪却受到遏制，相反自然机体论却大行其道。究其原因，应该与当时对史前神学宗教自然观的承继和人们对自然的理解方式有关，也与中世纪神学自然观有关。

专栏2-2
古代原子论对于近现代科学的意义

古代原子论的主要内容是：宇宙的本原是原子和虚空，原子不可再分。原子有两种属性：大小和形状。它们在数量上是无限的；原子按一定的形状、次序和位置，结合和分离，形成万物；存在着静止的绝对的虚空，原子在其中运动。

原子论虽然是直观的或朴素的，是一种形而上学的学说，但是，它所包含的机械还原论色彩则是明显的：力图将宏观层次上万物构成分割还原为原子；原子只具有某些最简单的机械性质，即形状、大小和重量（后者为公元前3世纪左右希腊哲学家伊壁鸠鲁所加）；原子的运动和相互间的关系也只具有某些最简单的机械性质，宏观上的多样性可以还原为微观层次上的机械运动，并由它们对世界作出统一的解释。在这里，实在已经被看做一架无生命的机器。

考察科学发展的历史可以发现，17世纪科学中兴起的"微粒说"、"原子论"与上述古希腊的原子论就有着紧密的关联，机械自然观的形成与古代原子论的复活是分不开的。原子论所代表的以不变的基本物质微粒的运动来解释宏观经验现象的思想路线，是近现代科学研究所遵循的主要路线；原子论试图通过少数基本假定来统一解释自然界的各种现象，以实现科学理论的统一性的方法论原则，同样被近代科学所继承发展，成为它的研究纲领。原子论所内含的自然观与近代科学中机械论自然观基本一致。

总之,从古希腊到中世纪,再到文艺复兴时期,人们大都相信自然是有魔力的、神性的和有生命的,充满了精神和智慧。这是自然的附魅的观点,由此形成心灵与世界交织在一起的观点、泛灵论的以及宗教的思想。这种赋予自然人格化并以此解释它的运动,不免带有神秘论色彩,不能真正揭示自然的奥秘,不利于人类对自然进行正确的认识。这一点通过文艺复兴时期自然哲学的考察就可看出。

文艺复兴时期盛行的是自然主义泛神论宇宙观(或赫尔墨斯传统)。这种观点认为,心灵和物质(mind and matter),精神和肉体(spirit and body)被看做是不能分离的统一体;就每一物体而言,终极实在是其活的要素,这种活的要素至少在一定程度上带有心灵或精神(mind or sprit)的特征;所有的物质都是有生命的,宇宙中存在各种隐秘力,自然界的各种难以理解的力可用灵魂术表达出来,它是物体运动的原因。

这种思想深刻地影响到16世纪天文学、物理学、解剖学和生理学等学科的发展,典型地体现在英国医生吉尔伯特(William Gilbert,1544—1603)于1600年出版的《论磁》一书中。

专栏 2-3

泛灵论的自然观在科学认识中的表现

吉尔伯特认为,真正的地球物质是一种原始的有活力的形式,原始地球物质的磁与呈现在所有事物中的活的要素是一致的。磁体以自愿联合的方式结合在一起,通过同性相吸异性相斥、爱与憎把所有的物体联系起来。这样磁体就具有了一种磁的灵魂。类似的思想充斥于文艺复兴时期,并且影响塑造了17世纪早期帕拉塞尔苏斯(B. von H. Paracelsus)派化学论者持有的概念。他们认为,世界的组成要素,如盐、硫、汞是活的要素,分别代表了肉体、灵魂和精神。另外,17世纪炼金术也有这种倾向,尽管它同时也含有机械论哲学的色彩。

要改变这种状况,就要进行自然观的变革。这只有在对世界进行祛魅,对世界之精神的思想、泛灵论的思想以及宗教的思想进行批判,根除它们的所有影响,将作为知识和价值中心的上帝赶下台,以及建构新的认识论之后才有可能。

纵观17世纪前半叶西欧科学界,我们能观察到的是一场指向机械论的自然概念、反对文艺复兴时期自然主义的自发运动。在这场运动中,法国哲学家笛卡儿(Descartes)对机械论哲学产生了比任何其他人都大的影响,它赋予了机械论哲学一定程度的哲学严密性。

在著名的笛卡儿的二元论哲学中,他用机械论哲学反对文艺复兴时期的自然主义。他认为,人是由精神和肉体组成的,精神是不朽的和永存的,肉体是短暂的和易逝的;人类的精神——自由意识和自由意志可以摆脱自然的束缚,认识把握自然的奥秘;自然不具有精神,是一部机器,自然中的具体事物仅由惰性的物质微粒构成,这些微粒的运动引起了所有的自然现象,这种现象均可由因果性的机制来解释;自然界中的事物按物理必然性运动变化、一切运动变化都可归结为物质的机械运动,与各种思维存在物无关。他宣称:"给我物质和运动,我就能造出整个世界。"

笛卡儿哲学的意义是重大的。他创立了一种不同于亚里士多德自然哲学和文艺复兴时期自然主义的自然哲学,扭转了过去人们以有机方式看待自然的方式,代之以机械论的描述,为17世纪的科学家提供了一个解释已知现象的方式——机械论解释方式,并为17世纪的科学革命提供了自然观基础。可以这么说,牛顿的经典力学的创建就是在机械论哲学的指导下进行的。美国科学史学家韦斯特福尔(Westfall)就说:"17世纪实际上没有哪一种科学工作不受到机械论哲学的影响,而且,离开了机械论哲学,大部分的工作就无法被理解。"如在流体静力学上,运用微粒学和真空学说,解释了虹吸管和气压计中液面的高度问题;在光学上,机械论哲学促使了光的微粒学说的提出,并由此解释许多已知的光学现象,如光的直线运动、反射和折射等;在化学上,17世纪下半叶的化学的故事就是它向机械论哲学转变的故事;在生物学上,伴随着生命知识的扩张,对生命本质的再思考也发生了,这种思考更多地与机械论自然哲学相联系。

在机械论哲学的指导下,牛顿创立了他的研究纲领:"我希望能用同样的推理方法从力学原理中推导出自然界的其余现象。因为有许多理由使我猜想,这些现象都是和某些力相联系着的,而由于这些力的作用,物体的各个粒子通过某些迄今尚未知道的原因,或者相互接近而以有规则的形状彼此附着在一起,或者相互排斥而彼此分离。正因为这些力都是未知的,所以哲学家一直试图探索自然而以失败告终,我希望这里所建立的原理能给这方面或给(自然)哲学的比较正确的方法带来光明。"[8]为了进一步"合理地"贯彻牛顿机械论纲领,18、19世纪的许多杰出的科学家们力图构建隐藏在现象背后的某种假想实体,并赋予这种实体以纯机械的(力学的)性质,以便对复杂的自然现象做出统一的机械论解释。光的微粒说、燃素说、原子论、电流体说、磁流体说、热质说的提出,膨胀力、折射力、亲和力、活力等的提出,统计力学理论等的建立,充分体现了这一思想。

考察18世纪科学发展的历史,也不难发现,科学中几乎每一个重大发现都是对牛顿自然哲学及他的科学纲领的支持,都在证实着机械自然观而不是相反,在科学家中没有出现重要的机械论的反对派。不过,就机械论的社会影响来说,在18世纪,它还只是少数科学家和先进学者的信念,在广大群众和知识阶层中流行的,仍然是中世纪的世界观,这就需要那一时期的哲学家将它发展成熟,加以宣传,成为时代的精神。

到了19世纪,情况有所不同。不但那些从事科学研究的绝大多数自然科学家对于机械论深信不疑,而且机械论自然观获得了广泛的社会影响,成为人们普遍接受的世界观。也正因为这样,在19世纪的科学中,特别是物理学和化学中的那些最伟大的成就,也几乎都是在机械论自然观的指导下取得的。对于任何稍有科学教养的知识阶层来说,相信自然现象最终应当从力学角度上获得解释,被看成是一种常识。不但在光学、统计力学等领域中建立起了机械论科学的楷模,而且整个物理科学也都已建基于力学原理之上,以至于已能合理地把机械论哲学和力学科学看做是整个经典物理学的理论基础。

不可否认,19世纪和20世纪的科学的进一步发展冲击着机械论自然观,但是,它没有终结这种自然观。相反,从科学发展的历史及其未来展望看,机械论自然观仍将在科学研究中发挥重大的作用,分子生物学的诞生发展,基因技术的进步,生物学上的还原主义的贯彻,比较充分地说明了这一点。而且,即使20世纪创立的相对论、量子力学也有一部分含有这种机械自然观的成分。

上述时期的科学可以称为近现代科学,从牛顿力学到相对论、量子力学的一部分都包含其中。它们所依据或反映的自然观都不同程度的是机械自然观。这种机械自然观对环境问题的产生的影响怎样呢?

在机械论哲学和近代科学的作用下,自然的历史性和复杂性被简单取消,自然成了一个没有经验、情感、毫无灵性、呆板、单调的存在,不具有自我维护、完善自身的功能。人类成了一个神性的、无畏的存在。自然在人类面前失去了它的秘密,人类在自然面前失去了他的尊敬。既然自然界缺乏任何经验、情感、内在关系,缺乏有目的的活动,没有意志、目的,既然动植物只有肉体没有灵魂,不能感受痛苦,那么"自然实在当中亦就不可能存在目的因,对自我决定或目的因而言也就不存在创造力,但若没有某种趋向于理想可能性的目的因,那么理想、规范和价值就不能发生作用。因为从严格意义上说,一切原因都源自过去有效的原因。如果没有旨在实现理想的自觉,便不可能实现任何价值。因为自然事物或活动间的相互作用不涉及价值观问题,所以自然中不会存在内在的价值。"[9]由于自然客体没有内在价值,只有使用价值和工具价值,所以它就没有资格获得道德关怀,只是一个完全按照我们的目的被利用、改造、操纵、处理、统治的对象,成为人类达到目的的工具手段。这从实践和价值两方面造成了人与自然的对抗。

而且,上述机械自然观必然导致人类主体性的张扬和人类中心主义的盛行。需要注意的是,这里的人类中心主义不是相对于人类社会的,而是相对于自然的,是以人类作为主体而自然作为客体来考虑的,是以与自然相对的主体"大我(人类)"为主体的,是人类主体或对于人类而言的类主体。它以现代性的主客二元对立思维模式为特征。其中,主体、客体被看做是完全不同的存在。主体是高级的,客体是低级的。主体意味着能动、主动、积极等,而自然界的事物,也就是客体,则处于被动、受动、消极、受控的地位,处于与占据主导地位的主体相对应的从属地位。主体具有主观性,富有价值、情感、感觉,而客体则是中性的、无情感、无感觉;主体富于思维,能够进行抽象、知觉等各种活动,而客体是具体的、确定的、无智慧的;主体具有确定、预见、控制事物的能力,而客体是自在的、没有预见能力,受主体控制。这样一来,主体成了一个凌驾于客体之上的,对客体进行操纵、控制和征服的神性的存在。人是大自然中唯一具有主体性和内在价值的存在物,人类在价值意义上处于自然的中心,自然界中的一切事物都是为了满足人类的利益和需要服务的。由此必然导致主客二元对立思维模式,导致人与自然的对立。这是导致人与自然的关系对立的深层决定原因。它为人在自然界中的统治权、占有权提供了内在根据,"为现代性肆意统治和掠夺自然(包括其他所有种类的生命)的欲望提供了意识形态上的理由。这种统治、征服、控制、支配自然的欲望是现代精神的中心特征之一。"[10]

不仅如此,进一步的考察将会发现,近现代科学所依据的机械自然观,还直接指导着人们利用相应的认识方法论原则和具体的方法去认识自然,从而获得相应的对自然的认识。将这样的认识运用于改造自然,又将会得到相应的对环境的影响。

3. 科学对自然的认识与环境问题的产生

概括机械简单的自然观,它主要表现在下列几方面:

(1) 自然的简单性。自然是线性的、整形的、有规律的。自然的规律性表明自然具有机械的确定性、固有的秩序、决定性、必然性和单一因果关联等。它在古代就被人们所持有,并且植根于一神教的思想和社会管理的实践中。

(2) 自然的外在分离性。它包括两个方面:一是自然与人是完全分离和独立的,只存在外在关系,而没有内在关联;二是自然可以尽可能地还原成一组基本要素,其中一要素与另一要素仅有外在关系而无内在关联,它们不受周围环境中事物的内在影响。系统的性质等于各要素之和。

(3) 自然的还原性。它包含两个方面:一是以无限可分的思想探求物质的基本构成。如分子可以分成原子,原子可以分成原子核和核外电子,原子核又可分为质子和中子……由此走向无穷;二是认为整体或高层次的性质可以还原为部分的或低层次的性质,认识了部分的或低层次的性质,就可以认识整体的或高层次的性质。

(4) 自然的祛魅。一般而言,自然的经验性与复杂性是紧密关联的,也是人们难以认识的。近代科学正是在一定程度上消除了自然的经验性的基础上产生和发展起来的。

(5) 自然的本质是数。大自然这本书是用数学的语言写成的。

当然,自然的简单性除了表现在上述几方面外,还表现在下列一些方面:绝对的时空观;时间的外在性、非生命性和对称性;自然的对称性、可逆性、相似性、最优性等。所有这些方面都表明自然在本体论意义上是简单的。

这些方面对于近现代科学认识方法论的形成意味着什么呢?由于传统科学关注于自然的简单性方面,因此在对自然进行认识时,关注的往往是简单性现象,较少关注复杂性现象甚至忽视了复杂性现象,并且在构建和选择科学理论对某一经验现象进行解释时,就遵循简单性原则,选择具有综合简明性的科学理论;由于相信自然具有确定性的规律,所以就将对自然研究的焦点放在探求自然的决定性的规律上,而不研究或很少研究非决定性规律的现象;由于相信自然是可以分离的,只具有外在关系,所以在对自然进行认识时,不研究事物之间的内在关系,而是研究事物之间的外部关系;由于相信自然是可以还原的,所以就不是通过认识整体来认识部分、认识高层次的来认识低层次的,而是遵循还原论的原则,通过认识部分来认识整体,通过认识低层次来认识高层次;由于否定人与认识对象之间的内在关系,所以就不研究人与自然组成的系统和事物之间的内在关系,将人置于自然之外来对自然进行研究;由于坚持自然的构成性,所以也就着眼于实体论,不研究自然的自组织系统的特性;由于相信自然的祛魅性,认为自然不具有经验性,从而也就不研究事物的经验方面,如动物的智能、情感、思想等;由于相信自然的数的本质,所以在对自然进行认识具体的活动过程中,也就是在进行测量和构建科学理论的过程中,就可以用测量方法来认识事物的量及其量与量之间的关系,可以用数学——演绎方法构建科学假说或科学理论来说明解释这样的关系。如果我们不坚持自然的数的本质,不相信自然自身存在着如数或数学所描述的那样的东西的存在,我们就不可能运用测量方法去进行定量实验以获得数据,也就不可能运用数学关系来构建或测定被测对象以及对象之间的量的关系。如果不相信自然的数的本质,在构建科学假说或理论的过程中,数学方法的应用也就不再可能。

这就是近现代科学认识自然时所遵循的一般的认识方法论原则,其合理性怎样呢?如果自然真的是简单机械的,或者自然虽然是复杂的,但可以归化为简单,上述方法论原则和具体的科学方法的应用就是合理的,否则就由合理走向不合理。事实怎样呢?但是,如果我们考虑最新发展起来的复杂性科学——系统论、混沌学、协同学、自组织理论等,考察它们对自然界中复杂性现象的研究,就会发现自然界存在大量的模糊性、非线性、混沌、分形等复杂性现象,存在结构的复杂性、边界的复杂性、运动的复杂性。具体体现在不稳定性、多连通性、非集中控制性、不可分解性、非加和性、涌现性、进化过程的多样性以及进化能力上。这动摇了"自然的本质是简单的"观念,比较充分地说明:由近现代科学所得出的"自然是机械简单的"结论没有充分的证据,近现代科学所展现的自然的机械简单性特征并不能涵盖自然的全部,自然具有一些不同于简单性特征的复杂性特征:不可分离性、不可还原性、不可完全祛魅等。

专栏 2-4

科学的发展与新自然观的形成

(1) 从自然的规律性走向非规律性现象的展现

传统的观点认为,自然界应该有其内在的规律性,这是我们进行科学认识的自然观前提,没有这一前提,自然也就无法被人们所认识,人类也就不能认识自然界。对于事物之间因果性和规律性的坚信,对自然秩序和规律的存在和可理解性的坚定信念,是科学理性精神的灵魂,指导并促成了科学的真正发生。

人们为什么如此钟情于规律,并努力探求自然界的规律呢?理由之一是人类的认识能力是有限的,人类最初就只能认识具有规律性的现象或对某些现象进行与规律有关的认识。另外一个重要原因与自然界中存在着规律性、规律性与简单性相连以及与人类认识能力有关。不可否认,自然界中是存在规律性的,并且有可能存在近现代科学所揭示的那种决定论的、机械式的规律性。可以说,正是自然界呈现出这种规律性,使人们产生自然具有规律性的信念,并促使人们去研究这样的规律性。

但是,如果我们深入分析,就会发现:当我们观察周围的世界时,更多地不是观察到世界的规律,而是看到了这些规律的展现——结果。这是两个不同的领域。"现象的展现——结果要比统治它们的规律复杂,因为它们并不遵守由规律展现的对称。展现了复杂的非对称结构的结果可能由对称的简单的规律来统治。"[11] 这就是说,我们周围的非对称的结果并不允许我们根据规律来推演。将事物分成规律和结果使得关于规律的理论对于理解世界是必要的,但远不是充分的。"世界的结构不可能只由自然规律来解释。"[12]

由此我们可从两个不同的途径来研究自然。一种是更多地被自然的简单性和对称性所吸引,对要素进行分析,在更靠近自然规律的地方工作,以暴露自然隐藏着的对称性。这是粒子物理学家的着眼点,也是他们宣称自然简单性的基础。另一种是对整体系统进行分析,更多地研究自然规律的复杂结果展现的非对称性,而不是规律自身,更多地被自然的复杂性而不是它的规律所吸引。这是生态学家和气象学家等的着眼点,也是他们宣称自然复杂性的基础。前者可以看做是研究自然的柏拉图途径,后者可以看做是研究自然的亚里士多德途径。不同的研究途径获得的是对自然的不同的认识,这两者对于认识自然都是必需的。但是,传统的近现代科学更多地关注第一种途径而较少关注第二种途径。这种状况必须改变。

(2) 从自然的构成性走向生成性

自然的构成性的基本思想是:宇宙及其万物的运动、变化、发展都是宇宙中基本构成要素的分离和结合。可以说,古希腊原子论自然观和近现代机械自然观都含有这种思想。它们否定宇宙万物真正意义上的"生成"思想,把宇宙看做是机械决定论的,否定了事物本身的随机性,否定了世界的历史性和创造性,由此在自然科学中表现为无时间性(无论是牛顿力学还是量子力学,方程两边的时间 t 都可消去)。

事实怎样呢?康德的星云演化学说、达尔文的进化论冲击着这种自然观,相对论量子力学所揭示的客体的性质与在其环境的整体关系中的生成性,粒子物理和场论所揭示的大多数基本粒子的不稳定性和生灭转化性,非平衡态热力学所揭示的系统开放和远离平衡态条件下借以形成新的稳定的宏观有序结构的自组织性,尤其是大爆炸宇宙论在对宇宙早期热历史的"考古"中所揭示的物质的种种形式(如粒子、辐射、真空等)和性质(不对称、时空等)的生成与演化,都回应着古希腊"自然"一词的本义,成为生成论转向的标志。现代科学对于实体论和还原论的拒斥,就是对于空间化思维和表态的结构分析、性质阐明的拒斥,而去关注四维流形中随着时间而来的事件序列、动态的关系网络、生成的量子现象、演进的整体动力学机制,也就是说,去关注更为具体的、本真的、具有某种主动性(activity)的自然。

(3) 从自然的外在分离性走向有机整体性

由自然的生成性自然而然地就可以得出自然具有有机整体性的特征。这可以概括为:世界是由关系网络组成的有机整体,整体先于关系物;部分之和不等于整体;世界的各组成部分之间存在内在关系;世界是动态有序的整体:层创进化与自我超越;人类更大的意义与价值包含于自然整体的自组织进化过程中。

这种整体论的观点有一定道理。科学的最新发展表明了这一点。按照传统的观点,不管环境如何,基因总是具有自我统一性的物质微粒。而根据现代生物学的研究,基因可以受到有机体的影响,分子可以以各种不同的方式体现出来。至于以何种方式,则取决于细胞的环境影响以及当时分子所处的环境。如此,系统与要素、要素与要素之间就呈现出不可分离的状态,系统并非等于组成系统的各要素之和。

关于自然界事物之间的内部联系,虽然现在我们不能明确它究竟是什么,或有些事物之间是否真的存在内在联系,但是,仍然可以认识到有些事物之间确实存在着内在联系。在传统的生物科学中,生物在自然内部进化,只限于从自然吸取能量和物质,只为着自身事物和其他物质需要而依赖自然。自然则是各种生物系统的选择者,而不是把各种生物系统结合为一体的生态系统。而在现代生态学中,"生态系统的关系不是两个封闭实体之间的外在关系,而是两个开放系统之间的相互包容的关系,其中每一个系统即构成另一个系统的部分,同时又继承整体。一个生物系统愈是具有自主性,就愈是依赖于生态系统。事实上,自主性以复杂性为前提,而复杂性意味着和环境之间的多种多样的极其丰富的联系,也就是说,依赖着相互关系;相互关系恰恰构成了依赖性,而这种依赖性是相对的独立性的条件。"[13] 大气学家拉伍洛克(Lovelock)于1972年提出的盖亚假说与这一观点相一致。

(4) 从自然的决定性走向非决定性

机械自然观是决定论的自然观:只要给世界在某一时刻的完整描述,那么在因果规律的帮助下,过去和将来的任何事件都能被准确无误地描述出来。法国数学家和天文学家拉普拉斯看到牛顿力学不仅把天上和地上的物体的运动统一到力学原理之中,而且根据力学原理数学地推导出其他自然现象。因此,他认为,可以"用相同的分析表达式去理解宇宙系统的过去状态和未来状态。把同一方法应用于某些其他的知识对象,它可能将观察到的现象归结为一般规律,并且预见到在给定的条件下应当产生的结果"[14]。在他看来,一切事物的运动变化都存在着确定的、必然的联系,服从某种规律。

这种机械论自然观随着科学的发展日益表现出它的局限性。19世纪发展起来的统计物理学表明,由大量微观客体组成的宏观客体所服从的是概率论规律,而不是牛顿力学定律。1850年,德国物理学家克劳修斯(Clausius)发现了热力学第二定律,并将此表述为"熵增原理",它说明自然界中存在不可逆过程,而牛顿力学方程关于时间反演是对称的,即过程是可逆的。这样,拉普拉斯所断言的知道系统目前状态,就可以推知它过去的状态以及未来的状态,就不适用了。而且,相对论表明,牛顿力学不适用于物体宏观高速运动的情况,这直接冲击了建立在牛顿力学基础上的拉普拉斯机械决定论自然观,说明它没有反映物体在高速运动情况下的时间-空间特性。

量子理论在表明牛顿理论在宏观领域有效性的同时,也揭示了在新的亚原子领域非决定论普遍存在。在认识和分析亚原子粒子的过程中,测不准原理起着基本的作用。实在的最基本构成不可能像他们真正的样子被分离、准确地鉴定、预言或者理解。因此,由经典物理学所倡导的准确的预言以及观测对象的中立性、客观世界的稳定性不可能获得了。量子理论的这种特性使得史密斯(Smith,1982)和玻姆(Bohm,1988)将它说成"后现代物理学",使得他们破除了决定论、机械论和绝对主义,进入到后现代。他们认为,后现代科学的范式要比近现代科学的范式更加有机、更加非决定性、概率性和多视角。

对机械决定论冲击最大的是混沌学。20世纪50年代创立的混沌学表明,混沌运动具有内在的随机性、对初值的敏感依赖性和奇异性。所谓内在随机性是指,混沌的产生既不是因为系统中存在的随机力或受环境外噪声源的影响,也不是由于无穷多自由度的相互作用,更不是与量子力学不确定性有关,而是来自确定性系统内部的随机性。所谓对初值的敏感依赖性,是指当初始值出现微小偏差时,便引起轨道按指数速度分离,"蝴蝶效应"是其生动体现。所谓奇异性是指从整体上看,系统是稳定的,但从局部看,吸引子内部的运动又是不稳定的,即相邻运动轨线互相排斥,而且按指数速率分离;混沌吸引子具有无穷层次的自相似结构;它的空间图形具有分形的几何结构,其维数一般是非整数维。牛顿力学是确定性的,即只要知道构成系统一些因素之间的相互关系和初始条件,就可以确定系统运动的状态。可是混沌学表明,非线性确定论方程存在着内在随机性,或者说必然性中潜藏着偶然性;由于混沌运动具有对初始条件的敏感性,使得预测变得不可能。这就从根本上动摇了机械决定论的理论基础。它表明拉普拉斯机械决定论只能适用于日常生活和线性科学。

不仅如此,从科学认识的现实看,自然的复杂性不是简单性的线性组合,更不可能被简单性所覆盖,是不可以约简还原为简单性的。如对于非线性系统,往往存在间断点、奇异点,在这些点附近的系统行为完全不能作线性化还原处理。否则,就处理掉了非线性系统的非线性因素,从而也就人为消除了相关的复杂性行为。因为这些因素恰恰就是非线性系统出现分叉、突变、自组织等复杂行为的内在根据。

如果我们没有注意到这一点,一味运用简单性原则对复杂性现象进行简化处理,约简为简单性,就会在简化自然的过程中,获得对自然的简单化的、不全面的、不正确的认识。如近现代科学在对自然进行认识时,关注的往往是简单性现象,较少关注复杂性现象,没有发现或者忽视了复杂性现象。而且,即使在发现了复杂性现象之后,往往为了认识的可行性和确定性,避免数学上的复杂性,对复杂性现象大多做了线性的简单处理,"把复杂性约化为某个隐藏着的世界的简单性。"[15] 具体表现在:把模糊性约化为清晰性,把非线性约化为线性,把混沌运动约化为周期运动,把分形对象约化为整形对象。[16] 如此造成自然的外在分离性、还原性和自然的祛魅,造成自然是简单的假象。实际上,这不能完全反映自然的本来面目。如对于伽利略的单摆等时性原理,通常其一个解可以用线性叠加的线性微分方程来表示,但是,这一方程只在摆动角度很小的情况下才成立,当摆动角度增大时,就要用非线性方程来表示它了,所以单摆的等时性(线性关系)只是非线性振动的线性近似。

由此看来,"世界是简单性与复杂性的统一,并沿着复杂性不断增加的方向演化,复杂性是对象世界固有的,不存在一个可以把一切复杂性都转化为简单性的物质层次。"[17] 既然这样,将上述方法论原则和具体的科学方法应用到自然界中,只是科学家认识自然时所采用的一个认识方法论的策略。虽然它的应用有时能够获得对自然的具有机械简单性特征的那一部分的正确认识,但是,它对自然的还原简化不能反映自然的复杂性方面,不能保证对所有的自然,尤其是复杂系统,都能够获得正确的认识。当将上述方法论的原则和具体的方法运用到具有上述复杂性的自然界中时,一是将复杂性约简为简单性;二是舍弃了对非规律性现象的探求;三是没有对非决定性现象的探求;四是没有对自然的经验性方面进行探求；五是将不可分离和还原的研究对象系统人为地加以了分离还原……所有这些方面都是以"自然的本质是机械简单的"为基础的，从某种程度上是对自然的简单性方面的认识或是对自然的复杂性方面的某种简化，是对自然的不完整的认识。对于科学认识的具体方法而言，实验方法是利用科学仪器，对自然进行干涉、纯化和简化、延缓和加速、强化和再现自然。这本身是对自然的一种分离、简化和还原。数学方法，或者是对自然的一种抽象，或者是将人类思维所构建的数学体系应用到对自然的研究上。这是对自然的概括、纯化、简化和规定，舍弃了自然的定性的、经验的方面，或将自然的定性方面还原简化为定量的方面，使自然失去了它的丰富性，从某种意义上说更是对自然的一种还原简化。自然成了一个可以由实验方法加以解剖的、由数学方法加以计算的和由技术加以操纵的，没有任何深刻的东西。由观察实验测量和数学方法等所获得的是对自然外在关系的局部的、简单化了的认识，是对已被破碎了的自然的破碎的认识；获得的是分门别类的知识体系，如物理学、化学……掌握的是自然界分散的、断裂的、点状的、线性的规律。由于这些分门别类的知识反映的是自然界分散的、断裂的、点状的、线性的规律，而不是自然界系统的、全面的、立体的规律，因此，按照这种分门别类的规律去改造有机整体性的自然时，很可能会与自然系统规律相违背，从而造成自然生态环境的破坏。DDT 的认识、使用以及禁止使用的过程就说明了这一点。

专栏 2–5

DDT 简史

DDT，也叫二氯二苯基三氯乙烷。这种化合物是 1874 年由德国化学家 O. 蔡德勒（O. Zeidler）首先合成的，60 多年后的 1939 年，瑞士化学家 P. H. 米勒（Miller）发现它具有杀虫的特性。经过几年的改进，于 1942 年正式投放市场。

1943 年美国农业部试验用 DDT 杀灭马铃薯甲虫，证实了 DDT 有很好的杀虫效果。1944 年 1 月在意大利那不勒斯战役中，虱传斑疹伤寒流行，每天出现 60 例病人，官兵们处于绝望之中，这时运来了 DDT，在三周内为 130 万人灭了虱，斑疹伤寒的流行顿告平息。

以后 DDT 作为一种农药广泛应用于农业生产，成为战胜田间虫害的得力手段。同时，在医疗卫生方面，DDT 则是根绝传染疾病的良药。

由于 DDT 的杀虫和药用功效，1948 年，米勒获得了诺贝尔生理学和医学奖。

那时，在人们的心目中，DDT 是一种对人体无害的杀虫药物，但是，50 年代以后，科学实践证明 DDT 对生态系统是有害的。生态系统通过两个途径吸入人类喷洒的 DDT 并经过食物链加以富集。一是经过植物的茎、叶及根系进入植物体,在体内积累起来,被草食动物吃掉再被肉食动物所摄取,逐级浓缩;二是喷洒的 DDT 落入地面,经过土壤动物如吃土壤中有机物碎片的蚯蚓等,再被地上的食虫动物如小鸡所捕食,小鸡再被鹰等食肉鸟所捕食,逐级浓缩,这种通过食物链加以浓缩的过程称之为生物富集,或生物放大。图 2-6 给出长短不同的 8 条食物链,每条食物链都反映了这种富集的规律,如水草中的 DDT 质量分数为 0.08×10^{-6},蜗牛体中升高到 0.26×10^{-6},到燕鸥就升高到了 $3.15 \times 10^{-6} \sim 6.40 \times 10^{-6}$,可见燕鸥中的 DDT 质量分数比水草中的高出 40~80 倍。

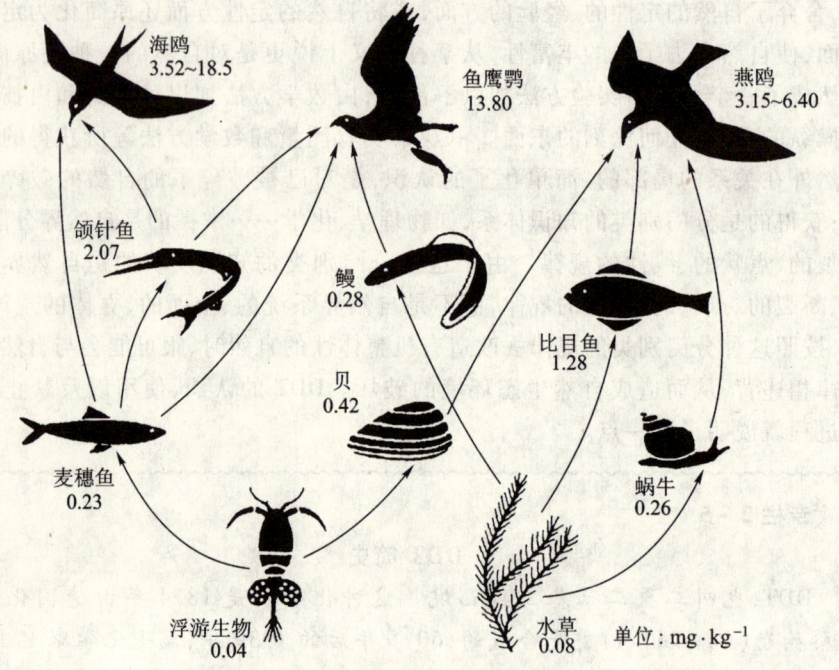

图 2-6 从浮游生物到水鸟的食物链中 DDT 质量分数($\times 10^{-6}$)的增加(Ahlheim,1989)[18]

基于以上的实践和认识,人们渐渐地达成了这样的共识:决不能低估 DDT 对生物和人体的危害性,不能再继续使用 DDT 了。

20 世纪 60 年代后,各国陆续停止生产和使用 DDT。到 70 年代,DDT 已是世界各国明令宣布的禁用品。

DDT 的合成是符合化学规律的,能够用作杀虫剂、农药也表明它符合一定的生物学规律,它的使用为什么会造成环境破坏呢?主要原因是它不符合生态学规律,从而使它在应用于上述领域时,对人体和生态环境造成危害。

不过,深入分析上述观点,仍然存在不恰当之处。如果我们考察 DDT 的实验室合成过程,将会发现,DDT 的生产确实是人类分离、简化、纯化、强化、干预自然的结果。但是,这里所涉及的自然更多的、更直接的是人工自然而非天然自然,所发生的反应在自然界中并不存在,并不是自发的,所生产出来的物质是人工物,而非天然物。也就是说,合成DDT依据的化学规律其实并不是在自然界中原先就存在的、发生于自然界中的"自然"规律,而是人类在实验室中发现和创造的"人工自然"规律。这种"人工自然"规律被应用后的产物进入自然环境界,能够用作杀虫剂、农药,但是,一旦它所面对和涉及的是更大的生态环境时,也就是要面对"自然"规律时,它就要与自然规律、与自然演进的产物、与天然的自然物相对抗,从而与自然界中所发生的过程不相符合,不符合生态学规律和动物与人的生理学规律,从而对人体和生态环境造成危害,产生环境破坏。

这里给我们提出了这样的问题:科学对自然的认识究竟是对天然自然的认识,还是对人工自然的认识?它所获得的规律究竟是自然规律还是人工规律,或它在多大意义上获得了自然规律?这一点对于环境保护意义非常重大。因为如果科学对自然所获得的认识反映了外在自然规律,那么这样的科学应用就不应该也不会产生环境问题;如果科学所获得的对自然的认识是关于人工自然的认识,也就是说获得的是关于人工自然规律的认识,那么人工自然规律与外在自然规律就有不一致的或根本不同的地方,如此,将这种人工自然规律应用于改造外在自然时,造成环境问题也就是必然的了。

为了弄清这一问题,有必要深入具体地分析运用科学方法对自然的认识过程和在这样一个过程中科学认识方法对自然的作用方式,以及在这样的方式的作用下,到底获得了一个什么样的对自然的认识。这里以科学实验方法的运用为例加以说明。

科学实验是人们根据一定的研究目的,运用一定的物质手段,在人为地控制或模拟自然现象的条件下,使自然过程以纯粹的、典型的形式表现出来,暴露它们在自然发生的条件下无法暴露的特性,以便进行观察、研究,探索自然界的本质及其规律。由此看来,科学实验的最大特点就是在实验过程中干涉、变革自然,获得对自然的认识。

要进行科学实验,首先就要确定实验对象。实验对象是如何确定的呢?不可否认,科学认识自然的目的是获得对自然的本质和规律的认识,这应该是以自然为认识对象的。对于科学实验,人们认为也不例外,即科学实验的对象仍然是外在于人的自然界,目的也是获得对这样的自然界的经验方面的认识。考察实验的进行,有些实验确实是在自然界中做的,是以自然界为对象或以自然界中的事物为对象的。这类实验更多地属于直接实验或野外实验。但是,从今天的科学研究来看,这类实验是不多的。主要原因可能在于,自然是广大的,自然界中的事物是无限的,事物的内在结构是复杂的,事物的性质是内在的、无限的、复杂的,事物与事物之间的联系以及由此所形成的关系是复杂的,这种状况使得科学家在很多情况下不可能在大自然环境界对自然做实验,也不可能对自然界中的某一事物的所有方面做实验,而只能对自然界中的某一事物的某一方面进行实验。

要完成实验,首先要做的就是对自然界的事物进行分类,在分类的基础上形成物理的对象、化学的对象、生物的对象等,再对这些经过分类的对象进行相关的实验,如物理实验、化学实验、生物学实验等。如此,我们就可以得到关于实验的第一个结论:实验是分门别类的,而不是对自然的整体进行实验,如此所获得的对实验对象的认识性质就是分门别类的。当然,单凭这种分类在很多时候还是不能确定具体的实验对象,要确定具体的实验对象还必须根据实验者的理论背景和具体的实践背景,对自然界加以作用,分离自然界,从中分离、选择、筛选、精炼、提纯,以获得能够作为进入实验室之中的实验对象。这样的过程有些是在自然界中进行的,有些是在实验室中进行的。无论在哪里进行,有一点是肯定的,由此所选择出来的这一对象已经不是以自然状态存在的那一对象了,而是在取之于自然界的基础上的以某种特定人类规定给它的状态存在的对象。这一对象虽然在自然界中已经存在,但是,它是经过处理的对象,这种被处理过的对象还是原来的对象吗?应该说不是了,它可以看做是较弱意义上的人造对象,即经过了人类改造的对象。如此,在实验室中所获得的对这一对象的认识,主要就不是该对象在自然状态下的认识,而是对取之于自然界中的经过特定处理的某一对象的认识。这一过程是对自然的分类、选择、分离、筛选、简化和纯化,也是一种对自然的操作和控制。

更何况,随着科学的进步,实验活动所指向的对象——实验对象更多地已经不是天然自然的对象或对天然自然处理过的对象,而直接就是人工对象,而且这样的天然对象或人工对象是在同实验仪器的相互作用过程中,进入主体的认识范围而获得规定性的,它们在实验室的科学仪器的特定作用下,人工性就更加明显地体现出来。如此,从科学实验的全过程看,所涉及的对象虽然可以是天然自然客体,但是,所发生的现象可能就不是天然自然现象了,如牛顿用棱镜分解太阳光谱的实验就是如此。至于人工制备的客体,如某种金属材料、单晶硅、电子器件等,它们本身就不是天然自然对象,而是人工对象,以此在实验过程中所涉及的对象和现象更多地也就是人工的了。

确定了实验对象后,就可以进行具体的实验了。实验的特点怎样呢?一定的科学实验是在一定的理论指导下,运用一定的实验仪器,对实验对象施加一定的作用,从而获得一定的实验现象的过程。在这一过程中,一是要纯化、简化实验对象;二是要加速或延缓实验现象;三是要强化或弱化实验现象,四是要模拟再现实验现象,五是要控制追踪实验现象;六是要记录描述实验现象。经过这样的干预作用,实验室的空间背景就是被构建出来的、特定的、不同于外在自然的实验场所,实验室是被严格封闭和隔离的空间,是受到严密监控和追踪的空间,是被精心控制的介入和操作的空间,实验对象就成为一个不同于自然对象的人工对象,实验现象就不是存在于自然界中的自然现象,而是人类在实验室中创造发明出来以后被人类发现的现象。

如此一来,科学获得的是对什么对象的认识呢？主要获得的是对人工自然对象——实验室中的微世界的认识,而不是对外在于实验室的自然环境的认识,是在对人工自然进行分离、纯化、简化、强化、弱化、加速、延缓、跟踪和控制的基础上进行的,所进行的操作反映了科学理论所描述和解释的世界系统、仪器的操作系统和实验所构建的世界系统之间的匹配性,由此所构建的世界就是科学理论所描述和反映的世界,是在实验室中构建的世界,也就是实验室中的微世界或科学理论所描述的世界——科学世界。这一系列相互关联的过程以及每一过程,都表明科学对自然的认识是一种构建。通过这样的构建,人们就在实验室中构建出了一种相互作用的因果关系系统并观察到了在这一系统中所展现出来的因果关系,这一关系能够被相应的理论所解释或预言,或理论的解释和预言功能通过这一系统而得到表现。

专栏 2-6

科学知识社会学的观点

科学知识社会学的代表人物谢廷娜(Cetina)认为,科学知识本质上是建构性的而不是描述性的。理由有两点:

第一,实验室是生产(科学)知识的特殊工厂或作坊(workshop),其产品(科学知识)首先和主要是一个人工制作过程的结果。这一点通过三方面来说明:一是实验室的现实是高度人工化的。它像一个工厂,不是被设计来模拟自然的建制。实验室中不仅不包容自然,甚至尽可能地将自然排除掉了。她注意到,科学家在实验室中所面对和处理的都是高度预构好了的人造物。二是科学研究是借助工具操作的。在实验室中,科学研究的工具性不仅在科学家所操作的"事情"的性质中表现出来,而且也体现在科学行动的专注中。这种借助工具所完成的观察,在很大程度上,截断了事件的自然路线;三是科学家是"实践推理者"(practical reasoner)。实验室行动是在一种复杂排列的环境中进行的,科学家的行动就是设法降低环境的复杂性,从无序中制造出秩序,"产生工作结果"(making things work)。

第二,事实制作或知识生产是决策负荷的,科学家的实践选择遵循一种索引性(公宜性、特异性和机会主义)逻辑。这可以称为"决策负荷性"(decision-ladenness)。她认为,实验室生产的产品首先和主要是一个生产过程的结果,就意味着生产过程中所发生的事情是与最后所得到的产品相关的。科学产品必须被看成是通过生产过程高度内在地建构出来的,与通过某种与"自然"匹配或不匹配而进行的外在建构过程无关。她从两个方面对科学知识的内在建构性进行了论证,即分别考察了研究过程和最终产品的决策渗透性,表明科学实践中包含着一种选择机制。她注意到,实验室活动不仅包含着高度预构好了的工具和材料,而且也包含着决定和选择。最经常看到的选择体现在对行动的可替代工具和路线的选择中,如选择特定的测量手段、化学合成方案、温度或时间。这些选择又是在选择某些决策标准基础上进行的。科学事实的建构性运行还包括将主观的选择"煞费苦心"地转换成客观的事实。

进一步的问题是,科学获得了对人工自然对象的什么样的认识呢?也就是获得了什么样的对微世界的认识?结论是:科学对自然之谜的探索并不是任意的,而是与人类对自然的提问方式密切相关。有什么样的对自然的提问方式,就会有什么样的对自然的作用方式,在这种方式的作用下,自然就有可能按照这种作用方式向人们展现什么,人们也就会获得什么样的对自然的认识。随着科学的技术化趋势的加强,老的格言"科学发现,技术创造"已被新的格言"科学发现因为它创造"[19]所代替。科学是在建构自然的过程中获得对自然的认识的,获得的是对建构了的自然的建构的认识,如此所认识的自然规律主要不是关于外在自然的规律,而是关于所建构出来的人工自然(实验室中所构建的微世界或经验世界)的规律,是对经过干预了的、经验建构了的科学世界的认识。科学世界是与外在于实验室的世界不同的,前者基本上局限于实验室之内,而后者则是处于实验室之外,尽管后者在很多时候也包括人工自然,但是,它所包含的人工自然在很大程度上是人类利用科学对实验室中所构建的微世界的认识创造的。这是两者的不同之处。科学的世界或实验室中的微世界是以天然世界为基础的,但又是对天然世界的人工建构,因此是一个人工的世界,而且很多时候仅仅是人工世界的一个方面。科学的应用是利用外在自然环境和人工自然对外在自然和人工自然的改造,改造的结果又创造了一个范围更大的人工世界,该人工世界与天然自然界直接面对和对抗,从而破坏了外在的自然环境界。

(1) 按照科学所获得的人工自然规律进行生产改造自然,合成人工物,创造人工世界时,所发生的过程绝大多数是自然界中的事物在自然的状态下所不能发生的,很多时候与自然界本来发生的过程相违背,打断或干扰了自然界所发生的自然过程,从而对自然界造成干扰和破坏;

(2) 按照人工自然规律所合成出来或产生的人工物虽然有些是自然界中所有的,但是,由于这些物质是按照大规模生产方式生产出来的,在一定时期内大量地进入原有生态系统中,从而使得原有系统中的这一物质的含量大大增加,影响到生态平衡,改变物质循环(图2-7),就会造成环境与生态的破坏,可以说温室效应以及酸雨的形成就是如此。

(3) 按照人工自然规律所合成出来或产生的人工物大多是自然界中所没有的,这类物质被释放到自然界中,就会改变环境中的物质组成,并很可能与

二、科学造成环境问题的原因探析

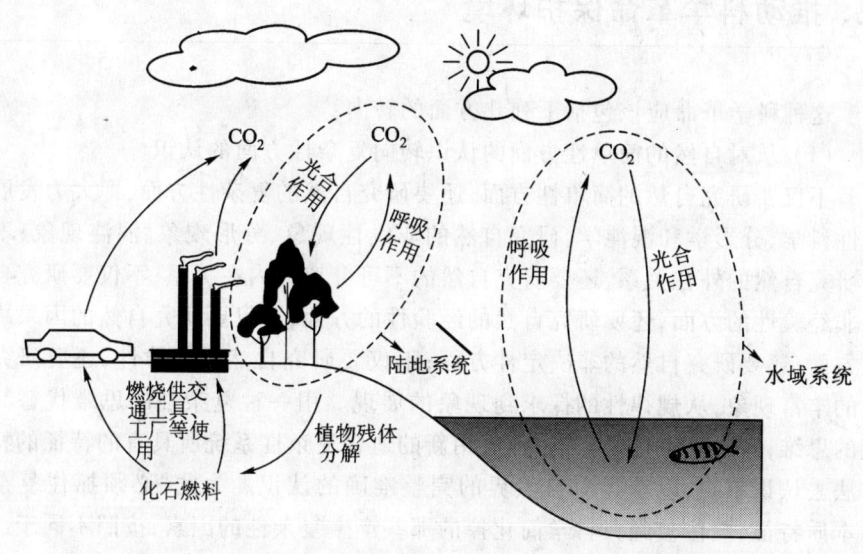

图 2-7　碳循环[20]

环境中的其他物质发生各种各样的人类没有预料到的或没有有意识地研究的反应,干涉了自然界中原有的本身所发生的自然过程,影响到自然的生态平衡。本章开头说到的 CFCs 类物质的使用造成臭氧空洞的例子就说明了这一点。

通过前面的论述,不难发现,科学之所以造成环境问题,是有其内在的本体论、认识论、方法论方面的原因的。在本体论上,近现代科学坚持机械的自然观,这本身就不利于环境保护。不仅如此,在认识论上,科学对自然的认识只具有真理的相对性,而不具有绝对性,因此将具有这种相对真理性特征的科学应用于改造自然时,造成环境破坏也就在情理之中了。在方法论上,由于近现代科学坚持机械自然观,在此基础上,运用了相应的简单性还原、还原性原则、分离性原则和具体的科学实验方法来对自然进行认识,对自然加以了简化、分离、还原和干涉,获得的是对自然的简单性方面的认识或对简化了的自然的认识,获得的是对自然的分门别类的、割裂了的认识,获得的是对人工自然规律的认识,所有这些都不能完全反映自然界的本来面目,将此应用于改造自然的过程中,便会造成环境破坏。

在这样的情况下,如何发展一个新的科学,使它的应用不产生或很少产生环境问题呢?为此需要我们在前面具体分析科学为什么会造成环境问题的基础上,指明科学的发展方向。

三、推动科学革命保护环境

这种科学革命应该包括下列几方面的转向：

(1) 从对自然的简单性方面的认识转向复杂性方面的认识

不仅要研究自然的简单性方面，还要研究自然的复杂性方面，即大力发展非线性科学、分形学和混沌学，研究自然的非线性现象、分形现象、混沌现象；不仅要研究自然的外在关系，还要研究自然的不可分离的内在关系；不仅要研究自然的非经验性的方面，还要研究自然的经验性的方面；不仅要研究自然的因果决定性方面，还要研究自然的非决定性方面；不仅要研究自然的规律性，还要研究自然的丰富现象，从规律性的探求到现象的展现。用一种复杂性的思维代替简单性的思维，针对复杂性现象的特点，用新的适合复杂性系统所具有的特征的特定方法去认识事物，以获得对自然界的完整准确的认识。为此"必须抓住复杂性的本质特征，抓住被经典科学简化掉的那些产生复杂性的因素，按照不同于经典科学的思路建立全新的模型。"[21]问题是怎么研究呢？

(2) 从对自然的局部认识转向对自然的系统整体性的认识

扩展认识对象，在以往分门别类研究的基础上，大力发展交叉学科和综合性学科，探索不同于传统意义上的方法论原则和具体的方法，对复杂系统和巨系统进行研究，以获得对自然系统的整体的、正确的认识，使我们的认识符合生态学规律。可以说，系统科学、生态学等的建立及其发展就是向这一方向努力的结果。这为人类正确地改造自然奠定了认识基础。总之，人类实践活动所涉及的是大自然系统，而大自然系统是由相互联系、相互制约的天然自然、人工自然、人类社会子系统组成的综合体。人类对这种大自然系统的开发利用，必须从整体出发考虑和评价大自然系统的自然条件和生态平衡，绝不能从某一子系统出发，孤立地、片面地做出评价，片面地利用某一子系统的资源优势。要从整体出发，为合理利用大自然系统提供科学依据，为大自然系统建立起一种良好的生态结构，维持一种良性循环的物质、能量转换系统。正像人类生态学所做的那样，发现大自然系统的复合规律，按规律办事，达到人与自然的共同进化与发展。

这一切告诉我们，要获得人类的幸福，不仅要把天然自然作为整体进行研究，还要对大自然系统进行研究。顺应这一要求，一系列以生态环境问题为中心、以研究自然规律和社会规律相互作用的交叉学科诞生了，从而使得当代科学技术的发展呈现生态化趋势。

(3) 从对自然的实验室认识转为对外在自然的认识

前面的分析表明，科学在很多时候之所以获得的是对人类建构的人工自然规律的认识，主要原因在于实验室科学的盛行。为了减少这种人工自然规律的应用可能给自然带来的损害，有必要反思实验科学，将科学从实验室中带向外在自然,以大自然为研究对象,真正做到向外在自然学习,发现外在自然的规律,真正按外在自然的规律办事,达到保护外在自然环境的目的。有关这方面,环境科技与工程、科学的生态化是其表现。

(4) 从对外在自然的认识走向对大自然系统的认识

传统观点认为,人们只有正确认识了外在自然规律,并且按这样的规律改造外在自然,才能获得正确的结果,才能给人类造福。这种观点有一定道理。不过,这里必须明了,由此所获得的科学仍然是以外在自然为对象的。对外在自然的正确认识,并不必然带来对外在自然的正确改造。因为对外在自然的改造过程是人类主体利用人工物对外在自然、人工自然及人类社会的改造过程。这一改造活动的正确性获得首先在于人类对外在自然、人工自然、人类社会的正确认识以及对这三者组成的大自然系统的正确认识,然后再按此正确认识对三者进行改造。而研究外在自然规律的科学所认识的是外在自然界的规律,没有对人类实践过程中所涉及的人类社会、人工自然、外在自然三者所组成的大自然系统进行认识。仅凭对外在自然的正确认识去改造大自然系统,注定会出现内在的障碍:认识对象与实践对象的不一致,科学认识及其终极关注是外在自然界,而科学应用及其人类关注的指向既是外在自然又是人工自然以及人类社会。这其中存在内在矛盾。因此,根据对外在自然的正确认识来对外在自然、人工自然、人类社会三者及其组成的系统进行改造,并不能保证改造的正确。

该是人类由认识外在自然转向认识大自然系统的时候了。要解决人类面临的生态环境危机,必须对人工自然规律进行正确的认识,明确阐明人类改造外在自然、人工自然以及人类社会的过程,阐明在产生人工物以及人类消费人工物的过程中,人工自然与人类社会、外在自然的关系,保证人类社会、外在自然、人工自然三者的协调一致。如此,自然科学的人文化就成为必然了。

过去,许多国家只注意经济的发展而忽视了自然界的某些基本规律,结果引起资源破坏、环境恶化等后果。这就需要以生态学的观点去分析经济建设活动对环境的影响。生态学在解决资源、环境、可持续发展等重大问题上具有重要作用,从而受到社会的普遍重视。许多国家和地区的决策者,在对任何大型建设项目审批时,如果缺少生态环境论证则不予批准。因此,研究人类活动下生态过程的变化已成为现代生态学的重要内容。为此,德国生态学家莱斯(H. Lieth)等人称生态学为人类生存的科学,奥德姆(E. P. Odum)新出版的《生态学》(1997)一书以"自然与社会的桥梁"为副标题。现代生态学正在结合人类活动对生态过程的影响,从纯自然现象研究扩展到自然-经济-社会复合系统的研究。

(5) 把人工自然物的生产以及人工自然纳入到外在自然之中,使它们协调一致

科学革命的第五个方面是必须对人工自然规律进行正确的认识,明确阐明利用科学改造自然所产生的人工自然对外在自然的影响,在此基础上,把人工自

然物的生产以及人工自然纳入到天然自然之中,使它们协调一致。

协调的途径之一是改造人工自然进化的副产品或使之直接进入自然界原有的进化链中;或者为这些副产品另外设计进化路线,由此形成新的副产品,为自然界原有的进化链所吸收。

如在某些化工生产中,会有铬浸出渣产生,如果任其进入环境,会造成污染。采取怎样的措施消除这一污染呢?湖南省湘潭合成化工厂采用相应的流程,用铬渣为熔剂生产钙镁磷肥,首先将铬浸出渣与磷矿石、白云石、焦炭、蛇纹石等按一定比例混配后加入矿热还原电炉或高炉中,经高温熔融还原,将铬浸出渣中一部分六价铬还原成三价铬,以 Cr_2O_3 形式进入磷肥半成品玻璃体中固定下来;其余六价铬被还原成金属铬元素进入副产的磷铁中,从而达到对铬浸出渣中六价铬解毒的目的。工艺流程如图 2-8 所示。

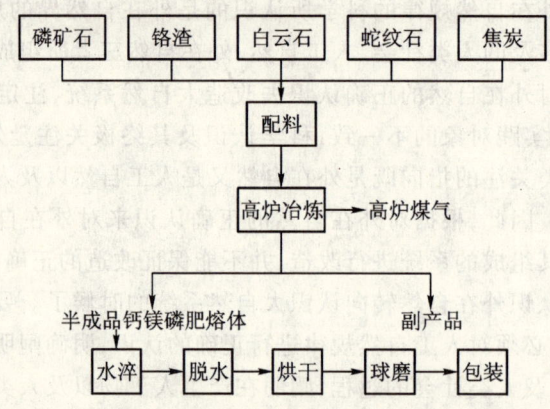

图 2-8 用铬渣为熔剂生产钙镁磷肥的高炉法工艺流程

经过这样的处理后,该厂年产钙镁磷肥 50 000 t,处理铬渣 8 000~10 000 t,处理后铬渣中六价铬含量达到国家规定标准。[22]

协调途径之二是重新设计人工自然的生产过程,变传统的"高污染、高消耗、低产出"的生产过程为"清洁生产"过程,这方面绿色化学是其典型代表。

绿色化学是一门具有明确的社会需求和科学目标的新兴交叉学科。它的目的是把现有化学和化工生产的技术路线从"先污染,后治理"转变为"从源头上根治污染"。这样,在减少甚至消除废弃物的同时,节省了相应的环保费用,达到了合理利用资源,降低成本,保护环境的目的,实现了生态效益和经济效益的双赢。其大致过程为:以无毒无害物质或可再生资源为原料,以无毒无害的物质为催化剂和溶剂,进行绿色化工反应。该反应过程尽可能将原料分子中的原子百分之百地转变成产物,不再产生副产物或废物,实现废物的零排放。此称为"原子经济"。产生的产品是环境友好产品。

从绿色化学的这一定义看，它对环境保护的作用非常重大。正因为这样，1995年3月16日，美国总统克林顿宣布设立"总统绿色化学挑战奖"(USA Presidential Green Chemistry Challenge Awards)。设立该奖是为了重视和支持那些具有基础性和创新性、并对工业界有实用价值的化学工艺新方法，以通过减少资源的消耗来实现对污染的防止。美国"总统绿色化学挑战奖"共设立了变更合成路线奖、变更溶剂反应条件奖、设计更安全化学品奖、小企业奖以及学术奖五个奖项，这些奖项基本涵盖了绿色化学所包含的几个主要方面。

比如环氧乙烷的生产，原来是通过氯醇法二步制备的，方程式如下：

$$CH_2 = CH_2 + HOCl \rightarrow HOCH_2 - CH_2Cl \qquad (2.4)$$

$$HOCH_2 - CH_2Cl + 1/2Ca(OH)_2 \rightarrow CH_2 \underset{O}{-} CH_2 + 1/2CaCl_2 + H_2O \qquad (2.5)$$

自发现银催化剂后，该反应已由二步反应改变为采用一步反应的原子经济反应。反应方程式如下：

$$CH_2 = CH_2 + 1/2 O_2 \rightarrow CH_2 \underset{O}{-} CH_2 \qquad (2.6)$$

合成路线经过这样的更改后，原子利用率从原来的37.45%提高到100%，环境污染降到了最低限度。

总之，"绿色化学"与环境治理的理念完全不同。"环境治理"是利用各种手段来消除或减轻污染，而"绿色化学"则是从源头根除污染，不造成污染。当然，这是环境化学的最高目的，是化学化工努力的方向。它与目前人类所实施的各种污染治理战略以及废物回收利用战略并不矛盾。

（6）对实验室科学应用所可能产生的环境破坏进行评价，确定科学的真理性，以决定是否应该应用

通过前面对科学认识的深入分析，我们知道，科学应用于自然时是根据实验室中的微世界进行的，符合微世界规律的并不一定符合外在自然界的规律，正因为如此，通过实验室检验所确证的科学认识的正确性只是在科学的世界中、在实验室中所建构的微世界中的正确性，并不意味着对外在自然的认识的正确性，因此，要保证科学应用于外在自然中的正确性，并且以是否能够更多更好地符合外在自然规律而更少地造成环境破坏为标准。造成环境破坏越少的科学，它相对于外在自然的真理性就越强，否则就越弱。也正因为如此，在实验室中被证明为正确的并不表明它的应用就是合理的，而只是表明如果按照实验室条件来应用这样的科学将可能得到相应的结果。科学能做的并不意味着我们应该去做，科学在能做某一件事情的同时，也很可能在自然的某些特定环境下做其他很多我们不知道的或还没有意识到的事情。从环境问题产生的历史来看，绝大多数环境问题正是由于我们人类着眼于科学的某一方面的知识，并按照这一知识生产

人类需要的新产品的生产过程,以及所生产出来的物质的消费或留存到自然界中所造成的。

这给我们什么样的启发呢?实验室中能做的,在自然界中并不一定能做,在自然界中能做的,如工业生产,并不一定应该做。某项科学认识的成果是否应该经过科技创新应用于人类的生产和生活,还应该看这样的应用是否影响了环境,给环境造成了什么样的影响。

更多地与自然相符合应该成为未来科学努力的方向。

当然,从目前来看,科学在很多时候做不到这一点,科学在一定的时期内仍然沿着原先的实验科学的道路向前迈进,那么,对于这样的一类科学,应该如何对待呢?它的正确性,在没有准备应用于改造自然之前,是在实验室中进行的,由此确立该认识在科学所构建的世界中的正确性。而一旦要准备应用于或已经应用于改造自然的时候,它的正确性就应该放到它对环境的影响之中去评价。如此,它给我们的科学提出了一个新的任务,就是不要等到某项科学应用之后产生了环境问题,才对该项环境问题进行科学研究分析,从而弄清它之所以产生环境问题的科学原因,然后再探求解决这样的环境问题的科学途径;而是要在科学应用之前或之中,就研究这样的科学如果被应用于做什么,将可能产生什么样的环境破坏,从而对它进行更大范围内的真理性考察,更进一步确定这样的科学能否进行这样的应用。如此看来,科学认识的正确性就不仅要对科学认识本身进行反思,还要针对科学应用对自然的影响进行评价,认识到科学认识的应用对自然的干涉以及所产生的人工自然可能与天然自然的对抗,以最终确定是否应用该项科学成果。要知道,科学认识的正确性不仅体现在科学认识过程中,如实验的验证,理论间的一致,理论的解释和预言,理论的综合简明性等,而且更重要的体现在科学应用的过程中。这一点是传统科学所忽视的,也是我们人类社会所忽视的。如此导致的结果是:科学家只管科学的生产而不管科学的应用,只管科学应用后果的探查而不管在这项应用之前是否会产生环境问题,也就是说,对环境污染的认识永远放在科学应用之后,放在环境问题产生之后再进行,是事后的,而不是预防的,没有从源头上控制污染。既然科学的真理性应该放在科学应用的过程及其结果中进行,那么,对科学认识真理性的评价就不单纯是认识论意义上的,还有实践性意义上的,评价的主体就不单纯是科学家群体了,还应该包括我们的公众。这样一来,我们的社会不仅应该管科学的生产,而且还应该管科学的应用,更应该对科学进行深入恰当全面的真理性的评价。

总之,现在到了我们采取措施改变科学推动科学革命的时候了!这是科学的发展、社会的进步、可持续发展的必然要求!

保护地球是科学的责任!反思发展科学是人类的必需!

材料评论

1. 2006年4月,笔者对中国科学院研究生院的部分理工科硕士研究生进行了一次调查,调查的题目是:科学应用会造成环境问题吗?如果会,是因为什么?调查的人数为124人,收回有效问卷114份,其中持肯定态度的有54人,持否定态度的有36人,没有答案的有24人。概括而言,持肯定态度的学生认为科学之所以造成环境问题,是由于下列一些原因:

(1) 科学本身不造成环境问题,环境问题的产生是人们滥用科学的结果;

(2) 应用科学开采资源,而资源的利用自然而然地会引起一系列的环境问题;

(3) 治理环境污染的科技手段未能及时采取,以至于科学造成了环境的破坏;

(4) 科学在探索自然规律的同时也会产生错误;

(5) 科学应用是为了改造自然,所以不可避免地会造成环境破坏;

(6) 科学的有限性、人类对环境的认识的有限性,导致科学的应用产生环境问题;

(7) 科学是一把双刃剑,不可避免地会带来环境问题;

(8) 只有当科学的应用给环境造成的负担大于环境的承载力时,才会造成环境问题;

(9) 科学的发展创造出了一系列与环境不相容的物质,造成了环境问题。

(10) 科学的发展出现了高科技产品,同时也增加了环境污染;

(11) 当科学发展和应用的无限性与资源的有限性产生矛盾时,会产生环境问题;

(12) 我们现在的科学就是建立在对环境索取的基础之上,并没有将科学与环境协调纳入范围之内,因此,科学的应用会产生环境问题;

(13) 科学本身不产生环境问题,科学的发展推动了技术的进步,从而也直接导致各种产品和交通工具的使用,造成了环境问题,环境问题是技术应用产生的;

(14) 科学造成环境问题的实质是:掌握科学的人与其所生活的地球环境之间的关系不协调;

(15) 科学的发展促进了人们对物质的认识及其利用,扩大了环境问题;

(16) 科学的发展过程是一步步接近真理的,而人们总是没有全面认识科学所带来的影响之前,就将其转化为技术,从而会导致不可预料的环境后果;

(17) 不是所有的科学都能造成环境问题,也不是所有的环境问题都是由科学造成,有很多环境问题与人类的盲目、无知以及没有限制的欲望有关,当然,科

技的进步助长了这种欲望;

（18）科学造成环境问题是科学处于不完善的阶段时,对自然的一种相对正确的认识,而且科学产生的目的就是改造自然,这就必然会产生环境问题;

（19）科学的最根本的目的就是满足人类的某种需要,所以在起初的科学创造、科学研究过程中,人们所考虑的更多的是科学能给人们带来的益处,而忽视了它的负面影响,所以,随着科学的发展,它的负面影响就通过量的积累变得更加显著了;

（20）科学改变了大自然的平衡,只向着有利于人类自己的一面改造自然、利用自然,而事实上,自然界有其自身的规律,如果只强调一方面,势必会导致环境破坏。从这一意义上说,科学造成了环境问题。

请你结合本章内容的学习,对上述观点加以评价,给出自己的看法。

2. 在上述调查的基础上,笔者又进行了"科学应该向哪个方向发展才有利于环境保护"的调查。调查的结果概括如下:

（1）大力发展能源消耗少,尽可能利用天然资源的科学;

（2）科学应该考虑整体的生态平衡,应从仅考虑人类的利益转变为考虑自然的整体利益;

（3）尊重自然规律,与自然相符,清洁生产,绿色科学;

（4）向与自然相符、不污染环境的方向发展;

（5）科学无论向哪个方向发展都不能解决环境问题,只有向环境科学和工程的方向发展才有利于环境保护;

（6）要朝向既能够产生自然界中所没有的物质,又能把这些物质还原为无害的方向发展;由碳基社会向脱碳社会发展;应限制污染严重的科学应用,等环境问题解决之后,再利用它;

（7）科学的发展及其应用应在自然的承载力之内;

（8）对自然的破坏达到最小点,对自然的利用达到最大点;

（9）科学本身的发展方向不需要改变,应改变其他方面;

（10）科学应向着眼于整体、着眼于未来的方向发展;

（11）向着再利用的方向和绿色工艺的方向发展,与人文科学一道提高环境意识;

（12）应朝着可持续发展的方向迈进,应注重人与自然的和谐,摆脱以往掠夺式的生产方式,向可持续发展与和谐发展的方向迈进;

（13）未来科学的发展方向应该是解决现有问题,而又不会造成其他问题;

（14）只有科学的不断发展向着促进技术革新的方向迈进,才会有利于环境保护;

（15）科学的发展应该以环境保护为前提;

（16）应该是多元发展方向,既有利于人类社会发展又有利于环境保护,更加人性化、理性化；

（17）将环境科学应用于生产应用的全过程，应从自身的欠缺出发去寻找解决问题的途径；

（18）科学向原来的方向更快地发展；

（19）从人文学的角度来指导科学的发展；将自然的污染控制在它的承载力范围内；进行环境风险评价；

（20）科学的全面性、生态性；整体性、自然规律性；更加人文、更具人性的方向发展；

（21）扩展到外空间，寻找更多的资源；

（22）科学应该向高效型、清洁型和有利于当地情况的方向发展，科学的发展应以生态学和环境学为指导，沿着可持续的道路迈进，不断完善对现有环境问题的解决措施；

（23）科学应该是系统地、更全面地认识自然；

（24）科学的发展应从实验室中走向大自然，并且对此进行环境影响评价；

（25）应该多进行以自然环境保护为目的的科学研究；

（26）科学应向恢复生态学，尤其是恢复植物生态学方向迈进；

（27）科学应该系统化地发展、向综合化的方向发展，一是自然科学内部的综合，二是自然科学与人文科学的融合；

（28）科学的发展应朝向资源节约、资源可回收利用的方向发展，应该研究用可再生资源替代不可再生资源，并且还应考虑到可能造成的环境问题，在科学研究阶段就应加以考虑；从粗放型经济模式向集约型经济模式转变，从不可再生能源向可再生能源方向迈进，制造能够多次使用的产品，对垃圾的使用应该是循环使用，而非掩埋或稀释，制造能够降解的物质，制造并推广节能性的用具。

（29）科学不应该进一步发展，从历史的角度看，人类应保持愚昧状态，对大自然才是最有利的。所谓的环境问题是随着人类文明的进步以及发展而出现并逐步恶化的。人类是特殊的动物，其特殊之处不在于其大脑的发达，而在于其欲望的无穷，这是人类的本性，也许人类会出现千千万万的爱因斯坦，但一个希特勒就足以毁灭整个地球。因而人类只要进步，环境问题就会更加突出，所以应避免科学的进一步发展。

（30）科学应该回归自然，在自然条件下发展科学理论，进行科学实践从而在自然化的科学理论指导下，创造出生态型的科学技术，并且在自然化的科学理论指导下，形成人类最富有远见的思维意识和新型的环保型的生活方式，才能最好地利用资源，避免交学费，这样不仅有利于科学理论的逼真性、丰富性、实用性，更是把人和自然融为一体，增强人们对自然的认识，使得人们自觉不自觉地去珍惜自然资源，这是一种非常先进的意识，相信它会带来环境的自然清新，而在人类以后的文明发展中再不会出现"保护"二字，也就不会有"环境保护"。

请你结合本章内容的学习,评价上述观点,给出自己的看法。

问题与讨论

1. 有人认为,科学本身没有错,环境问题是由技术应用或人们滥用科学造成的。对此观点你是赞同还是反对?为什么?
2. 科学真理观与环境问题的产生有什么样的关系?
3. 你认为近现代科学的诞生和发展依据并体现了什么样的自然观?这样的自然观对于环境问题的产生意味着什么?
4. 近现代科学是依据什么样的认识方法论原则对自然进行认识的?由此获得了什么样的对自然的认识?这样的认识被应用于改造自然时将会造成什么样的环境影响?
5. 以实验方法的运用为例说明科学是在建构自然的基础上认识自然的,并进一步说明由此获得的认识与环境问题的产生之间有什么样的关联?
6. 能制造出可以在人的周围和人食用的产品上安全使用的新农药吗?如果不能,为什么?如果能,怎么制造?
7. 有利于环境保护的科学是怎样的?要更好更快地发展这样的科学,需要科技政策方面作哪些调整?
8. 请你结合DDT的合成、使用、禁用等过程以及本章的相关内容,从科学哲学的角度说明科学为什么会造成环境问题?
9. 基因改良是否在以某种与我们的其他非自然行为(从穿衣服到选择育种)完全不同的方式"篡改自然"?如果是,为什么?如果不是,为什么?这对环境保护意味着什么?
10. 试根据本章图2-7碳循环图说明人类创造的人工世界与外在自然环境界是如何作用的?由此又是怎样引发生态环境危机的?

参考文献

[1] [美]Rubin E S. 工程与环境导论[M]. 郝吉明,叶雪梅,译. 北京:科学出版社,2004:401.
[2] 张镜湖. 世界的资源与环境[M]. 北京:科学出版社,2004:223.
[3] Kosso P. Reading the Book of Nature[M]. Cambridge:Cambridge University Press,1992:44.
[4] [美]范·弗拉森. 科学的形象[M]. 郑祥福,译. 上海:上海译文出版社,2002:253.
[5] [美]史蒂芬·科尔. 科学制造[M]. 林建成,王毅,译. 上海:上海人民出版

参考文献

社,2001:6.
[6] [美]罗蒂.后哲学文化[M].黄勇,编译.上海:上海译文出版社,1992:1.
[7] http://king2000.net,科学时代的反思,WEB 专题.
[8] 转引自林定夷.近代科学中机械论自然观的兴衰[M].广州:中山大学出版社,1995:79.
[9] 吴伟赋.论第三种形而上学[M].上海:学林出版社,2002:71.
[10] [美]大卫·格里芬.后现代精神[M].王成兵,译.北京:中央编译出版社,1998:5.
[11][12] Barrow J D. Is the World Simple or Complex? [M]//Williams W eds. The Value of Science, Oxford Amnesty Lectures Series. Westview Press, 1999:84 – 85.
[13] [法]埃得加·莫兰.迷失的范式:人性研究[M].陈一壮,译.北京:北京大学出版社,1999:13 – 14.
[14] [法]拉普拉斯 P S.论概率[J].李敬革,王玉梅,译.自然辩证法研究, 1991(2):2.
[15] [比]普里高津,[法]斯唐热.从混沌到有序[M].曾庆宏,译.上海:上海译文出版社,1987:4.
[16][21] 苗东升.把复杂性当作复杂性来处理——复杂性科学方法论[J].科学技术与辩证法,1996(1):11 – 13,13.
[17] 苗东升.科学的转型:从简单性科学到复杂性科学[J].河北学刊,2004(6):33.
[18] 转引自于秀娟主编.工业与生态[M].北京:化学工业出版社,2003:64.
[19] Lelas S. Science as Technology[J]. British Journal for the Philosophy of Science,1993(44):423.
[20] 转引自杨志峰,刘静玲.环境科学概论[M].北京:高等教育出版社, 2004:33.
[22] 冯丹星,冯流,武向红.环境保护与绿色技术[M].北京:化学工业出版社,2002:132 – 133.

第三章

环境与技术：技术的本质缺陷与环境技术创新

> 技术是通过智慧对自然的改造……人按照自己的目的,根据对自然规律的理解,改造和变革无机界、有机界和人本身的心理和智慧的特性(或相应的自然过程)。
>
> ——[德]H. 贝克(H. Beck)

- 海德格尔的技术"座架"本质与环境问题的产生紧密关联
- 技术的社会价值负荷是技术造成环境问题的一个重要原因
- 不考虑环境后果的技术创新很可能会造成环境破坏
- 环境技术创新应该具有多种形式
- 建构良好的科学、社会环境推进环境技术创新

技术是造成环境问题的一个重要原因。这是不言而喻的。问题是技术何以造成环境问题？对该问题的回答可以从两个层面进行：一是具体考察技术体系，发现它破坏环境的方面，然后推进技术进步以有利于环境保护。这是环境技术研究的内容。二是从技术哲学的角度进行，以探求技术的深层次内涵与环境破坏及其保护之间的关联。本章结合海德格尔关于技术对自然的破坏的论述，具体阐述了技术的中性论、自主决定论、社会建构论对于环境保护的意义。在此基础上，给出建构环境技术创新、走出技术破坏环境误区的恰当途径。

一、技术的本质与环境问题的产生

技术的本质是什么呢？自工业革命以来，技术中性论一直占据主导地位。技术中性论认为，技术只是人们达到目的的手段和工具体系，与政治、经济、伦理文化等因素无关。技术的本质是中性的，无所谓好坏。技术手段和技术效率的高低与技术应用的善恶没有必然的联系。"技术产生什么影响，服务于什么目的，这些都不是技术本身所固有的，而取决于人用技术来做什么。"[1]这种观点有一定道理。如核能既可以用来造原子弹，也可以用来发电；原子弹既可以用来

进行非正义的战争,也可以用来保家卫国;技术既可以用来保护环境,也可以用来破坏环境……

但是,有道理的东西并不意味着它是绝对正确的。如果我们相信技术中性论是正确的,那么,环境问题的产生就是人们故意为之的结果,但事实并非如此,很多环境问题是在人们利用技术生产和使用产品以满足各种需要的过程中产生的,人们的目的并非是要破坏环境。这就是说,为着善的目的去使用某项技术并不一定会取得善的结果,也可能得到恶的或善恶皆有的结果。而且,根据技术中性论,环境问题的解决就不需要改善技术,而只要端正人们应用技术的态度,不将技术应用到破坏环境之中去就行了。很显然,这是极端错误的。环境技术与工程的研究与应用表明,技术自身的缺陷应该也是造成环境破坏的非常重要的原因。由此,环境问题的产生很多时候不是人们有意利用技术的结果,而是来源于技术本身对自然的作用方式。

海德格尔(Heidegger)对此进行了具体分析。他认为,传统技术的工具性和人类学规定是正确的,但不是真实的,没有揭示出技术的本质。这点正如"国画是由线条和墨块构成的"没有揭示出国画的本质一样。通过对技术的历史学和词源学考察,海德格尔认为,技术不是单纯的工具和手段,而是世上万物的一种解蔽方式,只不过古代技术的解蔽方式不同于现代技术的解蔽方式。前者与艺术、科学等密切联系,而且互相统一。它带出"物性",是自然状态的解蔽,反映了自然理性,是天地神人的四重统一体。例如,古代的风车转动就是自然力的体现。有风则动,无风则静。一切顺其自然,保持了自然和人的本真状态,人与自然和谐共存。而后者对自然的解蔽是通过座架(Ge-stell)进行的。"座架意味着此种解蔽方式在现代技术之本质中起着支配作用,而其本身不是什么技术因素。"[2]它是技术的本质,使得自然在这种技术的作用下处于非自然状态,失去了古代技术所包含的"诗一样的东西",造成了环境破坏。

那么,什么是座架呢?海德格尔认为,所谓"座架"就是"意味着对那种摆置的聚集,这种'摆置'摆置着人,也即促逼着人,使人以订造方式把现实当作持存物来解蔽。"所谓"摆置"(stellen)就是一种对在场者的限定,即把某物确定在某物上、固定在某物上、定位在某物上,从某一方向去看丰富多彩的事物。如限定空气以生产氮,限定土地以生产矿石,限定矿石以生产铀,限定铀以生产原子能。这样就使天地万物在技术世界中只显现为技术生产的原材料,把某物限定为某种效用上,把存在者的存在还原为它的功能,失去了自然的整体性和丰富性,自然完全成了一个满足人们物质需要的功能性的存在,成了一个满足人类物质欲望的工具。当然,按照海德格尔的看法,技术在对自然进行摆置的过程中,为了达到人类对它的限定目的,促逼着(herausfordern)自然,向自然提出蛮横的要求,从技术生产需求本身去看待事物,将自然状态纳入人的技术生产系统,迫使自然符合技术框架。在这一过程中,事物因为处处被预置(bestellen)而立即到场,并且为了本身能被进一步预置而到场。也正因为这一预置,技术总是挑战自然,从人类的需要去看待自然,把自然界限定在某种技术上。自然的自然性、复杂性和丰富性没有了,自然的单向功能性增强了,进入到一种非自然状态,蕴藏着毁掉天然自然的危险,成为"持存物"(bestand)。所谓持存物就是"在持存意义上立身的东西,不再作为对象而与我们相对而立。"[3]也就是说,它们已经失去了对象的相对独立性,随时服从于人类所创造的技术对它的摆置、促逼与预置。

专栏 3-1
技术对自然的摆置、促逼与预置

要在某一江河之上建造发电厂,就要对这一江河进行改造,将之纳入发电和输电的整个技术系统之中,这就是技术对江河的预置。海德格尔将此形象地比喻为:由于拦河大坝被电力工业系统预置,莱茵河流被预置为水压差的提供者,所以,与其说拦河大坝建在莱茵河上,还不如说莱茵河被建在水电站上。

从对海德格尔关于技术本质的论述分析中可以看出,座架确实不是技术中的因素,而是技术作用于自然的方式——对自然解蔽的方式。有什么样的解蔽方式,就有什么样的物的展现和世界的构造,从而也就有什么样的对自然的影响。通过座架,技术促逼着自然,对自然强行索取;通过摆置,对在场者加以限定,使自然齐一化、效用化、对象化,对自然进行了谋算和估价;通过订造,即生产,使自然失去对象的独立性,成为持存物。总之,通过座架的作用,自然成为人的对立物,失去了本性,处于非自然的状态,也就是处于被破坏的状态。这是技术造成环境问题的重要原因。可以说,海德格尔对技术本质与环境破坏之间关联的这种分析是恰当的,很有启发意义。

既然如此,要走出技术的环境破坏误区,就要分析技术"座架"本质产生的原因,走出技术破坏环境的误区。

海德格尔没有具体分析技术"座架"本质产生的原因。相反,他强调了技术的"座架"本质对于社会的影响。他认为,"限定和强求到处贯彻,到处决定了人与事物存在的关系,并以这种方式显示其普遍的本质,以为献身于纯粹的艺术享受、政治或宗教体验就可以逃避技术展现,这乃是幻想和错觉。"[4]这就是说,在技术的作用下,文化的东西,如科学、艺术、宗教、政治等已经不再是决定性地形成历史的力量,它们都不可避免地因技术的展现而解蔽,显示其本质。如海德格尔就认为,现代科学所提供的物的图景就是数学化的图景,数学化是对物之特性的筹划,筹划的特征是预置。这里的预置指的是"通过数学化,物被置于三维空间和一维时间之中的由力的定律所支配着的物质微粒,它是可计算的、可预测的,因而是被充分'预置'的。"[5]

这点与技术支配的预置特征相同。科学通过谋算、计划使现实的东西被限定到一个因果关系的网中,海德格尔称该网为"针织品"。不仅如此,科学活动所不可缺少的实验室、图书馆等绝不是技术展现的外在结果,而是技术对象化的不同环节。所以,海德格尔说,现代科学是由技术支配的,技术作为座架支配着现代科学。

如此一来,在海德格尔看来,技术在把自然展现为持存物的同时,也使人自身的生存方式发生了实质性变化,人变成了持存物而失去了它的本真存在。技术的座架本质成了世上万物的展现方式,成为一个完全脱离人类控制的超然的、作用于我们的社会并影响历史进程的力量。从这点看,海德格尔是一个自主性的技术决定论者。

技术的自主决定论认为,技术具有自主性和独立性,它是人类无法控制的力量,它的状况和作用不会因为其他社会因素的制约而变更,相反,技术的发展决定着社会活动的秩序和人类生活的质量。实际上,技术并非是自主的,它并非是科学、艺术、政治等的支配力量。技术的所谓座架本质不是技术本身所固有的,而是在科学、社会文化背景下形成的,承载科学、政治、经济、伦理文化意涵。技术不仅体现了技术批判而且也体现了更广泛的社会价值以及那些设计和使用它的人的利益。"脱离了它的人类背景,技术就不可能得到完整意义上的理解。人类社会并不是一个装着文化上中性的人造物的包裹。那些设计、接受和维持技术的人的价值与世界观、聪明与愚蠢、倾向与自得利益必将体现在技术身上。"[6]

这是关于技术的社会建构论的观点。如对于科学与技术之间的关系,我们就不能认为科学的本质是技术,并且技术的座架支配着科学的展开。虽然科学对自然的祛魅与技术对自然的解蔽都导致自然丰富意义的丧失,但是,两者对自然作用的方式是不一样的。前者更多的是从人类认识自然(包括人工自然)的意义上而言,后者则主要是从人类改造自然(包括人工自然)的意义上而言。虽然随着科学的发展、大科学的兴起,科学的操作性增强了。科学家要进行实验,要利用技术仪器设备去进行实验,去发现事实和检验理论,从而增强了科学研究过程中的技术性,但是,这并不意味着科学的本质是技术,它最多意味着科学的技术性增强了,科学变成了技术科学。当然,随着科学的社会应用的加强,科学与技术之间的距离拉近了,科学与技术在很多时候都在为着一个共同的目的,也就是为了经济发展和社会进步而向前迈进。但是,在这种作用过程中,科学与技术的角色定位并没有改变。纯科学更多关心的是知道什么,理解世界的某些方面,去追求真理性的认识。它是人类认识世界的知识体系,并不包含生产设备、交通工具、家用电器、军事武器等的制造。而技术才以某种有利于人类的方式去改变世界。科学并不简单地是技术。科学已经成为技术的必要基础,是技术的先导。在这种情况下,何来科学本质的技术展现?

而且,从技术的发展看,现代化技术的科学化趋势越来越强。技术进步主要不是以日常经验为基础的技艺的系统知识的应用,技术的传播也主要不是依靠学徒制而获得。它是为着实践的目的,利用科学中所包含的原理去创造产品。现代科学理论揭示的自然规律性,为揭示技术的可能性奠定基础,预示着新技术领域的产生。链式反应的核能利用、半导体(晶体管)的发明、激光器的研制、基因重组生物技术的产生等都不是来自经验探索,也不是来自己有技术的延伸,而是来自科学理论的引导。从这点看,技术反映了,最起码是部分反映了科学认识世界的特征,部分地反映了科学的本质。

科学向技术、生产的转化过程大致可以分如下三个阶段:(1)科学原理(自然规律性)+目的性→技术原理(含目的的自然规律性);(2)技术原理+功效性→技术发明(技术可能性实现);(3)技术发明+经济、社会性→生产技术(社会经济可行性实现)。[7] 从这一角度考虑,"技术并非是实现人之目的的单纯手段或工具本身,而是人把自己已经掌握了的自然规律能动地整合到自己的目的性预期中来的一系列过程及结果;而从结果看,它本身就是人的目的性预期与其相应手段或工具(核心是自然规律)的实现了的统一体。"[8]

因此,技术是承载科学、社会政治、经济、伦理文化意涵的。技术不仅具有自然属性,而且还具有社会属性。自然属性主要体现在科学是它的基础和前提,社会属性主要体现在政治、经济、伦理文化等条件制约着技术发展的具体目标和方向。这两者一定程度上决定了技术的优劣和技术应用的善恶,是技术应用造成环境问题的重要原因。

从技术的自然属性看,"技术知识是关于依据对自然物质客体的一定程度的认识,借助一定的物质手段,有效地改造、变革自然物质客体,使之成为能满足人的需要的物质形式的知识。"[9] 由此科学所揭示的自然知识原理是技术应用的基础,科学知识对于技术知识及其操作是有影响的,这一点又影响到技术应用的善恶。如科学对自然的祛魅和科学对自然的还原、简化、数学化的概念规定——预置等,必然造成技术改造自然过程中的自然的非自然化的状态,从而破坏自然。

从技术的社会属性看,"技术总是一种历史——社会的设计,一个社会及其统治利益打算用人和物来做的事情总被设计在其中。"[10] 而且,从技术应用的目的看,技术虽然是人类借以改造与控制自然的包括物质装置、技艺与知识在内的操作体系,是一种人类达到目的的手段或工具体系,但是,技术的目的不在于它自身,而在于更广泛的社会价值和那些设计和使用它的人的利益。在市场经济条件下,技术的开发应用自始至终都是为经济服务的,是为经济人追求个人经济利益最大化服务的。虽然从经济利益出发的科技进步能够比早先的欠先进的科技消耗更少的资源,生产出更多的产品,产生更少的副产物,从而给资源和环境带来更少的压力,但是,科技应用的非环境保护目的确实阻碍了环境保护科技的研究、开发和利用。从经济利益出发的技术进步看,它确实造成了经济合理性及其生态环境保护的不合理性。这一点也是技术造成环境问题的重要原因。

专栏 3-2

技术进步的经济合理性与环境保护的不合理性

首先,从技术的产生看,它是机械论的。这一方面是由于技术产生过程的必然性使然,另一方面则是由于人类经济通常就是分立的活动,只需应用分门别类的技术即可。如此,技术不仅以分化和专门化的方式发展,而且过分简化,具有可分割的性质,不能反映人与大自然的复杂关系。

其次,从技术应用的目的看,它是经济主义的,是以牺牲环境和资源为代价以求从自然界谋求最大的收获量。这必然导致人们为了局部的、眼前的利益,而大肆掠夺自然界,造成资源危机和环境破坏。

再次,从技术应用的过程看,它的组织原则是线性的和非循环的。为了更快地取得经济利益,传统物质生产以单个过程的最优化为目标,更多的是考虑自然规律的某一方面,而忽视了其他方面以及整个自然界。例如,内燃机是人类发展工业的主要动力,其所造成的光化学烟雾的危害很长一段时间不为人们所知。

最后,从技术的进步看,资源开发利用和自然环境保护技术存在着明显的不对称。技术进步,许多源于开发实际,集中于开采利用技术以及如何降低开采或收获成本,如何增加资源利用以获得更多收益。技术进步往往忽略环境资源的保护和持续利用。环境资源的保护成了经济人追求利润最大化的一个副产物,而不是将环保的追求与对利润最大化的追求一致起来。这就造成了先进技术已经使人类实现在月球上软着陆,但却不能控制汽车和工厂造成的污染;人类已经计划建造规模巨大的太空城,但却无力管理地球上的大城市。

总之,在科学、政治、经济、文化价值等的作用下,技术的应用方式只是拘泥于自然规律的某一方面,忽视了其他方面,违反了自然过程的流动性、循环性、分散性、网络性,割裂了技术活动与自然生命的统一,干扰了自然过程的多种节律,破坏了生物圈整体的有机联系,从而给自然界造成了破坏。技术应用的科学基础的不完备性以及由此获得的自然的局部性的规律,技术开发和应用的经济导向的利润合理性和生态不合理性,人类中心主义的价值观念等是造成技术应用破坏自然的最根本原因。要走出技术的危机,就要在考察分析、批判、校正技术开发利用的社会背景下,给出技术应用的正确社会背景以保证技术的正确应用。

二、从技术创新到环境技术创新

如果我们认为技术的自主决定论是正确的,那么我们就没有必要从科学、社会的角度,分析技术的"座架"本质形成的原因以及技术造成环境破坏的原因,也没有必要从科学社会的角度探讨有利于环保技术的建构,而只要从技术本身来分析就行了。

也许正因为这样,海德格尔在对待怎样走出技术危机这一问题上,就没有看到技术的科学、政治、经济和伦理意涵,也就是没有看到这些因素对技术的"促逼",即没有看到技术"座架"本质形成的自然科学因素和社会历史原因,没有从产生技术"座架"本质的那些原因去反思、分析、改变技术本身以走出技术的危机,而是把技术的本质扩张到了社会的各个领域,走向了技术自主技术论。也正因为这样,他就只是针对技术的"座架"本质所内含的"技术思维"——"计算性思维"进行批判。海德格尔认为正是这种"计算性思维"排斥了其他思维,使人总体无思想;使人仅仅从技术上看待物,并把人束缚在技术之中受它控制。要走出这一误区,海德格尔认为,应该用那种"比理性化过程之势不可挡的狂乱和控制论的摄人心魄的魔力要清醒"[11]的"深思之思"取代"计算性思维"。这种深思之思就是走向"思"与"诗"。所谓思就是在深思中觉悟技术的本质,意识到技术的危险,看到技术的座架本质对自然和人类的解蔽给自然和人类带来的危害。在此基础上,人在深思中觉醒,成为存在的看护者。所谓看护,也就是"向着物的泰然处之",放弃对事物的功能化、降格、缩减,让事物自身显示其所是。而要做到这一点,人及一切存在者就要"对于神秘的虚怀敞开",走向诗意的存在,诗意的安居,让事物和世界在场于自身性和自立中,保持本真的存在状态。

海德格尔的这种技术拯救方案是行不通的。他所倡导的"思",使我们深刻地认识到人类"计算性思维"的片面性,而应该更多地"沉思之思",认识技术造成环境破坏的本质并拯救之。这是必要的,但是,这还不行。主要原因一是单靠这一点并不能冲破"技术思维";二是即使"沉思之思"能够冲破"计算性思维",但是,由于这种思维的转变不是快速的,而是缓慢的,因此人类必须漫长地等待这种转变。这点海德格尔自己也同意。问题是人类承担得起这种漫长的等待吗?是承担不起的,"深思"、"等待"、"泰然处之"、"向神秘处敞开"不能现实地解决技术危机,要解决现实的技术危机,还必须变革现有的技术体系,进行技术创新。对这样的技术创新人们又称之为"环境技术创新"。

环境技术创新的确切内涵怎样呢?要弄清这一点,首先就要弄清"创新"、"技术创新"、"环境技术"、"环境技术创新"的概念。

最早提出创新概念的是美籍奥地利经济学家熊彼特(Schumpeter)。他认为,所谓"创新",就是"建立一种新的生产函数",也就是说,把一种从来没有过的关于生产要素和生产条件的"新组合"引入生产体系。熊彼特指出:"这个概念包括下列五种情况:① 采用一种新的产品——也就是消费者还不熟悉的产品——或一种产品的一种新的特性。② 采用一种新的生产方法,也就是在有关的制造部门中尚未通过经验检定的方法,这种新的方法不需要建立在科学新的发现的基础之上;并且,也可以存在于商业上处理一种产品的新的方式之中。③ 开辟一个新的市场,不管这个市场以前是否存在过。④ 掠取或控制原材料或半制成品的一种新的供应来源,也不问这种来源是已经存在的,还是第一次创造出来的。⑤ 实现任何一种工业的新的组织,比如造成一种垄断地位(如通过'托拉斯化'),或打破一种垄断地位。"[12]

熊彼特的创新概念包含了极为广泛的创新内容,至少有制度创新、技术创新、原料创新、产品创新、管理创新、组织创新等。如果将管理创新、组织创新归入制度创新范畴,将产品创新、原料创新归入技术创新范畴,那么,熊彼特的创新概念至少包括技术和制度两个方面的含义。

那么,什么叫技术创新呢?在熊彼特那里,技术创新是一个科技成果变为商品的经济过程。尽管熊彼特之后的很多学者对技术创新概念的理解和表述各有不同,但对"技术创新是科技成果的商业化过程"这一核心问题的认识是一致的。曼斯菲尔德提出,一项发明,当它被首次应用时,可称之为技术创新;斯通曼认为技术创新是首次将科学发明引入生产系统,通过开发研究形成商业交易的过程;弗里曼提出,技术创新是新产品、新过程、新系统、新服务的首次商业性转化;经济合作与发展组织则提出,技术创新是新产品的产生及其在生产过程中应用的过程。我国很多学者对技术创新也进行了深入探讨,给出了比较全面系统的定义。如傅家骥等就认为,"技术创新是企业家抓住市场的潜在盈利机会,以获取商业利益为目标,重新组织生产条件和要素,建立起效能更强、效率更高和费用更低的生产经营系统,从而推出新的产品、新的生产(工艺)方法、开辟新的市场、获得新的原材料或半成品供给来源或建立企业的新的组织,它是包括科技、组织、商业和金融等一系列活动的综合过程。"[13]

由此可见,技术创新强调的是科技成果的商业化、产业化过程,判断技术创新成功与否的重要标准是市场的实现程度,即所获得的商业利润、市场份额的多少。

不可否认,传统意义上的技术创新对于环境保护存在有利的方面。首先它能够深化人们对自然的认识,为环境科技的发展奠定基础,增强人们保护环境的自觉性。其次,它能够改善经济系统的质量,即提高产品的附加值,降低资源的耗费,用等量的资源能够创造更多的财富。这客观上能够提高企业的生产效率和资源利用效益,节约资源,减少废弃物和环境污染,有利于解决资源危机和环境危机。而企业进行技术改造和创新后,生产效率有了进一步改善,资源利用率提高了,单位能耗降低了,同样的资源消耗能够生产更多的产品,排放更少的废弃物,从而也就节约了资源,改善了环境,具有保护环境的作用。再次,技术创新的推进还能够提高人们的环境管理水平,提高人们评价、预测、控制自然环境影响的能力。

但是,这并不意味着依靠传统的技术进步和技术创新就可以解决环境和资源问题。实际上,传统的技术创新对于环境保护的影响存在两种可能性:一种可能性是在促进经济增长的过程中,对环境保护起了有利的作用。如在基础无机化工原料硫酸的生产中,以先进的酸洗工艺技术淘汰落后的水洗工艺技术,就可以同时达到提高生产效率进而降低成本、提高产品竞争力和消除含酸废水对环境所造成污染的双重目标。另一种可能性是在促进经济增长的过程中,加速资源的消耗,造成新的环境破坏。如随着化工合成技术的进步,大量有害空气污染物(HAPs),如丙烯腈、石棉、敌敌畏、甲醛、盐酸、光气等产生了。

为什么会出现这种情况呢?可以从传统的技术创新的内涵和目的说起。传统技术创新的核心内涵是创新成果的商业化过程,判断技术创新成败的重要标志是市场的实现程度,即获取商业利润、市场份额的多少,由此技术创新的着眼点是经济利益。这成为技术创新的唯一目的。凡是能够带来经济效益,促进经济增长的技术创新就是好的,否则,就是坏的。既然如此,在这样的技术创新过程中,环境保护就不被重视甚至不予考虑,更没有从可持续发展的角度来考虑技术创新的成败。由此就可能导致经济增长、环境污染加剧的情况。

专栏 3-3

技术创新并不必然有利于环境保护

从图 3-1 可以看出,在技术水平不变的条件下,生产可能性曲线为 AB 曲线。技术创新后,由于这样的技术创新没有考虑到环境保护,从而使得生产可能性曲线变成 CD 曲线。从 CD 曲线所代表的生产情况看,它虽然能够促进经济增长,但是,也加剧了环境破坏,降低了环境质量。在这种技术创新的模式中,国内生产总值(GDP)的提高是以环境质量的下降为代价的。很显然,这种技术创新的模式是不可取的。

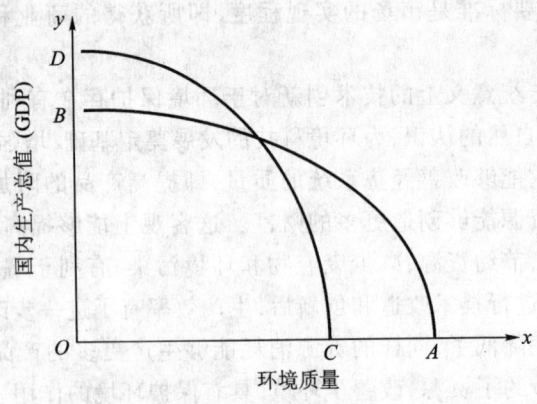

图 3-1 没有考虑环境后果的技术创新引起的生产可能性曲线的移动[14]

鉴此,技术创新应该将发展经济和保护环境结合起来,变追求经济效益的单一目标体系为追求经济效益、环境效益、社会效益相统一的多目标体系,走向环境技术创新。

"环境技术创新"的内涵应该与"环境技术"的内涵紧密相关。在既定的"技术创新"框架内,有什么样的环境技术内涵,也就有什么样的环境技术创新内涵。环境技术有广义和狭义之分。广义的环境技术指的是"能节约或保护能源和自然资源、减少人类活动的环境负荷从而保护环境的生产设备、生产方法和规程、产品设计以及产品发送的方法等。"[15] 从这一定义看,环境技术就不仅包括那些以环保为目的或以环保和经济发展为目的的技术,而且还包括那些原本以经济增长为目的,无意中带来了环境保护效益的技术,如提高产品质量的技术创新、降低废品率的技术创新和降低能耗的技术创新等。狭义的环境技术指的是以直接保护生态环境为目的或以环境保护和经济协调发展为目的的技术创新。前者如专门处理环境污染的技术创新,包括工业废水和城市污水处理工艺创新、烟气除尘脱硫技术创新等,末端治理技术是其典型代表。后者以间接保护生态环境为目标,同时又具有多种目的的技术创新,典型的有:无废工艺创新、废物最少化创新、清洁生产技术创新、污染预防技术创新、生态技术创新等。

下面针对狭义环境技术创新的几种典型类型作一简要介绍。

(1) 末端治理技术

考察工业的演化历史,可以发现目前的工业生产几乎全部使用不可再生的矿物能源,其运行过程从采掘原材料开始,继之以物理的分选、提炼,尔后通过吸收外来能源还原或化合成初级的中间体,作为构成工业社会第一基础的原料:金属单质和以纯净形态出现的化合物,诸如纤维素、碳酸钠、甲烷、乙烷等。接下来,这些初级材料再经加工和再化合成预想的物理和化学形态,成为最终产品,供消费者使用。产品的使用寿命常常极短,往往仅使用几个星期,甚至几天。它们仅使用一次之后便被扔掉,散落于环境之中。而且,许许多多废物再利用的方式有时还有害于环境。

这样的工业生产和消费方式是线性、不可逆的。与其说是一个真正的体系,倒不如说是一些相互不发生关系的线性物质的叠加。它把自然资源以及自然的自净能力看做是无限的,从而可以承载人类从自然界中提取大量的资源用于生产,产生大量的废料,排放到自然生态系统之中。这就不可避免地造成资源耗竭,环境破坏。

那么,怎样解决由工业活动而引起的环境问题呢?自20世纪60年代以来,工业化国家主要采用相应的技术手段,进行末端治理,这就是所谓的"过程末端治理"。但是,如果我们深入分析这一方法,就会发现它具有下列一些缺陷:部门分割造成污染转移;增量发展导致环保技术革新的困难;成本增高增加环保难度;产生恶性经济效益;企业不会积极利用环保科技;可能有损于发展中国家。[16]

因此,我们必须抛弃过程末端治理。不过,这样的抛弃并非一朝一夕就能完成。由于政治和行政机构的惰性,由于减少污染的技术、立法方面的规定已经构成了工业发展的框架,因此,"过程末端治理"将继续构成国家控制经济活动对环境造成影响的基础。不过,这并不代表国际社会没有采取行动,它们通过治理污染的实践,逐步认识到防治工业污染不能只依靠治理排污口(末端)的污染,要从根本上解决工业污染问题,必须"预防为主",将污染物消除在生产过程之中,实行工业生产全过程控制。20世纪70年代末期以来,不少发达国家的政府和各大企业集团(公司)都纷纷研究、开发和采用清洁工艺(少废无废技术),开辟污染预防的新途径,把推行清洁生产作为经济和环境协调发展的一项战略措施。现在很多发展中国家也加入到这一行列,把过程末端治理方式与其他许多预防污染的方式加以整合,融入一个更为广阔的前景之中。

(2) 清洁生产技术

在《中国21世纪议程》中,清洁生产是指既可满足人们的需要,又可合理地使用自然资源和能源,并保护环境的实用生产方法和措施,其实质是一种物料和能耗最少的人类生产活动的规划和管理,将废物减量化、资源化和无害化,或消灭于生产过程之中。同时对人体和环境无害的绿色产品的生产亦将随着可持续发展进程的深入而日益成为今后新产品生产的主导方向。它包括节约原材料和能源,消除有毒材料,并在一切排放物和废物离开工艺之前,削减其数量和毒性。对于新产品,战略重点是根据新产品的整个生命周期,即从原材料获取到新产品的最终处理,减少其各种不利影响。

(3) 生态化技术

这种技术的提出不是偶然的。它是参照自然界中的生命活动提出的。在自然界中,就某一物种而言,都是排放废料的。例如,动物的呼吸过程排放二氧化碳,生理代谢产生废物,最后死亡成为尸体。这是动物生活过程的废料。但是,自然界生命的生存不是单一物种的生存,而是以生物群落的形式生存。许多物种在一起生活,构成生活网络,组成生物社会共同体。在这里,生命物质的生产是无废料的,例如,植物光合作用排放的氧是动物呼吸所必需的;动物呼吸排放的二氧化碳,又是植物光合作用所必需的;植物和动物的其他废料又是微生物的生活所必需的;微生物的生命过程消耗、分解动物的粪便和动植物尸体,把复杂的有机物变成简单的有机分子和元素,返回环境中重新被植物利用。如此一来,进入生态系统的物质和能量,被一种有机体利用之后,转换成另一种能够被其他有机体可以利用的形式。能量通过食物链一级一级地多次分层、多次利用,物质通过食物链不断地循环、转化、再生。这是一种无废料生产过程,或者是废物还原利用过程,支持着生命的无限发展。

与上述自然过程相一致,生态化技术不仅应遵守物理、化学规律,还必须遵守生物学、生态学的原理和规律,模仿自然生态系统的物质和能量循环。它可以理解为技术与生态学的接近、融合,是生态学向技术渗透的过程。其过程不仅包括在工艺流程或生产线设计和管理方面体现出生态学原理,还包括在宏观的技术政策、技术发展战略的确立过程中融合保护环境的思想。生态技术不仅是应用生态学原理,而且是应用全部现代科学技术成果进行设计的,其中包括微电子和计算机技术、航天技术、生物技术和新能源、新材料技术。它在社会物质生产中应用创造生态工艺,使产品生产与环境保护在统一的过程中完成。因而它是资源低消耗、产品高产出、环境低污染的生产,是节约型的生产。在这样的生产过程中,污染被视为一种设计上的缺陷(在传统技术中污染是自然的),一旦出现污染,将在生产过程中消除,因而它是环境安全的生产。

可以说,工业生态学的建立比较完全地反映了这一思想内涵。在工业生态过程中,所有的资源都有用处。"资源"的含义确实成为超循环概念的体现。在其中,资源只是改变了不同利用主体的能量存在形式。它所体现的内涵是一个相互依存的共同体。你的废料是我的原料,我的废料又是他的原料。它使得技术产业化过程中所产生的资源和环境危机消解在工业生态过程中,使得工业体系具有与生态系统一样的物质、能量以及信息的流动及储存,最终使得生态圈与工业系统能持久地发展下去。卡伦堡工业共生体系是其典型代表。

专栏 3-4

卡伦堡工业生态体系

卡伦堡是一个仅有 2 万居民的工业小城市,位于北海之滨,距哥本哈根以西 100 km 左右。20 世纪 80 年代以来,卡伦堡的主要工业企业开始相互交换"废料":蒸汽、不同温度和不同纯净度的水,以及各种副产品,形成了"工业共生体系",如图 3-2 所示。

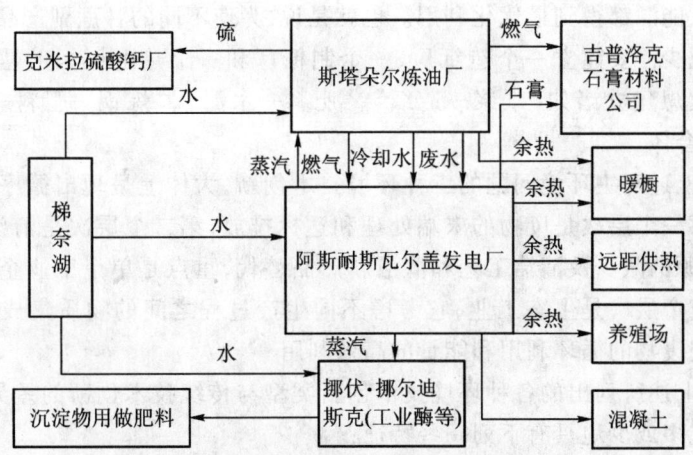

图 3-2 卡伦堡工业共生体系企业间主要废料交换流程示意图[17]

经过这样的共生体系,卡伦堡工业共生体系取得了明显的环境、经济优势:

① 减少了资源消耗:每年 45 000 t 石油,15 000 t 煤炭,特别是 600 000 m^3 的水,这些都是该地区相对稀少的资源。

② 减少了造成温室效应的气体排放和污染:每年 175 000 t 二氧化碳和 10 200 t 二氧化硫。

③ 废料被重新利用:每年 130 000 t 炉灰(用于筑路),4 500 t 硫(用于生产硫酸),90 000 t 石膏,1 440 t 氮和 600 t 磷。

事实上,源于这些交换的经济利益同样十分巨大。据已经公开的资料,20 年间总的投资(计 16 个废料交换工程)额估计为 6 000 万美元,而由此产生的效益估计为每年 1 000 万美元,投资平均折旧时间短于 5 年。

作为一个成功的典范,卡伦堡工业共生体系受到了世界范围的关注。以此为榜样,20 世纪 90 年代世界各地相继建立了许多"生态工业园区"和"工业生物群落"。

所谓"生态工业园区"是指在一个园区中,各企业进行合作,以使资源得到最优化利用,特别是将一个企业的废料作为另一个企业的原料。不过,"园区"的概念不应使人们理解成一定是某个地理上毗邻的地区。一个生态工业园区完全可以包括附近的居住区,或者包括一个离得很远的企业。生态工业园区的观念区别于传统的废料交换项目的地方是它不满足于简单的一来一往的资源循环,而旨在系统地使一个地区的总体资源增值。

所谓"工业生物群落"是指寻求"恰当的"即最优化的工业活动组合。例如,与其单独建造一个蔗糖厂,不如一开始就设想一个联合企业,以使与蔗糖生产有关的物质、能源都得到最优化利用。也就是说,为使不同的甘蔗副产品得到充分利用,就至少需要建立一个造纸厂、一个制糖厂和一个热电厂。正是以这种方式,我们设想建立诸如"纸浆—造纸"、"肥料—水泥"、"炼钢—肥料—水泥"等一类的联合体。

纵观上述解决环境问题的三种环境技术创新,大体上呈现出循序渐进的三个层次:第一个层次是废物的末端处理和达标排放;第二个层次是清洁生产,着眼于废物源的减少及清洁工艺和清洁新产品替代,重点是单个工业企业的生产过程;第三个层次是生态工业,它考虑不同生产过程之间的物质集成和能量集成,以实现废物的循环利用和能量的高效利用。

比较上述所列出的各种环境技术创新类型与传统技术创新的差异,可以发现,它们或多或少地具有下列一些特征:

第一,从技术应用的目的看,它不是以经济为唯一的目标,还包括环境目标。它不是反自然的,而是尊重自然的;不是以现代人的利益为唯一的利益的,而是既满足现代人的需要,又有益于生态平衡,能满足子孙后代以及地球上其他生命的利益。

第二,从技术产生的过程看,它是整体论的。通过生态学和其他学科的结合,通过跨学科的综合研究创造综合性技术。

第三,从技术应用的过程看,它不再以单项过程和生产单一产品的最优化为目标,而是追求人与自然的和谐,以整个生产过程的综合性和多种产品产出的最优化为目标。传统的生产工艺运行模式是"原料—产品—废物",是线性的、非循环的,而生态工艺的运行模式是"原料—产品—剩余物—产品……"呈现出非线性的、循环的状态。

技术认识论的代表人物 F. 费雷(Ferre)在《技术哲学》和《认识和价值:趋向一种建设性的后现代认识论》等系列著作中提出了建设性后现代认识论。他根据技术的发展把技术分为前技术、现代技术和后现代技术,认为前技术的基础是日常生活中产生的缺乏精确性的实用理性;现代技术的基础是分析性、精确性的理论理性,理论理性只关注部分而不顾及整体,缺乏系统性、综合性,是现代社会一系列技术问题产生的根源。人类要发展就应该扬弃现代技术,采用经过批判考察的精良的建设性的、整体性的后现代技术系统。生态化技术所具有的目标多元性、产生的整体性和应用的非线性、循环性已经是对传统技术的一种变革,也是对蕴涵于其中的现代性观念的反叛,具有某种后现代性的特征,确实体现了后现代技术的本质内涵,可称之为后现代技术。

三、环境技术创新的社会形成

不言而喻,上述环境技术创新的作用是巨大的。它能够提高资源利用率,节约能源和原材料,减少环境污染,降低生产和消费中的环境外部性损失,改善经济系统的质量,但是,必须清楚,这些技术创新并不是纯粹以经济增长为目的的,并不必然带来环境保护和经济效益的双丰收,很多时候在带来环境保护效益的同时,降低了经济效益。

从图 3-3 可以看出,在技术水平不变的条件下,生产可能性曲线为 AB 曲线。考虑到环境保护的环境技术创新后,使得生产可能性曲线变成 EF。从 EF 曲线所代表的生产情况看,它在促进环境质量提高的同时,并不能促进经济发展。这不是理想的环境技术创新。理想的环境技术创新是既能够带来良好的生态效益,也能够带来良好的经济效益的技术创新。

这种环境技术创新的社会应用前景怎样呢?在市场经济条件下,生产的内在逻辑是追求利润最大化。经济人对"个人利益最大化"的追求使得他开发采用能给他带来更大剩余价值的技术,如果该项技术即使有利于环保却不能给他带来更多的剩余价值,他也不会开发应用。既然如此,最好的技术应是既能带来更高的剩余价值,也能带来更好的环保效果的技术;既可实现社会生产的经济合

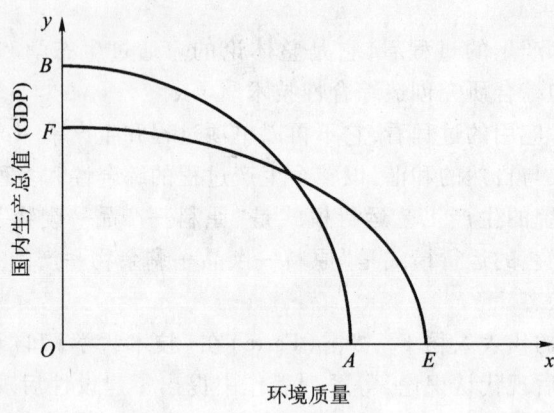

图3-3 考虑环境后果的技术创新引起的生产可能性曲线的移动

理性,也可实现社会生产的生态合理性,达到两全其美。不过,在现实社会中,环境技术创新并不是依据市场经济规律开发的,往往在经济上并没有优势,不会被商品生产者所采纳。如此,这种技术的开发强度就不大,新开发的技术也没有多少人利用,只能束之高阁,起不到应有的保护环境的作用。因此有必要考察市场经济体制下环境技术创新的特征,进行制度创新,改变影响环境技术创新的各种要素,如伦理价值的内涵、政治经济的结构、法律法规的条款,激励环境技术创新。这是环境技术创新社会建构本质的必然要求。

如环境技术创新存在环境技术供给和需求两方面的问题。从环境技术的供给来看,存在着科技管理体制落后、环保科技投入不足、环保科技难于转化为生产力等问题;从环境技术的需求来看,则存在着对企业进行环保技术的开发利用推动力不足和压力不够等问题。这两方面都需要进行制度创新,以形成对环境技术创新的制度激励。

从环境技术的供给主体方面看,它包括国家环境科研机构、高校科研机构、企业科研机构和个人。不可否认,环境技术供给主体主要是根据社会需求来开发利用环境技术的,因此,那些能够加强环境技术需求的制度创新,原则上都能够促进环境技术的供给。不过,环境技术创新主体又不是简单地根据社会需求进行研究开发活动,任何环境技术创新活动都是一种投入产出活动,由于环境技术的风险性、公共性和溢出性,往往使得环境技术投资动力不足,环境需求主体和环境供给主体之间呈现脱节的状态,直接影响到环境技术供给,为此,需要进行制度创新,以加强环境技术的供给。

(1)进行环境技术投资体制创新

我国现行体制的主要缺陷在于投资决策权过度分散,投资部门和地区分割,直接制约着投资的统一规划和优化利用。参照国外经验,可采取下列措施:建立环境技术创新基金,保证专款专用;建立环境技术投资公司,进行实体经营;采用包括排放权在内的各种经济手段,为低排污或无排污企业积累技术改造资金等。[18]

(2) 多渠道增加环保资金的投入

在环境技术产业化过程中,从环境技术研究开发、中间试验到形成产业所需投入之比一般为1:10:100。环境技术研究开发投入一般占销售总收入的5%~15%,相当于一般产业的2~6倍。正因为这样,政府部门应该健全各种保障机制,确保环境技术投入的不断增长。

(3) 建立环境保护信息交换中心

在美国,建立了专门的污染预防信息交换中心,负责向联邦各级政府部门及工商界、学术界、公共及私人机构提供有关污染预防的信息,同时负责传递国内外的有关信息。这样既能够使企业及时了解他们的生产行为给环境造成了哪些后果,又能够了解政府需要他们做什么,还能够了解通过什么样的途径进行技术创新以减少自己所造成的环境污染。这对推动环境技术的供给以及企业开展环境保护具有十分重要的意义。

总之,环境技术的供给与环保科技管理体制以及环保科技投入紧密相关。在环保科技管理体制上,要参照美国的做法,实行"政府规定—市场需求—销售信息反馈—技术创新—生产—投入市场"这一环境技术创新的模式,以此推动企业和大学共同进行环境技术创新,形成企业作为环境技术创新的主要投入者和大学科研机构作为环境技术创新的主要研究者的良好局面。如在美国,投入的80%来自企业,而大学则承担了80%的基础研究工作。这样一来,就加强了环保科研机构与需要环保的企业之间的联系和合作,改变了环保科技研究与应用"两张皮"的状况。

对于环境技术的需求,由于环境技术商品的公共性,收益预期的风险性,在没有外来刺激和限制的情况下,企业是没有多少积极性进行环境技术创新的。这直接影响到环境技术创新的需求。为此,需要我们采取以下措施,推进企业进行环保科技的开发和利用[19]:

(1) 财政补贴

即政府通过立法等措施对环境技术开发项目给予一定的资金补助。如美国政府规定对下列环保工程项目采取资金补贴方式:工业尾气脱硫装置、市政固体废弃物贮存工程、资源回收项目、污水处理工程和水处理设施等。

(2) 减免税政策

政府一般对商业企业征收固定资产税,但为了鼓励企业安装环保实施,在地方税收方面可采取减免税的特殊措施。如日本政府在《公害对策基本法》中规定,对确实能够减轻环境污染的设施可减免税金。根据设备差异,减免率分布为原税金的40%~70%。

（3）低息贷款

德国对能够减轻环境污染的设施给予贷款,其利率低于市场利率,而且偿还条件优于市场条件。这种贷款周期长,开始几年不需偿还,必要时还给予补助。

（4）折旧优惠

日本政府为了鼓励工厂安装污染控制设备,采用了一种有效的折旧优惠政策,即凡是在生产工艺中安装了污染控制设备的企业可扣除一定比例的设备折旧费,扣除比率为16%～25%。对工厂来说,这种折旧优惠政策无疑是得到了一笔无息贷款,因而提高了他们安装控制设备的积极性。

（5）奖励制度

即开发新工艺、新技术者可得到激励性的资助,如法国环境部设立了清洁工艺奖,日本环境厅也设立了环境奖。

除了这些激励措施外,政府还可以采取一些强制性的措施迫使企业推进环境技术创新。这类措施有:提升环境标准,加大环保监控力度;采取排污收费等市场形式,对污染企业进行限制等。

当然,环境技术创新的社会形成除受到上面经济制度的影响外,公众环境伦理意识的提高也为环境技术创新创造条件。公众参加生产,不同于企业,不会为单纯的利润多少而行动。这样也就创造出了不同于市场逻辑的生产逻辑。在环保意识较强的市民中间,即便不能产生利润的能源生产手段,也会因其环境保护效果而受欢迎。例如,日本从1994年开始实行对太阳能发电的资助制度。这个制度资助太阳能发电设备费用的50%,体现了环境优先的思想。但是,对太阳能发电设备安装者来说,个人的负担仍然很大,不如从电力公司直接购电。在这种情况下,每年希望安装设备的还大有人在。原因是日本公众有较高的环保意识。如此看来,公众的环境伦理意识对于环境技术创新起着重要的作用。

不仅如此,环境伦理对技术创新的发展起着选择和限制规范的作用,推动技术创新向有利于"人－自然"关系协调、持续、稳定发展的方向迈进。技术创新是多种多样的。有些技术创新在为人类谋取福利的同时,破坏了人类的生存环境,给人类带来了负效应,必须对此进行价值选择,该限制的就应加以限制,该禁止的就要加以禁止。对于那些对环境有巨大破坏性作用,阻碍人与自然协调进化的技术创新,即使其经济效益再好,也应加以禁止;对于那些对环境造成的危害在环境的容量之内,又产生了一定经济效益的技术创新,可以发展;对于那些既能产生较好的生态效益又能产生较好的经济效益的技术创新,应该大力发展;对于那些技术创新尚未完全成熟,或其在实际应用过程中出现的问题不清楚,而且一旦出现问题,其环境风险又比较大的,技术专家以及公众的道德良心将会促使他们采取措施,暂停此科技项目的研究以及禁止它的使用。例如,生态伦理学家指出,人类中心主义是错误的,人类应该尊重自然,尊重万物生灵的尊严与权利。但是,现在人类所创造的某些生物技术,能够在非常大的程度上改变生命自然进化的进程,改变物种的特性,甚至创造新的物种。这一方面给人类社会的发展带来了机遇,但同时也可能改变现在生物物种的结构,干扰乃至破坏自然界的原有平衡,构成对"人－自然"系统的巨大的潜在危险。对此,人类必须运用道德的力量,加以评价、选择和控制。

而且,在市场经济条件下,经济人的行为是受内在的道德观念和外在公众的道德共识调节、引导甚至限制的。在内心信念的激励下,人们会选择合乎道德的行为,因为这样良心能得到肯定和安慰,引起情感上的满足;不仅如此,在外部舆论的约束下,人们也会选择合乎道德的行为,因为这样能够受到公众的称赞和尊重,实现自我的社会价值。在这种情况下,如果经济人的环境伦理价值观念很强,或公众的环境伦理价值倾向很强,经济人就会倾向于选择环保科技,从而促进环境技术创新;否则,经济人就会为了追求个人的经济利益,而置环境伦理道德于不顾,不会采用环保科技,由此也就影响环境技术创新。

当然,创造良好的社会环境,远远不止上面所讲的这几方面。只有创造全面良好的社会环境,才能真正有效地推动环境技术创新。

材料评论

图3-4表示自然界中的所有废物都被利用了。例如,生活在淡水湖中的植物紫菀(1)作为鲤鱼等鱼类的食物(2,3)。当鱼死亡(4),它们的尸体分解并为另一代紫菀提供营养物质(1)。我们可以将工业过程设计成一个循环,树林生长(5)并被砍伐造纸(6),纸产品(7)在使用后收集起来堆肥(8),肥料可以作为下一代森林成长的营养物质(5)。

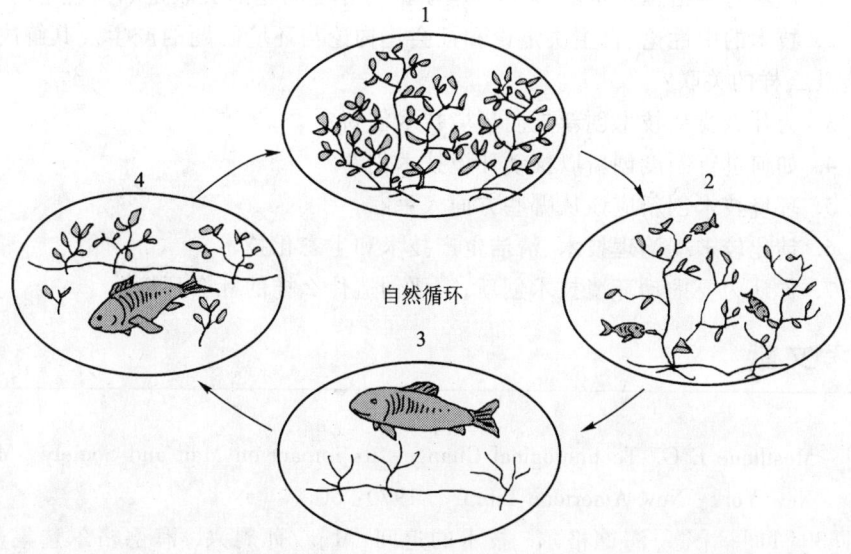

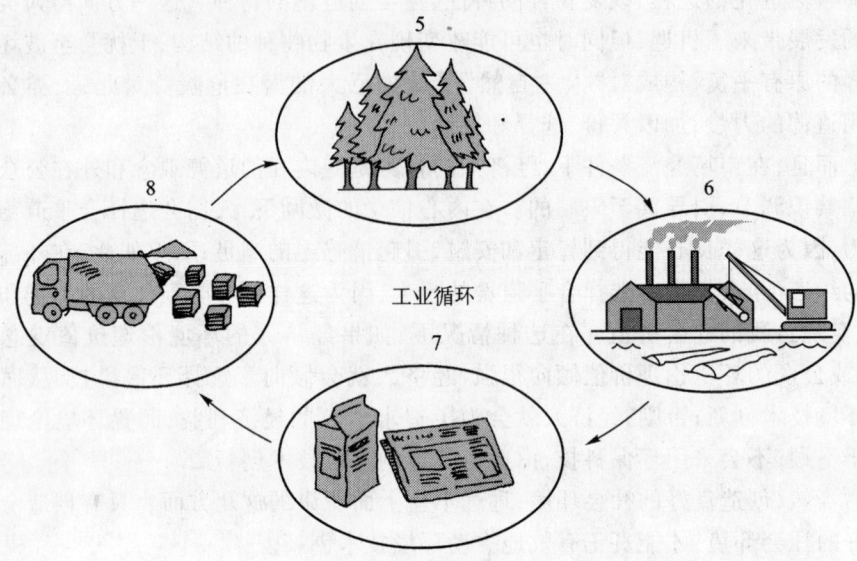

图 3-4 自然循环和工业循环图[20]

请参照图 3-4,举出两种和它类似的工业流程,并说明在此过程中,需要解决什么样的问题?通过这一流程节约了哪些资源和保护了什么样的生态环境?

问题与讨论

1. 你对海德格尔技术的"座架"本质论与环境问题的关联是如何理解的?
2. 技术的中性论、自主决定论和社会建构论与环境问题的产生及其解决之间有什么样的关联?
3. 为什么要从技术创新走向环境技术创新?
4. 如何进行制度创新以推动环境技术创新?
5. 环境技术创新应该从哪些方面入手?
6. 请比较末端治理技术、清洁生产技术和生态化技术。
7. 你认为要推动环境技术创新,需要创造什么样的社会环境?

参考文献

[1]　Mesthene E G. Technological Change: Its Impact on Man and Society [M]. New York: New American Library, 1970: 60.
[2][3][11]　[德]海德格尔. 技术的追问[M]//孙周兴. 海德格尔选集(下

卷). 上海:上海三联书店,1996:935,935,1260.

[4] [德]冈特·绍伊博尔德. 海德格尔分析新时代的技术[M]. 宋祖良,译. 北京:中国社会科学出版社,1998:136.

[5] 吴国盛. 海德格尔与科学哲学[J]. 自然辩证法研究,1998(9):3.

[6] [德]彼德·科斯洛夫斯基. 后现代文化——技术发展的社会文化后果[M]. 毛怡红,译. 北京:中央编译出版社,1999:2.

[7] 陈昌曙. 自然辩证法概论新编[M]. 沈阳:东北大学出版社,2001:204.

[8] 郭小晖. 试论一种可能的技术本质观[J]. 自然辩证法研究,1998(11):2.

[9] 王松年. 试析技术二重性根源[C]. 第九届全国技术哲学学术年会论文选(山西大学). 2002.

[10] 高亮华. 人文主义视野中的技术[M]. 北京:中国社会科学出版社,1996:73.

[12] [美]熊彼特. 经济发展理论[M]. 北京:商务印书馆,1991:73-74.

[13] 傅家骥. 技术创新学[M]. 北京:清华大学出版社,1998:13.

[14] 沈洪满. 经济可持续发展的科技创新[M]. 北京:中国环境科学出版社,2002:85.

[15] 许健. 我国环境技术产业化的现状与发展对策[J]. 环境科学进展,1999(2):4.

[16][17] [瑞士]苏伦·埃克尔曼. 工业生态学[M]. 徐兴元,译. 北京:经济日报出版社,1999:6-11,17-19.

[18] 刘小铭、刘志阳. 我国环境技术市场运行障碍分析[J]. 中国人口、资源与环境,2001(5):131.

[19] 曹凤中. 国外环保产业发展的特点及其优惠政策[J]. 环境科学研究,1995(3):35-39.

[20] [美]Rubin E S. 工程与环境导论[M]. 郝吉明、叶雪梅,译. 北京:科学出版社,2004:249.

第四章

人口变化:问题有多严重

人口就是命运。

——[法]孔德(Auguste Comte)

- 世界人口不可能一直以指数形式增长下去
- 发达国家面临着人口出生率不足的问题
- 欠发达国家面临着人口过剩和人口增长过快的问题
- 应该恰当地对待世界人口问题
- 中国未来人口发展战略

距今200年以前,世界人口一直以接近零的速度极其缓慢地增长着。公元前5000年世界人口为0.2亿,公元元年达到1.68亿,公元1000年已有2.64亿,1500年达到4.2亿,1650年达到5.5亿,1700年为6.23亿,1750年为7.28亿,1800年为9.06亿。之后,情况发生了变化,世界人口以比较快的速度增长。1804年为10亿,1850年为11.7亿,1927年为20亿,1950年为25.13亿,1960年为30亿,1975年为40亿,1987年7月11日为第一个世界人口日,人口达到50亿,1996年人口达到58亿,1999年10月12日世界人口达到60亿。世界人口从10亿增长到20亿用了123年,从20亿增长到30亿用了33年,从30亿增长到40亿用了14年,从40亿增长到50亿用了13年,从50亿增长到60亿只用了12年。19、20世纪以来世界人口增长的速度在不断加快(表4-1)。

表4-1 世界人口增长速度(%)[1]

年代	增长率	年代	增长率	年代	增长率
1600—1700	27	1950—1955	178	1970—1975	186
1800—1850	52	1955—1960	197	1975—1980	183
1850—1900	64	1960—1965	201	1980—1990	170
1900—1950	90	1965—1970	192	1993	160

这种人口增长的趋势会一直持续下去吗?它对可持续发展的影响怎样呢?

应该怎样看待世界人口变化与环境问题的关系呢?中国未来应该实施什么样的人口发展战略呢?

一、世界人口变化的新趋势

工业革命以来的历史表明,世界人口是以指数增长的,呈现人口爆炸的状态,与此对应的是资源环境问题的凸显。这导致一些人对人口增长抱有悲观的情绪,作出一些人口数字过高的估计。有专家预言:世界人口若按目前的年增长率增长,到2015年,将可能达到73亿至80亿,到2050年将可能达到78亿至125亿。一位人口学家甚至声称,到5000年,人类的重量将会超过地球本身的重量。美国人口咨询局从人口增殖力出发,提出这样的数字,1980年世界人口为44亿,按当年人口增长率——每41年人口增加一倍计算,到2021年世界人口为88亿,2062年为176亿,2103年为352亿……700年后,世界人口便达至百万亿的天文数字。那时地球上的土地,包括山脉和沙漠都将为人所占据,平均每人占地仅有 0.3 m^2,根本没有可供耕种的土地。

这种预计是不会真正发生的。根本原因在于人口不可能永远地按指数形式增长下去,而是增长到一定阶段会发生变化。20世纪40年代,F. W. 诺特斯坦(Wnotesstein)针对发达国家人口再生产模式的变化,首次提出了人口转变的概念。[2]之后,1968年7月,联合国秘书处国际经济社会事务部人口司在《世纪转换之际的世界人口》的报告中,根据当今世界人口生育水平、死亡水平变动的实际情况,运用平均预期寿命和总的生育率指标,划分和测定了人口转变的四个阶段。第一阶段是人口转变发生之前的阶段,即工业化以前的阶段。人口发展的模式为高出生率、高死亡率、人口低增长。第二阶段是人口转变的起步阶段。这大致上是工业化的起步阶段。人口发展模式为死亡率大幅下降,而出生率却维持原状,甚至略有增长,因而使人口增长速度大大加快。第三阶段是人口转变的关键阶段,发生在工业化后期。人口发展模式为低出生率、低死亡率。第四阶段是人口转变的完成阶段。此阶段是第三阶段发展的最终结局,达到人口出生率和人口死亡率大致相当。[3]

从过去了的历史看,世界人口的转变与上述人口转变的四个阶段理论相符合。出生率下降和死亡率越来越低,这两种情况并存,就是人们所说的"人口过渡期"。发达国家进入"过渡期"较早,发展中国家进入"过渡期"较晚。法国从18世纪末就开始进入这一时期,亚洲和拉丁美洲在第二次世界大战后进入过渡期。从20世纪末开始,大多数发展中国家也开始了人口过渡期。2000年以前,世界上近一半国家的人口出生率已经低于更新换代的最低界限(通常指每个妇女生育2.1个孩子以下),今后还会有更多的国家加入这个行列。到2045年以后,发展中国家的平均出生率也将低于人口更新换代所需的最低界限。

这种状况的出现,使得全球生育率水平呈不断下降的大趋势,在过去的半个多世纪,全球平均生育率水平从1950年的5.02降到了2.69,其中,发达国家从2.84跌到1.56,发展中国家从6.16下滑到2.92,就连最不发达国家的生育率也从6.64下降到5.13。[4]不仅如此,越来越多的国家和地区正在走向超低生育水平。1980—1985年东德和西德的总和生育率下降到1.5以下,成为第一个跨入超低生育水平的国家。到2004年生育率低于或等于1.5的国家和地区已经达到36个,主要分布在欧洲、亚洲和北美洲,其中,中国澳门和香港的生育率水平最低,分别只有0.8和0.9。另外还有30多个国家和地区的总和生育率也已经降到了更替水平以下,遍及除非洲大陆以外的所有大洲。[5]1997年8月1日,欧洲统计局公布的数字显示,欧盟15年内每个妇女平均生有1.44个孩子。其中,西班牙是世界上人口出生率最低的国家,每位妇女平均生育1.15个孩子,某些地方甚至低于一个孩子。日本这一数字是1.3;在美国和加拿大,这个数字也只有1.8和1.7。欧洲委员会说,欧盟国家1998年出生的孩子少于第二次世界大战后的任何一年。在这些国家中,生育率如此之低,以至于人口必定会下降——即使现在还没有下降。联合国预测说,到2050年,俄罗斯的人口将会减少900万,日本减少2 100万,意大利减少1 600万,德国和西班牙各减少900万。人口将呈灾难性下降的是爱沙尼亚。在下一个50年内,它的人口估计会减少1/3以上。到2100年,欧洲和日本的人口将减少一半。西欧和北美人口增长率为零或呈负增长。全世界有61个国家没有足够的儿童来替换现有人口。发达国家正面临"人口出生率不足"的问题。上述情况的存在,使得世界人口的年增长率,在1965年到1970年这段时间内以2.1%达到最高水平后便逐步下降。

鉴此,现在人们一般不会根据过去的人口增长来预测未来世界人口的增长,而是认为人口数量在增加到一定程度后会稳定下来甚至下降。这一点迫使所有的预测家们——包括联合国——调低了他们的预测。

专栏4-1

联合国对2000—2150年世界人口增长的预测

根据联合国的中位预测,世界人口可由2000年的60.57亿,增加到2025年的79.37亿,2050年的93.22亿,2100年的94.59亿,2150年的97.46亿。即21世纪的上半个世纪增加32.65亿,增长速度仍较快;2050年以后增长速度变得缓慢,但仍在不断增长,5种增长趋势如图4-1所示。

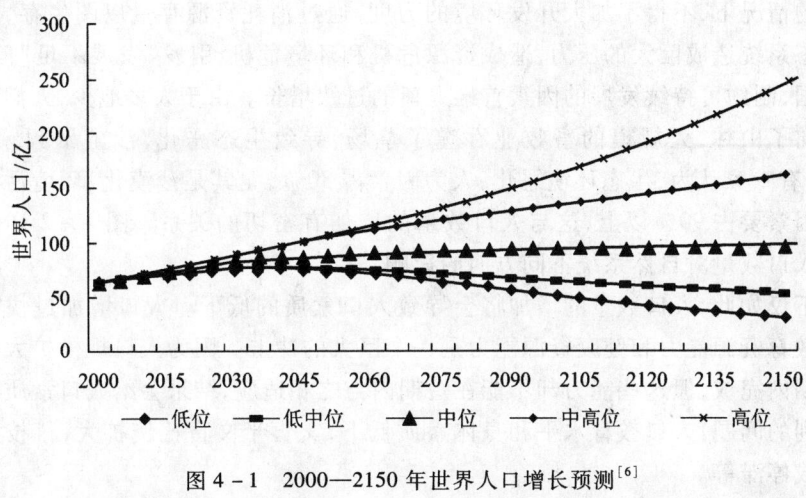

图 4-1 2000—2150 年世界人口增长预测[6]

二、人口乐观论批判

世界人口变化的新趋势,使得人口乐观论有所抬头。1998 年 8 月 8 日英国《观察家报》发表了一篇"生育率下降:'出生率不足'现象正在蔓延"的文章。文章认为,即使第 60 亿个人出生,那也是该抛弃"世界人口过剩"的时候了。

真的如此吗？现在是到了对人口持乐观态度的时候了吗？答案是否定的。人口过渡期的来临只是意味着人口问题已没有原先严重,并不意味着不存在人口问题。发达国家人口出生率不足而发展中国家人口出生率偏高,世界人口的增长主要发生在发展中国家。如 2001 年世界人口自然增长率为 1.3%,但发达国家仅为 0.1%,发展中国家为 1.6%,两者每 1 000 人的死亡率分别为 10 与 8,差距很小,但每 1 000 人的出生率分别为 11 与 25,相差 1.3 倍。如此一来,发达国家人口增长过慢,而发展中国家人口增长过快,世界新增人口的增长主要来自于发展中国家。而且,就世界人口的分布而言,发达国家和地区所占的比例较少,发展中国家和地区所占的比例较多,世界人口主要分布在发展中国家。如在 1999 年的 60 亿世界人口中,发达国家和地区人口总数为 11.8 亿,仅占世界人口的 19.7%,发展中国家和地区(包括中国)人口总数为 48.2 亿,占世界人口的 80.3%,中国为 12.7 亿,占世界人口的 21.2%。

上述状况的出现,必然给发达国家以及发展中国家的可持续发展提出挑战。在欠发达国家,由于人口过多,人口增长过快,从而使人均拥有的资源不足,人口压力不断增长,为了生计和还债,在资金和技术资源不足、资源总量得不到发展的情况下,不得不加大开发环境的力度,通过消耗资源存量以图生存,对地球生态系统造成巨大的压力,造成资源危机和环境危机,引发"发展不足"问题。在我国,制约可持续发展的因素首推人口的过快增长。由于人多地少,人们将斧头挥向了山林,大规模的畜牧业吞噬了草场,导致生态恶化,沙尘暴频频"光顾"。有专家认为,生态环境恶化,人为因素占80%,尤其是沙漠化、环境污染等人为因素要占90%以上,这与人口数量的增加有密切的关系。图4-2详细说明了人口数量对自然系统不同方面的影响。

不仅如此,人口数量的增加将会导致人口素质的低下。人口增加过快对有限的教育资源能力和健康资源能力是一个巨大的冲击。因为人口规模扩大可以在短期内完成,但这些能力却不能在短期内与之相适应,结果会给人口素质带来一系列的问题:人口教育水平和身体素质低下,文盲半文盲比例扩大,科技进步缓慢或停滞等。

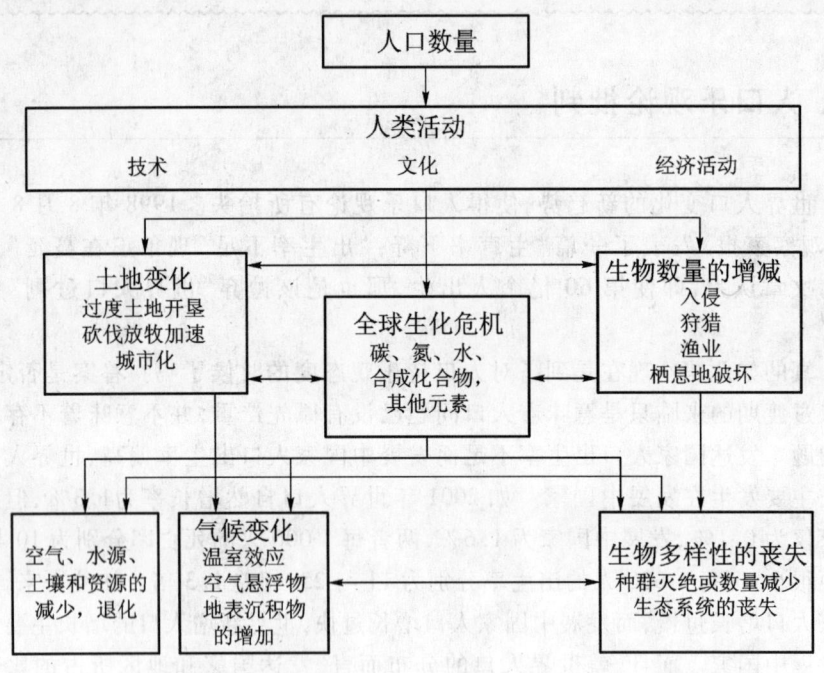

图4-2 人口数量对自然系统影响的理论模型[7]

至于人口与贫困之间的关系更是为许多学者所关注。他们提出了人口挤压理论。大意是人口的过度增长必将导致多种类型的贫困人口:生产性贫困人口、就业性贫困人口、消费性贫困人口、教育性贫困人口、资源性贫困人口。[8]而这些人口的增加又将抵消任何超过最低人均收入水平的增长,使最低人均收入水平难以提高,呈现出贫困状态。而贫困状态的存在又加剧人们增加劳动力来获得发展的心理动机,导致生育率增长,使现有资源总是处于匮乏状态,也使人口与发展之间呈现恶性循环。

这一切充分说明,对于欠发达国家,人口增长仍然是影响其社会发展的一个非常重要的因素。当然,控制人口增长并不一定就意味着发展,因为,发展是多种因素作用的结果。但是,不控制人口增长,社会就不能发展。有效地控制了人口增长,对于社会发展和环境保护都是有利的。

专栏 4-2

中国控制人口增长的意义

以我国为例,近30年来,全国累计少生孩子3.38亿,这一成就的意义是可从下面几个方面看出:

(1) 节约了大量抚养成本

据一个权威的课题组1999年抽样调查数据显示,0~16岁孩子的抚养成本,城镇为9.5万元,农村为3.6万元,城乡加权后的年平均成本为7 781元。以此为标准,按历年当年价格计算,少生人口3.38亿,就为家庭和社会节约了7.4万亿元,相当1997年的国内生产总值。

(2) 节约了少增加人口的物资技术装备费用

新增人口成长为劳动力以后,必须同一定的生产资料相结合才能生产财富并生存下去,为此社会必须为每一个劳动力提供物资技术装备。按1998年标准,我们少生的3.38亿人口就为国家节约了69.9亿元的费用。

(3) 节约了少增加人口的社会福利费用

作为新增适龄劳动人口,国家还必须为其提供具有原有人口平均水平的社会福利费用、社会救济费用、文教卫生费用、非生产性建设费用和为新增劳动人口追加的那部分社会后备资金。

(4) 节约了大量的消费资金

假设少生的3亿多人,都能存活为劳动力,也于社会财富的增长无补(其生产者功能可由原有人口替代),而只会加大待业队伍,增加国民收入中的消费资金份额。而现在少生的3亿多人口,就为社会节约了这笔可观的资金。

对于发达国家,他们面临的主要问题是人口出生率不足。这对发达国家的影响是巨大的。集中体现在下列几方面:

(1) 人口老龄化问题突出。人口老龄化与发展问题紧密关联。它是指老年人口比例提高带来的社会经济问题,即人口老龄化与社会发展、老年人口运动与社会进行机制之间的关系问题,表现在社会福利、收入保障、保健与营养、退休与闲暇、居住与环境、文化与教育等方面。老年人口比例过高意味着各种形式的社会保障、社会开支、退休金和医疗费用的增长,越来越少的就业人口要为越来多的老人提供支出。这造成社会负担加重。

(2) 经济活动形式发生变化。在工业化时期人口增长的背景下发展成长起来的公司将不得不习惯于一个日渐缩小的客户群。劳动人口将减少,这消除了失业问题,可又产生了劳动力短缺问题。有研究显示,只需10年时间,意大利、德国和日本的劳动力人口将每年减少1%。劳动力的减少以及客户的减少将使经济的产出减少,迫使痴迷于经济持久发展的国家不得不适应经济的持久衰退。

(3) 社会结构将发生很大变化。出生率不足意味着没有孩子或独生子女家庭的增加,大家庭——甚至家庭将被削弱乃至消失,老年人比例越来越大,兄弟姐妹将会越来越稀罕,人们可能更加孤独。

(4) 全球政治力量对比发生了变化。1900年,欧洲的人口是非洲的3倍,占世界人口的1/4。1950年,12个人口最多的国家中有6个是发达国家,世界人口的32%居住在发达国家。到2050年,情况将发生变化,只有12%的人口居住在发达国家。美国将是12个人口最多的国家中唯一一个发达国家。欧洲的人口只占世界人口的7%,人口的减少将使它成为一支微不足道的力量。取代它的将是拉丁美洲,那时,拉美在世界人口中占的比例将会翻一番,达到9%。可非洲又使其相形见绌,非洲的人口将是欧洲的3倍。

当然,人口减少还会产生一系列其他结果:到处都是废弃的城市,地产价格将下降;交通堵塞和到处都是火车的情况很有可能将成为过去;由于人口减少,污染将减少,环境因此会得到改善;军队可能要提高服役的最大年龄以保证有足够的兵源;学校需要改为终生学习中心或者被拆掉等等。

发达国家要解决上述问题,除了大量移民之外(这一点未必行得通),就只能鼓励生育了。不过,有一点应该注意,发达国家人口过少,人均占有资源的量过多,消耗资源的量过多,是他们的最大问题,这给世界环境造成了很大的压力。为此,在适当增加人口的基础上,降低人均资源消耗是他们所应该做的。

三、正确看待世界人口增长问题

现在,人们一般认为,人口增长是引起人类苦难和环境退化的第一原因。世界人口在大约一代之间的翻番,生产—消费过程中人均消费量的增加,比无效率和市场扭曲等更能解释加在全球环境和人类福利上的压力。例如,在过去的20多年里,从人均水平看,发达国家与欠发达国家之间的相对差距几乎没有缩小,而绝对差距实质上是增大了,其原因不在于欠发达国家国民生产总值增加的速度比发达国家慢,而在于这些收益的大多数被高的人口增长率消耗掉了。比较1965年到20世纪80年代中期的印度与美国,印度GNP总量增长是很明显的,但是因为人口增长速度是美国的2倍,印度的人均收入仅增长1.6%,低于美国的 1.7%。[9]

这种观点是新马尔萨斯人口理论所持有的,有一定道理。不过,这种观点受到新古典经济学家的批判。如美国未来学家西蒙在其《没有极限的增长》一书中认为,科技的进步能够使人类为自然资源找到人工制造的替代品,为稀缺的资源找到更丰富的自然资源。他认为有大量的事实支持这一点。当树木在 16 世纪稀缺时,美国人学会了使用煤。当 19 世纪用于制作象牙台球球丸的象牙短缺时,便奖励寻找替代品,结果先发明了赛璐珞(硝纤象牙),接着是塑料的出现;当 19 世纪为生产灯油而将鲸捕猎得近乎灭绝时,煤油从石油中提炼出来用以点灯,并产生了最早的石油工业。现在,卫星和光纤维(来源于沙)代替了制作电话线的昂贵的铜。

更重要的是,新的资源比老的资源更便宜也更丰富。这被认为是文明的整个过程。[10]西蒙认为,当人口增长、资源稀缺时,会刺激投资和技术进步,促进替代能源的产生。在人类历史上,人口增长是同资源增长而不是资源减少联系在一起的。随之而来的是人类更加健康,寿命和幸福也同样增加。他认为,与新马尔萨斯论者预期的相反,短缺(无论它们是否是由人口的增长、消费的增加或环境问题引起的)已使我们比如果短缺没有出现时的日子更好过。如 1 万年以前,只有 400 万人能活下来,但到 19 世纪,地球上能够养活 10 亿人,今天,它能够养活 60 多亿人,且后代人的生活要比前代人更好。这样的观点也为供给派人口学所持有。

上述观点是存在问题的。"替代弹性"(elastics of substitution)表示的是替代资源寻找的难易。如果替代弹性是高的,这一替代就没有问题;如果替代弹性是低的,那么人类的发明就不足以克服资源的限制。在工业社会,"替代弹性"比前工业社会高,由此有大量的替代品出现。但是,由于绝对的人口增长所积累的环境损害,给我们带来的是更少的选择余地,更少的斡旋空间,一个级别更低的资源基础和比以往历史更缺乏从环境损害中吸收和恢复的能力。因此,在工业时代发展到一定时期以后,"替代弹性"又是逐渐下降的。这增加了寻找替代资源的难度。

不仅如此,西蒙还认为,最后的资源是人类的发明。人口增加越多,找到科学家和发明家的机会就越大,人类的发明就越多,且当它对人们是可用的时候,就变成增值的资源长期增进人类的福利。而且,人口增加、资源稀缺还迫使人们进行经济政策的改革,为有效利用资源创造条件。这一观点也是错误的,其错误性已经在第一章中作了论述。

除上述两种观点外,还有另一种观点——结构主义的观点。这种观点认为,人口增长所引起的问题是严重的,但这并不意味着人口增长是一切环境问题和社会问题的根源。可以这么说,人口规模是一个问题,但是,这一问题以及由这一问题所引发的人类苦难和环境问题,又是由社会的结构性组织引起的。如对于粮食问题,他们认为,现阶段折磨人类五分之一人口的营养不良,以及使人们经常挨饿的周期性饥荒,并不是由人口增长引起的,而是最直接地由农业的政治经济,也即由投资和土地拥有的模式以及世界经济的贸易体系引起的。一国的内部粮食分配不均会导致饥饿和营养不良,全球粮食供给的不均也会导致这一点。如英国和海地的粮食产量都不足以满足其国民的需求,但海地就遍地饥荒而英国却安然无恙,究其原因在于海地没有足够的财力进口粮食而英国却有。

既然如此,要解决人口及其相关问题,就不能单纯减少人口,而应该改变刺激人口增长的那些政治、经济和文化因素,使它们向积极的方向发展,从促进社会的整体进步来减缓人口的增长并解决资源环境问题。

这种对待人口问题的看法是比较全面的,它与新马尔萨斯论并无本质的冲突。如果说新马尔萨斯观点在抽象的层次上和更长时间周期上更有说服力,那么结构主义的观点在具体的时间和地点更能验证对人类苦难和环境退化的解释。换句话说,像饥饿、贫困和水污染等事物更直接地是由社会政治和经济因素引起,而可能不是由人口过多引起。民主政体、有责任的政府、自由市场经济等能够更有力地处理干旱、价格波动和饥荒等问题。

在这种情况下,如何看待新马尔萨斯论者的观点呢?虽然他们的很多悲观预言并没有成为现实,但是,这并不意味着新马尔萨斯论者一无是处。其原因主要有三点:

(1) 从现实的情况看,虽然人口的增长率在不断变化,但是,总体增长的趋势仍然存在。一般而言,更多的人将消耗更多的资源,产生更多的废弃物,造成更大的环境污染,很可能使我们更难处理由此带来的环境问题。这种状况可用下面的例子来说明。假如现有一个池塘,可以容纳 1 000 条 guppies(一种小鱼),如果超出这个数字,过分拥挤将使这些鱼容易感染一种叫"ich"的疾病。这种疾病会使大多数鱼死亡。鱼开始只是雌雄一对。假设鱼繁殖得非常快,一个月翻一番。第九个月时还一切正常,因为鱼的增长速度是 2 →4 →8 →16 →32 →64 →128 →256 →512。到第十个月时,鱼的数量超过了死亡线 1 000 条,由此导致大部分鱼死掉。事实上,最后 100 条鱼是在不到 5 天的时间内繁殖出来的。从现在以及未来的形势看,人口增长所带来的环境和资源压力还没有超过临界点,但是已经越来越大。狼仍没有到门前,但可确信的是已到附近,并且要比 100 年前更近了。如果我们不控制世界人口增长,那么人类很可能将会面临上面案例所展示的境况,这对人类无疑是灾难。相反,如果控制人口增长,使世界人口迅速降下来并稳定在一个较低的数目,那么我们现在和将来的所有与资源供应和环境完整有关的问题将会更容易处理和更少复杂性。

专栏 4-3

复活节岛是怎样由兴到衰的[11]

复活节岛以其地理环境的封闭性、居民起源的神秘性、巨大的"毛艾"石像以及岛上文明的兴衰等,成为一个引人关注的神秘岛屿。近些年考古学、孢粉分析和古生物学的研究进展为破译复活节岛的兴衰奠定了基础。

复活节岛,位于南太平洋南纬28°,西经108°交点附近,面积为120 km²,现属智利,它离南美大陆智利约3 000 km,离太平洋其他岛屿距离也很远,距离最近的有人居住的岛屿皮特凯恩岛也有1 600 km之遥,岛上现有居民约2 000人。

考古发掘表明,复活节岛曾经有过辉煌的文明。岛上先民来自波利尼西亚。从12具古代复活节岛人骨骼中提取的DNA鉴定结果证明,这些先民是波利尼西亚人。此外,他们的语言源自波利尼西亚语。考古学家陆续考察和发掘了岛上众多的古代先民遗址,通过碳14年代测定,证明岛上最早的人类活动可追溯到公元400—700年,石像建造的年代大约在公元1200—1500年,最繁盛时期岛上总人口曾达到7 000人。

复活节岛沿岸分布有200处石头平台,700多尊已经完工的石像,它们被弃置在采石场和道路旁。当地人称这些石像为"毛艾",每座高度一般在5~6 m,小的3~4 m,最高的一个高21.8 m,重约10 t。那么,巨大的石像是如何制成、如何运输、如何竖立起来的?又是谁为什么建造了这么多"毛艾"石像呢?建造巨大石像的社会必定人口众多,资源充足,高度组织化,那么这个社会又到哪里去了呢?专家们用岛上20名当地岛民做了一个模拟实验,结果证明只用石凿等原始工具,就能在一年内雕刻成一尊巨大的"毛艾"石像。几百人使用圆木和植物纤维就能拖动一尊石像,然后只用圆木作杠杆便能竖立起石像,将其安置到石头基座上。

可是,现在岛上找不到高大树木和足够的有韧性的植物纤维,那么这些原料又来自何处呢?这个问题已由植物孢粉分析专家解答了。新西兰科学家弗兰利和英国教授萨拉金对岛上的孢粉进行分析研究后认为,在人类到达复活节岛之前,岛上遍布亚热带森林,树下生长着茂密的灌木和草丛。最常见的高大树木是棕榈。这种景观完全不同于今天人们见到的草地景观。全岛现在有47种本地植物,大多数是草、芦苇、蕨类,只有两种矮树,两种灌木。

古生物学家通过对岛上先民遗址中的动物遗骨研究发现,最早到达该岛的先民以海产品为主食,包括鱼类、海豚、海豹和几十种海鸟。这从侧面证明最初的移民具有很高超的航海技术,不同于后来困守孤岛,缺乏远航技术,与外界没有任何交流的居民。

美国纽约州立博物馆专家大卫·斯泰德综合了有关复活节岛的各方面研究证据,为人们勾画了复活节岛近1 000多年的兴衰图景。

大约在公元400年左右,波利尼西亚东部群岛有一群波利尼西亚人驾船出海,跨越千里大洋,登上复活节岛。经过一段时间的开荒种植和海上捕捞,生活逐渐安定下来,人口有所增加,但是人口增加导致了食物的不足,于是为解决人口增加带来的食物不足问题,公元800年左右开始大规模砍伐森林,特别是棕榈树遭到严重砍伐,因为棕榈树是建造独木船的最好木材,岛民大量建造船只出海捕捞,收获大量鱼类和海豚等水产品。

　　人口的迅速增加使自然资源不断耗竭,逐渐超过当地资源的承载能力,于是各部落为争夺有限的资源爆发了冲突和战争,现在岛上的土中仍遗留有许多石矛和石匕首,这是激烈战斗后被遗弃的,大约在公元1200年左右,各部落为树立对首领的崇拜,相继建造巨大石像,森林砍伐更加严重,大量的棕榈树被砍伐用于薪木和运输石像,这个时期,海上捕获量开始减少。

　　公元1400年时,棕榈树消失了,15世纪末岛上森林全部被砍伐干净,鸟类由于缺乏食物开始减少,许多植物因失去传粉的鸟类也逐渐灭绝,由于人们没有了建造船只的树木,渐渐地,航海能力越来越差,直至全岛只剩下三四只独木舟,无奈岛民转向开垦荒地种植谷物,但是仍旧不能满足人们的食物供给。

　　于是原先较发达的文明开始衰落,逐渐出现食人部落。生物学家在岛民的垃圾堆中发现,从15世纪开始,人骨增多,说明有人吃人的事件发生。后来,复活节岛上的民间传说也从侧面印证了这一点。

　　公元1700年,人口开始衰减至原来人口的1/5,人们开始纷纷居住在洞穴中以防卫敌人。公元1770年时,各敌对部落开始推倒和破坏对方的巨大"毛艾"石像,以摧垮对方的精神和斗志。公元1830年,最后一个石像倒下了。20世纪初,岛上的生存条件已经非常恶劣,只剩下111个土著居民。

　　复活节岛的居民曾经建立过辉煌的文明,但当社会经济的发展超越了资源环境的承载力时,文明便走向了衰落,这段兴衰史让人们更清醒地去思考人类与自然的关系。

～～～～～～～～～～～～～～～～～～～～～～～～～～～～～～～～～～

　　(2) 从全球伦理来看,任何一个人都有获得等量资源的权利。既然如此,发展中国家就可以遵循发达国家的生产模式和消费模式,消耗等量的资源。事实上,从国家现代化的现实来看,现在世界上的绝大多数发展中国家正是这样做的。但是,研究表明,在目前的全球体制下,地球承担不起这么多人如此消费。因此就有必要控制人口增长。

　　(3) 从人类生存的价值看,并不完全在于养活更多的人。也许人类能够养活更多的人,如像有些人所声称的那样,理论上能够养活400亿人。但是,如果将此作为目标,人类的生活质量如何保证?将地球变成一个圈养人类的基地有何意义?

总之,控制人口增长仍然是一个世界性的问题。尽管单纯控制人口增长并不能解决问题,但是,如果不控制人口增长,则问题将会更加严重和更难解决。

问题是怎样控制人口增长呢？从目前看,导致生育率下降的因素有下列一些:技术进步和社会发展;妇女社会地位的提高;避孕的普及;社会福利事业的普遍发展;婚育观念的影响;义务教育的普及;提高生活质量等。我们应该从这几个方面考虑,采取有效、系统的措施,控制人口增长。

四、中国未来人口发展战略

纵观历史,中国人口从1602年的0.99亿增加到1950年的5.2亿,用了近350年的时间。这期间的绝大部分时间处在"前人口转变"时期,以高出生、高死亡,特别是高婴儿和新生儿死亡率为典型特征,生育率接近生育力,死亡率成为决定人口数量和结构变化的主导因素,其后果是人口总量的长期缓慢增长和人口年龄结构的梯度变化。在此之后,伴随人口死亡率率先下降并在低水平稳定,人口变动进入了"人口转变前期"的快速转变期,高出生、低死亡,人口数量急剧增加。从20世纪50年代至70年代初,国家普遍鼓励增加人口,不对人口加以控制的政策更加剧了这一趋势。从1950年至1975年,人口出生率始终保持在30‰以上,最高达到37‰,人口总数达到约9.24亿。实行计划生育政策已经迫在眉睫。自20世纪70年代初,中国开始实施计划生育政策,1983年国家正式确立计划生育基本国策,将控制人口数量、提高人口素质作为基本内容;其后又陆续将人口老龄化、流动人口、劳动就业、出生性别比等纳入其中,使基本国策日臻完善。不过,在此期间,实施计划生育基本国策主要目的是控制人口数量。现在看来,该项政策的实施取得了巨大的成就:20世纪70年代以后,人口过快增长的势头得到迅速扭转,人口出生率、自然增长率、妇女总和生育率也由6下降到2.3左右。90年代以后,随着计划生育工作的深入,我国经济的增长,人民生活水平的提高,教育的推进,在20至29岁生育旺盛人数年均超过1亿的情况下,人口出生率依然呈现大幅度下降的趋势,到2000年底人口出生率从1990年的21.06‰下降到14.03‰,自然增长率由1990年的14.39‰下降到7.58‰,妇女总和生育率在第五次人口普查时下降到1.22,总和生育率下降到更替水平以下,进入世界低生育水平国家行列。中国在经济不发达的情况下,用较短的时间实现了人口再生产类型从高出生、低死亡、高增长到低出生、低死亡、低增长的历史性转变,走完了一些发达国家数十年乃至上百年才走完的路。1952—2002年中国人口变化情况如表4-2所示。

表 4-2 中国人口发展情况统计表[12]

年　份	总人口	出生率/‰	死亡率/‰	自然增长率/‰	净增人口/万
1952	57 482	37.00	17.00	20.00	—
1957	64 653	34.03	10.80	23.23	—
1962	67 295	37.01	10.02	26.99	—
1965	72 538	37.88	9.50	28.38	—
1970	82 992	33.43	7.60	25.83	—
1975	92 420	23.01	7.32	15.69	—
1978	96 259	18.25	6.25	12.00	—
1979	97 542	17.82	6.21	11.61	1 283
1980	98 705	18.21	6.34	11.87	1 163
1981	100 072	20.91	6.36	14.55	1 367
1982	101 654	22.28	6.60	15.68	1 582
1983	103 008	20.19	6.90	13.29	1 354
1984	104 357	19.90	6.82	13.08	1 349
1985	105 851	21.04	6.78	14.26	1 494
1986	107 507	22.43	6.86	15.57	1 656
1987	109 300	23.33	6.72	16.61	1 793
1988	111 026	22.37	6.64	15.37	1 726
1989	112 704	21.58	6.54	15.04	1 678
1990	114 333	21.06	6.67	14.39	1 629
1991	115 823	19.68	6.70	12.98	1 490
1992	117 171	18.24	6.64	11.60	1 348
1993	118 517	18.09	6.64	11.45	1 346
1994	119 850	17.70	6.49	11.21	1 333
1995	121 121	17.12	6.57	10.55	1 271
1996	122 380	16.98	6.56	10.42	1 268
1997	123 626	16.57	6.51	10.06	1 237
1998	124 761	15.64	6.50	9.14	1 135
1999	125 786	14.64	6.46	8.18	1 025
2000	126 743	14.03	6.45	7.58	957
2001	127 627	13.38	6.43	6.95	884
2002	128 453	12.86	6.41	6.45	826

不过,这并不意味着中国的人口问题解决了。人口问题并不只是数量问题,还包括人口质量、人口结构等,从这几个方面综合考虑,未来一段时间内,中国将先后迎来下列几大高峰:

(1) 劳动年龄人口高峰。2000年第五次全国人口普查结果显示,在总人口中,15~64岁的劳动年龄人口所占比例最大,为70.15%。因此,劳动年龄人口将最先达到高峰。

(2) 总人口高峰。据联合国1998年预测,到21世纪30年代,中国人口总量将达到15亿之多,到21世纪40年代,将达到峰值。

(3) 老龄人口高峰。据中国老龄化协会提供的数据,中国的人口老龄高峰将于2030年左右到来,并将持续20余年。到21世纪中叶,60岁及以上的老年人可能超过4亿。

(4) 流动人口高峰。改革开放初期,全国有流动人口两三百万。2000年人口普查,跨省和省内的流动人口达到11 732万。随着人口城镇化的加速进行,21世纪头十年,将是流动人口增长的高峰期。

(5) 出生人口性别比高峰。中国未来一段时间内,出生人口性别比将严重偏离正常值。出生性别比是指一定时间(一般为一年)活产男女婴之比,以活产女婴为100时活产男婴多少表示,正常值为103~107之间。依据"五普"和近年的抽样调查提供的数据回推,1990—2000年逐年的出生性别比在111、114、115、115、117、118、119、120、122、123、118左右。[13]
这几大高峰将可能影响中国的经济和社会发展。

在这种情况下,未来中国人口发展战略应该如何制定呢?应"尽可能做到人口数量、质量、结构变动相协调,主要是人口数量变动与人口结构的合理化,使之符合人口变动和发展的一般规律。而且还要站在人口与社会经济发展全局立场观察,尽可能地使人口的变动与发展有利于而不是损害经济和社会的发展,有利于促进人口、资源、环境的协调和可持续的发展,即人口与发展综合效益的最大化"。[14]以此为指导,在具体制定人口发展战略时,应从人口自身角度观察,首先要充分注意到人口"五峰"之间的联系和互动,防止因为某一两个人口高峰"异峰突起",给未来的人口变动和发展造成某种不可逆转的被动之势,进而给经济和社会发展造成难以挽回的遗患。其次要结合全面建设小康社会和更长远的社会经济发展实际,寻求人口与发展综合效益的最大化。为此,田雪原设计了图4-3所示的三种方案,并加以具体比较。

他得出结论:高方案的突出优点是人口老龄化程度要轻一些,与中方案相比较,2020年要低0.38个百分点,2050年要低2.84个百分点。最突出的缺点:一是人口总量增加较多;二是从长期变动观察,由于人口总量大幅度增加,劳动年龄人口所占比例还不及中方案为高,从而劳动年龄人口负担的老年和少年被抚养人口没有下降反而略有上升,不利于经济和社会发展,也不能体现人口与发展

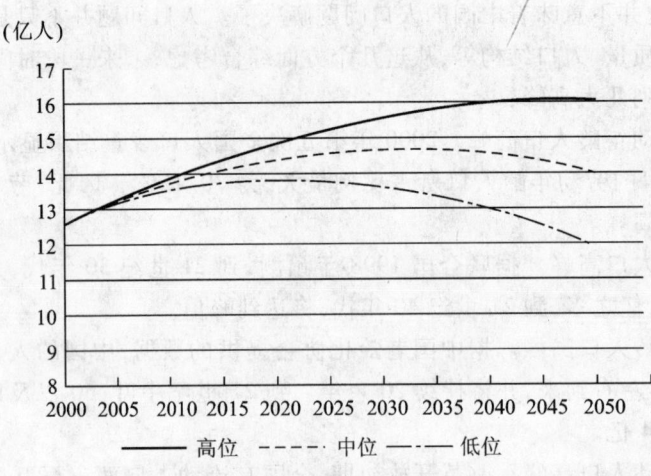

图 4-3 2000—2050 年高、中、低三种方案人口预测

综合效益的最大化原则。而且与低方案比较,上述缺点变得更为严重。低方案最突出的优点是人口总量控制得好。与中方案相比,2020 年人口总数可减少 5 802 万,2050 年可减少 21 069 万,无疑这对于一个主要表现为人口数量过剩的国家来说,是特别需要考虑的。但是,低方案存在人口结构(主要是人口年龄结构变化)的不合理性:一是人口老龄化过于严重;二是劳动人口数量下降过快,劳动年龄人口的相对高龄化也过于严重。与中方案相比,2020 年 15~64 岁的劳动年龄人口数量将减少 480 万,2030 年将减少 3 567 万,2050 年将减少 12 103 万,呈累积式减少。虽然目前中国不存在劳动力过剩问题,但如果采取低方案,随着经济的发展和劳动年龄人口"黄金时代"的结束,劳动力廉价优势丧失得更快一些,不利于人口与发展综合效益的提高。劳动年龄人口相对高龄化降低了人力资本的活力,从而影响到经济的发展和技术的进步,同样不利于人口与发展综合效益的最大化。自然,将低方案与高方案相比,低方案的上述缺点将更为严重,故低方案也不宜采取。这样一来,中方案应该说比较恰当,它兼顾了高方案人口结构比较合理、低方案人口数量控制比较有效的优点,在较大程度上克服了高方案人口数量控制较差、低方案人口结构不尽合理的缺点,适应我国当前人口态势和未来人口"五峰"行将来临的特点,对于人口变动与结构合理化、人口与发展综合效益最大化比较理想,是现实可行的方案。[15]

材料评论

是提供粮食援助还是控制人口增长?

加勒特·哈丁(Hardin)在解释他为什么反对向饥荒国家提供粮食援助时这

样说道:在某个地区的挨饿人口数量已经超过环境的承载能力的情况下,如果我们向这个地区提供粮食,我们就会变成造成该地区苦难的帮凶。外界的粮食援助能够养活更多的当地人,而这些人又需要更多的粮食和燃料,这种需求会促使该地区进一步超过环境的承载能力,导致将来环境的承载能力有所下降。承载能力赤字会越积越高。向一个人口过剩的国家提供粮食救济从长远来看只会使饥饿问题变得更加严重。到底是让一些人今年饿死呢,还是让更多的人明年饿死?我们确实应当做出选择……只有一种方法能够切实帮助贫穷国家:控制人口。

对此你有何评价?

问题与讨论

1. 试用人口转变的四阶段理论来分析世界人口变化的历史趋势,并以此说明中国人口转变的特点。
2. 发达国家的人口问题表现在哪里?如何解决这些问题?
3. 欠发达国家的人口问题表现在哪里?如何解决这些问题?
4. 你如何评价关于人口问题的新马尔萨斯理论、新古典经济学理论以及结构主义观点?
5. 21世纪中国人口面临的主要问题有哪些?如何解决这些问题?
6. 所谓生育意愿是人们对生育行为的态度和看法,它包括三方面:一是人们的生育目的,即为什么要生子女;二是对生育数量的看法,即生育几个子女为理想子女数;三是对子女性别的看法,即希望生育什么性别的子女。据此,说明中国人传统生育意愿的特点,并说明这种特点对控制中国人口增长的影响。
7. 请你根据图4-1中的各种曲线,说明世界人口可能会呈现哪些问题?并寻求解决这些问题的对策。

参考文献

[1] 延军平,黄春长,陈瑛. 跨世纪全球环境问题及行为对策[M]. 北京:科学出版社,1999:13

[2] Noteswtein F W. Population:The Long View[M]//Schults E, eds. Food for the World. Chicago:University of Chicago Press,1945:36 – 57.

[3][8] 佟新. 人口社会学[M]. 北京:北京大学出版社,2000:177 – 178,290 – 291.

[4] Population Division of Department of Economic and Social Affairs(2003), World Population Prospects:The 2002 Revision, Vol. 1 Comprehensive Tables,

New York: United Nations.

[5] Population Reference Bureau(2005),2004 World Population Date Sheet, Washington DC.

[6] United Nations: World Population Prospects, The 2000 Revision, New York, 2001; Long-range World Population Projections, New York, 2000.

[7] Allenby B R. 工业生态学:政策框架与实施[M]. 翁端,译. 北京:清华大学出版社,2005:24.

[9] Repptto R. Population, Resources, Envirionment: AnUncerture[J]. Population Bulletin, 1987:42.

[10] Simon J L. Population Growth is not Bad for Humanity[J]. National Forum: The Phi Kappa Phi Journal, 1990(70):1.

[11] 林培英,杨国栋. 环境问题案例教程[M]. 北京:中国环境科学出版社,2002:29-30.

[12] 门可佩、曾卫. 中国未来50年人口发展预测研究[J]. 数量经济技术经济研究,2004(3):13-14.

[13] 国务院人口普查办公室,国家统计局人口和社会科技统计司. 中国2000年人口普查资料[M]. 北京:中国统计出版社,2002,570.

[14][15] 田雪原. 发展观的转变和人口发展战略[J]. 学术探索,2005(5):37-38,37-39.

第五章

市场经济:走向可持续发展的经济

　　一个每年破坏1 700万公顷森林的经济系统是否可以支撑进步?一个每年增加9 600万人口,其中有5 000多万降生在对基本的生态系统(如草地、森林、海洋和土壤)的需求已超过可持续产出的国家中,这样的经济系统能否支撑进步? 一个每年因燃烧化石燃料向大气排放60亿吨碳的经济系统是否可以支撑进步? 一个每年把600公顷良田变成荒漠的经济系统是否可以支撑进步?

　　　　　　　　——[美]莱斯特·布朗(Lester R. Brown)

- 自然生态系统具有多种价值
- 传统的 GDP 没有考虑到生态环境的多种价值,具有内在欠缺
- 必须从 GDP 走向绿色 GDP
- 打破经济增长的迷梦,追求经济和自然的可持续发展
- 确立代际补偿,满足后代人可持续发展的需要
- 从物质经济走向非物质经济

　　在一切社会形式下,人类的生存和发展都是以经济活动为前提的。经济活动的过程就是人类和自然界之间相互影响和相互作用的过程。在这一过程中,人类一方面不断地从自然界中获取各种各样的资源,或直接利用,或加工成产品;另一方面,又不断地把各种废弃物排放到自然环境中去。如果排入环境中的污染物以及自然资源的消耗量与环境承载力相协调,人类就能充分地利用环境的自净能力与自然资源的再生能力,达到自然与经济的协调发展。否则,经济的发展就不是可持续的。历史事实表明,如果不改变传统的经济增长方式,不从环境的角度管理经济,经济增长确实面临着极限。为了超越这一增长的极限,保持经济的可持续发展,必须在深入考察传统经济活动的基础上,运用各种思想方法,包括后现代的思想方法,提出有利于可持续发展的新经济思想。

一、将自然的多种价值纳入 GDP

人类的生产过程是以自然财富作为基础和支柱的。没有清洁的水体、洁净的空气、肥沃的土壤、丰富的金属矿藏、非金属矿藏以及能量资源,没有各种各样的生物和各种类型的生态系统,就没有人类的生产,从而也就没有人类的生存。自然资源具有为人类经济活动提供生产要素或直接作为商品的价值。这是自然的经济价值,它很早就被人们所重视。但是,在人类发展的很长一段时间内,由于人类认识和改造自然的能力有限,自然在人类面前则显得强大和广博,因此人们普遍认为,自然资源是无限的,自然环境容纳人类废弃物的能力也是无限的,地球可以无限地承载人类无限制的活动对它无限的改造。一句话,自然资源取之不尽、用之不竭,相对于人类的利用不存在稀缺,稀缺的只是人类获取自然资源的能力,人们可以不加限制地使用自然资源。而且,人类在改造自然的很长一段时间内认为,自然产品,如原始森林里的树、海里的鱼、矿产、水源等不是人类劳动的产品,没有人类劳动的参与,而是自然物质生产过程的产品,是大自然对人的恩赐,没有价值,对此可以无偿使用,不需给它们定下价格以估算其价值的大小,计算自然产品的价值仅仅是根据勘测、开采、运输、加工所付出的劳动消耗,也就是只考虑自然资源的经济价值,不考虑其他价值,如生态价值等。这一点比较充分地体现在传统的国民经济账户体系中的国内生产总值(GDP)上。

专栏 5–1

国内生产总值

国内生产总值(Gross Domestic Product,GDP)是指一个国家或地区范围内的所有常住单位,在一定时期内(一个季度或一年)所生产出的全部最终产品和劳务的价值的总和。所谓"常住单位",其内涵与"常住居民"相同。一国的"常住居民"包括:① 居住在本国的本国公民;② 暂居(一年以内)外国的本国公民;③ 长期(一年及一年以上)居住在本国的外国居民。也就是说,在一国领土范围内,其居民无论国籍如何,只要符合本国常住居民定义,在一定时期内所生产的最终产品和提供的劳务价值都可算作本国的国内生产总值。一般来说,国内生产总值共有四个不同的组成部分,其中包括消费、私人投资、政府支出和净出口额。用公式表示为:

$$GDP = C + I + E + X$$

式中:C 为消费;I 为私人投资;E 为政府支出;X 为净出口额。

国内生产总值被公认为衡量国家经济状况的最佳指标。它不但可以反映一个国家的经济表现,更可以反映一个国家的国力与财富。一个国家或地区的经济究竟处于增长抑或衰退阶段,从这个数字的变化便可以观察到。一般而言,GDP 公布的形式不外乎两种,即总额和百分比率。当 GDP 的增长数字处于正数时,即显示该地区经济处于扩张阶段;反之,如果处于负数,即表示该地区的经济进入衰退时期了。

不可否认,正常情况下,GDP 的增长意味着经济实力的增强和社会财富的增加,意味着人民物质生活的改善、国际竞争力和吸引力的增强以及国际地位的提高,但是,如果我们进一步考察 GDP,将会发现,存在下列问题:

(1) 传统的国民账户中,资产负债表完全没有包括环境和自然资源。它把自然看做是无限的,资源枯竭、人口过剩、污染加剧等问题都不存在,不去考虑资源的稀缺性和生态环境破坏,也不去考虑如何解决资源的质量下降和耗竭性资源的枯竭等问题,如此就不能反映环境的缓冲能力下降,自净能力下降,抗逆能力下降。而忽略这些资源状态的变化就不能准确反映自然资源状况以及进一步反映社会福利状况。

(2) 人类活动所使用自然资源的真实成本没有计入常规的国民账户中。在生产活动中所耗费或退化的自然资源如水、大气、土壤、矿产及野生生物资源均未以现实成本或自然财富折旧的形式加以统计。因此,自然资源及其产品在市场上定价越低,附加值越低,最终产品价格偏离价值量也就越大。

(3) 污染防治和环境改善的活动通常需要投入,但在国民账户中改善环境的价值没有得到体现,而且环境损失并未计入。这样得到的国内生产总值也就不会正确。因为它忽略了有害产品的污染,低估了有关环境改善投入的价值。反而将产生环境污染的经济活动的收益计入 GDP 中,甚至将环境污染治理折算成对经济的贡献,因此,通常一个国家和地区的自然资源消耗越多,其 GDP 增长也就越快。

如此一来,GDP 不仅无法衡量资源的快速消耗对经济社会长期发展的影响,也无法衡量环境污染、生态破坏所导致的损失,而且甚至还刺激和助长一些部门、地区甚至国家为追求高的 GDP 增长而破坏环境、耗竭式使用自然资源的行为。因为,如果某国政府决定砍伐其国内的森林以供出售,那么它的会计账本会显示国家财富增加了;如果一个国家允许污染加剧,随后又发动企业治理污染,从账面上看,这个国家的财富也增加了。但是,如果将自然资源的价值以及环境的损失纳入传统的国民账户中,则真正的国民财富就要减少。

实际上,这是不对的。从物质生产的角度看,"社会物质再生产来源于社会生产力和自然生产力的结合,包括社会物质再生产过程和自然物质再生产过程。"[1] 自然物质再生产过程是社会物质再生产过程的基础。因此,在从事经济活动的过程中,必须考虑对环境的影响,并将此纳入国民账户体系。

自然生态环境具有哪些价值呢?根据生态学和其他学科的研究,生态系统

各要素之间不是孤立的,而是相互联系的,是一个系统的整体,除了可供人类利用的经济价值外还有下述其他价值:

(1) 为人们提供精神享受,具有精神价值。自然界在长期的进化过程中创造了充满美的、和谐的自然风景。它们作为美丽的景观和休闲活动的重要组成部分,为人们所欣赏和享用;它们也作为电影、电视、广播等声像作品的创作对象与人类产生情感的共鸣。

(2) 为生活质量做贡献,具有环境价值。环境消纳并转化废物的能力(环境的自净能力)能够更进一步地容纳和分解人类活动排放的废弃物,一定程度上维持生态平衡,净化人类的生活环境,从而提高人类生活的质量。恶劣的环境给人类带来压力,并直接影响人体健康,影响到人类对生活的享受以及从事经济活动的劳动能力。从这点看,自然具有环境价值。

(3) 维持生态平衡,具有生态价值。自然界是由各种生态系统组成的整体。系统中的每个部分对于维持整体系统正常的生态功能都具有重要意义。臭氧层可以调整到达地球的辐射水平;环绕地球的二氧化碳以及其他微量气体可以帮助调节气候;海洋则是作为生命基础的复杂的碳循环和水循环的一个组成部分……它们中的每一部分受到伤害,都必然影响到其他部分生态功能的正常发挥,从而也就影响到经济系统现有功能的正常发挥。

(4) 可供未来使用,具有选择价值。该价值是指人们为了保存某一自然资源,以便将来使用所愿意付出的代价。严格地讲,选择价值仍应属于使用价值的范畴。所不同的是,它所衡量的是未来的直接或间接使用价值。例如,一片森林,一旦被毁掉用作城市或工矿用地,就不可能在将来用作其他方面了。对于某些资源,我们应该保护,以确保未来在不确定的情况下能够充分利用这一资源。

可以说,自然资源的这类价值是巨大的。1997年5月15日出版的英国科学杂志《自然》刊文指出,来自美国、荷兰和阿根廷的13位科学家首先将地球广袤的栖息地划分为16大类,如深海、森林、草地、珊瑚礁等,然后又将这些栖息地所提供的各种"生态系统服务"分成文化、娱乐、食物、原材料生产、吸收和再循环人类产生的废物、防止水土流失和调节气候等17项,并分别估算出每类栖息地平均每公顷所提供的"生态服务系统"年价值(表5-1)[2]。结论是:地球每年为人类服务的价值是20万亿英镑。[3]这清楚地表明,自然相对于人类的价值是巨大的,是其他东西所无法替代和弥补的。人类再不能心安理得地享受大自然给予的恩惠,随意地破坏这种恩惠。

正因为自然环境具有上述多种价值,所以从环境保护出发,我们应该对传统的 GDP 进行调整,建立绿色 GDP。

绿色 GDP 可以通过下式计算:[4]

一、将自然的多种价值纳入 GDP

表 5-1 生态系统服务功能评价表（康斯坦扎等,1997）

生态系统类型	气体调节	气候调节	干扰调节	水调节	水供应	防侵蚀	土壤形成	养分循环	废物处理	传粉	生物防害	栖息地/避难所	食物生产	原材料	基因资源	休闲娱乐	文化	总价值
1. 海洋																		577
远洋	38	—	—	—	—	—	—	118	—	—	5	—	15	0	—	—	76	252
海岸	—	88	567	—	—	—	—	3 677	—	—	38	8	93	4	—	82	62	4 052
河口	—	—	567	—	—	—	—	21 100	—	—	78	131	521	25	—	381	29	22 832
海草/海藻	—	—	—	—	—	—	—	19 002	—	—	—	—	2	—	—	—	—	19 004
珊瑚礁	—	—	2 750	—	—	—	—	—	58	—	—	7	220	27	—	3 008	1	6 075
大陆架	—	—	—	—	—	—	—	1 431	—	—	39	—	68	2	—	—	70	1 610
2. 陆地																		804
森林	—	141	2	2	—	96	10	361	87	—	2	—	43	138	16	66	2	969
热带林	—	223	5	6	8	245	10	922	87	—	—	—	32	315	41	112	2	2 007
温带/北方林	—	88	—	0	—	—	—	—	87	—	4	—	50	25	—	36	2	302
草原/牧场	7	0	—	3	—	29	1	—	87	25	23	—	67	—	—	2	—	232
湿地	133	—	4 539	15	3 800	—	—	—	4 177	—	—	304	256	106	—	574	881	14 785
潮汐带/红树林	—	1 839	—	—	—	—	—	—	6 696	—	—	169	466	162	—	658	—	9 990
沼泽/泛滥平原	265	—	7 240	30	7 600	—	—	—	1 659	—	4	439	47	49	—	491	1 761	19 580
湖/河	—	—	—	5 445	2 117	—	—	—	665	—	—	—	41	—	—	230	—	8 498
荒漠	—	—	—	—	—	—	—	—	—	—	—	—	—	—	—	—	—	—
苔原	—	—	—	—	—	—	—	—	—	—	—	—	—	—	—	—	—	—
冰川/岩石	—	—	—	—	—	—	—	—	—	—	—	—	—	—	—	—	—	—
农田	—	—	—	—	—	—	—	—	—	14	24	—	54	—	—	—	—	92
城市	—	—	—	—	—	—	—	—	—	—	—	—	—	—	—	—	—	—

注：① 表中数字单位为 US$·hm^{-2}·a^{-1}；

② "—"为已知生态系统无此服务功能或可以忽略不计，空格则表示没有相关信息。

绿色 GDP = 传统全部最终产出 - 资源环境损害/代价全部（包括传统产业部门造成的,环保部门造成的及最终使用造成的）+ 环保部门新创造价值全部

= 传统 GDP - （生产过程资源耗竭全部 + 生产过程环境污染全部 + 资源恢复过程资源耗竭全部 + 资源恢复过程环境污染全部 + 污染治理过程资源耗竭全部 + 污染治理过程环境污染全部 + 最终使用资源耗竭全部 + 最终使用环境污染全部）+（资源恢复部门新创造价值全部 + 环境保护部门新创造价值全部）。

绿色 GDP 与传统 GDP 的内涵是不一样的。如对森林的砍伐,根据传统 GDP 计算,木材加工及其出售将表现为国民生产总值的增加。但是,如果按照绿色 GDP 计算,则森林的砍伐很可能就破坏了生态环境,造成自然的精神价值、环境价值、生态价值、选择价值的损失,将此考虑进去,国民生产总值可能就会减少,甚至呈现负增长。

以中国为例,在 1985 年到 2000 年 15 年期间,中国经济高速增长,GDP 平均年增长为 8.7%。如果令"名义国民财富"等于 100%,当扣除损失成本和借用成本(生态赤字)后,15 年来中国的"真实国民财富"只是名义财富的 78.2%,也就是说财富虚数是 21.8%,意味着 GDP 实际的年均增长率不是我们说的 8.7%,而是 6.5%,即每年平均有 2.2 个百分点是虚数。世界银行认为,我国 1995 年因资源消耗和环境污染造成的损失在 540 亿美元左右,约占当年 GDP 的 5%~7%。

专栏 5-2

绿色 GDP 的不完备性

从社会角度看,GDP 将质量好的和坏的产出一视同仁地算在国民财富之中,造成社会无序和发展倒退的"支出",例如,犯罪、家庭解体等成本也被纳入 GDP,教育、为青少年服务的支出与武器制造、香烟生产等具有同样的增加 GDP 的效用。如此,它就不能反映由社会贫富悬殊所产生的发展缺陷,即它不计总量增长过程中由于人际关系之间不公平所造成的破坏性后果。从经济角度看,它只记录那些看得见的、可以价格化的劳务,其他对社会非常有贡献的劳务则被摒弃在外。它把家务劳动、志愿者的贡献等非市场经济行为,部分地或完全地忽视。对于低收入者,并不因为其有较多的空闲时间而计算其收益;对于高收入者,也没有将此没有空闲时间的损失计算在内。

根据上面对 GDP 的欠缺的分析,可以看出,GDP 只计量人工创造的价值,无法准确地计量自然资源的价值;只计量人造财富的积累,无法去计量经济增长对生态环境造成的破坏;只重视经济总量的增长,而不重视经济结构的变化;只重视人造财富的创造,而不重视人造财富的分配;只重视经济领域,而不重视与经济紧密相关的其他领域的损失。也就是说,传统 GDP 的欠缺不仅存在于自然环境方面,而且还存在于人类社会以及人文方面。

正因为如此,比较客观全面公正的 GDP 应该等于 GDP 减去自然部分的虚数,再减去人文部分的虚数,即等于绿色 GDP 减去人文部分虚数。所谓自然部分的虚数是指环境污染所造成的环境质量下降,自然资源的退化与资源配比不均衡,长期生态质量退化所造成的损失,自然灾害所引起的经济损失,资源稀缺性所引发的成本,物质、能量的不合理利用所导致的损失。所谓人文部分的虚数是疾病和公共卫生条件所导致的支出,失业所造成的损失,犯罪所造成的损失,教育水平低下和文盲状况导致的损失,人口数量失控所导致的损失,管理不善(包括决策失误)所造成的损失。如此所得的 GDP 才能真实客观地衡量国家和区域的真正的进步。

二、建立稳态经济,确立代际补偿

经济活动不可能脱离自然环境而存在。自然是有限的,自然的自净能力也是有限的。这些必然限制经济的发展,使得经济不可能无限地增长下去。这可以看做经济增长的生物物理限制的第一个方面。当然,科技的进步、社会的发展可以抵抗这一限制,但抵抗不是无限的。种种证据表明,科技进步不能超越增长的极限。

对于上面这一点,可能有人会用能量和质量守恒定律对此进行反驳。他们认为,由于质量和能量守恒定律的存在,在经济活动过程中消耗的物质和能量就不是真正的消耗,而是从一种物质能量形式转换为另一种形式。这就是说,"尽管能量转换能够改变一份能量在不同形式中的分配额,但当将所有的能量相加后,能量的总量是恒定不变的。"[5] 既然这样,经济活动过程就仅仅是吸收物质或能量,又将此源源不断地释放出来,资源能源危机并不存在。

如果我们结合热力学第二定律,就会发现,上述观点是错误的。热力学第二定律可以表述为:所有的物理过程都是普遍的熵增过程,即在经济活动过程中,物质或能量以低熵的状态进入,以高熵的状态出来。如当我们燃烧一块煤时,燃烧前后的能量总和既没有减少也没有增加,但是,原始的自由的能量以热、烟和灰等人们再也无法利用的形式消散了。经济活动就是这样把有价值的自然资源(低熵)转化为废弃物(高熵)。在这一过程中,尽管进步了的技术在不断地寻找低熵物质并不断地利用之,但是,由于自然界中低熵物质是有限的,因此,人类最终将不得不利用一些高熵物质。但是,高熵物质的利用是高成本的,它可能导致在经济增长到一定时期边际成本过大,甚至超过边际收益,从而使得经济不可能无限制地增长下去。这可以看做热力学第二定律的限制。

至于生态系统对经济发展的限制则是非常明显的事情。

总之,经济活动受到自然的有限性、热力学第二定律和生态系统三方面生物物理的限制。尽管技术的进步和可再生资源的更多利用能够一定程度上打破这一限制,但不可能超越这一限制。这就使得经济不可能无限地增长下去。为此需要我们寻求一种可持续发展的经济。这样的经济被西方一些经济学家和绿色绿党等称为稳态经济。

稳态经济的最主要特点是:打破经济不断增长的迷梦,追求经济发展。稳态经济是说经济系统作为生态系统的子系统将停止增长,但将不会停止发展。此时经济的发展应该通过人口控制,通过财富和收入的再分配,通过资源生产率的技术改进而实现。它要求在对世界的有限性、复杂的生态系统和热力学定律等物质参数认识的基础上,结合技术、偏好、分配和生活方式等非物质参数而获得经济的发展。经济系统的增长不可能超越自然生态系统的限制,也不可能将之缩小到无,而应该将此看做生态系统的子系统,以达到它的最佳规模。使得经济的"流量"(throughput)——物质从原材料输入作为开端,然后转化成为商品,最后形成废物输出的流程——限于生态系统再生与可吸收的容量范围内,这样,经济就能在没有增长的状态下得以发展。

总之,"一个可持续发展的经济能够在信息、组织、技术、效率、智慧等方面不断适应和改善;这一切用不着从生态系统中吸收超出某一限度的更多的物质或能量。相反,它会在一定的规模上停止增长以保证外界生态(即环境)仍然正常运行并能够年复一年实现自我更新。这个非增长的经济并不是静止不变的——作为整个环境的稳态子系统,它实际上不断地得到给养并持续进行更新。"[6]

稳态经济的第二个特点是不以增长为目标,而是以保证每个人的基本需要为起码要求;它要消除贫困,消除目前正在扩大的贫富差距和南北差距。在此基础上,保护生态环境。它主张,传统 GDP 忽视不以货币为收入目的的劳动(work),如家务劳动、照顾老人和病人的劳动等,而只承认就业(job),没有显示出生产和产品的分配状况,没有指示经济生产过程的可持续性,没有反映生活的"质量",只反映经济的"增长",从而使得传统经济以生产为目的,消费化归为生产的一个过程和流通的一个环节,刺激消费的目的是维持和扩大生产规模。因此,要改变传统 GDP 的概念体系,用稳态经济所带来的节制物质欲望的"节俭社会"代替现在的"消费社会"和后工业的"丰裕社会",把经济建立在生态合理的基础上,把消费和生产建立在有限的星球可维持的基础上,从而使得生产和劳务有益于人的需要的满足,产品和劳务得到合理的分配,生产和消费有利于整个生态环境。

稳态经济的第三个特点是倡导"绿化"工作道德,使劳动所得符合绿色运动所提出的道德规范,将劳动从目前的条件下解放出来,成为生活的第一需要,成为人类生存不可缺少的条件,成为自由和自治的活动。人们将不是仅为谋生而从事全日制工作,而是把工作本身变成创造性的精神满足。

稳态经济的第四个特点是以小型的自力更生的经济区域为基本结构单元。其中,居民们依靠区域内的资源维持生产和消费,发展"供选择"的经济项目,建立各种中小型工商企业,实行工人自治,只生产和出售本地居民必需的商品,以摆脱庞大的垄断企业和跨国公司的控制。这样的区域将使贸易和运输大幅度减少,并最大限度地节省资源,而且由于生产者和消费者在很大程度上处于同一个地域,又由于区域自己的性质,人们将与区域内的自然保持更密切的联系,将更有益于环境的改善。

当然,稳态经济是一种新型经济,其特点有多种。它的最大特点是确立代际补偿,满足后代人可持续发展的需要。为了确保后代人不会因为当代人的行为而受损,就需要一种机制把资本转交给后代人。资本通常可分为下列几种形式:人造资本(Km),包括机器、工厂、道路等;人力资本(Kh),包括知识、技能等;自然资本(Kn),包括自然资产和环境资产所涵盖的范围,如土壤肥力、森林、渔业资源、环境净化能力、石油、煤气、煤、臭氧层以及生物化学循环等。

自然资本从利用性质上可分为不可再生资源资本(不可再生资源)和可再生资源资本(可再生资源);不可再生资源又可分为不能重复利用的不可再生资源(又称耗竭性资源,如石油)和能重复利用的不可再生资源(如可回收的铜等)。

自然资本从其利用形态上又可分为流量自然资本(流量资源)和存量自然资本(存量资源)。流量资源是指资源的使用并不能减少资源的数量和质量,它包括可再生资源的最大可供给持续产量(超过这一产量,可再生资源将不可再生)与可重复利用限度内的不可再生资源(如可回收利用的铜等),还包括那些不管人们利用与否都不损害的不可再生资源(如太阳能、风能等)。存量资源则指资源的使用会使资源的数量或质量减少,它包括可再生资源的现有存量,不可重复利用的不可再生资源(如煤)以及利用限度外的不可再生资源(如不可回收的铜等)。

当然,这些划分不是绝对的。当可再生资源的利用超过它可恢复的阈值,就会变为不可再生。另外,能重复利用的不可再生资源即使不考虑技术的约束也仅仅是近似意义上的,因为重复利用率不可能达到百分之百。

一种观点认为,要实现可持续发展就必然要求自然资本存量 Kn 不变。其原因在于自然资本是另一种基本的物品,当人类的经济行为对此造成的破坏达到一定程度时,自然资本就难以恢复,呈现出不可逆转的状态。这种状态的产生使得人类失去选择恢复这种状态以及恢复人类经济可持续发展的权利,从而也使生产和经济系统呈现出不可逆的状态。况且,包括生态环境系统在内的广义经济系统存在着不确定性,有可能在其运行的未来出现已有经验、理论、事件中没有出现的新情况。这种不确定性和不可持续发展决定了自然资本要比人造资本在保持可持续发展上具有更大的防范风险价值。就此而言,自然资本比人造资本更重要。

当然,自然资本保持不变并不一定要求所有的自然资本保持不变。国外一些经济学家就认为可持续发展的必要条件是环境资源存储量和环境纳污能力不发生负变化;[7]最低条件是维持总的环境资源存储量等于或不超过现有水平。[8]也就是说,可持续发展的必要条件就是保持存量资源不被损耗,使后代人的拥有量不少于当代人的拥有量,流量资源的利用不超过环境阈值。

不过,在现代,由于自然资本的度量是以实物形态还是以价格形态进行还存在争议,由于技术与经济发展的限制,人们尚不能充分使用流量技术代替存量技术,利用流量技术来获得发展,所以在很多时候使得自然资本的利用高于环境阈值。在这种情况下,一条有效的途径是,减少现有人口和经济规模,减少对存量资源的消耗,从而为过渡到可持续发展创造条件。

这是一条通向安全意义上的可持续发展的道路。但是,没有几个国家愿意走这条道路。一是因为在经济全球化的背景下,资源可以看做是全球的,某个国家不用,其他国家也会用;二是走这条道路意味着主权国家要放慢经济的发展速度,这对国家的政治经济可能是一个冲击,是各国人民和政府所不愿意接受的。因此,还需要另辟蹊径,走另一条可持续发展之路。

这条道路的特征是:全部资本不随时间减少。提倡走这条道路的人的理由是:前代人留给后代人的不仅仅是自然资本,还包括人工资本,所以只要后代人所得到的全部资本没有减少,也能达到某种程度的公平,使人类满足需求的能力不下降。既然如此,我们就既可以在同一种资本如 Kn 内替代,又可以在不同种类资本之间替代。前者如以太阳能替代化石能,后者如以机器设备替代矿产资源。

但是,这并不意味着资本之间可以进行任意的替代。自然资本和人造资本之间的替代限度依赖于比较资本收益率,也就是说只有在把自然资本投资于人造资本能确保高收益率的前提下,才允许自然资本的逐渐减少。一些富油国家正在严格按照这一假设来小心翼翼地管理着他们的石油业,当他们的石油储量耗损的时候,他们会利用开发其石油资源所得的一部分资金进行再投资,有时投资于工业,有时投资于服务业,有时是房地产业和金融业等。但是,更通常的情况则是:来自环境退化或折旧的收益都被消费掉而不是用来再投资。这是可怕的一件事,应该尽量避免。

况且,如果某种自然资本至关重要,那么用其他资本来替代这种自然资本的可能性就微乎其微,对于森林这种自然资本就是这样。

专栏5-3

森林在生态系统中的重要地位

从生态学的角度看,森林在地球生命维持系统中占有最重要的位置。虽然它现在只占陆地面积的30%,但它的净生产量占陆地生产量的64%。在森林、草原、农田这三大生态系统中,森林生态系统固定太阳能的量为 $77.19\ kJ\cdot m^{-2}\cdot a^{-1}$,草原生态系统为 $22.59\ kJ\cdot m^{-2}\cdot a^{-1}$,农田生态系统为 $12.24\ kJ\cdot m^{-2}\cdot a^{-1}$。森林每年固定太阳能总量为草原的3.6倍,为农田的95倍;陆地总生物量中,森林为草原的227倍,为农田的1 200倍。森林是太阳能转换为地球有效能量的枢纽,是陆地生态系统中最强大的第一生产力。

不仅如此,森林养育着地球上的生命,为无数动物和植物提供生存环境,促进营养成分再循环。它养育着地球上50%~90%的物种。特别是热带森林,例如,秘鲁1公顷森林中有283种树木和17种藤本植物,在一棵树上有26个属43种蚂蚁,几乎等于英国全部蚂蚁的种类;在厄瓜多尔0.1公顷森林中有365种花科植物,比英国全部植物种类还多20%。森林是地球上最丰富的物种宝库。

而且,森林在维护地球上生命的碳、氧、氮循环中起着关键作用。它创造的生态价值在质和量方面的贡献是其他生态因素所不可比拟的,也是不可替代的。人们已经估算了这方面的数据。例如,地球上绿色植物每年吸收二氧化碳4 000亿吨,放出氧气2 000亿吨;其中热带雨林每年吸收二氧化碳的量相当于人类活动排放总量的1/6;1公顷森林每天蒸发300吨水分,吸收 $1.88\times 10^6\ kJ$ 的热量,它比无林地蓄水多300吨,吸收1 035升的二氧化碳和600升氧气;如按经济价值折算,一棵生长10年的树防止空气污染的价值为6.2万美元,所产生的氧气的价值为3.1万美元,涵养水源的价值为3.7万美元,为鸟类和昆虫提供栖息环境的价值为3.1万美元;提供蛋白质的价值为0.2万美元。况且,森林是防止土壤侵蚀的最重要因素,1公顷10年的树林,防止土壤侵蚀的价值为58.5万美元。

鉴于森林在保护生态系统平衡中的重要地位,无论现在人工砍伐森林可以获得多少社会效益,也不能允许砍伐任由土地沙漠化。因为诸如此类的至关重要的系统一旦遭到破坏,是很难通过其他资本形式来补偿的。这给我们的启发是,必须找出那些对人类生存具有重大意义的自然资本和那些非关键的自然资本,前者不可替代,必须保证使其不会减少,后者则可以用人造资本或人力资本的形式加以补偿。

三、从物质经济走向非物质化经济

目前,世界人口增长迅速,如果我们想在这样的条件下享有高水准的生活,又想把对环境的影响降到最低限度,那我们只有在同样多的、甚至更少的物质基础上获得更多的服务与产品才有可能。这就是后工业社会中的非物质化思想。当然,对于非物质化要进行具体分析。它并不单纯指生产出来的产品使用更少的原料,也非单纯指生产过程使用更少的物质,更非指消费的非物质化,而是要把非物质化放到整个生产、消费的背景中去思考。

非物质化有多种途径。一种途径是封闭物质循环,尽量回收利用。由于现今的回收利用归属于"过程末端治理"这一总的框架内,因此相对于封闭物质循环而言是事后弥补性的,并非从产品设计一开始就考虑到完全的回收利用,因此在回收利用过程中出现了下列几个问题:

第一,以目前的方式进行回收利用本身往往是一种污染比较严重的处理活动,需要耗费能源,并且将许多废弃物排放到环境之中。以塑料为例,着色剂、稳定剂以及其他添加剂一般来说都在回收利用过程中完完全全被消耗掉了。如何使回收利用在物质上成为不泄漏的循环过程,是工程师们所面临的挑战。

第二,要回收利用,就要分离分拣。由于许多新材料在生产过程中没有从分离分拣的角度来设计,因此对于很多废弃物,分离分拣的难度很大,成本很高,有些甚至不能分离分拣。

第三,废弃品的性能退化也是阻碍回收利用的一个重要原因。与有机物和生态系统的再循环相反,工业再循环使物质质量下降。比如,旧汽车的废钢铁,不能用来生产新汽车,只能用来生产建筑盘条……工业再循环呈螺旋形性能递减,越循环使用,性能越低级,回收利用的价值越小。这也是阻碍废物回收利用的一个很重要的原因。

针对这样三个问题,应该采取相应的对策。解决的思路不是立足于在过程末端治理中解决问题。这是事后补救的策略。而是从一开始就考虑到产品的完全回收利用。如对于分离分拣成本较高这一问题,就要求产品在生产过程中作出必要标记,甚至在设计时就考虑到易于拆卸回收。再如对于性能退化这一问题,应该发展那些在再循环过程中保持物质的特性的材料和技术,使物质成分处于稳定状态,能够长期存放,即使再循环也不会改变。

第二条途径是物质转换。即使用更少、更容易获得、更坚固耐用、更环保的材料代替原来的材料。有人指出,造纸工业的起源是 700 年前的纺织业。13 世纪纺车传到欧洲,加速了纺纱的生产,降低了服装的价格,也增加了其消费量。麻被广泛地使用,而碎布片被证明是最好的造纸材料。这降低了造纸工业的成本,增加了纸张产量,降低了纸张的价格。

第三种途径是提高资源的生产率,使得生产单位产品的物耗和能耗降低。目前各国都在探讨如何改变实物型经济为知识型经济,使用更少的能源和资源,创造更多的财富。

专栏 5-4

知识产业对于环境的影响

一般来说,产业层次越高,其对环境的破坏作用越小。为什么呢?这是由于随着产业结构的升级,知识在产业中的含量越来越高,对有形资产的依赖越来越弱,对资源利用强度越来越高,技术含量越来越大,对资源的消耗以及所产生的生态环境破坏越来越小。

以知识产业为例。如果说传统产业是以物质生产为基础的话,那么知识产业就是以知识生产为先导,把物质生产同知识生产紧密结合,用知识和技术密集型产业取代劳动密集型产业。它充分依靠和利用知识和信息资源,大幅度提高产品的知识含量和附加值,大幅度提高生产力和经济集约化程度,从而对投资规模,产业结构和经济增长方式有重大影响。

(1) 对投资模式的影响

过去许多重要新技术都是与有形资本紧密联系的,如汽车的创新和大规模消费刺激了石油的开发、钢铁的生产等,也相应刺激了经济的增长。而信息和通讯技术是与人力资本和技能的投资相联系的,从而将导致对无形资产的大规模投资。

(2) 对产业结构的影响

知识产业一方面导致新型产业的兴起,如网络经济、在线经济和电子贸易等,这些新型产业正表现出强大的生命力;另一方面,知识产业正对传统产业发起猛烈的冲击,像农业等传统产业正越来越知识化。

(3) 对增长方式的影响

知识可以低成本地不断复制和可以递增回报的事实,使经济增长方式不再是资源依赖型的。知识产业的出现,标志着以物质资源高消耗为基础的传统工业衰落了。由于微电子、信息、计算机技术在传统产业中的广泛应用,大大降低了生产过程中的物耗、能耗,节约了资源,使经济增长呈现"低投入、高产出、低污染"的良性循环。这不仅使经济长期增长成为可能,而且也使经济的可持续增长成为可能。

这三个方面充分说明,知识产业是以智力资源、无形资产为第一要素对自然资源进行合理、集约的配置,主要不依赖于作为工业经济命脉的、已经出现短缺的自然资源,而是致力于通过知识开发富有的自然资源创造新财富。例如,作为信息产业基础的计算机芯片来自石头,作为未来核能生产所需要的受控热核聚变的原料来自水中的氢。这样就为人类寻找替代资源,走出资源危机创造了条件。更何况,在知识产业中对智力资源——人才和知识的占有比在工业经济中对稀缺自然资源——土地和石油的占有更为重要,其主要生产要素是知识、智力和人的创造力,可以重复使用,在使用过程中其价值不会减少反而增加,从而较少消耗自然资源。因此,知识产业本质上是"低耗高效"型产业,是促进人与自然相互协调、可持续发展的产业。

非物质化的第四条途径是把现有工业生产的技术路线从"先污染,后治理"转变为"从源头上根治污染"。这样,在减少甚至消除废弃物的同时,节省了相应的环保费用,达到了合理利用资源,降低成本,保护环境的目的,实现了生态效益和经济效益的双赢。清洁生产是这方面的典型体现。

清洁生产的主要内容是在生产工艺中对废物的源削减,也有人将废物的再使用、再循环视为清洁生产的主要组成部分。末端控制一般包括去除废物的毒性和废物处理(如废物的焚烧、填埋等),有人将废物的再使用、再循环划为末端控制的内容。因此,清洁生产与末端控制这两个概念在范围上有相互重叠的地方(图5-1)。

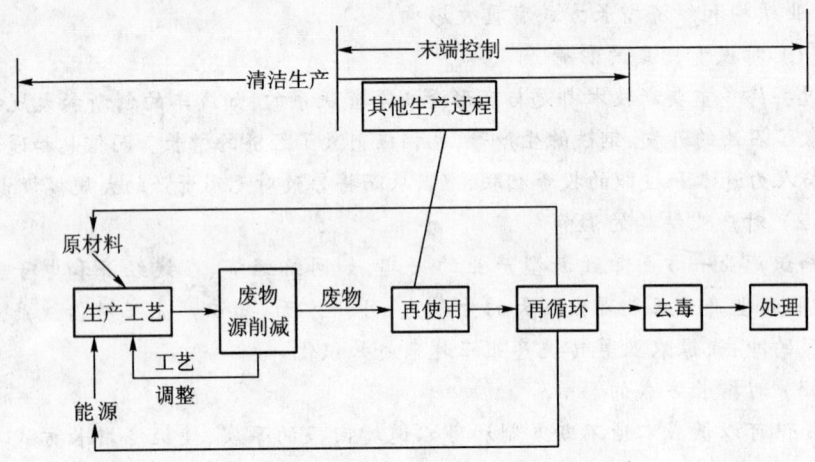

图5-1 清洁生产与末端控制方式的区别[9]

非物质化的第五个途径是大力发展作为文化的经济。这是德国后现代思想家彼得·科斯洛夫斯基(Koslowski)在《后现代文化——技术发展的社会文化后果》一书中提出的概念。他认为,"经济科学既非是单纯的自然科学也非单纯的精神科学。它是文化的、自然的、技术的科学。"[10]作为文化的科学,它表现在两个方面:一是经济的文化化;二是文化的经济化。它们随着工业经济向服务型经济和后工业经济的转变而得到加强。

彼得·科斯洛夫斯基认为,在工业经济中,生产变化可被描述为功能和批量导向的、现代的,亦即"阳性的"生产文化。而在服务型经济中,从重视物质财富的生产转变为重视非物质财富的生产。它更多地体现为一种交往式的、情境式的、后现代的、"阴性的"生产文化的理想类型。他认为,这种经济的文化化与消费文化的兴起有直接的关联。由于当代消费文化正在从大众消费向充满审美和文化意义要求的消费过渡,因此人们对商品中的象征及心理因素的价值成分的需求增强了,这直接导致文化产品生产的加强。"这种转变也符合后现代及其技术的'精神'含量日益提高的、非物质的特征。"[11]

必须清楚的是,彼得·科斯洛夫斯基只分析了这种经济形式所具有的非物质化意义,没有分析它所蕴涵的消费文化对环境保护的不利影响。有关这方面的内容将在第九章"消费主义文化:对于环境保护意味着什么"中详细阐述。

彼得·科斯洛夫斯基进一步提出,这种经济文化产品比物质产品具有更少的经济规模的特性,也能够吸收更多的劳动力,减少失业,使劳动的意义发生改变。"工业导向的经济理论将劳动首先看做生产工业产品的要素,将消费看做个人或社会的劳动目的。和这种消费与劳动的目的－手段式关系相应的是劳动时间和业余时间的分离,居住地和企业的分离,社会交往、意义导向的行为和机械的、有生产效率的行为的分离。"[12]这种经济所体现出来的劳动形式是自立的或合作制的劳动形式。它能够克服上述分离,通过意义、交往、劳动乐趣的增强,最终补偿实际工资的下降和消费机会的减少。

上面是从物质财富所含有的文化要素来考察作为文化的经济的。另外一个思路就是,在新的经济中,产品文化意义的增强促进了艺术和经济的结合,导致文化的一部分发展为文化经济。这是文化产品中的经济因素的体现,是文化与经济的结合。它能够改变技术的应用方向,从为创造物质财富服务转变为"为创造、为诗意服务,同时也为一种产生先行意象和图景的观念、为显现这种观念服务"。[13]

以上就是从市场经济向可持续发展经济转变的主要内涵,对于可持续发展具有重要的意义。

材料评论

《中华读书报》2004年7月28日发表了一篇由田松写的题为"让我们停下来,唱一支歌儿吧"的文章。现摘录一段:

"让我把这个链条重说一遍。玻璃碎了,屋子的主人赵女士拿出一笔私房钱,比如十八元,从钱物业那里买一块玻璃,请孙工人装上,钱物业的玻璃是从李批发那里买的,李批发是从周厂主那里批的,周厂主的石英砂是从吴矿长那里进的,就这样,赵女士的私房十八元钱如涓涓细流,漫过钱孙李周吴,滋润着整个经济链条以及网络,繁荣了经济,发展了社会。

反之,如果不打碎赵家的玻璃,赵女士就不肯掏钱,整个社会的经济网络就少了十八元,所以打碎赵家的玻璃,就有了极其重要的现实意义!如果赵女士感到委屈,我们可以这样劝她:第一,你又不是出不起这十八块;第二,旧的不去,新的不来呀!第三,你还为社会作了贡献呢,多光荣啊!

这个链条也可以反过来说。吴矿长卖矿给周厂主,赚了;周厂主卖玻璃给李批发,赚了;李批发卖玻璃给钱物业,赚了;钱物业卖玻璃给赵女士,赚了;孙工人付出劳动,赚了。除了最终的消费者赵女士,每一个环节都赚了。这倒也对,经济嘛,只要有一个环节不赚,整个链条就不转了。赵女士的私房十八元也要从别的链条赚来,比如她在业余时间锈了十九朵花,一元一朵,外送一朵,卖给了吴矿长——也赚了!大家全赚了!自然就繁荣啦,发展啦,GDP啦,看人家这窗户破的!玻璃碎了,反倒赚了,碎得越多,赚得越凶,艾亚玛雅,这可比永动机厉害多了!"[14]

请根据上述材料,针对环境保护,说明传统 GDP 的欠缺以及实施绿色 GDP 的必然性。

问题与讨论

1. 传统 GDP 有什么缺陷?
2. 绿色 GDP 的内涵及计算公式怎样?
3. 自然的多种价值的内涵如何?
4. 稳态经济具有什么样的特点?
5. 从物质经济走向非物质经济的途径有哪些?对此有何评价?
6. 如何才能更好地贯彻非物质经济?
7. 用热力学第二定律说明环境资源危机的严重性。
8. 根据本章图 5-1 说明清洁生产与末端控制方式的区别与联系。

参考文献

[1] 胡文耕. 科学前沿和哲学[M]. 北京:中共中央党校出版社,1993:382.

[2] Costanza R,d'Arge R,deGroot R, et al. The value of the world's ecosystem services and natural capital[J]. Nature, 1997,387: 253 – 260.

[3][5] [美]赫尔曼·E. 戴利. 珍惜地球——经济学、生态学、伦理学[M]. 马杰,译. 北京:商务印书馆,2001:81 – 82,304 – 305.

[4] 刘燕华,周宏春. 中国资源环境形势与可持续发展[M]. 北京:经济科学出版社,2001:191.

[6] Pearce D,Markandya A, Barbier E B. Blueprint for a Green Economy [M]. London:Earthscan,1980:23 – 24.

[7] Costanza R, Daly H E. National Capital and Sustainable Development[J]. Workshop on Natural Capital, 1990: 155 – 156.

[8] Canadian Environmental Assessment Resource Council, Vancouver, Canada, 1990:12 – 17.

[9] 郑丹星,冯流,武向红. 环境保护与绿色技术[M]. 北京:化学工业出版社,2002:149.

[10][11][12][13] [德]彼得·科斯洛夫斯基. 后现代文化——技术发展的社会文化后果[M]. 毛怡红,译. 北京:中央编译出版社,1999:118,125,130,138.

[14] 田松. 让我们停下来唱一支歌儿吧[N]. 中华读书报,2004 – 7 – 28.

第六章

政府行为:加强干预保护环境

> 政府的宏观干预是保护环境的重要一环。
>
> ——作者

- 市场经济对于环境保护存在失灵现象
- 合理确定最优污染水平和排污费的收费标准
- 产业结构与资源利用以及环境保护有着紧密的关联
- 从节约资源以及保护环境的角度走集约化生产之路
- 恰当定价,合理使用自然资源
- 在明晰产权的基础上利用市场手段控制污染

纵观环境问题的产生与发展,可以发现:环境的恶化及其改善主要是单个经济主体从事经济活动的结果,但是,这种活动的结果之一——恶化了的环境,是由包括该经济主体在内的众多经济主体承受,由此影响到社会的整体利益。要从环境保护的角度维护社会的整体利益,就有必要考察经济主体从事经济活动的制度框架——市场经济体制与环境保护的关联,在此基础上,加强政府干预,促进环境保护。

一、环境保护中的市场失灵

从经济学的角度考虑,市场是指流通领域或供求领域,而市场行为是指市场主体在市场经济条件下从事生产经营、流通等各种活动;从社会学的角度看,市场是利益交换的场所,是市场主体追求自身利益最大化的行为场所,是一定社会关系的体现。不管从哪种角度考虑,市场经济体制就是市场主体为了自身利益最大化,进行自主经营、自负盈亏、公平竞争的经济运行机制,是一种不同于计划经济模式的,通过市场机制配置资源的经济体制。

市场机制是怎样配置资源的呢?其对资源和环境的影响怎样呢?

从保护资源和环境的角度出发,实现资源的优化配置是最重要的。西方经济学表明,在人类社会发展过程中,资源总是有限的,而人类的需求是无限的,这是一对矛盾。矛盾的缓和就在于提高资源的利用效率,其极点就是使得资源的使用没有浪费现象,即社会用最低成本生产人们需要的产品,在既定的投入和既定的技术条件下,使资源利用能达到最大满足水平的状态——没有使其他人境况变坏而使自己境况变好的状态。此称帕累托状态。达到了这一状态,也就实现了资源配置最优状态。此时,生产出来的社会所需产品,成本最低,产量最大,价格最低,资源获得了充分利用,环境也得到了一定程度的保护。

因此,寻找能够实现资源最优配置的帕累托状态的经济体制关系重大。自然的资源配置方式(这是一种以家庭为单位、以血缘为纽带、与小生产方式相联系的封闭的生产方式)和计划资源配置方式(由中央计划部门预先对社会资源进行配置的方式)在理论上和事实上都不能实现这一点。

至于市场资源配置方式,在理论上证明可以实现这一点。该方式是以市场为基础手段的,与社会化大生产相联系的,开放式的配置方式,以供求机制、价格机制、竞争机制组成的市场机制起作用。如果实现了完全竞争的条件,市场经济处于理想世界之中。如进入市场的买者和卖者很多;抬、压价不可能,任何人是现有价格的接受者而不是决定者;厂商自由进入、退出市场;产品统质,不存在诸如内容、形式、服务态度等任何差别;市场参与者具有完全的信息;不存在外部性等……此时,就能够实现资源的最优配置。

不过,理想和现实总是存在差距的。现实社会不可能改变自己使之成为完全竞争的场所——市场经济的理想世界。由此,在现实的市场机制运行过程中,不可能实现最优化的资源配置。尽管如此,现实的市场配置资源的方式仍然是人类社会所试行的所有配置资源方式中最优化的一种。

在传统的计划经济体制下,我国资源增量的配置是通过国家调整投资方向进行的,一方面资源配置不足,另一方面资源浪费严重,往往造成重复投资和大量设备闲置,既不利于经济发展,也不利于节约资源保护环境。而在市场配置资源的方式中,价值规律的调节,使得资源通过优胜劣汰的市场竞争,由效率低的部门和企业流向效率高的部门和企业;各行各业之间不同的利润水平也会自动引起资源由低赢利行业向高赢利行业转移。同时,市场机制对资源存量的自发调整,也可以优化资源存量的调整,使那些利用不足的资源转移到需要的行业、企业中去,从而提高了资源的利用效率,使社会资源达到优化配置,实现投入产出的良性循环,使社会生产和再生产顺利进行。基于这一点,市场经济对节约资源保护环境具有重要作用。它通过市场这只"看不见的手"的作用,在"经济人"追求个人利益最大化的过程中,实现资源的优化配置,充分利用资源,保护环境。

不仅如此,市场经济自身所具有的特点,使它对于节约资源保护环境还具有下列作用:

(1) 市场机制促进企业降低消耗和减少排污。市场经济的价格杠杆和竞争机制对企业的损益是无情的。面对这一事实,企业必须遵循价值规律的要求,适应供求关系的变化,在合法经营的前提下,以实现利润最大化为直接的生产和经营目的,按照少投入、高产出、低消耗的原则配置和利用资源。这就迫使企业不断改革生产技术,改善经营管理,提高产品质量,降低原材料消耗,从而降低成本,提高生产效率,在市场中站稳脚跟。这提高了资源利用效率,减少了废弃物排放,有利于保护环境。

(2) 市场经济使政企职责分开,提高了政府的环境监督管理效能。市场经济条件下,现代企业制度的建立,政企职责的分开,使政府不再干预企业微观经济活动。政府能够作为公共权力的主体,代表和反映社会整体的利益,超越任何经济活动当事人的经济利益,明确生产经营者的环境保护责任,在政府和企业之间的环境保护方面建立起正常的监督与被监督关系,使政府的环境监督职能得到充分发挥。

上述论述说明市场经济体制在实现资源优化配置的同时,有利于环境保护。但是,这并不意味着市场对资源环境保护就没有副作用。由于市场经济所蕴涵的"经济人"利己主义以及市场经济结构本身所具有的特点,市场经济相对于环境保护存在失灵现象,表现在以下三方面:

第一,"经济人"的道德准则不利于环境保护。"经济人"概念最早是由亚当·斯密提出。斯密认为,处于市场交换中的"各个人都不断努力为他自己所能支配的资本找到最有利的用途。因此,他所考虑的不是社会利益,而是他自身的利益。"[1]这种对自身效用的关心和追求,是"经济人"关心个人利益的本性——自我性使然。因此,所谓"经济人",就是指以追求自身最大经济利益为根本目的,并以此作为选择行为方式准则的经济主体。

这是古典经济学的"经济人"假说,所涉及的行为主体主要是经济活动中的商品生产者,因而具有狭义的性质。现在人们通常所称的从事经济行为的"经济人",既包括作为消费者的"经济人",也包括作为生产者的"经济人",而且还包括作为生产组织者的"经济人"。这些经济人,都以追求私人最大经济利益为唯一目的,从自我出发,在市场交换中以关心和追求个人利益为中心,而且,只要外在条件允许,他们就会自私自利、损人利己,最大限度地剥夺他人劳动,损害他人利益。

专栏 6-1

"经济人"假设

"经济人"假设在经济学中具有极其重要的地位。它是亚当·斯密经济理论的逻辑起点和分析工具,是现代西方经济学众多流派的根本支柱和核心范畴之一。尽管这一概念遭到不少权威人士的否定,但是,西方发达的经济事实有力地证明了"经济人"范畴具有一定的合理性。更何况"经济人"这一假设在"解释和预见能力"、"简明性"与"有效性"这三个方面优越于对同一问题的其他假设,因此,当前西方经济学界普遍认为,人都是"经济人",他们所追求的永远是自身利益的最大化,而不论他们是进行消费决策的消费者,还是进行生产决策的经理人员,甚或是进行政治决策的政治家。

"经济人"遵循的这种个人主义和利己主义的道德准则是不利于环境保护的。在市场经济中,经济人采取的是利己主义的思维方式,认为人的利益主要是物质利益,具有唯一性和绝对性。因而,现实生活中的一切思维活动以及在其指导下的人的实践活动,都是围绕着如何最大限度地攫取和占有物质利益而进行的。一切以自我为中心,对个人利益最大化的追求,必然使经济人将财富的获得以及享乐的满足当成第一要义。当经济人的个人利益与社会利益发生矛盾时,他们会为了个人利益而损害社会利益。如企业在生产过程中为了达到私人成本最小化,在明知会产生环境污染的情况下,仍然组织生产,造成环境污染,影响到绝大多数人的利益。从这一意义上说,市场经济引发了生产的个人逐利性与生态环境的社会公益性之间的矛盾,并且激化了这一矛盾。

有些人不同意这种观点。他们认为,作为"经济人"的不只有"企业"等污染制造者,还有那些被环境污染损害者,既然企业主等"经济人"可以为了追求个体利益最大化而置环境破坏于不顾,那么,被污染了的"经济人"也可以为了追求个人利益最大化,向污染制造者提出抗议,要求赔偿,这样一来,也就实现了环境保护,满足环境伦理的要求,实现市场经济伦理与环境伦理的兼容。

从理论上看,上述主张有一定道理。但是,在现实中可能由于下列几方面的原因而使"经济人"的行为不能满足环境伦理的需求。

① 在产权不清晰的情况下,被污染者是无法要求赔偿的。而且,即使产权明晰,如果污染者有权污染,则被污染者要想避免污染,就只好支付资金给污染者以使之停止污染;而如果污染者无权污染,则被污染者实施赔偿的过程又需要成本,这也阻碍了赔偿的进行。加上"搭便车"现象的存在,这些都给规范污染者的行为使之治理污染增加了难度。

② 由于法律法规相对于具体行为有一定滞后性,因此,环保法规不可能禁止所有破坏环境的行为。没有禁止的就可以做,这势必使得一些"经济人"出于个人的利益而损坏环境。

③ 市场经济伦理与环境伦理相协调的一个重要前提是被环境损害的经济人应有一个提高了的环保意识,否则,被污染者是不可能向污染者提出环保要求的。

种种事实表明,除非公众环保意识强烈,环保法规健全以及产权明晰等,否则,"经济人"的利己主义道德准则是不利于环境保护的,对这种道德原则必须加以规范约束、修正。

不仅如此,对"经济人"道德准则合理性的上述考察集中在"代内",即现实的人与人之间,没有涉及当代人与后代人之间。考虑到这点,情况又是怎样的呢?

从长远看,人口增长和经济增长的总规模必须同地球的承载力相适应。这是人类社会发展不可跨越的绝对界限。一切当前的、近期的经济活动必须服从这个总的要求,必须将人类的长远利益置于眼前利益之上。但是,"经济人"通常以眼前利益和短期利益为重,容易忽视潜在利益与长远利益。即使他们知道有些行为会损害长远利益,往往也会为了个人的短期利益与眼前利益而做出破坏环境的行为。温室效应的加剧、臭氧空洞的形成、生物物种的大量灭绝、森林的锐减等无不由此造成。在这种情况下,我们的后代依靠什么来生存,我们能够逃避应负的责任,让子孙后代去承受前人遗留下的生态环境资源危机吗?尽管我们可以逃避责任,说什么"我们的责任最低是确保我们自己的幸福,这也是恰好确保了我们国家的幸福,而我们应该让下一代人自己谋生,正如我们这一代人不得不做的那样,"[2]但是,我们的这种行为必定受到后代人的强烈谴责。无论有什么理由,当代人不能从自身利益出发,将自身造成的损失推给后代人。给后代留下一个适合于他们居住的地球是当代人义不容辞的责任。

为此,必须改变市场经济仅仅涉及同一代人范围内的资源分配这一状况,提高当代人的环境道德准则,使得当代人能够真正代表尚未出生的子孙后代,参与到环境资源的代际分配的谈判中去,给后代留下具有最低限度质量的环境和最低限度数量的自然资源,保证子孙后代的生存和发展。

总之,市场经济伦理对于个体利益合理性的肯定,一定程度上造成了环境污染以及自然资源的大量消耗,违背了环境伦理的要求,因此,必须用可持续理论约束市场经济理论,使得市场经济在坚持个人利益合理性的同时,保护环境资源。

第二,市场的内涵不利于现代自然资源管理。中国环境科学研究院的徐嵩龄深入分析了市场与自然资源管理之间的关系,指出市场本身没有为环境保护提供强有力的制度保证。他认为:

现代自然资源管理中的基本问题之一是人与自然的关系,由于市场是供应者与需求者之间的商品交易,其受益者仅为交易行为的主体方面,而不是作为商品的自然资源本身。因此,自然资源无法利用经济逐利性的市场去保护和追求自身的非经济价值。这样,试图通过市场来协调人与自然的关系,显然超越了市场的固有功能。

现代自然资源管理中的基本问题之二是人类代与代之间的资源享用问题。由于后代人类不能在这一代人的市场中直接成为交易行为的主体方面,因而无法实际地与当代人类竞争并争取公平的资源享用权利。这样,试图通过市场来确保自然资源的公正性,显然也超越了市场固有功能的范畴。

现代自然资源管理中的基本问题之三是人类污染排放和环境问题。由于现有的市场构架是建立在个体经济逐利性之上的,它并无以环境逐利为目标的机制,因此,试图通过市场机制本身来自发地推动污染控制和环境治理恢复活动,仍然超越了现有市场功能的范畴。[3]

第三,自然资源的多种价值不能在市场中得到实现。自然资源虽然不是人类劳动的产品,但是它为个人提供直接的效用,为经济过程提供所需要的投入,为维持生命支持系统做出整体的贡献,因此,它的价值是多方面的,不仅具有经济价值,而且还具有精神价值、环境价值、生态价值和选择价值。

在资源环境的这几种价值中,只有自然资源的经济价值能够被市场机制得到恰当的处置。自然资源的经济价值已是人类对自然资源价值的长期传统认识。它是通过作为人类经济活动中的生产要素或直接作为商品表现出来的。这一价值的作用对象是人类,影响领域是经济学的,这是价格型价值,其价值表达方式通常是货币。而对于另外几种自然资源的价值,在市场经济的体制框架内,没有得到反映。

对于自然资源的生态价值,其作用对象包括人类在内的生物圈,影响领域是生态学,本质上是一种非价格型的生态学特征量。自然资源的生态功能对于人类来说具有使用价值,却不能在市场上得到实现。对于自然资源的环境价值,其作用对象是人类与生物圈,影响领域不仅有经济学的,而且有社会学的和生物学的。因而,它的价值表达方式是多样的,既有价格型价值,又有非价格型价值,如社会生活质量标准中的非经济内容、生态学的实物型价值等,非价格型价值不能在市场上得到实现。至于自然的精神价值和选择价值,就更难用价格来衡量了……

凡此种种,必然导致环境保护的市场失灵,导致环境外部性的产生。

所谓环境外部性是指市场主体在从事生产、消费、投资等时,通常只从自己的角度考虑所面临的成本与收益,而对于经济过程中所需要的环境要素(如空气、水、环境的纳污能力等)的投入和产出,特别是由此产生的广泛的社会后果,如对他人身体的健康、财物、生产、环境的舒适性及环境美学价值的损害等,市场本身没有折合成与污染者有关的成本和收益,让污染者承担。这样,市场主体往往置环境破坏于不顾,而是将其造成的损失转嫁给他人及未来,给其他经济主体造成外部不经济(external diseconomies)。

外部不经济的程度可由边际社会成本来度量。所谓边际社会成本(marginal social cost),是社会为多生产一个单位的产品所需要付出的费用或代价。例如,一家在生产中释放出有毒气体的工厂,会给附近居民的健康造成损害,这是社会为产品生产所付出的一种代价,是边际社会成本。这种成本从社会的角度来看,应该是生产成本的一部分,应该由产品的直接生产者支付,但是,由于这种成本没有通过市场价格得到反映,生产者在计算成本时不会把这部分社会费用考虑在内,所以,这些产品的直接生产者为了多生产一个单位的产品所支付的费用——边际私人成本(marginal private costs)低于边际社会成本,社会付出的代价高于生产者直接付出的代价,从而使得社会收益受损。

总之,由于环境外部影响不具有独占性,具有一种公共性,因此,单纯依靠市场机制确定产品价格只能反映边际私人成本而不能反映边际社会成本,不能实现资源的优化配置,需要国家采取适当的经济政策对生产活动进行干预,结合经济活动中的环境外部效应,确定恰当的边际社会成本,采取一系列有效措施,如收取环境税、排污费、订立环境标准、给资源定价、进行排污权交易、明晰产权等,减小乃至消除边际私人成本与边际社会成本之间的差距,将产品价格按照边际社会成本确定,即按照边际生产成本(marginal costs of production)和由污染或生产该物品而导致的环境资源退化引起的外部成本(external costs)之和来确定。这样,使得环境得到保护,使社会福利得到增加。

二、有利于环境保护的政府干预

环境问题的重要特点,在于其"外部不经济性"。对此,政府必须干预,消除外部不经济性,鼓励公共产品的生产,使外部不经济性内部化,使污染者改变他们的行为,减少对环境的破坏,达到社会所期望的环境目标。下面我们选择几方面加以具体分析。

1. 合理确定最优污染水平和排污费的收费标准

在市场经济体制的作用下,"经济人",如厂商是以追求个人利润最大化为原则的,只要还能获得利润,他们就会扩大生产规模。但是,这种生产规模的扩大并不是无限的。因为随着生产规模的扩大,边际生产成本将递增,同时该商品的市场价格将随着产量的增加而下降,从而导致厂商的边际私人纯效益(它等于边际收入减去边际成本,也即边际利润)下降。在这种情况下,厂商就不可能将生产规模无限扩大,而只会竭力将生产规模扩大到边际私人利润为零的状态。在这一过程中,必定会造成资源和环境的破坏,造成环境外部性影响,产生边际外部成本,而且此成本会随着生产规模的扩大、污染物排放量的增加而增加。对于这样的外部成本,需要国家干预,采取相应的措施,迫使厂商改变他们的行为,加以消除。消除的原则是什么呢? 从经济的角度考虑,应该是社会纯收益的最大化。也就是让全社会(包括厂商在内)从厂商从事的生产中所得到的总收益减去社会所支付的总成本之后的差额最大。从经济学的角度考虑,此时的生产就是最优生产,此时生产所造成的污染就是最优污染,此污染水平被称为最优污染水平。

怎样达到最优污染水平呢? 要做到这一点,就必须征收排污费。它是针对污染物排放所征收的税费。此税又叫庇古税（Pigovian tax），以剑桥经济学家阿瑟·庇古（Arthur Pigou）的名字命名。庇古税的征收目的不是为了提高税收，而是为了刺激企业采取措施，减少污染物的排放。排污费的征收标准应以最优污染水平为标准来确定，即通过向企业征收一定数量的排污费，增加厂商的生产成本，迫使厂商为了使其在支付排污费后的收益最大化，自动地将生产规模缩减至能达到最大的社会纯收益的状态。

不过，上面有关排污费标准的制定和收取，仅仅考虑了企业在这种政策的压力下只缩小生产规模以期减少污染一条途径。在现实经济活动中，企业保护环境的措施有三条：交纳排污费、缩小生产规模、购买并安装环保设备。只有当厂商只采取改变生产规模以控制污染排放时，污染物的排放量才随着生产规模的变动而同比例变动，两者有确定的上述对应关系，政府可以根据最优污染水平来征收排污费，从而获得最大化的社会效益。当厂商可以在不变动甚至在扩大生产规模的情况下，通过购买并安装环保设施的办法来控制污染物的排放时，当厂商的生产规模与污染物的排放量之间，已经没有确定的对应关系，此时根据污染物排放量达到最优污染水平时厂商的边际私人纯收益来征收排污费，就失去了依据，应该根据边际治理成本和边际社会成本曲线来确定排污费标准。

必须清楚的是，上述排污费的制定和收取仅仅从经济学的角度考虑的，目的是达到社会纯收益最大化，具有经济学上的合理性。但是，经济上合理的并非意味着科学上合理。依据上述原则制定的排污费所对应的最优污染水平，很可能对于环境和人体健康有害，鉴此，就有必要从自然科学的角度考虑，制定相应的环境标准。如空气中的二氧化硫或铅元素含量超过某一百分比，将会影响环境、农作物的生长或影响人的健康，如此，就应该规定上述污染物的排放浓度必须在某一标准之下，否则就对污染者进行罚款或勒令停产。采用这种标准时，关键是确定污染物的浓度以及污染物对环境的影响。由于科学的进步，这种方法比较成熟。但是，由于这种环境标准的制定是根据自然科学界所获得的有关环境污染造成的物质和人身健康损失的资料来测算的，没有考虑到边际私人收益和边际外部成本，因此，使用这种标准时就没有考虑该环境标准对经济发展的影响。如果考虑到这一点，应该从经济和科学两个角度综合考虑，制定现实可行的环境标准和排污费的收取标准。

2. 调整产业结构，保护生态环境

摆脱生态环境危机的实践要求我们调整原有的产业结构，向有利于提高劳动生产率、有利于环境保护的产业转变，即由第一产业向第二、第三等产业转变。

实现这种转变，可以说是历史的必然。美国哈佛大学社会学家丹尼尔·贝尔（Bell）通过对人类社会历史的分析，在1973年出版的《后工业社会的来临》一书中，把人类社会划分为前工业社会、工业社会和后工业社会，并认为随着人类

社会由前工业社会向工业社会、后工业社会的演进,社会经济部门的主导产业将由第一产业向第二产业、第三、第四产业迈进。

这种迈进符合可持续发展的要求。第一产业包括采掘业、农业、渔业、木材业。从历史发展的角度看,处于前工业社会的第一产业所造成的剧烈环境危害,除美索不达米亚、希腊、小亚细亚、阿尔卑斯山的南坡当初为了得到耕地毁灭森林,最后导致不毛之地之外,其他地方还不多见。但是,处于工业社会时代大背景下的第一产业与前工业社会时代的第一产业有很大的不同。如果说前者依靠农民、矿工、渔民、非技术工人的手工,凭借经验和常识对自然界进行改造的话,那么后者则是在工业发展的前提下,依靠科技进步从事第一产业的经济活动。此时,第一产业的劳动者开发自然资源的能力有了很大提高,加之他们是对自然资源的直接开发利用,生产活动与自然资源生态的联系特别紧密,不恰当的生产活动必将造成资源短缺和生态系统破坏,因此,必须注意农业、林业等的发展方式,走可持续发展的第一产业之路,在保证农业、林业持续稳定发展的基础上,大力发展第二产业,并进而向第三产业迈进,尽快由农业社会向工业社会、后工业社会迈进。

在工业社会,主导产业是第二产业,包括制造业、加工业等。它们是以原材料、能源为基础的工业经济,从事的是商品生产。由第一产业向第二产业的转变,并非意味着第二产业不产生污染,可以说,现在的环境污染和生态破坏、资源消耗,主要就是第二产业自身的效率不高,以及第二产业向第一产业渗透后增加了第一产业破坏生态环境的能力造成的。当然,不能由此完全否定第二产业,否则,社会就失去前进的基础。我们要做的就是:改变第二产业的生产效率,提高资源的利用率,降低单位产品的废弃物排放量;采取有力措施,积极推进第二产业向更高阶段的产业,如信息产业、知识产业转变,以有利于经济的持续发展和环境保护。

专栏 6-2
相对于环境保护,中国政府需要进行的产业结构调整

第一,对原有的产业进行技术改造,提高产业结构层次,降低其对资源和环境的破坏。对于农业,由传统农业→大农业→商品农业(基地型规模经营)→生态农业(高产、优质、无污染农业)→高技术生态农业转变;对于轻工业,由传统轻工业→市场型轻工业→低耗、高附加值资源节约型工业→智力密集型工业转变;对于重工业,由采掘、原材料→重型加工→深加工(精细化工、精密机械等)→低耗、高附加值资源节约型→能力密集型方向发展;第三产业由传统服务、教育→旅游、交通、科技→通讯、信息→人的价值实现方向转变。

第二,有意识地促进产业升级,既保持经济增长的势头,又有利于自然的可持续发展。针对我国目前一、二、三产业两头小、中间大的局面,产业结构的调整要逐步扩大第三产业比重,同时提高轻工业产值比重,改变产业偏重、偏笨、偏粗状态。对于知识产业,目前国家要大力扶持,力争走在世界的前列。

所有这一切,"从本质上说,就是要建立起低耗高效的产业组合、结构和体系,包括不同产业门类、规模、产品、品种等合理比例相互配套,使产业结构、市场结构、资源结构、环境结构、消费结构尽可能地协调、耦合。"[4]

3. 走集约化生产和环保之路

根据质量守恒定律,资源的投入量与产出量应该相等。资源的利用率越低,产品的产出越少,资源消耗和废弃物的产生越多。反之,资源的利用率越高,单位产品的利用率越大,所产生的废弃物越少,资源的消耗量就越少。对于中国,与发达国家相比,环境污染、资源消耗主要是由生产技术落后、资源利用率低以及管理不善造成的,即由粗放式的经济增长方式造成的,这对资源和环境的影响很大。据我国学者的研究,对于我国的能源,如将其利用率提高5个百分点,那么每年就可以节约3亿多吨标准煤,如以二氧化碳计算,则将减少其排放11亿吨。这既节约了能源,又减少了二氧化碳气体的排放,何乐而不为!

这一切表明,在节约资源、保护环境的过程中,提高资源利用率是多么重要。为此必须实现经济增长方式从粗放型向集约型转变。

要实现这种转变,关键是推动科技进步和技术创新,把科学技术与经济结合起来,实现生产要素由旧质向新质转变;通过技术创新加快社会分工,使分工向深层次发展,从而促进产业结构的变革;通过技术创新,促进工业自动化、办公自动化,提高经济效益和社会效率。一句话,通过技术创新把进步了的科学技术研究与企业生产结合起来,提高生产要素的配置效率和质量,增加科技进步在经济增长中的含量。日本在20世纪50年代和60年代,经济和技术水平并不是很高,但是那个阶段他们已经有88%的产品是靠技术创新而生产的。难道说我国目前的经济技术水平还不如当时的日本?这里有能力问题,也有体制问题,但首先是观念问题、战略问题和政策问题。现在该是我们转变观念、调整战略和政策进行技术创新的时候了!创新是一个国家兴旺发达的不竭动力,是中华民族进步的灵魂,是可持续发展的必由之路。

4. 恰当定价,合理使用自然资源

在经济活动过程中,政府除对产业结构、经济增长方式等进行政策干预外,还对资源和产品的价格体系进行干预。这对于调整某些产品的生产格局,保证关系国计民生的产品生产,稳定国家的经济秩序等具有重要意义。

但是,不恰当的定价将会影响到资源的利用效率和环境保护。一般而言,资源的定价越低,开采资源的成本就越低,厂商从追求个人利益最大化出发就越倾

向于扩大生产规模,开采使用更多的资源进行生产,越不会提高生产效率和资源利用率节约资源,从而越发增大资源的使用量,加剧资源使用的浪费和污染物的排放。

不仅如此,不恰当的资源定价也会影响经济的发展。一项对日本、美国、苏联和欧共体的研究表明:经济发展同能源价格直接相关。能源资源的价格越高(如日本),技术创新和经济增长就越快。而在能源价格得到补贴并低于世界市场价格的国家(如苏联),技术创新和经济增长就明显落后。[5]

对于我国,很长时间以来,包括能源在内的中国资源类新产品始终保持在低于市场价格的低水平。这种低价格的负面作用是明显的,一是石油等传统能源产品的价格没有真实反映资源的稀缺程度,一定程度上刺激了对这些能源产品的过度消费;二是导致了中国出口的最终资源类新产品价格实际上隐含了对于与该类产品相关的大量补贴,导致了专家所说的中国补贴全球的情况;三是低廉的能源价格,意味着中国企业即使不靠技术创新也可以利用低价在国际市场上生存,这有碍于推进技术创新,而且还诱发更多的贸易摩擦;四是不利于新能源或可替代能源的推广。为此,政府必须从经济学的角度分析低定价所带来的不利情况,取消对某些产品的补贴,给自然资源以恰当定价。这不仅能够节约资源、保护环境,而且能够推进技术创新和经济增长。

5. 明晰产权,合理利用资源保护环境

资源的产权和属性对于资源的使用方式和环境保护是有重要影响的。假设现有一个占有一定面积的池塘,要想鱼类在其中繁殖,鱼类的数量必须达到一定的值 X_{min},否则鱼类将沿着图 6-1 中 AC 的方向灭绝。

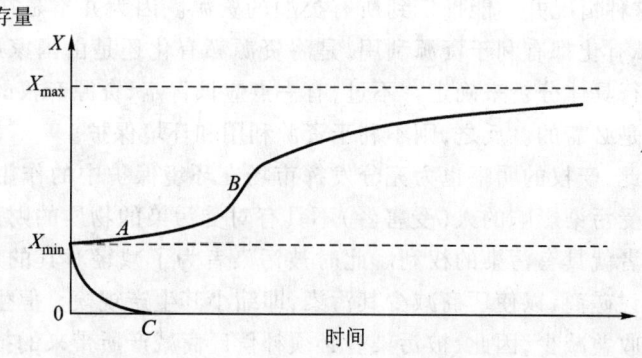

图 6-1 可再生资源当代增长曲线:渔业资源

在鱼类数量达到 X_{min} 基础上,鱼类开始繁殖,在较低的存量水平上,鱼的数量增长非常快(图 6-1 中 A 点到 B 点)。然后它们为食物而彼此竞争,增长减

缓（B 以上）。最后，存量保持在一个最高的水平，其栖息地可以继续存在。这就是承载力（carry capaciby）概念的内涵，正如 X_{max} 所示。

假设现在该池塘的所有者不是唯一，而是任何人都可以来这儿捕鱼，那么对照图 6-1，捕鱼的结果怎样呢？由于在这种资源开放的情况下，每个想通过捕鱼得到利润的人都会设法利用它，因此，这些捕鱼者一不会捕到鱼类存量达到 X_{min} 时就停捕，二不会考虑到 X_{min}，对捕鱼量加以限制。决定他们终止捕捞的是看捕捞还有没有利润。如果有利润，他们就会将鱼捕到其存量 X_{min} 及其以下（但不会达到 0）；相反的，如果没有利润，他们会在鱼的存量在 X_{min} 以上时就停止捕捞，也就是说，捕捞的终点主要取决于他们对捕鱼成本和收入的考虑。这对可持续利用资源是非常不利的。

与上面相反，现在假设渔场只归一个人所有，那么他就会从个人长远利益出发，保护资源以使其可持续利用，不可能竭泽而渔。当然，现实情况并非如此简单，但是，这确实为避免"公有地"悲剧指明了一条道路。

专栏 6-3

公有地悲剧

早在中世纪时期，英国某些地区的农村曾允许人们在公共牧场放牧。结果人们在利益的诱惑下，倾向于选择竞争的行为方式，尽可能增加自己牲畜的存栏数，使自己得到最大利益。牲畜的大量增加很快使草场失去再生能力，导致资源和环境退化，随之也使大家失去了放牧之所，影响了大家的利益。

这就是 1968 年美国经济学家 G. 哈丁所讲的"公有地悲剧"。

当然，这种情况并不能推广到所有类型的资源。因为并不是在所有的情况下，将资源私有化都有利于资源利用，是将资源私有化还是由国家所有，要根据具体情况进行具体分析来确定。不过，有一点应该肯定，资源产权的明晰对于合理利用资源是必需的。反之，则不利于资源利用和环境保护。

不仅如此，产权的明晰也为充分发挥市场在环境保护中的作用创造了前提条件。假如受污染影响的人（受害者）不具有对受污染的物质的财产权，那么厂商——污染者就具有污染的权利。此时被污染者为了减轻对其的影响，就要与厂商进行探讨磋商，以使厂商减少其污染，即缩小其生产规模。但生产规模的缩小会使厂商收益减少，因此，被污染者必须补偿厂商减产所带来的损失。补偿多少呢？对于被污染者来说，只要他补偿给污染者的成本小于污染者给其带来的污染的外部成本就行；而对于污染者来说，只要被污染者所给补偿费大于减少污染导致的收益减少额就行。

反之，如果被污染者具有对被污染的物质的财产权，即污染者不具有污染的权利，那么，被污染者就有权要求排污者排出的污染物不对自身的财产和身体产生有害的影响。此时,污染者可以给被污染者一些赔偿以使其自身的生产量增加,只要所支付的费用小于其边际收益,污染者就愿意赔偿;而对于被污染者,只要其所得的赔偿大于其边际成本,也会愿意让污染者增加其产量。双方协商的结果,污染者的生产量最终维持在一定规模上。

如果污染者和被污染者都不具有对被污染物质或环境的财产权,如对于大气环境的污染就属此类,此时就只能由国家政府作为中间调停者对此进行处理了。

由此可见,明晰产权,赋予污染方或被污染方以被污染物质的财产权,通过污染方和被污染方协商,达成赔偿协议,无需政府干预,也能够使所涉及的双方联合收益达最大化,使环境外部性内部化。这就是科斯定理体现出来的基本内容,在明晰产权的前提下,不需要政府干预市场交易,只要有了产权,人们自然会"议出"合理的价格来。

不过,应该注意到,限制科斯定理用于环境保护和管理的因素有很多,这妨碍了科斯定理作为一种政策工具应用于环境管理的实践。如在某郊区有一个湖凼,农民在里面养鱼、种莲并用此水灌溉农作物,一家造纸厂也利用此凼排放生产污水。假如农民没有权力保护其水不受污染,也没有法律禁止排污,那么这时排污企业不可能主动减少排污,只有农民自己组织起来与排污企业交涉,向企业交纳一定的资金,以使企业减少污染。又假如受污染的农民不止一户而是很多户,那么把农民集合起来进行协商是要花成本的,此成本只能由农民来负担。如果此时交易成本加上企业要求农民的补偿金大于农民遭受的边际外部损失,那么农民就会放弃这种交易,放任企业的排污行为;反之,农民和污染厂商的交易行为才能发生。

另一种情况是,假如农民有权保护湖水不受污染,那么此时农民就会凭借具有的所有权优势,在谈判中采取强硬的立场。此时企业处于被动地位,为了尽量少赔偿,它必须和每户居民协商。这是要花成本的,这笔成本只能由企业来支付。如果交易成本加上补偿高于企业收益,那么企业就会停止这种交易而缩减生产规模或停产。

无论第一种情况还是第二种情况,都不能达到社会效益的最大化,使科斯定理的实用性受到极大限制。作为极端的例子,如果所涉及的受影响各方不可能参与协商,或是成本太高,支付不起,那么资源环境破坏就很可能继续下去。此时就不可能依赖明晰的产权,根据科斯定理讨价还价来保护这些资源环境,只能通过强有力的政府、国家或全球的环境管理达到这一目的。

但是这并非意味着利用产权途径加强环境管理没有应用前景。"相反,将它引入中国的环境管理实践,可以有效地强化市场机制的运行并补充政府干预,促进环境管理的优化。"[6]

三、政府干预的环境保护失灵

环境保护中"市场失灵"现象的存在,使得政府宏观调控与干预必不可少,但政府也不是万能的。政府干预的实践业已证明,不存在政府代替市场,解决环境问题的简单规则。应该认识到,既存在市场失灵,也存在政府失灵。当政府的政策或具体运行所采取的手段不能有效地改善环境,从而达不到预期目标时;当政府干预虽然达到了预期目标,但是环境管理成本高昂,造成大量社会资源浪费时;当政府干预达到了预期目标,效率也较高,但却带来了一些其他负面效应,如大量失业、经济衰退时,就会出现政府干预失灵。

1. 排污费收费偏低

在保护环境的实践过程中,政府往往不能恰当地确定排污费。其部分原因可能是由于环境评估以及对边际私人收益估计存在误差,但是,更重要的原因还在于发展中国家政府的政治偏向,这些都导致确定的排污费出现偏差。

对于广大发展中国家,它们目前面临的最大问题是发展不足。与保护环境相比较,无论是政府、厂商还是居民,都不能不把经济发展放在第一位,而将环境保护放在比较次要的位置。他们会认为环境保护目前可以放一放,应该集中精力发展经济,提高生活水平。经济上去了,就有较强的经济实力用于环境保护。否则,保护环境必然影响经济发展。这种思想反映到环保行为上就是政府、厂商和居民对于环境保护的支付意愿或对于环境污染的受偿意愿都是比较低的。既然如此,那么政府就会根据他们(包括它本身)此种比较低的意愿,确立比较低的环境污染的社会外部成本和比较低的排污费。这点比较集中地体现在我国早期环境标准的制定上。

偏低的排污费、环境标准以及超标罚款标准的影响是广泛的。如在中国,从20世纪80年代开始实施的排污收费制度,属于经济手段,其目的是促进企业减少排污,积极治理污染。但是原有的收费标准是在不同时期和阶段制定的,缺乏系统的考虑,没有与环境保护的质量目标和对环境的危害联系起来,数值偏低,从而引发了下列问题:

(1) 收费标准偏低,不能真实反映环境容量资源的稀缺程度,导致环境容量资源的低配置,大量的环境容量资源被经济效益差、污染严重的企业占用;

(2) 低价位的排污费不能阻止企业污染环境的行为,多数企业宁愿交纳排污费而不愿采取措施降低污染物的排放,从而使我国仍然基本延续传统发展模式,形成了"谁污染,谁受益"这样一种局面,加剧了环境破坏。

(3) 由于排污收费标准偏低,造成每年排污收费绝对数较少。这种低收费给国家财政带来了沉重的负担,从而在一定程度上影响到环境保护投入。随着改革开放和现代化进程的加快,我国国民生产总值(GNP)年均增长率为8%~9%,很多地方实际上已远远超过这一水平,这必然加大对资源的需求和对环境的压力。但是,1993年全国环保投入只有200多亿元,仅相当于当年GNP的0.7%。即使到现在,我国的环保投入与发达国家相比,仍有相当大的差距。由于环保投入明显不足,加之环境法制不健全,执法力度不够,在一些省区,环境质量呈逐步下降趋势。

针对这种情况,我们应有充分的思想准备,努力减少这种政府失灵。如对于排污收费偏低的问题,中国政府采取了相应的措施,以校正这种政府干预失灵。1997年12月,中国政府利用世界环境技术援助贷款开展的"中国排污收费制度设计与实施研究"项目通过评审验收,这标志着排污收费制度的改革框架已经确定。与过去的排污收费制度相比,改革方案根据"污染者付费"的原则,突出体现了四个方面的转变:即由超标收费向排污收费转变;由单一浓度收费向浓度与总量相结合转变;由单因子收费向多因子收费转变;由静态收费向动态收费转变。在排污收费标准的制定上强调,根据我国环境协调发展的实际需要和我国环境保护的总体目标,确定排污收费标准的总体框架,并按照补偿对环境的损害的原则、略高于治理成本的原则制定。对排污费的使用,改革方案做了三个方面的调整:由部分有偿使用调整为全部有偿使用;按市场机制下资金的保值、增值原则调整利率;取消豁免本金政策,真正体现排污费资金属国家所有的原则。这就避免了过去超标排污偏低、单因子排污费不能有效刺激污染者进行治理的弊端,补偿了对环境的损害,促进了企业采取保护环境的措施。

但是,随着环境保护事业的发展和财政管理体制的改革,现行排污收费制度在实施中也出现了一些新的情况和问题,已经明显地不能适应环境保护工作的实际需要。主要表现在:现行的收费制度和修订后的《水污染防治法》、《大气污染防治法》等法律关于排污收费的规定不一致;排污费由环境保护部门收取和使用的规定与收支两条线、收缴分离的收费体制相悖,而且排污费的使用方式也由"拨改贷"改为"贷改投";现行立法规定排污收费的对象主要是企业,根据新的情况,需要将个体工商户纳入;现行立法缺乏对排污费使用实施监督的规定,致使排污费被截留、挤占或者挪用的情况时有发生。

为了解决上述问题,我国有关部门对现行的相关规定作了修订,制定了新的《排污费征收使用管理条例》,该条例自2003年7月1日起执行。新制度除了弥补传统体制的上述不足外,还在排污征收方面实行了四大改革:由超标收费向排污收费转变;由单一浓度收费向浓度总量相结合转变;由单因子收费向多因子收费转变;由低收费标准向高于治理成本的收费转变,排污费征收改为属地征收。

该条例的制定和执行意义是重大的。首先,它符合污染控制从浓度控制向浓度和总量控制相结合转变,从点源治理向流域、区域综合整治转变,从末端治理向源头和生产的全过程控制、实行清洁生产转变的要求;其次,对排污费的征收、使用和管理严格实行收支两条线,收取的排污费全部用于污染治理,环保执法资金由财政予以保障,从制度上堵住了挤占、挪用排污费等问题的发生;再次,对于加大环保执法力度、规范执法行为、构建监督保障体系等方面做了明确规定。

2. 产业结构不合理

在发展中国家,解决人民的吃饭问题成了一个政治问题。因此,政府倾向于提高农产品的价格来刺激农民生产粮食的积极性,增加粮食产量,保证粮食的供给。但是,农产品价格的提高会刺激农民倾向于围湖造田、伐林造田、开垦草原造田以增加粮食种植面积,也可能刺激农民过量使用化肥、农药来提高单产。这种生产行为必然造成生态破坏、环境污染。

新中国刚成立后的50年代,中央政府提出了"以粮为纲"的口号。这在当时,对于促进我国粮食生产,恢复战争创伤,稳定国内局势有着重大的作用。但是,"以粮为纲"的方针促使很多地区片面追求粮食单产,放弃经济作物,砍掉多种经营,改变耕作制度。在非传统农作物区,大搞围湖造田,毁林开荒,滥垦草原,力争粮食自给;在林区,以林为主的政策受到破坏,对林区的粮食收购任务该减不减,群众吃粮困难,被迫毁林种田;在牧区,提倡牧民不吃"亏心粮",不切实际地要求实现口粮、种子、饲料自给,造成大量草原被破坏,畜牧业受到很大损失。这种用围湖造田、毁林开荒、滥垦草原来增加粮食生产的做法,破坏了渔业、林业、牧业的生产条件,导致水土流失严重、河流泥沙量增多、土壤沙化、小气候失调、自然灾害多发等生态失衡的严重后果。

这种后果在当时乃至以后的一段时间内并没有立即表现出来,直到20世纪90年代才日益彰显,给了我们深刻的教训。

专栏6-4

1998年长江洪水的启发

1998年7、8两月,长江全流域发生了44年来最严重的洪水,造成的损失令人震惊。有450万公顷农作物被毁,约占中国可耕地总面积的3%,一些工厂不得不停产,工业产值受到影响。

固然,洪水的发生有其自然因素。厄尔尼诺现象带来了大规模的集中降雨就是长江大洪水的首要原因。华南地区在季风雨期间也经常发生水灾。但是,长江上游绿色植被的破坏,长江中下游围湖垦田,是长江水患愈演愈烈的重要原因。

长江中下游是我国最重要的湖区,占全流域湖泊面积的92%以上。这些通江湖泊对洪水的调蓄作用不言而喻。但因长江泥沙大量入湖沉积和长期人工围垦的影响,湖泊面积不断缩小,有些湖泊甚至完全消失。这大大降低了长江中下游湖泊的调洪能力。此外,河道淤积、滩地围垦、违法建设情况严重,使各条河道过水河面狭窄,洪水出路变小,下泄不畅,洪水行进缓慢,使水位不断抬高。这不能不使长江洪水泛滥了。

对于森林的破坏,则更是长江水患如此剧烈的一个重要原因。据悉,长江流域的森林植被已经减少了85%。这里已经失去了原可以在雨季吸纳大量雨水的茂密森林。

森林减少之后,其直接的后果是森林涵养水源的功能不再。一旦大雨来临,森林不再纳水,大量雨水直下江河,造成江河水位暴涨。其次,森林可以保护土壤不受雨水冲刷,而在森林大量减少之后,水土便可能大量流失,沿江河而下,在水势趋缓之处开始淤积,垫高河床,缩小河面,形成了我国江河小洪水、高水位、大灾害的后果,使得中下游的"悬江"、"悬湖"增多。

面对这样的情景,我们的政府怎么办?当然,"以粮为纲"的方针现在已经抛弃了,围湖造田的行为也不多见,但是,毁林开垦、乱占林地的行为却是到处可见;并且地方政府为了短期的经济效益,发展伐木业,过度砍伐森林,轻视生态保护的行为还是到处可见。这就需要我们的政府尊重自然规律,做好"平垸行洪,退田还湖"以及"封山植树、退耕还林"的工作,从根本上解决长江水患的问题;这就需要调整过去几十年来所形成的不合理的产业结构,拒斥"单打一"——发展农业,根据各地区的具体情况,能发展农业的发展农业,能发展林牧副渔的发展林牧副渔,建立一个协调发展、遵循生态系统规律的农林牧副渔体系。

对农林牧副渔产业调整的目的是改变原有的农业、木材业破坏环境的性质,走有利于保护环境的道路。这就需要农业向生态农业化方向发展,林业变伐木人为种树人。不过在市场经济下这两种转变不可能自发进行,必须政府政策的倾斜,补偿奖励实现这种转变的经济主体对公共环境的贡献。

~~~~~~~~~~~~~~~~~~~~~~~~~~~~~~~~~~~~~

改革开放以来,随着工业化和城市化进程的加快,中国产业结构发生了深刻的变化,基本符合世界产业结构演变的一般规律和中国经济发展的基本要求。产业结构逐步摆脱了第一产业基础薄弱、第二产业发展不均衡、第三产业水平低下的状况;第一产业比重下降,第二产业、第三产业比重上升,产业结构逐渐趋于合理,基本实现了产业结构调整与合理化阶段的任务,并向优化和升级的方向发展;国民经济总量增长主要由第一产业、第二产业增长开始转变为由第二产业、第三产业带动。但是,如果深入考察中国现阶段的产业结构,仍然存在不合理之处:一是第一产业劳动力过剩,第二产业比重过大,第三产业发展不足,这对资源利用和环境保护是不利的;二是地区产业结构不平衡,东部地区第二产业、第三产业比重明显高于第一产业;西部地区第一产业比重一直高于东部地区,第二产业比重一直低于中部和东部地区,第三产业比重低于东部地区,略高于中部地区。这对于经济发展本来就比较缓慢和生态环境本来就比较脆弱的西部地区来说是很不利的,需要采取措施改变这种状况。

3. 粗放式的生产方式

长期以来,中国主要沿用以大量消耗资源和粗放经营为特征的传统发展模式,重速度和数量,轻效益和质量,重外延轻内涵,重开发轻保护,走的是一条"高投入、高消耗、高污染"的发展模式,造成了资源浪费和环境破坏。虽然早在1995年,中国政府就提出了"两个转变","九五"期间通过大规模结构调整,经济增长模式有了一定改观,出现了经济增长的同时能耗和污染排放总量下降的趋势,但是,进入"十五"期间,中国的产业结构发生了重大变化,重化工业比重增加,经济增长质量显著下降,以至中国重要资源的产出效率不仅大大低于发达国家,而且还大大低于世界平均水平。

从横向比较,目前中国的资源利用水平与发达国家还存在很大差距。中国是世界上的资源消耗和污染排放大国,《2006中国可持续发展战略报告》通过节约指数(或称资源环境综合绩效指数)的计算发现,中国五类主要资源(淡水、一次能源、钢材、水泥、常用有色金属)的节约指数为1.896(GDP按购买力平价计算),它意味着中国五类资源的平均消耗强度高出世界平均水平约90%,在世界GDP最高的59个国家(占世界GDP的93.7%)中位列第54位。可以说相对于其他国家,中国仍处于十分粗放的发展阶段。

从纵向看,自1980年以来,中国基于十类主要资源和污染物的节约指数持续下降,从1980年的2.359降至2002年最低的0.726,年均降低4.9%,说明我国资源的节约利用和环境保护取得了很大的成效。但从20世纪90年代中期开始,节约指数总体下降趋势渐缓,2003年还出现反弹。从上述对比结果综合判断,过去20多年来,中国虽然资源利用率提高的成效显著,但并没有根本摆脱资源能源密集型的经济增长方式,今后实现资源节约和环境保护的目标难度加大。[7]

表6-1 世界能源利用效率比较(%)[8]

国家	1980	1995
中国	0.3	0.7
印度	1.9	1.7
美国	2.1	2.6
日本	5.5	6.1
低收入国家	0.9	1.1
低收入国家(不含中国和印度)	3.4	2.7
下中等收入国家	1.0	1.0
上中等收入国家	1.7	1.5

续表

国家	1980	1995
高收入国家	2.9	3.4
全世界	2.2	2.4

专栏 6-5

中国粗放式的能源利用方式

粗放式的能源利用方式所导致的结果怎样呢？G-7 国家每创造一美元消耗的能源（1993 年不变价）分别为：美国 16×10^6 J；日本 6×10^6 J；德国 9×10^6 J；法国 9×10^6 J；意大利 8×10^6 J；英国 13×10^6 J；加拿大 21×10^6 J。由此可算出上面 G-7 国家平均创造一美元消耗的能源为 11.7×10^6 J。

中国的情况怎样呢？中国经济每创造一美元消耗的能源是 69×10^6 J，是 G-7国家的5.9倍，美国的4.3倍，德国和法国的7.7倍，日本的11.5倍。表 6-1比较了世界上不同国家的能源利用效率。

为了实现生产方式由粗放式向集约式的转变，中国政府一是必须制定行业的单位新产品能耗、物耗和污染排放标准，特别是优先考虑重点行业和新产品的能源、水资源、土地和污染物绩效标准及实施时间表；二是应根据资源、能源和环境的要求以及行业资源环境绩效标准，规定更加严格的重点行业和新产品的市场准入标准，建立资源能源密集型、重污染行业及新产品的市场准入制度，并配套高能耗落后技术、工艺、设备和新产品的强制淘汰制度。以此把国家集约化生产方式提高到一个新的水平，提高劳动生产力，高效率地利用资源，以取得良好的经济效益和生态环境效益。

4. 自然资源定价过低

长期以来，在我国计划经济体制下，由于受传统的政治经济学的影响，政府认为，现在中国还有大量人口没有摆脱贫困，因此，必须使生活必需品的价格保持在较低的水平，保证社会上最贫困阶层人们的生活，为此，食品和能源一般都应有补贴；而且，在当前，中国的社会主义建设应该以经济建设为中心，应该下大力气保持国民经济快速、稳定发展，为此，给生产投入要素以低价格将有助于刺激工业和农业的生产活动。

在这种认识的指导下，对于与人民生活密切相关的燃料、交通、化肥、农药、灌溉水等，政府往往都规定较低的价格。这种偏低的定价带有浓重的政治色彩，符合经济不发达地区人民的愿望，而且从短期看，也确实可以刺激经济的发展。但是，毋庸置疑的是，资源的低定价使得任何一个单位浪费了资源却不用付出较大代价,影响企业改造技术、采用先进设备来减少资源浪费和降低能源消耗的积极性,由此造成我国资源的严重浪费和环境破坏。

到了20世纪90年代,我国政府意识到这一点,开始对某些资源征收资源税和使用费。但是,这种税、费的征收范围较小,就连已经扩大了征收范围的、新的资源税暂行条例,也仅对原油、天然气、煤炭、黑色和有色金属矿及其他非金属矿和盐征收资源税,对土地仅征收土地增值税和耕地占用税,而不是全面的土地资源税,对水资源费的征收,仅限于城市中直接从地下取水的单位,其他直接从地下或者从江河、湖泊取水的,是否征收水资源费,要由省级人民政府决定。对从其他方面开发利用资源者,则基本上没有收取税、费的规定。即使已经开征的资源税、费也明显偏低。

过低的资源定价对于资源利用和环境保护的影响是重大的。如对于我国,水价一直偏低。这对我国水资源的利用及其水污染的产生影响很大。

一是刺激了工农业生产中水的浪费性使用。既然水价如此之低,水如此不值钱,那么厂商和其他用户在生产过程中对水的使用成本就不高,就对水不加珍惜,放开使用,甚至浪费性地使用水资源。

二是加剧了我国的水资源危机。有资料表明,水价提高40%,用水量就下降20%。过低的水价刺激了水资源的浪费性使用,加剧了我国的水资源危机。若不采取强有力的对策,我国21世纪的可持续发展将会因水资源不足而受到阻碍,中华民族的生存与发展将会因水资源紧缺而受到威胁。水资源短缺必将成为中国经济持续稳定发展的最大制约条件。

三是影响到水利工程的建设。水利设施对于开发、调整、节约、保护水资源,保证水资源的合理利用与供求平衡具有重要意义。因为水价低等因素的制约,中国的水利工程难以筹措到维修、更新的资金,使得一些大型水库和中小型水库安全标准低或存在严重的缺陷、隐患。长此以往,将何以堪?要使我国水利工程的灌溉、泄洪、供水能力跟上国民经济发展的需要,必须制定合理的水价政策体系,让水成为商品,使其价格符合价值,以水养水,形成良性循环。

四是造成不利的环境影响。水价过低必然导致用水过量,并使灌溉地发生涝灾和盐碱化。

近十多年来,我国供水部门一直在提高水价。然而,大多数城市的水价仍不到位,还有上调空间。而对于农村,科学的水价确定和管理还有待时日。目前,必须针对中国的实际情况,提高水资源的定价,按供水成本收取水费,以便维持水利工程的正常运行,抑制水资源浪费使用,缓解水资源危机,保护生态环境。

该是分析定价偏低的原因,对资源产品取消补贴,收取资源税,恰当定价,使资源价格反映其稀缺程度、供求关系和环境成本的时候了。这不是为了增加政府的收入,而是为所有市场参与者提供有关完全成本的精确信息,节约使用资源,促进环境保护。

5. 公有地悲剧不断重演

在"公有地悲剧"中,公有地由国家配置,被公众拥有,如果作为财产所有者的国家没有考虑或很少考虑资源和环境保护,不能很好地履行资源使用和管理的职能,则所有社会公民都可以使用它,谁先来谁占有,谁采谁有。公有地成了一个没有所有者的公共资源,可以无偿使用,不用白不用,后用不如早用,少用不如多用。任何一个人都可以作为无票乘车者(free rider)利用公有资源,而不必承担提供这一物品的成本和经济活动所引起的外部成本。由此引起自然资源的快速耗竭和生态环境的破坏。

专栏 6-6

公有地悲剧——甘草的滥挖

甘草为豆科类多年生草本植物,因其清平无毒,被历代中医尊为众药之王。我国最早的药典《神农本草经》将其列为上品。明代李时珍所著的《本草纲目》中详细介绍了其功用和特征。现代科学研究表明,甘草含有100多种化学元素。甘草酸是非常珍贵的天然皂甙,有显著的促肾上腺素皮质激素作用,可用于人体抗衰老、抗炎、降压、增强肌体免疫力、提高生理机能、抑制癌细胞生长等。被美、日等国的专家称为"仙草"、"神草"。

随着对甘草研究的深入,甘草广泛地应用到医药、食品、饮料、烟草、化工、酿造、国防等行业。美、日、欧等国对甘草的需要量大增,年需优质甘草20万t左右。

但是,很多国家为保护生态资源,宁可出高价进口,也不采挖本国甘草。如美国、苏联政府为保护本国生态环境,制定了禁止甘草采挖和出口保护政策。

只有中国例外。在很长一段时间,有许多国家的甘草都是从我国进口的。我国甘草出口价格也由1981年的每吨700美元上涨到20世纪90年代末的3 000美元。我国所产的甘草量大质优,深受市场青睐,虽年出口3.5万吨,仍然难以满足国际市场需求。国内甘草收购价由20世纪70年代的每千克0.2元人民币增长到20世纪90年代末的10.2元人民币。丰富的利润引起多方插手、高价争购,从而诱发了我国三北地区20世纪90年代的甘草大战。

这一方面与我国的出口政策有关,另一方面与我国自然资源归国家所有的体制有关。由于甘草资源归国家所有,而国家又没有有效的规则对这种资源进行有效管理。因此,甘草资源就成了一个任何人都可以挖掘的开放性的公有资源。人们成群结队地滥挖甘草,使甘草资源和植被遭到严重破坏,致使岩石裸露,风沙四起,并由此带来了1993年5月5日的西北特大沙暴,使人们付出了生命和血的代价,震惊了全世界。

然而这次沙暴并没有使中国一部分地方官员和老百姓警醒。在素有甘草之乡的宁夏回族自治区盐池县,滥挖甘草的现象仍然在继续发生,由于"公有地"的原因,也由于滥挖甘草的人们只需要付出很小的成本,也许还由于急于摆脱贫困的欲望,仍有不少人还在光秃得看不见什么植物的地方挥汗如雨,掘地三尺,去搜寻细如丝线的甘草。

针对这种情况,1998年4月14日中央电视台在《新闻30分》节目中用了较长时间对宁夏盐池县滥挖甘草、破坏草场的行为进行了曝光。新闻中传出一条令人痛心的信息:盐池县的甘草已经濒临绝迹,呈现在人们眼前的"甘草之乡"已是不尽的黄沙。这正是形成沙尘暴的"物质基础"。孰料,这条新闻播出的第二天就发生了可怕的沙尘暴。沙尘暴自西北向东南席卷而去,造成泥雨、风沙、尘暴,蔓延西北几省区大面积地区,也使北京开春后的第一场春雨变为"泥雨"。

2000年,国家发布了禁止采挖甘草的公告。一些地方政府也出台了相应的甘草管理办法。这对于保护甘草资源有一定作用。但是,过重的生活压力、过窄的就业出路以及利益的诱惑、法制观念的淡薄使许多人将挖甘草作为生财之道,不顾政府政策法令,仍然滥挖甘草,破坏植被。

人类再不能把自然资源当成公有资源而加以掠夺性地开发利用了。国家应该对公有地进行管理,明确其所有权,以有利于资源环境保护。

在这种情况下,明晰产权对于资源的保护应该是有利的。该划归私有的就划归私有,不能划归私有的,即属于国有资源,应该改革资源产权管理制度。我国的资源产权管理主要遵循"谁开发谁受益"的原则,一方面,资源开发者或使用者没有付出资源的真实成本;另一方面,作为资源所有者的国家或集体没有得到应有的收益,社会弱势群体也未因资源开发或生态破坏得到相应补偿。因此,国家应该加强对采矿权等资源产权的控制,提高国家所有资源的使用税费,完善资源初始产权分配、使用权交易制度,建立资源开发的后转移支付机制等。

上面的分析充分说明,环境保护的市场失灵需要加强政府干预。但是,这并不意味着可以用政府干预代替市场,市场机制在其中仍然发挥着重要的作用。可以说,政府干预是政府这只"看得见的手"调整厂商生产的外部环境,运用一种新的市场机制,调节自由市场条件下环境保护的市场失灵,通过校正了的市场保护环境。因此,政府干预既是对环境保护的市场失灵的校正,又是市场在政府干预下充分发挥保护环境的作用。而且,必须清楚的是,政府干预由于这样那样的原因,也存在失灵现象。既然如此,为了减少不必要的政府失灵,在环保实践中,市场可解决的问题应尽量交由市场去解决。只有当市场机制不健全、环境资源产权难于明确、外部性和公共性物品难于分配时,才应该实施政府干预。

材料评论

中央电视台 2003 年 8 月的"焦点访谈"栏目集中播出了一批环境污染案例。环境污染是人所共知的公害,政府作为人民的代表,理应大力加以整治。但我们从电视上看到,有的地方政府对这种公害漠不关心甚至还进行保护。这里仅就 8 月 8 日播出的《"毒水"何日不再流》和 8 月 9 日播出的《千亩粮田为何绝收》两个案例作一些分析。

前一个案例中的所谓"毒水",是指一家位于嘉陵江畔且距重庆市仅 30 km 的农化公司排出的废水。该公司每生产一吨红矾钠,便产生三四吨废渣,废渣水直接排入嘉陵江,而下游有重庆市的三个自来水厂、一家饮料厂、一家制药厂需取用江水。后一个案例讲的是宁夏永宁县四家工厂排出的污水,造成下游某村 63 户农户的 220 hm^2(3 300 亩)水稻几乎绝收。排污的四家企业属该县的支柱企业,当农户要求赔偿污染损失时,县政府只答应给每个农户发放两袋面粉、四袋大米,每亩(0.067 hm^2)"救济"96 元,并有两个附加条件:一是农民必须承认水稻绝收是"干旱"造成的;二是不准上访。

像污染这类公害,在经济学理论中有两种解法,一是政府解法,二是准市场解法。所谓政府解法,即政府可以在排污企业排污的边际收益与消费者受污染后的边际伤害程度相等处,以排污的边际收益数额来确定排污税或罚金,使排污量达到排污方与受损方都可接受的水平。所谓准市场解法,即由排污方与受损方通过讨价还价,确定双方可以接受的补赔额与排污量,不管是消费者拥有洁净环境的权利,还是排污方拥有排污的权利,只要产权是明晰的,则双方平等的谈判会对排污量达成唯一的共识。这后一种解法便是著名的"科斯定理"。

然而,经济学家作上述设计时,都是以政府是公众代表为假设前提的,如果政府不履行其公众利益代表者的职能时,上述两个解法还有效吗?[9]

请你根据上述材料,结合书中的相关论述,评价上述政府行为的错误性。

问题与讨论

1. 市场经济对于节约资源保护环境有什么作用?
2. 市场经济相对于环境保护存在失灵现象,这表现在哪些方面?
3. 从自然科学的角度和最优污染水平来确定排污费有什么不同?
4. 产业结构与资源利用和环境保护有什么关系?
5. 粗放式的生产方式以及集约式的生产方式与节约资源保护环境有什么关系?
6. 资源的产权和属性对于资源的使用方式和环境保护有什么样的影响?

请用具体的案例加以说明。

7. 环境保护中的政府失灵表现在哪些方面？怎样才能防止这样的政府失灵？

8. 如果水价上涨为原来的 2 倍，你认为需水量会不会降低一半？说明你的理由。

9. 请根据课本内容回答：厂商在什么情况下只有缩小生产规模一种办法？什么时候可以在减产或购买并安装环保设备两者中作出选择？什么时候宁可治理污染也不缩小生产规模？什么时候宁可减产也不肯购买和安装环保设备？

10. 现在我们是如何捕鱼的？过去我们是如何捕鱼的？这些区别使渔镇的就业、技术和社会结构发生了什么变化？为了保证未来有大量的鱼可捕捞，采取什么样的措施看来是有希望的？有没有这样的措施？

11. 我们准备做什么来补偿那些因保护森林而失业的人们，并给他们创造再就业的机会？或者相反，我们是否准备好宽恕自己做出允许那些森林被破坏的艰难决定？有没有一种环境友好方式来继续开展伐木业？

参考文献

[1] [英]亚当·斯密.国富论(下卷)[M].北京:商务印书馆,1972:25.

[2] [美]拉兹洛.E.决定命运的选择[M].上海:三联书店,1997:76.

[3] 徐嵩龄.论市场与自然资源管理的关系[J].科技导报,1995(2):28.

[4] 牛文元.绿色战略——21世纪中国环境与可持续发展[M].青岛:青岛出版社,1997:72.

[5] [美]查尔斯·哈伯.环境与社会——环境问题中的人文视野[M].肖晨阳,译.天津:天津人民出版社,1998:419.

[6] 潘家华.持续发展途径的经济学分析[M].北京:中国人民大学出版社,1997:133.

[7] 中国可持续发展战略研究组.2006中国可持续发展战略报告——建设资源节约型和环境友好型社会[M].北京:科学出版社,2006:xiv-xv.

[8] 世界银行.世界发展报告(1998)[M].北京:中国财政经济出版社,1999:146-148.

[9] 平新乔.有的地方政府为何会保护污染[N]?人民日报,2003-11-4(9).

第七章

环境与国内政治：制度选择与公民环境权的维护

全球环境所面临的新的深远的威胁正日益变得显而易见……这其中的部分原因必须归于我们的政治体制。

——[美]戈尔

- 资本主义是造成生态危机的根源
- 绿色绿党的主张及不足
- 绿党提出的新政治学原则
- 生态社会主义的理论基础和主张
- 维护公民的环境权

在当代全球环境问题空前凸现的大背景下，绿色政治运动正在成为最具规模的社会运动之一。为了勾勒出绿色政治运动营垒的轮廓，20世纪90年代生态社会主义理论的主要代表人物之一大卫·佩珀(Pepper)首次将这一运动中的流派分为"绿色绿党"与"红色绿党"两大阵营，划分的依据是看他们主张生态中心主义还是主张生态社会主义。传统保守主义、主流绿党、绿色无政府主义主张生态中心主义，属于"绿色绿党"的阵营；革命的社会主义和民主社会主义主张生态社会主义，属于"红色绿党"阵营；市场自由主义、福利自由主义是改良的生态主义的代表，介于生态中心主义和生态社会主义之间。这样一来，"绿色绿党"就不是一个政党，而是在绿色政治生态运动中主张生态中心主义的派别，其中最具影响的要数主流绿党。类似地，"红色绿党"也不是一个政党，而指绿色政治运动中的左派，主要由欧洲"红党"的绿化、"绿党"的红化形成。前者导致一部分红党在与绿党的相互交往过程中，从传统的社会主义转向生态社会主义，后者导致一部分绿党在与红党的相互交往中从生态中心主义转向生态社会主义。因此，"红色绿党"成为生态社会主义的代名词。

"绿色绿党"和"红色绿党"结合生态危机反思批判了人类目前的社会制度，认为，如果我们不能把保护地球作为组织社会的新原则，人类文明是否还能继续将成为疑问。但是，对怎样组织社会，两者有不同的看法。前者认为对资本主义进行改良就可摆脱生态危机,后者主张要摆脱生态危机,就必须对资本主义进行革命。"绿色绿党"和"红色绿党"的政治主张为何不同,他们提出的政治方案可行吗?这些问题需要我们在把握他们思想脉络的基础上,给出准确的回答。

不管这样的回答怎样,有一点是肯定的,实施环境保护一定要维护公民的环境权利。

一、"绿色绿党":对资本主义进行改良

绿色绿党认为,生态危机的造成与垄断资本主义及其政府信奉不负责任的政治、经济、哲学理论有密切的关系。本来,一切社会制度的建立和运行,应该保障绝大多数人真正的幸福和自由,而资本主义"最大的民主和自由就是为生存而竞争",其政治制度只体现极少数人的意志和利益,即便是在其内部,也是"自相残杀","毫无道德可言";而资本主义的经济制度信奉"大量消费就可以导致经济繁荣和无限增长"的准则,将人类幸福归结为物欲的追求与满足,遮蔽了人类对真正的、更为广泛和更为深刻幸福的追求,造成了社会贫富悬殊,不仅压迫和剥削了劳动者阶级,而且也压迫剥削了自然界;至于资本主义的哲学意蕴,征服自然的培根精神,认识自然的启蒙理性,加上牛顿的还原主义科学原理构成了资本主义时代工业文明的形而上学基础,由此引发工业革命的一切后果。这些后果包括与自然、与他人、与自己劳动的异化,人的劳动与自己生活的真正目标的异化等。也就是说:"在有限的地球上本着错误的形而上学原则的工业主义行为是现代各种经济、生态、社会病症的根源。"[1]

既然如此,要摆脱生态危机对人类的威胁,就要批判资本主义制度。不过,绿色绿党把危机的根本原因归结到以信息、网络、基因等高技术为代表的新生产力,认为这种新生产力违背生态学的原则,造成了生态环境危机;认为资本主义有消化全球生态危机的能力,主张在制度内以自由市场、分散化的经济、基层民主来对资本主义进行局部改造和"修正",而不触及私有制和资本主义的基本制度。因此,它们在总体上并不拒绝资本主义,只是热衷于资本主义的改良。

1. 绿色绿党对资本主义的改良主张

主流绿党认为,现有的政治学理论基础并不为人类摆脱生态环境危机提供强有力的指导,提供指导的只能是生态学。他们认为,生态危机的产生是人类没有用整体、系统、关联和平衡的思维方式及其手段来分析研究自然界中相互联系的各种过程的特殊"网络"(生态学基本术语之一),没有研究人类与自然之间的相互联系。因此,只有用系统学和生态学这唯一正确的世界观和方法论来指导绿色运动,迫使政府的一切政治、经济、文化决策都必须符合系统论和社会生态学的基本思想和原则。

一、"绿色绿党":对资本主义进行改良

"绿色绿党"对生态学的强调使他们在哲学思想上走向生态中心主义,这并非意味着以生物或生态为中心,将人放在其边缘或被其支配的地位,而是意味着生物或生态应该成为人类的道德客体,在生物或生态这一背景下思考和发展人类。

如此,主流绿党认为,在人类的物质生产已经造成了生态环境严重破坏的情况下,人类再不能沿着传统的道路,以人类利益作为尺度来对待自然,而应将保护环境凌驾于人类发展之上,改变传统的发展模式,走保护生态第一,发展经济和科技第二的"抑制增长"的生产模式,减缓发展,保护生态环境。如罗依·艾利克斯(Eckersley)就认为:"人类一切经济技术方案的合理性和可行性必须服从于是否合生态性的判断。"[2] 必须把生产生活活动合生态看做是先于其经济技术合理性的安排,也就是要持生态先于一切的原则。

要做到这一点,必须建立一种新型的绿色社会。绿色绿党认为,未来的绿色社会只能是一个建立在小规模生产生活单位基础上的分散化的社会,是用一种合自然的社会秩序取代历史上存在过的借助政治或资本权力建立起来的社会秩序。它具有如下特征:

(1) 对于国家和政府,绿色绿党认为,由于过分的官僚化以及政府的等级结构阻碍了市民的首创精神,也由于各种经济和政治利益赖以隐藏的那种令人难以捉摸的机制已经成为市民的危险,必须贯彻分散化的原则,建立多元的、分散的、以自治共同体为主要形式的政治结构。其基本原则是自由、平等和直接参与。它既不同于建立新的全球秩序以有效地解决本质上是全球危机的基本社会形式,也不同于不变动现有政治秩序,利用国家政府权威解决各种生态危机的社会政治形式。他们倡议使管理分散化和简单化,把更多的政府收入分配给各州、地区、县、城镇和街道。他们不仅提倡国内的政府单位要比较小,而且提倡建立较小的国家——像地区那样大小的国家。他们认为,历史上形成的民族国家是一种"固有的危险",民族国家是一种非常自私、沙文主义和具有竞争性的国家。因为巨大的权力集中不可避免地会导致竞争、剥削和战争,必须用"生物区"(按照文化传统、民族习惯、社会风俗、语言文字和生物分布的标准划分)代替民族国家,实行区域自治,消除战争和压迫的根源。

这样的区域自治带有无政府主义的色彩,奉行自由主义、平等参与的原则,符合分散化和非中心化的绿色思想。非中心化旨在消除具有特殊地位的地域或团体,体现生态观下的平等原则;分散化则意味着不走现代社会的集中和大规模道路,而由小规模的、分散的、有相当独立性的地域或团体走小规模的、分散的道路,这更有利于人与人、人与自然建立直接接触的亲密关系,更容易实现直接民主。总之,绿色绿党不仅要求改变传统政治,而且也要求达到这些结果之方式的转变。

(2) 对于经济,绿色绿党倡导建立一种社会"可以承受"的稳态经济。这方

面的内容已经在第五章作了比较充分的论述。

(3) 对于科技,绿色绿党认为,工业化世界广为传播的信念,即科学固有地不受价值观念的限制,实际上已被科学本身证明是无效的。海森堡在量子物理学中的发现,粉碎了科学不受价值观念限制的幻想;科学家得出的结论以及他们所研究的技术的应用,都是以他们的思维方式,也就是他们的概念、思想和价值观念为条件的。尽管他们的大量具体研究并不明显决定于他们的价值观念体系,但是,这种研究所赖以进行的较大规范,是受价值观念限制的。因此,科学家对于他们的研究不仅负有理论责任,而且负有道德责任。

既然如此,科学家们就应该保证科学技术的发展必须达到促进社会进步与安全的目的,否则,这种科学技术就失去了存在的价值与真正意义。

对于技术,绿色绿党倡导运用软技术以对抗硬技术。他们认为,硬技术与现代巨型技术相对应,它常常是反生态的、不人道的和危害健康的,因此硬技术必须让位于软技术。软技术又叫"替换技术"(alternative technology),简称 AT。所谓替换(alternative),就是以一种代用品(substitute)取代转换的意思。就是说,要在现行技术发展体制所用的化石燃料和原子能等传统能源之外,进一步开发自然作为能源的补充物。软技术中"软"的特征使技术不仅不破坏生态,而且还有利于生态环境恢复健康,增进繁荣。

AT 运动的原提倡者叫罗宾·克拉克(Clark)。克拉克于 1973 年在英格兰北部的威尔斯山里改造了一幢房屋,在房顶上装上太阳能装置,供三户人家使用。他所倡导的 AT 的目的就是最小限度地使用不可再生资源、最小限度地干扰环境,在地区或小区域内自给自足,消除人类的异化和剥削。[3]

专栏 7-1
硬技术与软技术的不同

将克拉克所倡导的软技术与硬技术相比较,不难发现,他所倡导的"与投入大量能源相反,只投入少量的能源;与利用不可再生资源及能源相反,仅利用可再生资源和能源;与主要为了收入而工作相反,主要为了满足人的需要而工作;与依靠专家阶层进行科学技术工作相反,依靠所有人来进行科学和技术工作;与中央集权相反,实行分权"等有一定道理,符合情理,理应受到人们的支持。但是他所主张的"与大批量生产相对立的手工业型产业;与粮食生产的专业相对立的所有人都从事粮食生产;与以家庭为社会核心相对立的共同体单位;与城市为重点相对立的地区性实物交换"等实在叫人难以苟同。诚然,在工业社会中,倾向于大批量生产的现代科学技术确实存在很大问题。城市过密、农村过疏的人口分布状况也应当改变。但是,像克拉克的通过重返农业社会以解决工业社会的问题的这些主张是行不通的,照此环境问题也是不能解决的。

而且,克拉克所倡导的"与普通人难以掌握的操作方式不同的任何人都能掌握的操作方式;与技术事故频繁而严重所不同的几乎没有,或者虽有但很少的技术事故;与工作和余暇严格区别所不同的工作和余暇的区别不过分清楚或全然无区别"等主张都是成问题的。

以上是针对技术类型而言的。对于科技政策,绿色绿党也提出了他们的主张。他们认为,应该改革科技政策,调整科技投入方向,要大幅度减少军工技术、核能、空间技术和基因工程等方面的科技投入,把科研资金和技术力量转向节能、再生能源、环保、天然医药及公共运输等领域的研究。禁止转基因生物的生产、专利申请和流入环境,要严格控制科学实验中的活体解剖。

不仅如此,德国绿党还提出通过转换技术经营机制来改变技术的社会功效,使技术从作为资本家赚钱的手段转变成为人类社会和生态服务的手段,减少技术的负面效应,扩大它的积极效应。措施之一就是实行技术效果评估制。德国绿党在1983年的纲领中提出:"新技术在被应用之前应该有一个效果评估阶段,以检验该技术是否符合环境要求,是否符合节省能源的原则,是否符合现行的人道标准。必须对其进行综合性分析,以确定其全面的社会得失,要充分考虑它带来的代价。"[4]

(4)对于文化、教育、卫生,绿色绿党强调建设一种新型的教育文化事业,反对发展商品化的、"纯经济利益"的文化,主张促进地区文化事业的发展。在教育方面,他们主张必须改革几百年来受西方机械论影响而导致偶像化的教育结构和体制,反对中小学教育的过分集中化和正规化,主张由街道和社会办学,采取学校、家庭和学生相结合,对学生进行"生态观"、"系统观"、"和平观"的灌输和教育。在宣传领域,他们反对新闻垄断,反对广告宣传,主张国家出资办电视广播,鼓励进行"全面的和批判性的新闻分析"。在卫生保健方面,主张采用"整体论"的医学方案,也就是说,既要对症下药,又要调动患者的主观能动性,并且大力发展针灸、按摩等东方国家的传统医疗方法。

2. 绿色绿党对资本主义的改良行不通

对于政治,绿色绿党试图用"自治生物区"附加宗教关系取得一统天下的地位,从而取代现行的国家政权,无疑是一个幼稚的、美丽的童话。以唯物主义的观点来看,绿色绿党在这方面犯了唯心主义的错误。而他们主张实行基层直接民主,把主要权力都交给基层组织,实行分散化和基层自治,追求一种没有官员的"网络思想",片面强调了"民主"和分散化,只能导致议而不决和无政府主义。

更何况,"分散的或小的不一定就是生态化的,分散化的前提是基层具有恰当的生态意识和社会意识,而且各社区和区域之间相对独立。这一点很难做到,而且,即使做到分散化,分散化本身也可能同样有生态和社会问题。"[5]

对于经济,绿色绿党否定大型跨国公司的作用,力图建立一种小国寡民式的经济单位,并企图用手工劳动去取代现代化大生产,用分散的小生产同现代化大生产相抗衡,这无疑具有开历史倒车之倾向。同时,他们提出的"稳态经济"虽有可取之处,但企图以只求产品质量和经济的"零增长"为前提来满足人们日益增长的物质文化需要,在当今世界人口的增长速度对经济总量的增加形成严重压力的情况下,是不切实际的,而且还会带来新的供应不足的严重后果,对广大发展中国家来说也不公平。因为在这些国家,发展经济、摆脱贫困、解决温饱、保障健康乃是当务之急。不过,从长远看,稳态经济的概念还是很有价值的。

对于科技,绿色绿党将硬技术与软技术对立了起来,从而也将发展与环境对立了起来。实际上,硬技术对生态环境也能够是有利的,如微电子技术、网络技术等。硬技术等传统技术对环境保护的不利不是体现在它的"硬"上,而是体现在其他方面,这方面的详细内容见第三章"环境与技术"的相关部分。

既然"绿色绿党"所倡导的对资本主义的改良道路行不通,那么必须通过改变资本主义的政治制度来摆脱生态危机。但是这并不决定性地影响"绿色绿党"在公众心目中的威信,"绿色绿党"作为一股公开的有组织、有纲领、有奋斗目标的自觉政治力量,正在以它的新政治学原则,组织和引导具有强烈生态保护意识的公民参与政治过程,影响生态的政治决策,使公民获得"生态政治效能感",从而也使公民起而拥护"绿色绿党",使之在西方一些国家中的政治地位得到提高。

3. 新政治学原则

绿色绿党提出的新政治学原则包括下面几方面:

(1) 生态学原则

首先应当强调的是,生态学在此指的不是自然科学意义上的知识系统,而是基于这种知识形成的一种全新的政治价值取向,即将政治思想和行动建立在对自然的整体性有了充分的理解和尊重的基础之上。它包括以下三方面的具体含义:

第一,人类改造自然方式的合生态化,特别是人类经济活动的合生态化。绿党认为,人类目前面临的生态困境并非缘于一时的无知和个别性的错误行为,而是主导各个地区的对工业增长的迷恋和充满侵略性扩张性逻辑的生活信条,以及在此基础上建立起来的没有预见理性和道德束缚的过度消耗消费型生产生活方式。因而,在绿党看来,生态学原则在经济活动领域的应用意味着生态发展(ecodevelopment),人类的经济行为能够承担起对他人和后代的生态责任,并对自己的生产消费有所限制;意味着逐渐形成的一个将个人权利、责任和其他人福利、自然尊重相结合的经济结构,在这样的一个生态化的、全面的经济结构中,增长将不再是经济中的主要决定因素。

第二,人类社会联系方式的合生态化,特别是社会政治制度的合生态化。生态问题的解决、经济的合生态化,离不开社会政治生活的进一步民主化。因而,生态学不只是自然保护的政治学,不只是一系列的环境政策,而且包括社会政治的生态学,即政治生态学。在绿党看来,社会政治制度的民主化既是经济生态化实现的内在要求和手段,也构成社会政治制度自我完善的目标性方面,是生态学原则在人类联系方式中的体现。"我们意识到在一个人们有充分民主权利、不因文化差异受歧视、没有妇女压迫的社会中,要求人们生态需要的洞见、自制和责任更容易些。因此,生态学和社会解放相伴随。"[6]

第三,人类政治思维方式的合生态化,特别是政治意识、权力意识合生态化。绿党认为,既存的政党、传统的政府及其官僚机构之所以不能给予有害环境的增长以有效的限制或给予实质性的指导,除了其传统的政治体制与机制外,还在于他们反生态的政治思维方式。人与人的对立和人与自然的对立、人类统治与自然征服之间有着内在的关联。社会问题和生态问题紧密联系在一起。人与自然关系的不和谐是人类社会内部关系不和谐的结果的反映。只有保证个人享有充分的权利,才能纠正人与自然关系的偏差。

如要实施生态优先发展战略,就要扭转人类无限制的经济增长。但在目前社会贫富差异悬殊的情况下,要实施这一战略是非常困难的。富人不愿意放弃已经享受到的物质富裕,穷人也不甘受穷。在不解决贫富不均的前提下强调生态优先,就有可能否定穷人追求经济和社会平等的权利,同时也会否定穷国追赶富国的权利。由此可见,只有强调人权和社会公正,才能确保广大社会弱势群体不致因缩小经济规模和降低经济增长速度而成为直接受害者。从这个意义上来说,保护社会弱势群体的基本人权和生存权,是实现生态优先战略的必然要求。

(2) 社会正义

概而言之,社会正义包括以下几方面内容:

第一,对人类基本需要满足的承诺。绿党认为,一个民主、公正的社会必须能保证所有个体成员都有基本生活必需品和文化充分、生态全面的生活标准。但是,对人类基本需要的满足,不能通过现行福利国家模式分配增长利益和传统社会主义模式解放生产力的方法,因为它们既不会消除对经济增长的迷信,实现真正的生态化发展,也不会主动消除日益拉大的贫富差距和众多人面临的生存威胁。在绿党看来,根本出路在于建立一个减弱与国际化贸易经济相联系的、以社区自我满足、自我管理为主的分散化经济模式。资源的社会化占有和社区成员的民主决定可以使经济活动服务于自己的需要又不会危害自己的生活条件。

第二,不同社会群体的权利保障。社会现实中大量不平等现象是与贫富悬殊、生态破坏相伴随相联系的,社会正义的基本含义就是尽量消除这些不平等现象,消除因种族、性别、年龄、地域而产生的不平等,给予各个社会群体平等的发展机会和民主参与权利。

第三,与第三世界各国的友好相处。在绿党看来,社会非正义并不只是民族国家内部生活中的现象,贫富两极化的和相互依赖的不平等经济政治框架才是最大的国际非正义。一方面,富国的富裕是建立在对发展中国家的剥削、不平等的经济贸易秩序、对发展中国家生态破坏的基础上的,日益贫穷的、环境日益恶化的不发达世界的存在是少数富裕的民族国家存在的前提;另一方面,穷国的贫穷从根本上说源于这种历史形成的对富国的经济政治依赖关系,但不发达国家社会贫穷和环境恶化的后果不是民族性的,它们都直接或间接影响到发达国家,具有世界性。如此,对于民族国家而言,其国家政治、道德准则和社会政策等就不能只限于本民族国家的范围之内,而必须考虑到其他国家人民的正当权益。

(3) 基层民主

基层民主只是绿党富有特色的民主思想的一个简称。绿党认为,经济和社会的民主化与生态环境保护有着不可分割的联系。在他们看来,生态环境的破坏与经济活动和政治决策缺乏民主直接有关,生态环境的危机同时也表明了民主制度的危机。人们要想彻底解决生态问题,不能只把眼光放在具体的环境政策上,而且还要从政治体制和经济体制入手,消除产生生态危机的体制根源。只有经济决策和生产过程中广泛的民主参与,人们才能确保经济生产是基于和服务于社会成员的实际需要,而不只是满足于资本家的利润欲望,才能有效监督生产过程及产品的消费不会危害劳动者和消费者,也不会危害到生态环境。政治与经济的充分民主既是生态社会的基石,也是走向绿色社会的通道。基层民主原则准确地说应是基层取向的进一步民主化。首先,基层取向的进一步民主化意味着对人们基本民主权利的政治承诺与切实推进,也就是一般意义上的民主原则,其中最决定性的价值观念是人权、自由和自决。其次,基层取向的进一步民主化意味着创建一个政治决定与责任尽可能由基层承担的非集中的民主体制,即基层民主的原则。这种基层民主政治原则包括以下三个方面:一是经济的基层民主;二是社会政治的基层民主;三是政党的基层民主。

(4) 非暴力

绿党之所以提出非暴力的政治原则是基于下面两个基本假定:一是所有生命都是互相影响的(What we do to others we do to ourselves);二是目的和手段不可分割。绿党的非暴力政治原则包括以下三方面的内涵:

第一,对未来社会绿色非暴力的信念。在绿党看来,生态的、民主的和公正的未来社会必然具有绿色的非暴力特点。绿党暴力概念的含义十分广泛,泛指一切形式的针对个体、家庭、社会和生物圈的直接或间接的粗暴行为。主要有个人暴力和结构暴力。结构暴力又分为军事暴力、社会暴力、经济剥削和自然掠夺等,因而,暴力在某种程度上可以等同于社会专制、社会非正义和生态破坏。

第二,社会变革的绿色非暴力手段和道路。绿党首先把非暴力作为自己政治斗争的手段,不管是面对威力强大的核武器,还是武装警察的阻拦袭击,或是国内外的种族战争,绿党总是采取静坐、示威、阻断、市民抵抗等非暴力手段,而没有再次走向武力对抗。非暴力手段的创造与坚持成为绿党形象的重要特征,这在 20 世纪 80 年代初的欧洲范围内以反核能为主要内容的和平运动中表现得最为突出。

不仅如此,非暴力对绿党来说还意味着一条实现现行军事化社会向未来和平社会转变的绿色道路。对民主和非暴力的政治信仰,决定了绿党不可能主张采用专制的或暴力的手段实现这两种异质社会的跨越,只能走和平的渐进的绿色变革之路。

第三,政党及其活动的绿色政治道德。在绿党看来,权力就是人民和社会授予的,被合法使用。它是一个工具,要被有责任地运用,并且服务于所有生命。非法的或过分的权力运用会导致暴力,战争与战争威胁则是非法权力的最坏形式。

专栏 7-2
绿色政党的政治地位

绿党正是针对传统政党的这些致命弱点,提出了新的价值观和新的救世之道,受到公众的普遍欢迎,从而使它的发展并不像刚开始时一些人预言的那样短命,而是呈现出勃勃生机。目前绿党已成为一支世界性的政治力量,仅欧洲绿党联盟就有 43 个成员党。在世界其他各大洲,也都有绿党存在。在西欧,大部分绿党早已进入地方、国家及欧洲各级议会。其中在芬兰、法国、意大利、比利时和德国,绿党还加入了全国政府,成为国家执政党。即便是其他政党执政的国家,也普遍将绿党成员吸收入阁。在欧盟 15 国中,12 个国家的政府中有绿党或其他绿色组织成员。德国绿党成员施赖尔(Michaele Schreyer)女士还担任了欧盟委员会委员,负责财政预算事务。除欧盟外,绿党人士还在波兰和斯洛伐克政府中出任内阁部长或副部长。在欧洲议会中,绿党的整体实力已超过有着几十年奋斗历史的西欧共产党,成为仅次于欧洲社会党党团和欧洲人民党党团的第三大政治力量。

二、"红色绿党":走生态社会主义道路

在形形色色的生态运动的"主义"中,20 世纪 70 年代末 80 年代初在西方兴起的生态社会主义思潮独树一帜。它试图以社会主义理论解释当代生态危机,为克服生态危机寻找一条通向社会主义的现实出路。为了与一般的绿色运动和绿色绿党相区别,生态社会主义者称自己为"红色绿党"。红色绿党成了生态社会主义的代名词。它通过对资本主义进行批判,主张积极参政,实行社会变革,谋求建立一种以生态与社会平衡为基础的、符合生态环境规律的、没有剥削的并

能充分保障人权的社会主义制度。由此,生态社会主义也被西方一些左翼人士称为"21世纪的社会主义"。

生态社会主义认为,资本主义是全球生态危机的根源,环境危机是资本主义的特有现象,资本主义制度不可能为解除生态危机找到根本出路。作为绿色生态运动中激进的一派,生态社会主义要求以某种方式迅速地从根本上改造资本主义社会,彻底否定资本主义拼命追逐利润最大化的固有逻辑。在此基础上寻求马克思主义与左派意识形态的对话,通过马克思主义与无政府主义进步成分的结合,使绿色社会主义成为社会主义的一种形式,并与无政府主义联合形成新的"红绿联盟",把生态主义推进到生态社会主义。这些可从生态社会主义的下列主张上反映出来。

1. 资本主义制度是造成生态危机的根源

生态社会主义者反对把生态危机的根本原因归因于资本家的贪婪本性、工业化和科学技术的发展、异化的自然观和消费观,认为应该从资本主义生产方式本身去寻找原因,资本主义制度是全球生态危机的根源。

加拿大左翼学者、生态社会主义的主要理论家之一威廉·莱易斯(Leiss)就认为,以私有制为基础的资本主义生产扩张的动力是追逐利润最大化,而不是社会效率的最佳化,这就必然造成对全球性自然资源进行掠夺性开发。而且,资本家之间为争夺有利的产销条件而进行的竞争,必然造成生产的无政府状态,由此必然造成生态危机。

加拿大滑铁卢大学社会学教授本·阿格尔(Agger)认为,垄断资本主义已导致"过度生产"和"过度消费",这延缓了经济危机但造成了生态危机。诚然,资本主义生产是导致生态危机的一个重要原因,但是,当代资本主义与早期资本主义有两个显著区别:一是资本家操纵了消费,使人们产生一种被强加的需要或虚假的需要;二是为延缓经济危机而力图歪曲满足需要的本质,诱使人们在市场机制作用下把追求消费当做真正的满足,从而导致了异化消费。人在占有、享用和无休止的消费欲望中失去自我,成为单向度的人。自然在这种"过度消费"的消耗下,出现资源短缺和环境危机。

与前两者不同,法国左翼理论家高兹(Gorz)是从资本主义经济合理性将会导致生态不合理性的角度来阐述资本主义生态危机的。他认为,资本主义是经济合理性的社会,其内在逻辑是追求利润的最大化。对经济效益最大化的追求在于,以尽可能高的利润、以最大化的效率生产尽可能多的物品,进行最大量的销售。但是,这样的经济合理性与生态合理性是不相一致的,经济效率最大化在总体上是区别于资源保护的生态最大化的。在个别企业水平上对生产率最大化的追求将导致增加经济总体的浪费,将要求消费和需要的最大化,从而促进企业之间互相竞争,加快产品的更新,生产出更多更好的产品以满足扩大化了的消费。从生态观点出发,这就表现为资源的浪费和破坏,从经济观点出发,却可理解为增长的源泉。因此,资本主义的生态合理性与经济合理性是相矛盾的。

至于不发达国家生态危机产生的原因,法国左翼运动的主要理论家乔治·拉比卡(Labica)就指出,发达国家对不发达国家的掠夺和剥削是造成不发达国家和地区生态环境破坏的根本原因。生态社会主义理论家大卫·佩珀就说:"西方资本主义正是通过对第三世界国家的掠夺来维持和改善自己的环境,使之成为全世界羡慕的对象。"它的一些"新建的绿色生态区",不过是一些"生态特权区"。生态殖民主义者为了保护本国的生态环境,不惜破坏他国的生态环境。

2. 资本主义自身不能解决生态危机

如上所述,资本主义制度是造成生态危机的根源。这是否意味着要消除生态危机就要改变资本主义制度呢?当然,如果资本主义自身能消除生态危机,则不需要改变资本主义制度,否则,就需要改变。

生态社会主义者认为,资本主义自身不能消除生态危机。生态社会主义者认为,发达工业社会病态的生产方式和消费方式以及科学技术的发展及其资本主义的使用,导致了自然生态系统的危机。这使得今天资本主义危机的形态和重点从生产领域转移到生态领域,生态危机取代了经济危机成为当代资本主义的主要危机。新的危机的出现,使传统的"只属于工业资本主义生产领域的危机理论失去效用"[7]。生态社会主义学者、法兰克福学派的代表人物马尔库塞(Marcuse)指出:生态危机的实质是资本主义的政治危机和制度危机,它是资本主义一切危机的集中表现。在这种制度下,自然完全屈从于"一种适应于资本主义要求的、工具主义的合理性",正因为如此,围绕生态问题的斗争实际上"是一种政治斗争"。[8]

首先,为了保持自己的财富、权力和势力范围,西方资本巨头对根本改变工业生产的结构不感兴趣,而只有后者才能改变世界的生态状况。他们热衷于局部改善技术,以利于他们自己的生态环境,但这只能推迟世界灾难的发生,不能避免这种灾难的发生。

其次,垄断资产阶级,特别是跨国公司的垄断资产阶级,为了他们自己的利益要求尽量长远地保持国与国之间贫富悬殊的现状。他们想尽一切办法掠夺第三世界,以保证获得现代生产所需要的越来越缺少的廉价能源和原料。在这种不平等的格局下,发达国家虽然也叫喊生态危机,克服生态危机,但是,这些国家的资本主义性质,决定了他们只能解决本国或局部地区的生态危机,不可能解决全球性的生态危机,不可能使整个世界免于帝国主义的奴役。

再次,现代工业社会的生产方式和消费方式在满足人们追求利润和物质需要的同时,潜移默化地使人们整合到现存的制度中并与现存制度一体化。人们不仅成为制度的卫道士,而且容忍了制度造成的生态破坏。

最后,高兹认为资本主义不可能重建生态合理性。他说,生态合理性在于以尽可能好的方式、尽可能少的、有高使用价值和耐用性的物品满足物质需要,并因此以最小化的劳动、资本和自然资源来实现这一点。它的目标是建立一个我们在其中生活得更好然而劳动和消费更少的社会。

但是,资本主义的生态重建,即资本主义的生态现代化不可能做到这一点。尽管资本主义可以进行生态现代化,可以通过生活的"自然"基础的再生产,使自己工业化并发展为一种有利可图的生态商业,像其他消费品工业一样遵从同样的赢利规则;可以建立一个技术生态领域,通过人工替换自然圈层,把自然转化为商业来再生产生活基础。这点完全类似于按照生产和利润最大化的要求,把生命的再生产、甚至人类生命的再生产工业化,把胎儿器官商品化,把遗传基因甚至人类的基因工具化。但是,它只是为了满足其基本需要并尽可能合理化。赢利商品最大可能的流动虽然减少了现存生产体系对环境的影响,但是没有消除生态危机最深层次的原因——资本主义积累的逻辑。因此,资本主义这种生态重建是对资本主义所产生的经济合理性的自由运作施加新的约束和限制,改变不了资本主义制度的基本趋势;只是扩展经济合理性的范围,增加资本增量的价值。它完全没有达到社会的生态重建所要求的经济合理性服从于生态－社会合理性的目的。尽管它可能减轻生态危机,但是它并没有将人类从异化劳动中解放出来,也没有缩小贫富差距,社会仍然沿着现今的方向前进:穷人愈来愈穷,富人愈来愈富。

既然资本主义自身不能解决生态危机,那么只有改变资本主义制度,走生态社会主义道路,解决生态危机。为此,高兹认为,必须对资本主义工业社会的生态进行重建,具体包括从产品的设计(产品将必须是"耐用的"和"易于修复的")到消费和物质循环,涉及生产和能源改造的一切形式。在一定时期,工业将既不可能、也不需要增长。那些拯救生活的基本要素、改善生活质量的活动必须加强,它将推动自我决定和主动的创造活动。威胁生活的自然基础的那些活动将减少和消失。技术革新必须不仅为生态重建和理性化服务,它还必须使用可能更少的劳动时间提高劳动生产率,并把我们从异化劳动中解放出来。这就是说,生产和利润最大化的经济标准服从于社会－生态标准。这只有生态社会主义才能做到。

这样的重建,没有把自己局限于减少现有生产体系对环境的影响,而是向某些技术发展、向产品和消费形式背后的原因——资本主义制度发起挑战。

3. 生态社会主义产生的基础

生态社会主义者认为,生态社会主义是人类社会所面临的必然选择,能够解决人类目前所面临的生态危机。其理由有以下几点。

(1) 生态社会主义有其群众基础

东欧剧变以后,社会主义走向低谷。一些西方左翼人士对苏联社会主义模式产生怀疑和失望,也转向了"民主社会主义"和资本主义。

转向资本主义的那部分人认为,原先的社会主义国家将进入自由、繁荣、安全和正义的王国。他们蜂拥为右派投票,相信右派代表保守主义、安全、个人的好生活和基于传统价值和道德秩序。但是,他们全错了。右派代表着市场、竞争生产者必须履行的责任、追逐利润和热爱获取,还代表着最无助者的失败、撤除社会保障和劳动力的大量失业。在资本主义条件下,安全稳定和救助只能是想象、迷信和宗教。资本主义相对的和部分的长处是它的不稳定性、多样性和改造自己、质疑自己的发展能力。但是,它也持续地触发那种既无法控制,也不能定位的非正义的自发力量与稳定秩序的行政机构之间的新的冲突。资本主义没有给社会带来指南、目的和希望。中东欧的穷人数十年来渴望的东西仍然没有得到。西方的胜利不能说就是资本主义的胜利。况且,"民主社会主义的样板——瑞典模式"也遇到了严峻挑战。在这样的形势下,西方的社会主义者在与绿党的相互交往过程中,从传统的社会主义转向生态社会主义,而提倡生态主义者中的一部分传统保守主义者、主流绿党、绿色无政府主义者在与红色绿党的相互交往过程中从生态主义转向生态社会主义。由此形成了生态社会主义的群众基础。

(2) 生态社会主义有其理论基础

法国学者乔治·拉比卡教授曾明确指出,生态社会主义的理论基础是马克思主义。马克思在《资本论》中第一次揭示了资本主义逻辑,从而为我们认识生态危机的实质、根源和解决出路奠定了基础。

真的如此吗?要回答这一问题,就要深入分析生态学与马克思主义的关系。对此,存在着三大派意见。一派是"马克思主义异端"的观点,主张抛弃马克思主义理论的中心成分,声称在马克思主义现有的理论框架中无法解决生态学提出的新问题;另一派是"马克思主义正统"的观点,主张保卫马克思主义理论的中心成分,拒绝承认生态学对马克思主义的挑战;第三派的观点处于前两派之间,承认生态学及其生态环境危机事实上已对马克思主义提出了严峻的挑战,但是,马克思主义的理论能够面对这种挑战。

生态社会主义持有第三派的观点。他们认为马克思主义在其思想体系中确实包含了关于环境保护的观点。主要表现在:

第一,人是自然的一部分。马克思认为,"人直接地是自然存在物。而且作为有生命的自然存在物,一方面具有自然力、生命力,是能动的自然存在物;这些力量作为天赋和才能、作为欲望存在于人身上;另一方面,人作为自然的、肉体的、感性的、对象性的存在物,和动植物一样,是受动的、受制约的和受限制的存在物,也就是说,他的欲望的对象是作为不依赖于他的对象而存在于他之外的"。人是自然的一部分,自然是"人的现实的生活要素",是"人自己的人的存在的基础",人受到独立于人而存在的外部自然的限制,是在与自然的联系中的受动的存在。但是这种存在又不是纯粹被动的,人类在生产劳动中,将自然作为"人的生命活动的材料、对象和工具"来加以改造和变革,通过将自然变成人化的自然来获取生产资料和生活资料,从而使得自然成为"人的无机的身体"。[9]这样,马克思就不仅把人作为自然的存在来把握,而且也把自然作为人化的东西来把握,以劳动为中介理解人与自然的关系。这就与把人看做是生态系统的一员、自然的一部分的环境保护观点基本一致。

第二,自然的人本主义与人的自然主义的统一。在马克思看来,人要生存,劳动是不可缺少的,生产劳动不外乎是,作为主体的人运用工具(劳动资料)有目的、有意识地改造作为客体的自然(劳动对象),把作为自己本质的各种力量(劳动力)对象化,把自然改变成人的自然,生产劳动产品,在生产劳动中使得主体客体化(人的本质力量的对象化)以及客体主体化(对象的非对象化、对象作为我的东西而获得),将自然的变革与人自身的变革融为一体。这就赋予人类和自然以崭新的含义:"自然界的人的本质只有对社会的人说来才是存在的;因为只有在社会中,自然界对人说来才是人与人联系的纽带;因为只有在社会中,自然界对人来说才是人与人联系的纽带,才是他为别人的存在和别人为他的存在,才是人的现实的生活要素;只有在社会中,自然界才是人自己的人的存在的基础;只有在社会中,人的自然的存在对他说来才是他的人的存在,而自然界对他说来才成为人。因此,社会是人同自然界的完成了的本质的统一,是自然界的真正复活,是人的实现了的自然主义和自然界的实现了的人道主义。"[10]

但是,资本主义没有实现自然的人道主义与人的自然主义的统一。马克思指出,资本主义的生产不仅引起了"人与自然之间的物质代谢"与自然的"扰乱和破坏",而且同时"破坏了"劳动者的"身体健康"、"精神生活",因此,必须进行社会变革,使人类"合理地调节他们和自然之间的物质变换,把它置于他们的共同控制之下,而不让它作为盲目的力量来统治自己;靠消耗最小的力量,在最无愧于和最适于他们的人类本性的条件下来进行这种物质变换"。[11]这样,马克思就从环境问题——人与自然的关系问题深化到了人与人之间的关系问题。他告诉我们,人与自然的关系是和人与人的关系相关的,要协调好人与自然之间的关系,就必须协调好人与人之间的关系。这两种关系的协调到了共产主义社会达到高度的统一。"这种共产主义,作为完成了的自然主义,等于人道主义,而作为完成了的人道主义,等于自然主义"[12]。

在此基础上,生态社会主义认为,对自然的统治与对人的统治具有统一性,人对自然的统治构成了对人统治的基础。要解放人类必须先解放自然,否则人类的解放就是一句空话。为此必须建立人与自然以及人与人之间的和谐关系。

由此可知,在马克思主义的思想体系中,确实具有从人与自然的关系出发,反对破坏自然,提倡保护环境的观点。不过,这与现代生态学还是有区别的。马克思主义具有某些与生态学的一致并非意味着马克思主义对生态学的全部涵盖,更不意味着只要马克思主义的指导,不要生态学的指导,就可以解决人类目前所面临的生态危机。实际上,由于马克思所处的历史阶段的限制,也使马克思主义受到当代生态危机的挑战。对此必须积极响应,加以扬弃,形成更加合理的生态马克思主义,这表现在以下几方面。

第一,形成合理的生产力概念。由于在19世纪的社会发展中,资源环境似乎呈现出一幅取之不尽的虚假景象,这使人类普遍认为,人类所要做的就是改造和征服自然,从自然界中获得更多的资源用于生产。在马克思、恩格斯那里,他们的确始终将自然视为人类改造和征服的对象,并且将这种改造和征服自然视为整个人类历史发展的本质和永久性的一般基础。在马克思、恩格斯看来,作为人类社会发展的生产力就是人改造自然能力的一种功能水平,人对自然界的认识也是人"支配自然界的实际力量"[13],"一切生命都是个人在一定社会形式中并借这种社会形式而进行的对自然的占有。"[14]"劳动首先是人和自然之间的过程,是人以自身的活动来引起、调整和控制人和自然之间的物质变换的过程。"[15]并且,这里作为劳动生产对象的自然不是天然的"简单的自然物",而是"已被人类的活动改造过的自然物"。[16]他们认为,这种人对自然的实际占有,人与自然之间物质变换的一般条件,是人类生活的永久的自然条件。没有人对外部自然界的改造,没有物质生产力的现实发展,就没有人的存在,也就没有人类社会历史的进步。因此,无产阶级必须掌握生产资料,大力发展科学技术,不断提高作为人类征服自然、改造自然以获得物质资料能力的生产力,消灭剥削和异化。

如此一来,在如何对待自然界这一问题上,马克思认为,社会生产力便是社会的劳动者利用社会所有的劳动资料改造大自然的活动。在这个社会总生产过程中,劳动对象处于人类社会的对立面,是社会生产力所要变革的对象。而作为自然界对立面的社会,是劳动者和劳动资料的总和,作用于自然资源,把它改造为社会产品,不断地壮大自己,从而在更大的范围内与自然界相对立,把自然当成异己的力量,把发展生产力作为人类向大自然索取的单向活动。在这种观念支配下,最终将阻碍生产力的持续发展。

因此,必须对马克思的生产力概念加以修正,以转变人类对自然的"征服"观念。生产力作为人的主体能动性的主要表现,它的实现应该是通过人与自然之间的物质、能量交换,为人的生存、发展获得必需的物质资料。但是,在生产力实现的这一过程中,必须注意协调人与自然之间的关系,维护生态平衡,保护自然资源环境。"从而使生产活动由人类向大自然索取的单向活动变为人与自然物质交换的双向运动。"[17]因此,应该将生产力的概念理解为"人类在与自然进行物质变换的过程中,以保持生态平衡为基础,合理地控制自然,把自然改造成适合人类需要的物质资料的力量。"[18] 这也是生态马克思主义以生态学视角为基点对马克思的生产力概念进行的反思和修正。

第二,将劳动异化和自然异化结合起来分析。马克思发现,在资本主义制度下,工人本质力量的对象化表现为被对象奴役,工人同自己的劳动产品的关系成为一种异己的对象的关系。工人把自己的生命投入对象,但结果是这个生命不再属于他,而是属于那个运用手中的资本雇佣他进行劳动并占有他的劳动成果的资本家。这样,工人在通过自己的对象性活动来改造自然以追求丰裕的物质条件和精神食粮时,不可避免地造成了并且不断地积累着同自己的目标相对立的恶果。这就是马克思加以充分揭示并以之作为建立共产主义理论依据的所谓"劳动的异化"。由此出发,马克思提出了自己的共产主义学说:既然私有制财产是劳动异化和一切其他形式异化的根源,那么以人类解放为宗旨的共产主义运动,就应当是私有制财产的积极扬弃,即对一切异化的积极的扬弃。因此,社会异化的扬弃也就意味着,必须推翻那些使人成为受屈辱、被奴役、被遗弃和被蔑视的东西的一切关系。

在这里,马克思洞察了资本主义对工人劳动的异化,主张推翻资本主义制度以扬弃这种异化。但是,由于在马克思所处的时代,人与自然的矛盾尚不突出,工业化造成的环境破坏并没有凸显出来,因此,马克思只注意到了劳动的社会异化,而没有注意到劳动的自然异化——人类对自然的剥削导致的自然对人类的报复。没有将工人劳动所引起的对自然环境的破坏纳入异化的范畴。其实劳动的自然异化,即人类劳动所引起的人与自然的对立,在今天其危险性和严重程度并不亚于劳动的异化——人与人之间的对立。因此,人类当前既要扬弃劳动的社会异化又要扬弃劳动的自然异化。不仅要对人的剥削关系进行批判,还要对盘剥自然的人类思想及其活动进行批判。

第三,从经济危机到生态危机。第二次世界大战以后,由于新科技革命的兴起,以及生产关系的不断调整,西方发达国家的经济获得了巨大发展,出现了资本主义发展史上的第二个"黄金时代"。西方发达国家在私人垄断资本主义继续发展的同时,国家垄断资本主义有了更快的发展,并进而出现了国际垄断组织。西方发达国家的垄断资产阶级在残酷剥削不发达国家的基础上,在利润率大大提高的同时,通过实行福利主义,缓解劳资矛盾,再加上其他原因,使无产阶级革命处于低潮。同时,垄断资本主义国家之间的竞争也从军事政治领域转向经济科技领域,西方国家从各自利益出发相互协调关系有所加强。资本主义生产关系方面的矛盾暂时有所缓解。

不过,这只是问题的一面,问题的另一面是,资本主义生产力方面的矛盾,资产阶级追求扩大再生产与无限追求超额利润的本性,使得全球自然资源遭受长期掠夺性开发,生态危机日益严重。同时,西方发达国家推行生态殖民主义,加强对不发达国家的剥削和掠夺,造成不发达国家和地区生态环境的恶化。

在这样的背景下,生态马克思主义从马克思主义关于资本主义生产本质的见解出发,着重分析了资本主义生产、消费、人的需求、商品和环境之间的关系,认为:"历史的变化已使原来马克思主义关于只属于工业资本主义生产领域的危机理论失去效用。今天,危机的趋势已转移到消费领域,即生态危机取代了经济危机。资本主义由于不能为了向人们提供缓解其异化所需要的无穷无尽的商品而维持其现存工业增长的速度,因而将触发这一危机。"[19]因此,生态危机是资本主义生产方式发展到现阶段的必然产物,必须对资本主义的生产方式,对生态殖民主义进行批判。

总之,针对马克思主义的原有含义以及参照生态危机对马克思主义提出的挑战,一些西方生态马克思主义者重新调整了战略,试图把自己的理论同广大群众关心的问题结合起来,努力开拓一条既能实现自己的目标,又能赢得广大人民群众广泛支持的社会变革道路,为生态社会主义认识世界生态问题的实质提供重要指导。正是在这样的理论基础和现实基础之上,有关生态社会主义的理论主张诞生了。

4. 生态社会主义能够将经济合理性和生态合理性统一起来

高兹认为生态社会主义的生态重建(生态现代化)是合理的和可行的。他认为,"生态上非理性的东西不可能是经济上合理的东西。"[20]追求利润最大化的资本主义经济与不合理性的生态环境破坏和异化劳动相联系,这必然最终导致资本主义经济的不合理。为此必须改变资本主义经济,以生态重建原则来规范指导经济活动的基本原则,缩小被资本主义经济合理性控制的范围,增加不为经济增长服务的投资,限制资本主义积累的冲动和通过约束自我来减少消费,拯救生活的基本要素,改善生活质量,使生产和利润最大化的经济标准服从于社会-生态标准,使发展从属于非定量的社会文化目标以及个人的自由发展,从而走向基于自我约束的、更节俭的、生态上可持续的消费模式的生态社会主义。由此达到真正的经济合理性和生态合理性的统一,实现一个我们在其中生活得更好,然而劳动和消费更少的社会。

5. 生态社会主义的主张

与绿色绿党不同,红色绿党坚持"现代主义",坚持启蒙运动以来的理性价值取向和工业社会发展观。它认为,工业生产在本质上不会被否定,要否定的是生态中心主义对增长和人口过剩的简单化限制、资本主义生产关系的过度增长,以及资本主义生产力的异化的、非理性的发展。它相信,人对自然的支配不是生态问题产生的原因,生态危机的产生由对待自然的资本主义生产方式引起。因此,人类在反思自身对自然界态度的同时,应该坚持"人类尺度",改变资本主义追求利润最大化的生产目的以及资本主义的劳动异化。

在政治方面,生态社会主义价值观的核心是"社会公正"。其基本含义是:实现社会公平和正义并迫使资本家及其政治代理人作出政治、伦理上的保证。"第一,改变人与人之间的不平等的关系,把属人的权利归还给人自身,特别是那些'在政治和经济上都处于被动的、受压迫地位'的社会阶层。第二,改变'由财富和权力不平等造成的机会不平等,也就是人的实现能力的不平等',使人的才能得到充分发挥、人的自由个性得到充分发展。第三,反对利己主义,确立'社会责任感',使一切私人的或公共权力机构的决策和行为符合社会正义。"[21]

在具体操作上,生态社会主义强调基层民主原则,主张政权机构应由基层民主选举产生,政治上的权力应始终放在基层,坚持每一个人的自决权和自由发展,上一级政权不准干涉;主张意识形态多元化和权力资源的分散化,反对秘密政治,推崇新闻自由。这种基层民主有三个特点:一是直接民主,二是权力分散,三是政治公开。

在经济方面,生态社会主义主张全面消除现存的财产私有制和国家所有制的公有制,认为私有制会产生异化以及对人类和自然的剥削,而公有制容易造成社会集权、人性异化和掠夺自然,主张建立"共同财产所有制";在分配上,主张公平分配,缩小贫富差距;在经济指标上,主张把人的发展、生态平衡作为衡量经济发展的指标;反对各种垄断企业和跨国公司,主张建立各种中小型工商企业,创立依照民主原则运营的小国寡民的生产单位,公开声称支持"所有志在推进地方分权化和小国寡民生产系统"的运动。

在国际关系方面,生态社会主义反对大国霸权,鼓励裁军,反对对第三世界的压迫,反对现代民族国家,反对生态殖民主义,建立符合生态保护要求的社区等。

在技术方面,生态社会主义认为,科学技术不再是"一种革命或解放的力量",而是蜕变为新的社会控制形式。马尔库塞将之称为"技术的异化",并提出了一个著名的公式"技术进步＝社会财富的增长＝奴役的扩展"。也就是说,它一方面使人获得掠夺自然的最新技术手段,另一方面把对自然的征服和对人的统治"合理化"。为此,生态社会主义主张废除"大技术"和大工业,而发展一种小的和充满人性的新技术,以此消除人与自然的结构性分裂。如布达林(Budalin)就认为,应该创造现代生活中所没有的"后工业化"技术。他认为,未来生产力的一个决定性特点是,生产过程将成为自然恢复过程的一个必要组成部分,而人本身将不再是破坏自然环境的祸首,而重新成为自然界的好朋友。[22]

他认为,这种后工业化技术的实现需要具备下列三个条件:需要一大批科学工作者——基础科学家、专业学者、设计工程师;有组织的、社会的社会主义力量,技术与经济突破与之有切身利害关系;对一些落后国家,与西方国家不同,大规模采用后工业化技术,对其不会有固定的资本大幅贬值的风险,没有技术进步和采用最新设备的障碍。

在文化方面,生态社会主义指出,资本主义的"文化工业"发展起了"纯粹的文化消费",把文化产品和普通商品一样生产、销售,人的自由个性和自我意识被充斥社会的消费主义价值观及商业文化垃圾所扼杀。工业文明的成就,本应成为人类解放的前提,而现在却成了统治的工具。为此生态社会主义主张:必须创立一种"非压抑性文化",把人从资本主义工业文明的压迫下解放出来;必须形成"后物质主义"的价值取向,以取代现在盛行的物质主义的价值取向;必须改变传统片面的教育模式,改变教育目标,以培养具有完整个性和全面发展的人。

6. 生态社会主义的意义和不足

从上面的论述可以看出,生态社会主义的总体目标是把维护全球性的生态平衡和实现社会主义结合起来,即实现他们自己宣称的"保护生态的、自我管理的和自我解放的社会主义,一种历史上从未有过的社会主义"。这是在特定的社会历史条件下,人们对社会现实的一种理论反映。它不仅吸取了生态主义和技术主义的合理因素,而且克服了其局限性,批判了资本主义生产方式、生态殖民主义和社会主义国家的官僚主义。生态社会主义宣称:生态社会主义既不意味着放弃工业社会,也不意味着抛弃技术和向前工业生活方式倒退,去做苦行僧,而是要发展和使用更加符合人类需求和自然保护的技术,打破"越好的社会是生产越多、消费越多"的人类幻想。

这些对于可持续社会的建立具有重要的意义。

首先,生态社会主义要解决的问题,大都切中时弊,十分现实。这是生态社会主义在短时期内得以迅速传播的重要原因,也使得许多国家的执政党不得不正视这种挑战,并逐步在自己的施政纲领中吸纳生态社会主义的观点,以符合选民的愿望。这客观上促使各国政府更加重视生态问题、南北问题、和平问题,促进世界的和平与发展。

其次,生态社会主义将自己定义为资本主义的对立面,谴责资本主义对自然界所采取的掠夺态度,批判资本主义的发展具有反人道、反自然的倾向;否定资本主义的阶层制,要求实现社会平等,具有一定的鼓动性。它批判资本主义的市场经济不关心生态保护和人类的长远利益,从而使人类的生活基础受到了彻底污染和破坏,失业人数越来越多,生活和精神的穷困越来越厉害;它批判资本主义的垄断性,认为各种垄断企业和跨国公司都是对内对外剥削掠夺的工具,是挥霍资源和践踏生命的元凶,资本主义分配体系不仅是不道德的,而且更是一种罪恶;它还主张应该废除资本主义生产资料的私有制,揭露资本主义政治上排斥异己,实现新闻垄断的实质;另外,生态社会主义还批判了发达资本主义国家在国际政治上的强权政治行为,深刻地指出,发达国家是造成不发达国家生态危机的根源。所有这些都为人们正确认识资本主义社会提供了线索和证明。

再次,生态社会主义对资本主义的传统价值观念提出了挑战。它主张生产的目的首先应该是满足社会需要,而不是追求最大限度的利润。就是说,必须把人放在物之上,使每一个人都得到个人充分发展的权力。主张尊重个人选择不同生活方式的权利,使生活丰富多彩;主张实行直接民主,反对官僚主义的组织形式;主张克服劳动异化,反对把劳动仅仅当做生存手段,反对资本对劳动的剥削;主张生态社会主义的目标是劳动的解放,从更深远的意义上,劳动应是创造性的活动。这点正如德国社会民主党副主席奥斯卡·拉封丹(Lafontain)所说:"它是反对人剥削人的斗争和反对剥削自然的斗争的结合。要实现这种进步,必须抛弃经济增长的思想;必须更加公正地分配社会生产财富;必须实行制度改革,使公民能够参与决定社会和经济事务。在这方面,社会主义和生态社会主义的基本共同点是:维护劳动者的自决权,夺回人在劳动中的自主权。"这种以人为中心的新价值观,有其进步意义。

但是,必须清楚的是,生态社会主义虽然与科学社会主义有某些一致,但其本身不是科学社会主义。综观其理论和实践,可以发现它带有欧洲历史上的小资产阶级社会主义和现代的民主主义、无政府主义的影子,存在着明显的不足和缺陷。在社会政治实践中,提不出可行的、有号召力的具体社会政策,缺乏社会理想和解决社会冲突的具体手段。因此,生态社会主义还不能说为人类解决生态危机找到了一条确实可行的道路。

在改革道路上,生态社会主义奉行非暴力原则,甚至反对一切形式的暴力,主张"以宽容对待不宽容",提倡"人民的不服从"和"非暴力对抗",这就陷入了改良主义的泥潭。

在实现目标的依靠力量上,生态社会主义特别青睐具有"生态意识"的中小资产阶级、知识分子和青年学生,把解决生态危机的希望寄托于能认识到其社会的美好性并自觉为之奋斗的人身上,并企图得到资产阶级政党、公司经理们的"同情"和政府的"资助"。这就必然导致生态社会主义的宗派性、软弱性、非科学性。

在对资本主义的反叛上,他们把失业和分配不公等资本主义的罪恶归咎于工作分配不合理和税收制度不健全的表面层次上,没有从资本主义制度上寻找真正的根源;他们还将私有制与公有制混同起来进行批判,企望建立一种超越两种根本对立的所有制之上的第三种所有制。这就说明他们的革命性并不彻底。

由此可见,生态社会主义是在特定的社会历史条件下产生的,有其深刻的现实基础、阶级基础和思想文化基础。它在社会各个方面都有独具特色的自己的主张。这些主张中有积极因素,也有错误、不科学的因素。综合把握它的发展脉络和思想实质,有利于正确认识这种在当代世界中不可忽视的政治思潮的全貌,而且,吸纳其积极主张,剔除其消极影响,有利于人类社会可持续发展战略的实施。

三、维护公民的环境权

"环境权",简单地说就是人享受环境的权利,这一权利在传统的法律体系中是没有明确规定的。

1. 环境权的由来

有关"环境权"的讨论最早产生于美国。1970 年 1 月,当时的美国总统尼克松在国会演说中提出,拥有适宜人居住的环境应该是每一个美国人与生俱来的权利。地球日的倡导者内尔松(G. Nelson)议员也曾号召修改宪法,以确保每一个美国人都可享受健康的环境。受美国政界的影响,哲学家布莱克斯通(W. T. Blackstone)认为,传统的伦理学和法学只把平等、自由和幸福当做人的权利,而忽视了适宜居住的环境对于人类生存的根本意义。其实,这一点是人获得平等、自由和幸福的前提,没有一个适宜人居住的环境,人们的平等、自由和幸福就无法得到保障。在这个意义上,应该把适宜人居住的环境同样看做是人的一种不可剥夺的天赋权利。他还沿用洛克(Locke)以来的自由主义传统,提出需要对那种破坏环境的"自由"进行限制,让人对自己的破坏行为承担起"法的责任",强调了从法律上确立"环境权"和人的生存的重要意义。[23]

不仅如此,1982 年北卡罗来纳州瓦任(Warren)县关于一个土地填埋场的决策,是美国环境公正运动的导火索。该决策要建立一个土地填埋场,以接纳受多氯联苯(PCB)污染的土壤,这些土壤从州内 14 个不同的地方运来,置放在一个与低收入且以非洲裔美国人为主的小社区毗连的地方。该决策显示出,此类有害设施经常被安置在少数民族和/或低收入人群居住的区域。公民和各州人权活动人士组织了许多次示威,结果有 500 人以上被逮捕。后来,美国审计总署在美国南部八个州进行了一项研究,考察危险废物处置场与其周围社区的种族和经济地位之间的相关性。研究结果表明,每四个这样的土地填埋场中就有三个设置在少数民族社区或其毗连地区。另外一些研究也证实了这种发现。从瓦任县的决策开始,环境公正、环境平等、环境种族主义和环境阶级歧视的概念就出现在关于公共政策的讨论和研究文献中。可以预见,这些概念在将来会日益受到更多的关注。

(1)环境公正:所有人都有获得安全、健康、具有生产力的可持续环境的权利。在这里,环境被视为一个综合的概念,包括生态(生物)、物理(自然的和人工的)、社会、政治、审美以及经济等多种组分。环境公正是指这样的状况:人们可以自由地行使上述权利,因而个人和团体的身份、需求、尊严得到维护、满足和尊重,反映在提供自我实现的授权及个人和社区的授权。

(2) 环境平等:一种理想,即在环境法令、规则和实践中平等地对待并保护不同种族、民族和收入群。环境平等暗含了"公平"和"权利"的含义,但不一定涉及过去的不平等。

(3) 环境种族主义:涉及环境决策、法律规则执行中的种族歧视,涉及针对有色人种社区的有害废物处置和污染企业选址。这种种族歧视可能是故意的或非故意的,经常反映了"制度上的种族歧视"。

(4) 环境阶级歧视:执行环境政策的结果和过程有意无意地造成对低收入个人、人群或社区不成比例的影响(不利的或有利的)。[24]

在环境权的相关研究以及环境公正运动的推动下,自20世纪80年代以来,人们普遍认为,为了健康和幸福,拥有良好的自然环境、生活环境是理所当然的,维护公民的环境权是生态正义的必然要求。由此,公民的环境权成为一项基本人权。

2. 公民的环境权的内涵

概括而言,公民环境权的具体内涵包括以下几个方面。

(1) 公民应当拥有享受良好环境的权利

环境是每个公民维持生存必不可少的条件,良好的环境能够保护人的生命和健康、保护植物和动物以及保存遗传基因等。环境破坏了,人类的生存基础和质量也就受到了破坏,人类的生存和发展也相应的受到了破坏。如此,维护公民的环境权应该以环境不受损害为基本标准,这一标准不仅是其他权利所没有的,而且也是对其他权利的限制。

(2) 公民对环境状况应该有知情权和监督权

环境信息关系到每一个公民的身心健康,公民有权依法定程序,获得关于自然环境状况及其对居民健康影响等方面的确实可靠信息。1992年联合国人类环境与发展大会通过的《关于环境与发展的里约宣言》明确指出:"环境问题最好是在全体有关市民的参与下,在有关级别上加以处理。在国家一级,每一个人都应能适当地获得公共当局所持有的有关环境的资料,包括关于在其社区内的危险物质和活动的资料,并应有机会参与各项决策进程。"[25] 1998年,35个来自欧洲和中亚的国家在丹麦签署了"奥胡斯公约"。核心内容是强调公众的环境信息知情权,随后又有39个国家加入了该公约。

专栏 7-3

奥胡斯公约

1998年6月25日,联合国通过了欧洲经济理事会在奥胡斯起草通过的《公众在环境事务中知情权、参与决策权和获得司法救济权公约》(简称"奥胡斯公约")。这是目前将环境权中程序性权利规定得最完善的条约。它对知情权、参与权和诉讼权作出了一般性的原则规定,主要精神可以概括为:第一,各国应该采取必要的立法、规章以及适当的执行措施,建立和维持清楚的、有透明度的、统一的制度框架,来执行公约规定和保证公约所规定的公众知情、参与和获得救济权利的实施。第二,各国应保证有关官员和政府当局向公众提供为获得信息、参与和获得救济权利的指南。第三,各国通过推进环境教育,提高公众的环境意识,特别是在如何实现环境知情权、参与决策权、在环境事务中获得救济的权利。第四,各国适当承认和支持环境保护协会、组织和社团。第五,各国应保证公民在行使公约所规定的权利时不受刑事惩罚、迫害和折磨。

随着公民环境意识的觉醒,公民的知情权已成为环境保护的重要因素。不仅政府应及时主动地向公众公布有关环境信息,企业、产品的环境信息也应向公众公开。而且,政府、企业也要应公众的要求提供环境信息。虽然公开不一定就公平,但公开是公正解决环境问题的必要前提。保证公民的环境知情权,一方面能够使公民在了解相关的环境信息后趋利避害,采取必要的防护措施,减少环境污染对自身造成的损害;另一方面,通过公布相关信息,借用公众舆论和公众监督,对环境污染和生态破坏的制造者施加压力,达到参与国家环境监督和管理的目的。

我国政府为推进环境信息公开已做了诸多努力,如每年公布环境公报,每月公布大江大河水质状况,每天公布城市空气质量,各媒体都在广泛地报道环境事件。

(3) 公民应有环境参与权

公民参与环境管理既是环境保护的需要,也是每个国家是否重视和保护公民环境权利的一个重要标志。从环保发展史上看,美国的环境保护运动是自下而上兴起的,针对日益突出的生态环境问题,经由民间组织向法院起诉、游说、呼吁,最终通过立法,实现对污染和生态破坏的治理、补偿、监督和控制。

公民参与环境保护可以采取多种途径,例如,组成环境保护的团体,参与环境保护的宣传教育和实施公益性环境保护行为;参与环境保护方面的监督、检举和控告,能够运用法律武器起诉任何违反环境权利的行为;参与环境纠纷的处理,参与和公众环境利益有重大关系的各方面决策。

这种参与对于解决环境问题具有重要的作用:有助于激发公众政治参与的责任感和积极性,壮大环境保护的社会力量;有助于让更多的在有关活动中无经济利益的人参与决策,避免既得利益集团按照经济标准制定环境政策而损害环保的缺陷,让决策朝着更为科学、合理的方向前进;有助于实现对政府的监督,制止政府从自身利益出发做出短期行为,制定不恰当的政策;有助于政府更广泛、全面、具体、深入地了解所辖区域内的环境破坏状况与环境损失影响,帮助政府完善环境法规和实施环境治理、救护以及保护行动;有助于社会以和平方式解决生态环境危机,避免政治动荡和社会冲突;有助于公众通过集体和个人的宣传和行动,逐步抵制、纠正和改变传统的与环境保护相对立的消费观念和生活方式,提倡、推行和完善与环境保护相和谐的消费观念和生活方式。一句话,没有公民的政治参与,环境保护就不能顺利进行。

3. 怎样维护公民的环境权

在目前的中国社会,公民的环境权利维护得怎样呢?应该说是比较差的,有很多具体的事例说明了这一点。在这样的情况下,我们应该采取什么样的措施维护公民的环境权呢?

(1) 扩大公民对环境的知情权

环境知情权是公民和社会组织收集、知晓和了解与环境问题、环境政策有关的信息的权利。环境知情权是行使环境监督权的基础。只有公布环境状况和环保工作的信息,扩大公民对环境的知情权,才能为公民关注环保、参与重大项目决策的环境监督和咨询提供必要的条件,才能引导公民积极参与环保公益活动,为保护环境做好事,做实事。

目前我国公民的环境知情权虽有了一些扩展,但环境知情权方面仍有较大缺口,表现在公民对单个企业的环境行为的信息了解不足,对政府制定实施环境政策的过程了解不够,对政府环境保护工作的过程知之甚少,对高质量环境信息的需要不能得到有效地满足。究其原因,主要在于公民个人要求政府和企业提供环境方面的相关资料,相当困难。公民向谁要?谁会给?谁应该给?缺少公民与政府部门间的信息互动。在这种情况下,要实行信息法治,研究、制定、实施保障环境信息透明化的相关法规,以确保公众环境知情权的实现,使公众不但了解环境状况是什么,还了解与这些状况有关的分析结论,知其然且知其所以然。

(2) 加强公民的环境监督权和环境公益诉讼

环境监督权是通过法律规定赋予社会组织和公民个人对损害环境的行为监督的权利。但是,在环境基本法中没有具体规定公民享有的日照权、通风权、安宁权、清洁水权、清洁空气权等。对此应该有所完善,如果公民的上述权利的一项受到危害,就可拿起法律的武器来维护自己的环境权利。

不仅如此,还应该建立环境公益诉讼。所谓环境公益诉讼,是指任何公民、社会团体、国家机关为了社会公共利益,都可以以自己的名义,向国家司法机关提起诉讼。而我国现行的环境诉讼法律规定中,唯有直接受害人才有权提起民事诉讼,最后被归于民事法律管辖范畴。这是存在欠缺的,因为环境权益不仅仅属于私人权益,更属于社会公益。也正因为这样,在欧美各国的环境法中,都普遍采用了环境公益诉讼制度。在我国,应该加大对环境污染和生态破坏的惩治力度,司法应当逐步扩大环境诉讼的主体范围,从环境问题的直接受害者扩大到政府环境保护部门,扩大到具有专业资质的其他环保组织,再扩大到更广阔的公众主体,将公众日益增长的环境权益要求纳入规范有序的管理。

(3) 提高公民的环境意识,增强参与能力

环境意识,是指"人类善待自然,将自身作为自然生态系统中的一环考虑的,对于人类活动和自然环境、生物物种之间关系的一系列正确看法和态度"。"它引导着人们为保护环境而不断调整自身的行为,协调人与自然的关系。不断提高自身关于环境保护的知识和技能。"[26] 公众的环境意识高,保护环境的积极性就高,环境也就能得到更好的保护。

但是,公众的环保意识与社会生产力密切相关。当生产力水平低下,物质产品不丰富时,人们首先面临的是生存需求,发展经济摆脱贫困成为优先考虑的事情,而保护环境则摆在次要位置。此时公众的环保意识就明显偏低。这点在现在的中国有比较充分的反映。

1999 年由国家环境保护总局和教育部共同组织的全国规模的公众环保意识抽样调查报告显示:我国公众的环保知识水平普遍很低,一套满分 13 分的环保知识题,人均得分仅 2.8 分,公众的环保意识有待提高。如在对经济发展和环境保护关系的认识上,公众更倾向于在当地发展过程中,经济建设重于环境保护。对于经济发展和环境保护的关系问题,还有相当一部分人没有明确的取向,43% 的人表示不知道,45% 的人不同意"为了保护环境宁可放慢经济发展速度"的观点,只有 36% 的人表示同意。46% 的人认为"经济发展不可避免地会破坏环境",而 31% 的人不同意这一说法。

这种较低的公众环保意识水平必然影响到中国公众对待环保的态度和行为,影响到他们的参与水平。主要原因一是较低的公众环保意识,将直接影响并导致他们对环境危害的认识不足和关心不够,从而也就不会参与到环境权利的维护之中;二是较低的公众环境意识所导致的直接后果必然是专家和普通公众地位上的不平等,从而在实质上造成公众自觉放弃发言权,让专家和政府为他们做主,形成了对专家和政府的依赖,使得公众参与变得不充分;三是公民不能普遍而有效地参与国家环境管理,不能有效地行使环境保护方面的监督、检举和控告权利,不能在环境破坏损害其生活环境和工作环境时,取得保护和赔偿,最终也就不能获得国家所赋予的公民在享有较好的生活环境和生态环境方面的权利。

(4) 制定可行的公众参与机制,鼓励和规范公众参与

针对我国公民的环保参与,过去一段时间,存在的一个主要问题是体制问题。1979 年中国《环境保护法》规定:"一切单位和个人,都有保护环境的义务,并有权对污染和破坏环境的单位和个人进行检举和控告。"2003 年 9 月 1 日开始实施《环境影响评价法》,规定政府机关应当在可能造成不良环境影响并直接涉及公众环境权益的专项规划审批前,举行论证会、听证会等形式,征求有关单位、专家和公众对环境影响报告书的意见。这意味着公众参与环境监督的权利

在法律上得到肯定。但是,应该指出的是,在"参与"的具体条件、具体方式、具体程序上还缺少明确细致的法律规定。就是说,公众一旦遇到具体的环境问题,不知道如何参与,由谁组织参与,应该按照什么样的程序参与。例如,一些计划启动的水坝项目曾受到公众关注,但这种关注更多只表现在网上发发文章,专家们开几个会。热心的公众如果找不到参与决策的渠道,可能会选择激烈的诉求方式。因此,为公众参与影响环境的重大项目决策而制定明晰的程序与权利,是我国政府的责任。为了落实国务院《关于落实科学发展观加强环境保护的决定》,健全社会监督机制,加强决策民主化,2006 年 2 月 22 日,由国家环保总局颁布了《环境影响评价公众参与暂行办法》。这是第一部环保公众参与办法,为公众参与环保提供了程序和法律上的保证。

专栏 7 - 4
环保总局今天正式发布《环境影响评价公众参与暂行办法》[27]

环保总局今天正式发布《环境影响评价公众参与暂行办法》。环保总局副局长潘岳表示,这是中国环保领域的第一部公众参与的规范性文件,更是贯彻国务院《关于落实科学发展观加强环境保护的决定》(以下简称《决定》)中关于"健全社会监督机制"内容的实际行动。

潘岳说,环境影响评价制度是落实科学发展观的重要手段,是构建社会主义和谐社会的具体内容。将公众参与制度化地引入环境影响评价工作,将可以真正保障公众环境权益,加强环境决策民主化。环保总局曾在 2005 年举行了圆明园防渗工程环境影响听证会。听证会不仅大幅度提高了公众的环境意识,也有效地提高了政府决策的质量和公信度。国务院刚刚发布的《决定》明确要求,"对涉及公众环境权益的发展规划和建设项目,要通过听证会、论证会或社会公示等形式,听取公众意见,强化社会监督"。

潘岳指出,在我国现行的环境影响评价制度中,上级对下级环保部门、环保部门对环评机构的监督,主要靠行政手段,而缺乏社会监督。《环境影响评价法》中虽然规定了公众参与的原则,但范围不清晰、途径不明确、程序不具体、方式不确定,公众难以实际操作;在环境影响评价程序中,也只要求在编制环境影响评价报告书时收集公众意见,没有规定政府在审批决策时更多地采用听证会等方式来促进政府与公众的良性互动。正是由于公众参与项目决策不足,导致一些项目建成后的环境纠纷不断,甚至引发环境群体性事件。因此,出台《环境影响评价公众参与暂行办法》,目的就是把圆明园经验制度化,以部门规章的形式,将公众参与引入环境影响评价工作中去。

潘岳介绍说,这一办法不仅明确了公众参与环境影响评价的权利,而且规定了参与环境影响评价的具体范围、程序、方式和期限,有利于保障公众的环境知情权,有利于调动各相关利益方参与的积极性。

第一，提出了公众参与环境影响评价实行公开、平等、广泛和便利四项原则。

第二，明确了公众、建设单位和环保部门三方的权利义务，详细规定了建设单位和环保部门必须公开环境信息和征求公众意见的义务。

第三，明确了征求意见的范围，要求建设单位在选择征求意见的对象时，应当综合考虑地域、职业、专业知识背景等因素，合理选择相关个人和组织。

第四，针对环境影响评价报告书过于专业等情况，要求建设单位或其委托的环境影响评价机构应公开环境影响评价报告书简本，便于公众了解信息。

第五，规定了调查公众意见、咨询专家意见、座谈会、论证会、听证会五种公众参与的具体形式。

第六，明确了征求公众意见的时间和期限，要求建设单位必须在环境影响评价文件报送审查之前，征求公众意见的期限不能少于10天。

第七，明确了信息公开三阶段的要求：在环境影响评价开始阶段，建设单位应当公告项目名称及概要等信息；在环境影响评价进行阶段，建设单位应当公告可能造成环境影响的范围、程度以及主要预防措施等内容；在环境影响评价审批阶段，环保部门应当公告已受理的环境影响评价文件简要信息与审批结果。

第八，为保证公众参与的有效性，明确要求建设单位应当在报审的环境影响评价报告书中附上对公众意见采纳或者不采纳的说明。暂行办法同时还对编制和审查各类开发建设规划如何征求公众意见做了相应规定。

潘岳指出，公众参与环境保护的程度，直接体现了一个国家可持续发展的水平。据中国环境文化促进会日前发布的首个中国公众环保民生指数显示，尽管环保在近两年成为公众关注的社会热点，但公众环保参与的程度还很低。仅有6.3%的公众在最近三个月参加过环保活动；知道"12369"环境问题免费举报电话的不足20%；环境信息下情上达的不通畅竟位居公众最不满意的环境问题之首。造成这种局面的根本原因，不是公众环境意识程度低，而是公众缺乏获得环境信息和参与环保事务的有效机制。

潘岳强调，公众参与是解决中国环境问题的重要途径，而环境信息披露制度是公众参与环境事务的前提。国务院《决定》指出，"实行环境质量公告制度，定期公布各省市有关环境保护指标，发布城市空气质量、城市噪声、饮用水水源水质、流域水质、近岸海域水质和生态状况评价等环境信息，及时发布环境事故信息，为公众参与制度创造条件。"因此，没有真正的环境信息披露制度，公众的环境知情权、参与权和监督权也就成为一句空话。环境信息披露制度能够督促企业和地方政府采取更为积极有效的环保措施，提升其透明度和责任心，促成环境领域的良性监管。环境信息披露也将使环保工作思维从"事后补救"向"事前警惕"转换。松花江事件充分说明，在环境安全高风险、环境事件高频发阶段，现有的环境应急处理措施已不能完全应对。只有让潜在的环境风险在事前得到充分有效的关注，才能最大限度地降低环境事故的发生频率。环保总局将以环境影响评价领域为突破口,建立一套覆盖环保行政许可各领域、各层次的环境信息披露体系,用更加具体的制度和更加可行的程序来保证公众对环境事务的有效参与。

潘岳说,环保总局在该办法起草过程中,先后征求了各地方、各部门、有关行业协会和研究机构的意见,并在互联网上公开征求了社会公众的意见。社会各界对此表现出极大兴趣,提出了许多有价值的建议。作为公众参与公共事务管理领域的第一部规范性文件,环保总局希望该办法暂行一段以后,根据方方面面的建议与批评,在实践中进一步修改完善,塑造真正的"责任环保"与"透明环保"。

潘岳最后说,按照国务院《决定》中指出的"发挥社会团体的作用,鼓励检举和揭发各种环境违法行为,推动环境公益诉讼"的精神,环保总局还将就相关法规的进一步修改与制定立即开展工作。

另外值得注意的是,中国的公众参与主要是在政府的推动和倡导下进行的,公众参与的主动性和积极性并不高,公众参与的主体性体现得不明显。因此,政府要明确认识到公众参与环保是他们的权利,而这样的权利和权益是国家法律赋予的,政府和相关部门有义务来回应和保护;必须尊重公民的环境权,鼓励并促使公民保护环境,参与并监督环境管理,与环境破坏的行为作斗争;必须建立良好的制度,动员和组织群众,让公民有法可依地独立地去进行。

材料评论

1. 在广东枫江下游,十多万揭阳和潮州的群众无法饮用"黑如墨汁,腥臭浓烈"的河水,沿江十多个小水厂又无法供应合格的饮用水,枫江两岸便出现了"水市"这一新的景观:每到傍晚,水贩们把从十几公里外的水库取来的净水当街叫卖:两块钱一桶(25 kg)。一般家庭每月为此要花费200多元,仅揭东县沿河5镇15万群众每年买水的开销至少要两三千万元,而该县全年财政收入也不过1.1亿元。[28]

为什么会出现上述情况?请你就公民环境权的维护加以评价。

2. 在江苏省通州市新联镇,不足百人的通如电镀厂排放的污水严重影响着沿河十多万人,但"镇领导却以该厂每年交纳30多万元税收为由,纵容其排污,致使污染愈演愈烈"。[29]广西壮族自治区玉林市石南镇政府在市法院判处该镇两家水泥厂赔偿受害果农损失34.8万元后,竟然向法院提交了一份"情况反映",称执行判决"将会影响我镇其他水泥厂乃至全市水泥厂的生产,造成更大的经济损失,后果不堪设想。建议撤销原判,进行再审",而市法院也真的就这么做了。其结果是,到广西壮族自治区高等法院纠正过来时,已经是6年之后的

1999年12月。[30]

请针对上述材料加以评论,并提出在环境保护过程中解决"地方保护主义"问题的具体措施。

问题与讨论

1. 绿色绿党提出的"对资本主义进行改良"的主张有哪些?对此你有何评价?
2. 绿党新政治学原则的主要内涵有哪些?
3. 为什么说资本主义制度是造成生态危机的根源?资本主义自身能够解决生态危机吗?
4. 生态社会主义的理论基础有哪些?
5. 生态社会主义的意义和价值如何?
6. 公民环境权的主要内涵怎样?
7. 为什么环境保护需要公民参与?
8. 应该采取哪些措施以维护公民的环境权?
9. 维护公民的环境权对于环保有什么样的意义?

参考文献

[1] 叶闯."深绿色"思想的理论构成及其未来含义[J].自然辩证法研究,1995(1):31.

[2][5] 罗依·艾克斯.环境主义和政治理论[M].英文版.1992:57,170-171.

[3] [日]星野芳郎.未来文明的原点[M].毕晓辉,译.哈尔滨:哈尔滨工业大学出版社,1985:44-45.

[4] Die Grunen Programme of the German Green Party《德国绿党纲领》[M]. London:Heretic Books,Sec.Ⅱ.

[6] The German Green Party. Bundnis 90/die grunen:political principles. Bonn, 1993:13.

[7][19] 本·阿格尔.西方马克思主义概论[M].慎之,译.北京:中国人民大学出版社,1991:486,486.

[8] 马尔库塞.工业社会与新左派[M].任立,编译.北京:商务印书馆,1982:128,129.

[9][10][12] 马克思.1844年经济学哲学手稿[M].北京:人民出版社,1985:124,52,78-79,77.

[11] 《马克思恩格斯全集》(第25卷)[M].北京:人民出版社,1975:926-927.

- [13] 《马克思恩格斯全集》(第46卷下)[M].北京:人民出版社,1980:36.
- [14] 《马克思恩格斯全集》(第46卷上)[M].北京:人民出版社,1979:24.
- [15] 《资本论》(第1卷)[M].北京:人民出版社,1975:202.
- [16] 《马克思恩格斯全集》(第26卷,第3册)[M].北京:人民出版社,1974:290.
- [17] 徐春.论生产力尺度与生态尺度的统一[J].北京大学学报(哲学社会科学版).1994(3):39.
- [18] 吴晓江.生态哲学视野中的第一生产力[J].哲学研究,1991(12):38.
- [20] 周穗明.生态重建与生态社会主义现代化[J].新视野,1996(6):60.
- [21] 王振亚.生态社会主义价值观的多维透视[J].马克思主义研究,2003(1):88.
- [22] [俄]布达林.21世纪技术经济必然有所突破[M]//现代外国哲学社会科学文摘.1998(3):42.
- [23] Blackstone W T. Philosophy and Environmental Crisis[M]. Athens: University of Georgia Press,1974.
- [24] [加拿大]布鲁斯·米切尔.资源与环境管理[M].蔡运龙,译.北京:商务印书馆,2004:542-543.
- [25] 万以诚.新文明的路标[M].长春:吉林人民出版社,2000:39.
- [26] 骆玉霞.关于环境意识的经济学分析[J].环境保护,1998(8):29.
- [27] 环保总局今天正式公布《环境影响评价公众参与暂行办法》.人民网.北京,2006年2月22日.
- [28][29][30] 转引自张玉林,顾金士.环境污染背景下的"浓度问题"[J].战略与管理,2003(3):71.

第八章

环境与国际政治：国家安全、主权和利益的调整

全球环境变化和全球环境问题对现有政治经济结构的挑战，向我们提出了世界重新设计和组织的严肃课题……环境问题和生态政治可能正在改变占支配地位的偏好和价值，创造新的思维空间。

——[美] 安德鲁·赫里尔（Andrew Hurrell）

- 环境威胁主要来自发达国家
- 不要借中国环境威胁论剥夺中国的发展权
- 应该采取恰当的方式维护主权国家的环境安全
- 全球环保需要弱化国家主权
- 反对以环保为借口侵犯别国主权
- 不能以环保为借口实施绿色贸易壁垒
- 调整国家利益保护全球环境

全球环境危机日益严重地威胁到全人类的生存与发展，需要各个国家行动起来，积极配合，保护全球环境，因为任何国家都不能以任何途径单独地逃脱全球性生态灾难的惩罚。为此，需要主权国家以及国际社会将思考的重心更多地向环境外交、环境与贸易的关系、地区环境关系、国际环境公约的签署与履行、环境与国际投资等方面倾斜，以解决全球环境危机；需要各国政府重新审视传统的国际政治关系，在国际政治关系的中心命题中给"生态与人类生存"以应有的地位；必须为国际关系注入一整套全新的观念和行为准则，使对军事实力的追求让位于对综合国力的追求，对国家利益的片面追求让位于对国家利益和全球利益的追求；必须转变国际政治关系运行机制，以平等参与代替大国霸权，以协调合作代替对抗冲突。一句话，当前全球环境问题正日益渗透到国际政治之中，成为国际政治的一部分，并由此将国际政治由工业文明时期相对于环境保护的失衡架构转变为有益于环境保护的生态文明的制度架构。

一、维护国家环境安全

冷战结束后,传统的以军事、政治、经济安全为主的国家安全概念的内涵和外延不断扩大,核扩散、资源短缺、环境污染、生态失衡、人口膨胀等与环境相关的问题,成为国家安全所必须面对的新问题。由此需要我们构建新的国家安全观,明确环境威胁主要来自哪些国家,采取切实有效的行动,保证主权国家的环境安全,将环境安全融入国家对内对外政策之中。

1. 主权国家面临环境安全威胁

安全是个人、民族、国家生存和发展的必备条件。所谓国家安全,从广义上讲,主要是指国家在客观上不存在危险和威胁,主观上亦不存在对危险或威胁的恐惧与担心。

绝对的国家安全是没有的。世界如此之大,国家如此之多,每个国家为了它们各自的利益,不可避免地要造成对其他国家的威胁。每个国家所做的就是尽量减少这种威胁。为此,传统的国家安全观关注的焦点之一是主权国家如何应付来自外来的战争威胁和军事入侵;焦点之二是主权国家如何防止来自外部的政治干预、压力和颠覆,以及经济上的封锁、制裁和掠夺。

但是,日益恶化的环境问题对人类生存和发展的威胁已成为引起国际紧张局势,导致军事冲突的直接或间接的因素,危及有关国家、地区乃至世界的和平与安全,需要全球各国重视起来。

从现阶段看,主权国家的环境安全有可能受到下列几方面的威胁。

(1) 来自于本国的环境威胁

当今世界,所有国家在推进本国现代化的进程中都加快了发展的速度。但是,有些发达国家和发展中国家在发展的过程中,由于工业的畸形增长和技术水平的低下,造成了环境污染和对资源的掠夺性开发,严重威胁到这些国家的生存和发展。这一点在一些贫困国家尤甚。他们为摆脱贫困、求得发展,不惜对自然资源进行掠夺开发,造成了严重的生态破坏。

国内的环境破坏和资源危机的影响是深刻的。它不仅影响到公众的生活,而且还可能引发国内政治动荡和军事暴力,使国家处于苦难之中。萨尔瓦多是环境破坏最为严重的国家,同时也是政治上最不稳定、最容易发生暴力冲突的国家。而埃塞俄比亚则几乎陷入"人口增长—资源环境破坏—贫穷—动荡"的恶性循环之中。

(2) 来自于其他国家的威胁

科学技术的发展,将全球联结在一起,地球变小了,成为一个"地球村"。在这地球村上,世界经济正在走向一体化,国与国、地区与地区之间的相互依存更加紧密,一国的环境安全不仅取决于其国内的环境状况,而且还取决于其周边国家和其他国家给予它什么样的环境影响。实际上,特定国家可能在下列几方面受到来自其他国家的环境威胁。

第一,一国的环境污染可能自然影响另一国的环境。环境污染的扩散是不受任何国家边界限制的,污染的水可以流到其他国家,污染的空气可以飘到其他国家。这种环境污染扩散的结果使被扩散的国家深受其害。

第二,一国的环境污染可能被人为地转移到另一国,从而对另一国的环境构成威胁。

第三,一国的资源利用可能会对邻国的资源、环境利用产生影响。如源于我国的湄公河下游国家组建了一个委员会,认为我国云南的水资源开发影响了下游国家的生态环境。[1]如果这一问题处理得好,将有利于地区安全,否则将影响地区的和平与发展态势。

第四,一国对另一国的环境性移民将给另一国带来威胁。各种生态环境问题,如全球沙漠化面积的扩大、水资源的短缺、全球变暖等都孕育着潜在的环境难民。移民中的一部分人必然由一国进入到其他国家,对其他国家带来不堪设想的后果。

第五,一国对其敌对国实行有意识的环境破坏,从而使敌对国的环境安全受到威胁。

专栏 8-1
古巴宣称的美国对古巴的一次有意识的环境破坏

据古巴称,1996年10月21日,美国缉毒署的一架销毁毒品作物的专用飞机趁暮色降临之时突然改变事先登记的航线,入侵古巴东部领空,边下降边喷洒一种不明的烟雾。事隔数月之后,美机飞越的地区莫名其妙地出现了蓟马虫害。虫害迅速蔓延,造成古巴东部四省的农作物大面积严重受灾。尽管古巴采取了措施,但灾情仍未得到有效的控制。针对这一情况,古巴认为美国是有意对其实行环境破坏,遂于1997年6月30日运用《禁止生物武器》公约赋予的权利,正式向公约保管国俄罗斯递交了照会和有关美国违反公约的指控材料,要求召开正式会议,讨论蓟马虫害入侵事件。

(3)来自全球的环境威胁

世界是一个不可分割的有机整体。包括人类在内的一切生命形式同生存环境的相互关系的实质,就是能量、物质、信息的交换关系,它是不受任何人为疆界的限制和阻隔的。"地球生物圈有多种多样、形形色色的生态系统,它们的能量流、物质流和信息流虽然各有其运行的渠道和路线,然而它们又不可改变地汇合成为地球生物圈总体的能量流、物质流和信息流,形成了宏大而又精致的地球生态系统。地球上所有的水域都是相通的;大气环流作用又使地球上任何一个地方的空气污染都不可能滞留在一隅之地;水、土壤、空气的相互渗透作用又使发生在任何国家的生态破坏、环境污染都具有一种不可抗拒的全球性质与后果。"[2] 温室效应、臭氧空洞、森林破坏等的形成及其对人类的影响莫不如此。

综上所述,国家的安全有可能受到来自国内、国外以及全球的环境威胁,继之,这种威胁不仅影响到该国的经济发展和政治稳定,甚至还可能引起地区冲突。这种威胁对于一个国家来说,有可能比来自国外的军事、政治攻击更普遍、更经常、更持久、涉及面更广,在爆发之前往往不被人们注意和警觉,灾难的后果常常远比一场战争的创伤更难医治。这必然引起人们安全观念的变化,将国家安全从政治、军事、经济领域扩展到环境领域,倡导"国家环境安全",调整国家安全战略,提出"国家环境安全战略"的理念。

1991年8月,美国公布了新的国家安全战略,第一次将环境纳入到国家安全之中。克林顿就任总统之后不久,进一步将环境与军事、经济、政治并列纳入"现代安全概念"。1993年,美国环境保护局局长获准参加国家安全委员会会议。日本虽是世界经济强国,但由于国内资源匮乏,严重依赖进出口,世界环境和资源保护对日本关系重大,因此,日本较早就把环境安全作为国家安全的主要组成部分,还积极建议联合国制定"地球环境基本法"。1992年,日本政府明确提出"3E"战略,即以能源安全(energy security)、经济增长(economic efficiency)和环境保护(environmental protection)为目标的新能源安全战略。1996年4月,美国国务卿克里斯托弗(Christopher)在斯坦福大学发表了题为"美国外交与21世纪全球环境挑战"的长篇演讲,宣称"美国政府决心给予环境问题应有的地位,将其置于美国主要外交政策之中"。欧盟、俄罗斯等也把环境安全列入国家安全战略。

这就是当今主权国家为维护国家环境安全所进行的国家战略调整,是人类面对生态危机实施可持续发展战略的必然趋势。

2. 环境威胁主要来自发达国家

美国是在其人均GDP达到11 000美元(1980年不变价格)、日本是在其人均GDP达到4 000美元(1980年不变价格)时,才开始大规模治理环境的。在此之前的很长一段时间里,他们忽视了对环境的保护,走着一条"高消耗、高投入、高污染、高消费带动经济高速增长"的发展模式,不惜以牺牲环境为代价盲目发展经济,从而造成经济增长与环境破坏同步增长,成为世界资源的主要消耗者和世界环境的主要污染者。

(1) 丰饶中的贫困

这里以资源的消耗为例加以说明。只占全球人口1/5的工业发达国家目前消费着原料和能源的世界产量的4/5,一个美国人消耗的能源和产生的有害废物分别是一个印度人的500倍和1500倍。全世界都学西方,学美国,则地球上的石油、天然气、煤炭储藏分别只够用3年、4年、1.5年,所有可再生资源可在40年内全部耗尽。对人类来说,这显然意味着死路一条。

如果说发达国家如此大的资源消耗是由其国内提供,则别国也无话可说。问题是发达国家的这种资源消耗来自进口。以能源为例,工业发达国家储量少,产量少,而又需要大量石油,这是同它的经济发展水平相联系的。这就导致世界能源消费与生产的不平衡。这种不平衡突出表现在石油和天然气上。例如,1994年,经济合作与发展组织(OECD)成员国所消耗的石油占世界的60.6%,而它所生产的石油只占世界的30.2%。在日本、德国、法国、意大利这种情况更为明显。这些国家生产的石油极少,但在1994年消费的石油却分别占世界的8.5%、4.3%、2.9%、2.9%。这一年里,美国的石油产量占世界的12.0%,却消费了世界石油的25.5%。大量进口石油是这些国家国民经济正常运转的必备条件。在1994年全世界进口的石油中,美国、西欧和日本占68.6%。

目前人类面临的生态环境资源危机,主要是西方发达国家200多年来在工业化过程中过度消耗自然资源、大量排放污染物造成的。西方发达国家在实践中实行环境利己主义,造成发达国家与发展中国家在占有资源和环境容量上的不平等,才使环境资源危机愈加尖锐。

(2) 环境殖民主义

发展中国家的崛起,极大地改变了当代国际政治总格局,推进了世界多极化的发展,这些国家也已经成为世界经济发展不可缺少的一部分。西方国家再也不能像过去那样任意掠夺和剥削发展中国家了。它们只能变换手法利用现存的不合理的国际经济体系和不平等的国际经济政治秩序,以不公正的人文和地理背景以及发展中国家内部结构存在的缺陷,对发展中国家进行各种名义的剥削和压迫。环境殖民主义就是这种理念的产物,它是利用环境问题来压迫剥削发展中国家,使之处于落后的不平等的地位。

① 污染入侵——转嫁污染产业、销售有毒产品和转移有害废弃物。近20多年来,发达国家或者通过立法提高国内环境标准,或者禁止销售使用有毒物质等一系列措施,改善其国内环境。这本身是一件好事,但是,他们或者迫于高成本的处理费用,把能耗高、污染重的"肮脏产业"转移到发展中国家;或者向发展中国家出口本国法律禁止销售的农药杀虫剂等有毒产品;或者直接将有害废弃物倾销到发展中国家(图8-1)。这无疑使发展中国家的环境状况雪上加霜。

② 新形式的资源掠夺。某些患有"殖民症"的发达国家,深知在当今的世界绝不能再像老殖民统治者那样挥舞枪炮,到贫国、弱国、小国去明抢强夺,只得变换手法,趁着经济全球化,利用国际贸易,实施国内资源保护战略,通过进口公害,跨国公司获取发展中国家丰富的自然资源。

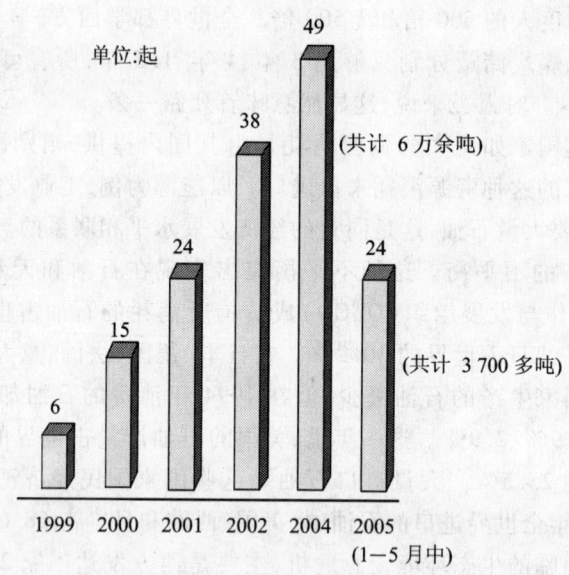

图 8-1 中国固体废物走私情况比较[3]

专栏 8-2
美国的资源保护战略

美国拥有丰富的自然资源,是世界上重要的资源大国。在历史上,美国曾是一个重要的初级产品出口国。20世纪30年代以前,美国主要靠自身的资源发展经济。从60年代开始,美国开始转向依靠进口资源发展经济。其原因一方面出于国内某些自然资源不能满足经济发展的需要;另一方面也是对本国资源实施保护战略的需要。美国矿物委员会就认为,对于没有足够数量的矿产品,明智的国家决策应该赞成自由地利用外国资源,以保护自己的资源。如果不顾资源的多寡,一味地强调利用本国资源,有些矿物不久就要枯竭,从而使得美国在和平时期要全部依赖他国供应这些矿产品,而在战争时期则要危险地依赖他国。

正是意识到了这一点,早在1962年,美国总统原料政策委员会就公布了资源用于自由的报告,核心是呼吁美国资本积极加紧对外扩张,以便保证对国外廉价原料产地的控制。20世纪70年代初,受能源危机的影响,美国更把对国外重要矿产地的控制作为其政治、外交的一个重要方面。之后,这样的国家政策一直没有改变。

这是一种新的、更为有效和更为"文明"的对外扩张争夺资源的手段。它改变了以往旧殖民主义者血淋淋的自然资源的分配占有方式,突破了对自然资源有效占有的地理空间限制,使西方发达国家在不拥有对自然资源主权的基础上能够实质上拥有对自然资源的开发利用,即带着开发自然资源所必需的先进技术、资本,到那些因缺乏这些条件而无法充分利用自己资源的较为贫困的国家和地区投资生产,进而与这些国家分享自然资源。

这本质上也是一种资源掠夺,是一种新的意义上的资源掠夺。在这种情况下,发展中国家应该怎么办呢?

(3) 维护发展中国家的环境权

发达国家掠夺发展中国家及人类的共有资源,向发展中国家进行危险废物越境转移等,已经严重损害了发展中国家所应有的环境权利,从而使得在关于环境问题的国际斗争中,以国家为主体的环境权概念逐渐形成。其基本内涵是:"各国对本国的环境及自然资源享有永久主权;各国有独立自主地管理和改善本国管辖或控制区域内环境不受他国干扰和破坏的权利,并承担其境内的活动不对其管辖以外的环境造成损害的义务;发展中国家在全球环境保护方面有获得更多援助和较少承担义务的权利。"[4]发展中国家也在环境外交中,依据国际环境法的基本内涵,与西方国家环境殖民主义作斗争。

但是,发达国家某些权威人士并不持有这种观点。他们认为这支援了发展中国家的工业化,是无可指摘的。为什么呢?世界银行首席经济学家、《世界发展报告》的作者之一拉·萨莫斯在1992年提交的备忘录中就认为,"世界银行应当鼓动更多的'肮脏产业'转移到欠发达国家,理由是:第一,南方国家人的平均寿命低和收入低,由疾病和过早死亡造成的生产和收入损失较低。第二,那些还没有被污染的国家比北方国家有更多的容纳有毒工业废弃物的环境容量。北方国家面临的环境压力已经十分沉重,污染的边际附加费也极其昂贵。第三,穷国环境受到破坏时,其费用估价并不很高"。[5]

这是极端反动的观点。实际上,穷人、富人都是人。可持续发展的内涵之一就是"代内公平"。不能因为要维护富人的环境安全就置穷人健康的生活与环境于不顾。富国完全可以凭其经济实力治理环境,而不能进行污染转移减轻环境压力,否则就是在破坏穷国经济发展的经济基础和人力资源,是对发展中国家人民环境权和人权的粗暴践踏。要知道,穷国是没有经济实力治理环境和治疗因环境破坏而导致的身体疾病的。享有生命健康权、财产安全权和环境舒适权是每一个公民不可让渡的天赋之权。在这种环境权面前,所有国家和人民是一律平等的。任何国家、任何企业或财团以任何形式或名义输出污染、毒品和公害以及掠夺资源,都应当被认为是一种侵略;任何破坏生态、污染环境的决策和行为也都应当被认为是一种对人权的侵犯。[6]发达国家应当尊重发展中国家的这种环境权,禁止以任何名义、任何形式或通过任何中间人,将本国的垃圾输往发展中国家,除非必要的配套措施同时跟上或输入国有能力对这些垃圾进行恰当处理;禁止将主要污染产业转移到国外,除非防治污染的资金和技术同时而来,

"三废"的排放必须符合国际公认的标准;禁止将已经禁止使用的有害产品倾销到发展中国家,而不管这种倾销具有什么样的理由;禁止以各种形式掠夺发展中国家的资源。

对于发展中国家,要自我检讨,要真正地把保护优化生态环境的过程纳入国家现代化过程的总体规划之中,特别是要与经济同步协调发展。不能片面地发展经济而放松对环境保护的要求,使环境殖民主义有机可乘。对于不能把排污量严格控制在国际公认标准以内的外国投资项目和被严禁使用的有毒化学物品一律拒绝接受,对于废弃物的输入与否则要制定一系列行政程序加以确定;对于新形式的资源掠夺,则要从长远考虑,不为近利所动。

如对于确定废弃物是否输入,发展中国家应以废物的进出口是否有明显的经济和环境效益作为前提。对于无害废物,其中的许多如金属碎屑、废纸、织物及废塑料可以作为有价值的原料代用品。进口这些废物用于再生产可以减少国内的资源消耗,有利于保护资源。以中国香港1993年无害废物进口为例,其情况可用图8-2表示。[7]

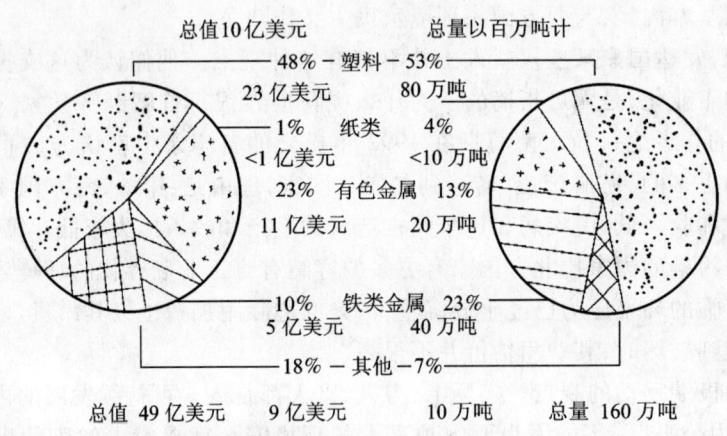

图8-2 1993年中国香港地区无害废物进口情况

从图8-2可以看出,1993年进口到香港的废物价值40亿美元,进口无害废物作为原材料有助于香港节约资源和增加废物回用。

这里的问题就是要防止一些昧良心的废物产生者和使用者利用迅速膨胀的国际废物贸易,将许多有害废物如多氯联苯、废汞及废油等有害物在回收利用的伪装下出口到那些既无足够的管制手段又缺乏先进的技术设施对废物进行妥善处理的国家。为此需要出口国在批准废弃物出口之前,必须确认当事人指明的接受废物的国家已经同意接受废物,并且这个国家拥有足够的处理和处置这些废物的设施。相应的,进口国在批准废弃物进口之前应按下列程序进行审查,以确保进口的废物对环境没有损害。

某人计划进口废物到 A 国处置或回用,如处置则需经环境风险评价、认证并经地、市级环保部门复审后报国家环保总局审批,如回用则确定废物是否属于有害废物,如是,经过环境风险评价、认证并经地、市级环保部门复审后报国家环保总局审批,如否,确定是否被有害废物污染,如污染,则要审验上报后决定,如不污染可允许进口。

总之,随着环境殖民主义愈演愈烈,尽快加强履行各项国际环境法的执法队伍和手段,完善发展中国家的管理制度,捍卫发展中国家的环境主权已是当务之急。

3. "中国环境威胁论"批判

在目前全球政治、经济、军事、生态环境的现实形势下,维护国家乃至国际的环境安全已成为世界许多国家关注的焦点。针对环境危机主要来自发展中国家还是发达国家这一问题,发达国家和发展中国家进行了针锋相对的斗争。

西方发达国家的一些人士认为,中国《国民经济和社会发展"九五"计划和 2010 年远景目标纲要》规定,"九五"期间中国 GNP 的年增长率达到 8%,2000—2010 年平均增长率为 7% 左右。这么高的经济增长速度,势必增加中国环境的压力,势必需要成倍的资源,从而造成中国 21 世纪生态环境危机和资源危机,并引发成为世界问题,给世界造成威胁。在日本,出现了所谓"中国环境公害论",声称中国经济的发展将对亚太地区的环境产生严重影响。在美国,世界观察研究所的莱斯特·布朗发布了一份题为《中国对美国和地球的挑战》的报告,断言中国经济的持续增长"必将破坏世界的未来"……

对于这样一些观点,有事实根据吗?如果有,中国政府应该作何回应?如果事实证据不足,那么,持有这样一些观点的人们用心何在呢?

(1) "中国环境威胁论"的出笼

西方一些人士的"中国环境威胁论"主要集中在下列三方面:

对于环境。一些西方人士认为,中国大部分动力来源于含硫量很高的煤。他们推算,仅在 1991 年,中国便释放了 11 万亿立方米的废气、160 亿吨的烟尘。他们宣称,"中国燃煤所排放出的硫酿成酸雨飞越国界,破坏了西伯利亚和韩国的原始森林。排放出的二氧化碳是导致全球变暖、气候反常,甚至是引起孟加拉国和世界其他国家沿海地区发生洪涝的关键。"[8] 中国必须对全球温室效应的日益加剧承担责任。

对于粮食。美国世界观察研究所的莱斯特·布朗于《世界观察》1994 年 9—10 月号发表了"谁来养活中国——当 2030 年中国粮食问题成为世界问题的时候"的文章。他认为,2030 年中国人口将达到 16 亿,比 1990 年增加 4.9 亿,平均每年增加 1 400 万人口。人口的增加、工业化的推进、耕地的严重流失,将使中国粮食需求产生较大缺口。对于中国粮食的需求,布朗有两种方案:一是需求的增长只是来自人口的增长,如人均消费保持在 300 kg 左右,2030 年的缺口为 2.07 亿吨;二是生活水平提高,人均粮食消费达到 400 kg 水平,2030 的缺口则达到 3.69 亿吨。怎样弥补这一缺口呢?办法只能有两种:一是靠中国本身粮食产量的增加,二是靠国际贸易。对于第一条途径,布朗认为行不通。对于第二条途径,布朗认为也行不通。因为 2.07 亿～3.69 亿吨的粮食缺口几乎等于当时世界粮食市场的全部供给量的 1～2 倍,中国不可能买到这么多粮食。结果是中国国内出现饥荒并对世界粮食市场形成冲击。因此,到 2030 年,中国的粮食问题将不仅是关系到中国而且是关系到世界的大问题。

对于能源。一些西方人士认为,中国经济的迅速发展将导致中国的能源危机,从而形成对全球能源的"潜在威胁"。他们认为中国的能源十分短缺,据统计,虽然 1991 年中国人均能源消耗量为 602 kg 石油,而同期美国人均消耗量是 7 681 kg 石油,但是,在中国经济发展后,倘若其人均耗能赶上韩国人的水平,那么,中国总的耗能量就远远超过了美国。到那时"中国将变成纯粹的石油进口国,由此就迫使中国不得不将目光瞄准南海石油",从而很可能"导致中国对南亚诸国使用武力,以确保它对南沙群岛单独拥有主权。"

以上的"中国环境威胁论"引起了中国政府和公众的强烈反响。中国人在深思:中国的资源环境形势果真如此严峻吗?国外提出中国环境威胁论的用意何在?中国应该采取什么样的对策?

(2)"中国环境威胁论"的用意

考察中国的现实,生态环境资源形势异常严峻,生态环境资源危机迫在眉睫。中国经济持续增长的势头,人口基数庞大并仍在不断膨胀的现实,相对贫乏的人均资源,开发历史的久远和活动强度的增大,国土面积自身的结构和特点,自然资源的大量消耗等,均对 21 世纪的中国环境与发展造成巨大的压力。20 世纪 70 年代末期以来,随着中国经济持续快速发展,发达国家上百年工业化过程中分阶段出现的环境问题在中国集中出现,环境与发展的矛盾日益突出。资源相对短缺,生态环境脆弱、环境容量不足,逐渐成为中国发展中的重大问题。从这一点看,发达国家的"中国环境威胁论"并非无稽之谈,而是有一定的事实根据。如果中国政府和公众不审时度势,采取断然措施,那么中国很可能会出现严重的资源短缺、生态环境持续恶化的局面,并给地区和世界的和平与发展造成威胁,从而使"中国环境威胁论"成为现实。这就从反面启示我们,中国应该实施可持续发展战略。

况且,"中国的环境威胁"首先威胁的是中国,然后才可能威胁到相关地区甚至世界。从这个意义上说,如果中国没有保护好国内的环境和资源,最大的、最直接的受害者肯定是中国自己。这是"中国环境威胁论"与"中国政治威胁论"、"中国经济威胁论"以及"中国军事威胁论"的不同之处,应该引起我们的高度警惕。

中国政府充分意识到了这一点,采取了一系列强有力的措施去节约资源、保护环境。中国政府坚信,中国完全有能力、有信心保护和利用好国内的环境资源,遏制住环境资源破坏的趋势,从而为保护世界环境安全作贡献。这可以说是对国外"中国环境威胁论"的最好回答。

况且,发展中国家这种可能的威胁毕竟是将来的威胁,可以说环境和能源危机现在就一定程度上威胁到人类的生存。因此,我们的着眼点应首先集中到现时的环境威胁上,而不应将我们的注意力完全集中到未来可能的环境威胁上。当然,未来是重要的,它是我们现在行为的最终指向。但是,与未来相比,现在更重要,现在才是解决过去遗留问题以及避免未来出现问题的支点。如果单纯从未来考虑,可能会回避历史、忽视责任、转移视线,形成"发展中国家环境威胁论"的思维定式,从而认定发展中国家应对人类未来负责,而忽视了现在的环境问题应该由谁负责,忽视环境威胁主要来自发达国家,发达国家理应对目前人类所面临的生态环境危机承担应有的责任。

既然环境威胁主要来自发达国家,而非发展中国家,为什么西方国家的一些人士要鼓噪中国环境威胁论呢?一个重要原因是他们将中国的发展作为威胁世界的根源,害怕中国的强大对他们构成威胁。他们认为,由于后起国家经济增长率较高,但在国际体系中所得到的利益和所处的地位则较低,急于改变现状,"取代正在下降或增长较慢却占主导地位的大国,从而加剧了与后起大国的政治冲突乃至军事对抗的危险"。"后起大国的经济增长必然会引起所在地区力量结构类型的变化(渐变或突变)。"[9] 由此,他们或鼓吹中国已经发展了,对世界已构成一定的威胁,或鼓吹中国环境已受到严重破坏,对世界环境构成威胁,应该对所谓的"中国环境威胁"进行干预。如美国世界政策研究所研究员马丁·沃克就提出,美国和西方对中国的遏制不应是冷战时期那种典型的军事和外交遏制,而应当是与过去大不相同的多种遏制,其中包括"污染遏制"、"生活方式遏制"、"饮食遏制"、"贸易遏制"、"能源遏制"等。

真的应该这样做吗?从责任方面看,全球环境和资源问题主要是发达国家在其几百年的工业化过程中产生的。发达国家是全球环境资源问题的主要责任者,理应对其承担主要责任。如果说要遏制,首先应该遏制他们的那种生产方式和生活方式。对于发展中国家,如中国,与发达国家相比,工业化进程起步晚,消耗的自然资源累积总量低,排放的废弃物累积总量低,人均消耗的资源量少,人均国民收入低,生活水平不高,发展经济摆脱贫困应该是国家的第一要著。在这种情况下,如果对发展中国家实行上述种种遏制,让其承担不应该承担的责任,是不公平的,这无疑剥夺了他们的生存权和发展权,是不正义,也是不人道的。

如对于温室气体减排,从人均排放量上看,中国目前的数值是低的;从经济的发展过程看,中国二氧化碳排放量的增加在情理之中,是发展中国家在发展过程中不可避免的。如果近期就让中国承担温室气体减排义务,能源供应必将受到制约,从而也就必然较大程度地影响中国经济的发展。如将温室气体的排放量保持在1990年的水平,也就意味着中国目前的能源消耗限制在1990年的水平,随之而来的是,中国的经济发展也只能保持在1990年的水平。[10]这无异于剥夺了中国的发展权,是极不公正的,也是中国所不能答应的。

如此就不难看出西方一些人士的这种假借"中国环境威胁论"对中国进行种种遏制的目的了:一是他们不愿看到发展中国家的发展和强大,试图借环境问题向发展中国家施压,干涉发展中国家的优先发展权,阻碍发展中国家的发展;二是试图继续维持发达国家占有全球大部分环境资源和环境容量的格局,阻止其他国家公平享受。就这一意义而言,"中国环境威胁论"与"中国经济威胁论"等有异曲同工之处。发展中国家的政府和人民应该勇敢地站起来同这种"中国环境威胁论"作斗争,以维护自己的优先发展权。

(3) 中国的对策

2006年6月,中华人民共和国国务院新闻办公室发布了《中国的环境保护(1996—2005)》的报告。报告认为,中国政府高度重视保护环境,认为保护环境关系到国家现代化建设的全局和长远发展,是造福当代、惠及子孙的事业。多年来,中国政府将环境保护确立为一项基本国策,把可持续发展作为一项重大战略,坚持走新型工业化道路,在推进经济发展的同时,采取一系列措施加强环境保护。特别是近年来,中国政府坚持以科学发展观统领环境保护事业,坚持预防为主、综合治理,全面推进、重点突破,着力解决危害人民群众健康的突出环境问题;坚持创新体制机制,依靠科技进步,强化环境法治,发挥社会各方面的积极性。经过努力,在资源消耗和污染物产生量大幅度增加的情况下,环境污染和生态破坏加剧的趋势减缓,部分流域污染治理初见成效,部分城市和地区环境质量有所改善,工业产品的污染排放强度有所下降,全社会环境保护意识进一步加强。[11]

专栏8-3

"中国的环境保护(1996—2005)"报告概要

报告分10个方面对过去10年间中国为保护环境而进行的不懈努力作了系统介绍。概括如下:

(1) 环境保护法制和体制

自1949年新中国成立以来,全国人民代表大会及其常务委员会制定了环境保护法律9部、自然资源保护法律15部。1996年以来,国家制定或修订了包括水污染防治、海洋环境保护等环境保护法律,以及水、清洁生产、可再生资源、农业、草原和畜牧等与环境保护关系密切的法律;国务院制定或修订了《建设项目环境保护管理条例》、《水污染防治法实施细则》等50余项行政法规;发布了《关于落实科学发展观加强环境保护的决定》、《关于加快发展循环经济的若干意见》等法规性文件。国务院有关部门、地方人民代表大会和地方人民政府依照职权,为实施国家环境保护法律和行政法规,制定和颁布了规章和地方法规660件。

不仅如此,中国已建立国家和地方环境保护标准体系;中国不断加强环境执法检查和行政执法,中国刑法还对破坏环境资源罪有专门规定;中国实行各级政府对当地环境质量负责,环境保护行政主管部门统一监督管理,各有关部门依照法律规定实施监督管理的环境管理体制。

(2) 林业污染防治

工业污染防治是中国环境保护工作的重点。与过去相比,中国工业污染防治战略目前正在发生重大变化,逐步从末端治理向源头和全过程控制转变,从浓度控制向总量和浓度控制相结合转变,从点源治理向流域和区域综合治理转变,从简单的企业治理向调整产业结构、清洁生产和发展循环经济转变。与1995年相比,2004年全国单位国内生产总值(GDP)工业废水、工业化学需氧量、工业二氧化硫、工业烟尘和工业粉尘排放量分别下降了58%、72%、42%、55%和39%。与1990年相比,2004年全国每万元人民币GDP能耗下降45%。累计节约和少用能源7亿吨标准煤;火电供电煤耗、吨钢可比能耗、水泥综合能耗分别降低11.2%、29.6%和21.9%。淘汰和关闭了一批技术落后、污染严重、浪费资源的企业;开展了循环经济实践;制定了《国家突发事件应急预案》,积极防范突发环境事件;对工业危险废物实行全过程管理;实行严格的核与辐射环境安全管理。

(3) 重点地区污染治理

近年来,中国政府把"三河"(淮河、辽河、海河)、"三湖"(太湖、滇池、巢湖)、国家重点工程(三峡工程、南水北调工程)、"两控区"(二氧化硫控制区和酸雨控制区)、"一市"(北京市)、"一海"(渤海)作为全国污染防治的重点地区,取得明显成效。

(4) 城市环境保护

中国城市化率已从1995年的29.04%提高到2004年41.76%。针对城市化快速发展中的环境问题,中国政府采取了一系列综合措施,使城市环境质量有明显改善。与1996年相比,2005年空气质量达到国家二级标准的城市比例增加了31个百分点,空气质量劣于国家三级标准的城市比例下降了39个百分点。

(5) 农村环境保护

中国是一个农业大国,农村人口占绝大多数。防治农业环境污染、改善农村环境是中国环境保护的重要任务。为此,中国政府进行了农村环境综合整治;建设生态农业和生态示范区;发展旱作节水农业;建设农村新能源。取得了一系列成就。

(6) 生态保护与建设

在造林绿化,草原保护,土地保护,开发与整治,水土保持,防沙治沙,海洋环境保护,自然保护区,生物多样性保护,湿地保护等方面,中国政府采取了一系列强有力的措施,取得了一定成效。

(7) 环境经济政策和投入

近十年是中国环保投入增幅最大的时期。1996—2004 年,中国环境污染治理投入达到 9 522.7 亿元人民币,占同期 GDP 的 1.0%。2006 年,环境保护支出科目被正式纳入国家财政预算。不仅如此,中国政府通过完善环境收费政策、制定有利于环保的价格税收政策等,已初步建立起以政府为主导的多元环保投融资体制。

(8) 环境影响评价制度

环境影响评价制度是源头控制环境污染和生态破坏的法律手段。1998 年,中国政府颁布和实施《建设项目环境保护管理条例》,明确提出环境影响评价制度,以及建设项目环境保护设施同时设计、同时施工、同时投产使用的"三同时"制度。2003 年开始实施的《中华人民共和国环境影响评价法》,将环境影响评价制度从建设项目扩展到各类开发建设规划。国家实行环境影响评价工程师职业资格制度,建立了由专业技术人员组成的评估队伍。

(9) 环保科技、产业和公众参与

中国重视并不断提高科技对环境保护的支撑能力,积极推动环保产业化进程,并采取各种措施促进公众对环境保护的参与。

(10) 国际环境保护合作

中国政府重视环境保护领域里的国际合作,积极参与联合国等国际组织开展的环境事务。

不仅如此,中国政府在实施可持续发展战略、开展全球环境合作时应清醒地意识到,中国是一发展中国家,持续的发展和稳定的经济增长是改变其贫困与环境退化恶性循环的根本出路。中国绝不能走"先污染,后治理"的路子,但也不能走西方工业发达国家现行的"高技术,高投入控制环境破坏"的模式。因为,前一种模式对于中国这样一个人口众多、基础工业规模庞大的国家而言,会使我们付出巨大的代价,使我国经济、社会发展难以持续;后一种模式对中国来说,意味着放慢经济发展速度,这与中国追求的经济、社会发展目标相违背。中国是一个发展中大国,要解决 13 亿人口的吃饭问题,要消除贫困、促进经济发展,能源消费没有适度的增长是不行的。

从目前来看,发展中国家的主要任务是发展,在发展过程中自主决定对本国环境及自然资源的开发利用,并在这样的开发利用中保护环境;把环境保护同经济增长与发展的要求结合起来,在发展的进程中保持自然持续的发展和稳定的经济增长,并在这样的进程中加强环境保护的能力。为此:

① 发展中国家必须大力发展自己的经济、技术,尽快解决人民的温饱问题,为环境保护工作的开展、环境质量的提高、经济社会与自然的协调发展,提供良好的物质基础和技术支持。对于发展中国家来说,"真正的敌人是贫穷和社会

不平等。怎么能让饥饿的人们在生存都无法保障的情况下,来保护自然资源和环境,以及为后代创造财富呢?"[12]

② 发展中国家必须坚持发展权,增强自己的经济实力和综合国力,在当前现实的国际环境中,反对环境霸权主义,捍卫自己的环境主权,加强本国的环境保护,平等参与全球合作。这一点对于反对当今西方少数发达国家的环境霸权主义和利己主义,维护全球环境保护事业尤其重要。

发展中国家应该切记发展权是生存权的延续。诚然,生存是发展的前提,没有生存就谈不到发展。但是,发展更是生存的条件,没有发展的生存不仅毫无意义,而且最终必然衰亡或者被淘汰。只有发展,才能更好和更有价值地生存。为此,发展中国家"有权利和义务制定适当的国家发展政策,其目的是在全体人民和所有个人在自由和有意义地参与发展及其带来的利益的公平分配的基础上,不断改善全体人民和所有个人的福利"。[13]

4. 维护国家环境安全的恰当方式

在目前的世界,全球化趋势不断加强,国家安全概念也在不断地发生变化,呈现出一些新的特征:综合性、相互依赖性和合作性。所谓综合性,就是指国家安全已不是传统的安全观所强调的国家安全和国家安全中的军事安全,而是要拓展到国家内部个人身上,拓展到国家的政治、经济、环境、社会和文化层面上,形成具有军事、政治、经济、社会和环境等诸多内容的、相互联系而又缺一不可的综合安全。维护国家环境安全应该更多地从经济、政治、科学技术等方面着手;所谓相互依赖性,就是指一国的安全因素能够跨越国界,对他国会产生影响。如此造成要么同所有的国家共同拥有安全,要么就没有安全的局面。"只要其他人持续地处于不安全的境况中,那么将没有人会感到最终的安全。"[14]由此就应该由国家安全向国际安全乃至共同安全转变;所谓合作性,就是指人类所面临的很多非军事威胁(如环境恶化、贫困、疾病、跨国难民等)是军事手段所不能解决的,具有跨国性、溢散性,是单一和少数国家难以应付的,必须各国合作加以解决。

可以说,国家环境安全的产生及其解决充分地体现了上述特点。如前所说,主权国家环境安全的保证来自三个方面:一是国内,二是地区,三是全球。如果某主权国家国内造成了资源耗竭、环境污染、生态破坏,那么其国家环境安全根本就不能保证。某国国内安全的环境是主权国家获得环境安全的基础。但是,光有主权国家国内环境的安全并不能保证主权国家环境安全,因为,地区性的环境破坏,如污染物的跨国界转移以及全球性的环境破坏,如温室效应、臭氧空洞等仍然会从主权国家的外部对主权国家的环境产生威胁,影响该国的环境安全。因此,国内的环境安全、地区性的环境安全和全球性的环境安全是主权国家具备环境安全的充分必要条件。为此,需要每一个国家自觉维护国内环境安全、地区环境安全和全球环境安全。

一是维护国内环境安全。国内环境安全的维护不仅是保证该国环境安全的基础,还是维护地区环境安全和全球环境安全的必要条件。就生态学的角度而言,地球本身就是一个大的生态系统,这个生态系统内部各个组成部分之间相互作用、相互影响、相互关联、不断演变,这就使得某一处人类的活动直接或间接地影响到另一处的环境。如果说20世纪60年代发生在发达国家的环境污染所涉及的多为大气与水等地域范围较为局部的问题,那么20世纪70年代欧洲的酸雨,使环境破坏的范围扩展到地区性层面,20世纪80年代各国所排放的二氧化碳、哈龙类物质等形成的温室效应、臭氧层破坏扩展到全球领域。因此,某一主权国家的环境破坏不仅会影响该国内部,而且有时将不可避免地影响到其他国家甚至全球。

因此,无论是从维护主权国家内的环境安全考虑还是从维护地区和全球环境安全着手,各主权国家都必须首先从自身做起,走可持续发展之路。

二是维护地区环境安全。地区环境安全问题是由跨国间污染和共享资源利用问题引起的,涉及两国间或更多的国家之间的关系。对此,主权国家应该通过合作而不是冲突、协商而不是对抗、多边而不是单边来共同解决。每个国家都应该意识到地区环境安全是该地区内所有国家环境安全的前提条件。抱着牺牲该地区内其他国家环境安全态度的国家,势必也会受到其他国家对此的反对以及由该国引起的该地区恶化了的环境的威胁。那么,一国要么同相关国家合作以享有共同的地区环境安全,要么在处理地区环境问题上只顾本国利益而采取对抗的方式,从而最终也不享有环境安全。因此,从维护本国和本地区环境安全出发,每个主权国家不仅要考虑自己的环境安全,而且还要考虑和维护邻国甚至敌对国的环境安全。

对于越境的河流湖泊等,流域经过国家应该本着睦邻友好原则进行利用。由于该河流或湖泊为相关国家所共同享有,应当相互承认并尊重各自的权利。任何国家在开发利用该河流湖泊时,未经其他沿岸国同意,不得为其工业、农业开发而在国际性的河道上引入可能证明对有关国家产生损害的任何改变。河流上游国在开发利用与别国共有的河流时,必须考虑下游国的利益,考虑对整个河流流域的影响。对于下游国家也应该如此。这就需要相关国家缔结条约或签署协定,以限制各国在边境任意利用边界水域的权利。规定任何一个缔约国未经其他国家同意,不得随意改变水流、河床或河岸。

对于污染物的越境转移问题。20世纪30年代发生在美国与加拿大之间的一起环境问题的纠纷案可能会给我们启示。该案件叫做"崔尔冶炼厂案件"。案情是:当时加拿大的一家冶炼厂位于美加边境,排放了过多的二氧化硫,使美国境内的农牧业受到直接危害。仲裁法庭对此案作了下述裁决:"任何国家无权使用或允许使用其领土,以在他国领土内或对他国领土或其中的财产及国民施放烟雾的方式造成损害……"

因此,当一国在自己领土上进行某项活动时,应当考虑到这种活动可能对他国领土所产生的生态影响。为了防止越境污染,各国在开展某项有可能造成越境污染的活动之前要进行协商,互通情报,采取预防措施。

三是维护全球环境安全。前面已经说过,当今世界的环境问题已经由国家向地区区域扩散,并进而形成一些全球环境问题,如大气和海洋的污染、全球生物多样性的减少等。这类环境破坏是全球性的,是由许多国家不恰当开发利用地球的方式累积形成的,对每个国家的环境安全都构成现实威胁,涉及人类的长远利益,从而需要世界各国不断强化全球环境安全意识,共同承担责任。任何一个国家没有也不可能具有单独解决全球环境问题的能力,只有依靠国际社会全体成员坚持不懈的努力,才能达到这一目的。这就要求世界各国坚持经济与环境、人口、资源协调发展的基本准则,实施可持续发展战略,在维护本国国内环境安全的同时,以全球整体利益为重,自觉遵守有关维护国际环境安全的国际环境法,以合作的方式保护全球环境,不能因为环境破坏具有的某些公共性,为了本国利益损害全球利益。所谓国际环境合作是指"对已经发生的对国际社会有共同影响的环境问题和对全球环境有损害或潜在危害的活动,国际社会有关国家以谋求共同利益,本着全球伙伴和合作精神采取必要的共同行动和措施加以解决"。[15]

当然,在采取合作方式解决环境危机的过程中会遇到一些障碍,诸如狭隘的国家主权观念、环境殖民主义等,但是,现实的严峻、人类环境意识的提高、思想观念的变革,必然为通过合作寻求解决环境安全问题扫清道路!

二、全球环保中的国家主权建构

依照国际政治学的分析,生态环境危机不仅给国家带来安全威胁,而且对国家主权这种至高无上的权力也带来冲击。环境问题的出现及其解决方式、环保组织的活动以及国际环境法的制定和实施等,日益广泛地介入和影响主权国家的事务,使得主权国家在制定各项政策、行使国家主权时,不得不一定程度上弱化国家主权。这种国家主权的弱化是主权的丧失吗?不是!这是为了更好地维护国家主权。而为了维护国家主权,发展中国家必须同发达国家"剥夺主权论"作斗争,在维护完整主权的前提下,参与国际环保活动,实施国内的可持续发展战略。

1. 不要把国家主权绝对化

所谓国家主权,根据《布莱克维尔政治学百科全书》的定义,就是"构成最高仲裁者属性的权力或权威,这种仲裁者对作出决策以及解决政治体系内的争端具有某种程度的最终权力,能够进行这种决策意味着对外部力量的独立性和对于内部团体享有最高权威或支配权"。[16]这就是说,主权是国家的根本属性,包括对内的最高权和对外的独立权两层含义。对内最高权指的是对整个民族国家范围内一切事务的最高政治统治权,具有最高的权威性和排他性;对外独立权则主要是指一个国家有独立自主地决定自己的外交方针、处理国际事务并享有国际权利和国家义务的权利。一个国家只有拥有完整的国家主权,才能成为真正独立的国家。只要民族国家存在,就存在国家主权问题。

既然国家主权赋了主权国家对内的最高政治统治权,那么也就赋予了该国政府在其国内行使权力的合法性。这样,各国对本国境内的环境及自然资源拥有永久性主权,有权自主决定对其的开发利用。这一点正如第29届联合国大会通过的《各国经济权利和义务宪章》第2条第1款所言:"每个国家对其全部财富、自然资源和经济活动享有充分的永久主权,包括拥有权、使用权和处置权在内,并得自由行使此项权利。"任何国家不得以这样或那样的借口加以干涉。

但是,主权国家在自主开发利用本国环境和资源时是会破坏环境的,此时,国际社会是否应该对此进行干预呢?

有人认为,某主权国家对其境内环境和资源的利用,是主权国家的内部事务,是其主权的象征,具有排他性质,无论其行为导致了什么样的环境资源破坏,国际社会不应干预。这种主权观在19世纪末就得到了体现。1895年英国检察长哈蒙(Harmon)就美国处理与墨西哥之间的里奥格兰(Rio Grande)界河关系时,引用美国首席法官马歇尔(Marshal)的话说:"国际法的基本原则是每个国家在其领土内具有排他的主权,因而美国在使用经其领土的河水时,可以单方处置,而不受任何国际法规则、原则及先例的约束。"这就是河流法历史上的哈蒙主义。

显然,这种以国家绝对主权原则为基础的哈蒙主义对河流的保护是不合适的。从全球环境保护和处理两国或几国共有的河流看,各国主权的行使就需要协商。河流上游国在开发利用与别国共有的河流时,必须考虑下游的利益,更要考虑对整个河流流域的影响。反之亦然。否则,所引发出来的环境问题很可能会引起其他国家和国际社会的注意乃至干预。

假如现在某主权国家在实行国内政策时只引起了国内的环境破坏,如森林和生物多样性的减少、水体污染等,没有对地区环境和全球环境产生影响,此时国际社会是否应该干预呢?

当然,一个国家的环境问题主要是该国主权范围内所管辖的事情,主要依靠该国解决。但是,国际社会有权督促该国采取有效措施,解决其国内的环境问题。进入20世纪80年代后,随着国际经济政治秩序的变化,特别是随着环境问题的发展,国家环境主权权利内涵有了新的发展,在重申主权国家拥有环境主权的同时,强调各国有责任保护本国的环境与自然资源。如1992年签订的《生物多样性公约》明确规定:各国对它自己的生物资源拥有主权权利,各国有责任保护它自己的生物多样性并以可持久的方式使用它自己的生物资源。这就是说国家主权不仅是国家的一种权利,同时也是国家的一种责任,如果该国没有承担起保护国内环境资源的责任,此时国际社会应该干涉。

国际社会应该如何干涉呢？这样的干涉应该是为了保护该国的环境,维护该国的进步。这是干涉合理化的最起码条件,否则,这样的干涉就可能成为少数别有用心的国家推行"霸权政治"、"建立单极世界"的工具。在国家利益仍是各国思考的重心的情况下,在东西方经济、政治意识形态价值观等存在差异的情况下,在世界被霸权主义笼罩的情况下,对破坏其国内环境的主权国家进行的干涉,应该由国际组织而不应该由少数几个国家(无论其发达与否、精英与否)来进行。

有了这点还不行,还必须明确应该采取什么方式干涉。由于主权国家本国国内环境破坏的特殊性,对其的干涉一般不应采取威胁或武力威胁的手段,不应侵害该国的领土完整或政治独立,而应该在劝说无效或在提供资金、输入技术帮助其改善环境无效的基础上,采取经济制裁以及国际外交手段,迫使该国采取行动,保护环境。

这里有人会说,这不是与不干涉内政、主权至上的国际原则相违背吗？不能这么说。实际上,这一国际原则的实施有一定限度,并不是绝对的。否则,联合国的成立就没有必要了,联合国成立以来维护世界和平的行为也就是非法的了。理所当然地,当一国的行为较大甚至极大地影响到其国内甚至国际和平、安全与发展时,国际社会有权对此进行干预。

况且,作为现代国际关系体系中的各个主权国家"行为日益表现出整体中的局部的特征,而不太容易再以一个个不受干扰的独立个体的方式行事"[17]。纯粹地只影响国内环境的情况可以说只是暂时的。随着该国环境资源破坏的加剧,一国之内的环境破坏必将影响到相邻地区甚至全球,这是地区性环境问题和全球性环境问题产生的根本原因。此时,一国的环境污染和生态破坏所引起的损害已不再局限于该国国内公民个人,而是扩展到了其他国家,对其他国家的环境主权产生损害。这样,其他国家必然对该国的这种行为加以谴责甚至进行相应的行为反抗,以迫使该国减小乃至停止这种破坏环境资源的行为。这点也得到国际保护法的支持。1992年通过的《关于环境与发展的里约宣言》指出,按照联合国宪章和国际法原则,各国有按自己的环境政策开发自己资源的主权；并且有责任保证在他们管辖或控制之内的活动,不致损害其他国家甚至全球的环境。《海洋法公约》亦规定,各国应采取一切必要措施,确保在其管辖控制下的活动不致使其他国家及其环境遭到污染损害,并确保其所造成的污染不致扩大到公约规定的其行使主权权利的区域之外。

因此,在目前国际政治和国际环保形势下,一国在自主开发利用本国管辖范围内的环境资源的同时,有责任保护好本国的资源和环境,不得以任何理由掠夺他国资源,破坏他国环境,不得对他国环境主权构成侵害。这就要求,主权国家在行使国家主权、处理本国环境与自然资源问题时,不能主张"绝对主权",必须同时考虑他国利益,尊重别国主权,弱化本国主权。这是推动国内和国际进步的必然趋势。联合国前秘书长加利在1992年《和平纲领》中说的一段话对我们很有启发。他说:"国家根本主权和完整是取得国际任何共同进步的关键。但是,绝对和专属主权的时代已经过去;这种主权的理论也从来不符合事实。当今国家领导人的任务是了解这一点,设法平衡兼顾国内良好政治的需要与日益互相依存的世界的需要"。

2. 全球环境保护对国家主权的"弱化"

全球环境保护需要主权国家弱化国家主权、坚持相对主权。事实上全球环保在下列几个方面对国家主权起着弱化作用。

(1) 人类共同继承的财产权对国家主权的弱化

人类共同继承财产最初是为保护海洋环境及其资源提出的。传统的国际法规定了公海自由原则,即公海不属于任何国家,各国的船舶可以在公海上不受别国干扰。由此导致的一个结果是,一些海洋强国往往把公海自由解释成为无限制的绝对自由,包括公海海底开发自由、公海倾倒废物自由等。他们利用先进的装备和技术,抢占公海海底的开发权,同时又把大量有毒有害的物质抛入公海,污染和破坏海洋环境及资源。对此,国际社会特别是一些发展中国家纷纷予以抵制,要求对传统的国际海洋法加以完善,主张公海是人类共同继承的财产,应由国际社会共同管理、保护和享用,各国均有权共享共管全球共同的环境与自然资源,并承担保护全球共同的环境与自然资源的义务。如目前已经生效的《海洋法公约》规定,区域(即国家管辖范围以外的海床、洋底和底土)及其资源是人类的共同继承财产,缔约国对该财产的基本原则不应有任何修正,不应参加任何减损该原则的协定。这给主权国家对全球性公共环境及自然资源的利用施加了原则性的限制。

不仅如此,目前人类共同继承财产原则适用的范围有扩大的趋势,正从公海、外层空间、南极等全球性公共区域环境及自然资源扩展到主权国家管辖范围内的世界文化和自然遗产以及某些自然资源上。不能说这一扩展没有道理。如对于生物多样性,生态学家通过对环境要素与生态平衡关系的研究后发现,它们是人类社会的基石,虽然这类资源归一国所有,但对国际社会有巨大价值。因此,这些资源也应该划入人类共同继承的遗产。

从自然科学的角度看,这种主张的提出有积极的意义,为国际合作保护自然资源奠定了理论基础。但是,对于那些拥有这种"人类共同继承遗产"的国家来说,是不能接受的。因为这与国家主权原则以及国家对自然资源拥有永久主权的规定相矛盾。这种矛盾可以从国际社会对巴西境内亚马孙森林保护的态度以及巴西的反应看出。

(2) 国际环境法对国家主权的弱化

国际环境法的构成主体是国际环境条约。它是主权国家与其他国际法主体之间为确定其环境权利和义务而签订的书面协议,泛指涉及环境资源问题和环境工作的各种条约,包括专门性的环境条约和含有环境条款的其他条约,即公约(convention)、条约(treaty)、协定(agreement)、议定书(protocol)、宪章(charter)、宣言(claration)等。这些协议按缔约方的数目可分为双边条约、多边条约和国际公约;按条约的内容又可分为大气、海洋、土地、野生生物等环境条约。国际环境条约既是国际环境合作的表现和形式,又是国际环境合作的内容和成果,还是国际合作扩大和继续的基础和规范性依据。条约的签订使缔约国的权利义务关系得以确定,使国际环境合作在法律的轨道上进行。

有人会说,国际法是国家间的契约关系,不存在公认的上位权力来保障执行,对国家亦无强制的约束力,国家既可出让权力,亦可收回权力,既可加入条约成为条约的缔约国,亦可不加入甚至退出条约成为条约的未签署国。按理说这构不成对国家强有力的制约,国际法的践踏、国际条约的撕毁、国际协议的破产似乎应是经常发生的事情。但是,实际情况并非如此,当今世界绝大多数国家对签署国际环境法、遵守国际条约、履行国际义务都是十分慎重的。之所以如此,是因为:第一,国际法符合各国的根本利益和长远利益,代表了国家之间相互依存、相互影响的关系。这是国家立足于当代国际社会必不可少的条件。第二,国家之所以避免破坏国际法是为了防止使自己落入作法自毙的不利境地。第三,国际社会相对狭小和固定的特点,使国家必须维护自己的国际声誉。[18]

正是由于这些原因,国际环境法的严肃性被所有国家承认,即使一些国家对国际法的修改和完善持不同意见,国际法也得到世界各国的接受并遵守;即使某些国家的局部利益与国际法相抵触,它们一般也不会贸然采取对抗的行动。因为这样的行动必然招致该国承受国际社会政治上、外交上的压力,使之陷入孤立。

专栏 8-4

中国加入 CITES 后的义务

1981 年中国加入 CITES(《濒危野生动植物物种国际贸易公约》)后,认真执行该公约,但是,我国个别单位见利忘义,非法走私进口犀牛角,引起国际社会的不满,少数国家借机扬言要制裁。中国政府对此非常重视。后来,国务院发出禁止虎骨、犀牛角贸易的通知,封存了市场上的虎骨和犀牛角及其产品。仅此一项经济损失就达 20 亿元,但赢得了国际社会的赞誉。

1994 年 3 月,CITES 秘书处派有美国内务部代表参加的代表团访华,来考察中国履行该公约的情况。此前,美国主管环境的内务部曾宣布,如果中国不认真履行 CITES,将对中国实行经济制裁。代表团在中国考察后认为,中国政府的政策、法律和态度是认真的、严肃的,10 万大军工作在第一线,有人为此献出了自己的生命,他们应该受到国际社会的赞扬、鼓励和支持,而不是批判和制裁。

上述案例说明,国际环境法给主权国家施加了某种限制,如果一国加入了旨在保护环境的国际公约,该国就在法律上承担了相关的权利和义务。这一点正如美国法学家汉斯·凯尔逊(Kelsen)所说,倘若国家主权被定义为一种无限制的权力,就会与国际法不相兼容。绝对国家主权是不可承认的,国家主权应当是有限的,并以服从国际法律秩序为前提。[19] 如此,国际环境法也就给国家主权以某种程度的限制和弱化。

现在,国际环境立法已在国际社会各个层次展开,并随着人类对环境安全问题认识的深入,涉及的范围日益扩展,立法的项目更加细致。这就导致受国际环境法约束的事项同各国主权范围内的事项之间更易出现交错、重叠、矛盾的情况,从而产生国际环境法与国家主权之间的抵触,并最终以主权国家弱化主权以与国际环境法相一致而告终。

(3) 国际环境组织对国家主权的弱化

国际环境组织泛指与环境事务有关的国际组织,包括专门性国际环境组织和非专门性国际环境组织。专门性国际环境组织以环境保护为其专门职能,如联合国环境规划署(UNEP)、政府间气候变化委员会(IPCC)、世界环境与发展委员会(WCED);非专业性国际环境组织在履行其主要工作职能时,从事一些与环境保护有关的工作,如国际科学学会联合理事会(ICSU)、世界资源研究所(WRI)、地球之友(FOE)等。国际环境组织一方面为主权国家在环境领域的合作提供了方法和手段,以便协调冲突、缓解矛盾、促进合作;另一方面为环境合作的实施提供了组织保证。这两方面使得国际环境组织能够超越国家利益去从事超越国家界限的活动,明显地侵蚀了一部分国家权力。

专栏 8-5

绿色和平组织的抗议

如绿色和平组织 1995 年就派出它的旗舰"绿色和平"号进入南太平洋的法国核试验区进行抗议。这是一次旨在使法国陷入困境的、极其危险的行动。结果该船被法国海军突击队扣押。这些活动已经超越国界,具有干预国家主权的性质。但由于其行动的内在合理性及其和平的行动方式,一些国家对绿色运动某些激烈的行为,一般不作激烈反应,实际上也就认同了国际环境组织对国家主权的某种弱化。

总之,环境保护的理论和现实两方面都在弱化国家主权,需要主权国家给出积极的响应。

3. 如何看待这种主权"弱化"

在主权国家面临全球环境问题的状况下,主权的有限性是不可置疑的。环境问题的解决非一国力量所能为,也非一国力量所能避免。"这就要求原有的以民族国家为主体的世界体系作相应的调整,国家行使主权理应受合法且正常的限制。"[20]

这种对国家主权的限制弱化是国家主权受到侵犯乃至国家主权的丧失吗?

从主权弱化的形式看,在环境保护领域,国家所做出的弱化主权的选择是在主权平等条件下做出的独立自主的决策,是行使主权的结果,是自愿做出的并且符合国家利益的决定,是主权权威的表达,意味着国家行使权力的完全自主。因此,这种弱化绝不是对国家主权的侵犯或国家主权的丧失,相反,乃是主权国家面对国内外环境问题以及为了满足国际社会的普遍要求,更好地维护国家利益和国家主权所采取的一种策略,其目的和宗旨是更好地坚持和强调主权。

从主权弱化的内容看,没有动摇乃至改变国家主权最根本的特征。根据主权的定义,它具有绝对的、永久的性质,即具有至高无上、不受限制、不可分割的性质。如果介入了另一个最高权威,则该国的主权也就丧失了。因此,主权不存在量的问题,不能与其他主体共享。这一点即使在国际环境组织、国际环境法存在的现代背景下也是如此。主权的这种特征使它与政府的具体权力——治权区分开来。虽然说主权与治权是紧密联系在一起的,有什么样的主权就会有什么样的治权,治权从属于主权,并且通过主权赋予其行使权力的合法性。但是,"主权与治权在质上的对应并不能证明它们在量上也是对应的。"[21]对于治权,其行使的主权是多层次的,从较小的区域,如乡、县到较大的区域市、省乃至中央政府,甚至联合国。而且,对于同一主体,其权力的行使有量的度量。但是,行使主权的主体只能是国家,一个国家只能有一个最高权威来体现其主体,这就为弱化主权,变动治权,保护环境,创造了条件。尽管国际环境组织和国际环境法对国家主权具有弱化作用,但其弱化可以说主要是对治权的分割,是经主权国家"同意"的,没有动摇主权国家的主权主体地位。主权国家为了自己的根本利益或更大利益,有条件地暂时或长久地转让一部分国家权力从本质上说并不是国家放弃,只是由国家和其他主体共同行使这些权力而已,必要时国家可以收回这些权力。

由此可见,环境问题对国家主权的弱化并非国家主权的丧失或被侵犯,国家的最高统治权和对外独立性并没有被超越,所变化的只是主权国家自主限制了一定数量的国家权力。此时,国家主权的本质没有受到影响。这一点诚如汉斯·摩根索(Morgenthau)所言:"国家限制自己行动自由的法律义务的数量本身不影响它的主权。……影响主权的不是法律限制的数量,而是它的性质。一个国家可以接受不论多少法律限制而仍不失去独立自主,只要这些法律限制不影响它作为执法和立法的最高权威的性质。但是只要有一项影响这种权威的法律规定,它本身就足以破坏这个国家的主权。"[22]

不过,尽管主权的弱化并非主权的丧失或被侵犯,但这毕竟是对国家主权的弱化,对主权国家行使主权肯定是不利的。既然如此,为什么主权国家要响应国际环保的要求,弱化本国的国家主权呢?原因不外是主权的弱化有利于国家利益的增强。平心而论,一个国家完全可以遵循闭关自守,置身于国际合作之外。这是该国的权利。此时该国国家主权可能受到较少的干预,能够较大程度地保持独立自主。但是,这种状态的维持必须以该国在各个领域对他国乃至国际社会的干涉较少,甚至几乎没有干涉为前提。这在目前全球化的浪潮下可以说根本做不到。因此,主权国家在目前所做的就是尽量多地介入国际合作,从国际合作中取得更多的利益。要知道,"主权是国家利益的极重要的组成部分,但不是全部,在一定条件下也不一定是最高利益,当主权原则与国家最高利益相抵触时,需要权衡利弊,不排除在国家主权的具体问题上作出暂时的让步,服从于国家最高利益"[23]。

将此与当今全球环境保护相结合,可以发现,一国保留了选择弱化国家主权、进行国际合作的权利,其理由是一国不能解决其国内及其国际环境问题,环境问题的解决必须依靠国际社会。如果一国既不存在来自于国内的环境威胁,也不存在来自于国外的环境威胁,该国弱化国家主权加入国际环境保护合作的可能性就会很小。因为此时该国以弱化主权的代价获得的国家利益一般不大。相反,如果一个国家在弱化主权的同时,也在国际体系的运作中获得新的机会、利益和权力,如在解决全球问题中的发言权、决策权等,那么此时该国弱化主权的可能性就很大。如果主权弱化损及该国的根本利益,损及主权的完整,这个国家就不得不犹豫、甚至拒绝。就此而言,"国家利益始终是主权弱化的轴心"[24]。

4. 反对以环保为借口侵犯别国主权

从上面的论述可以看出,环境问题的解决确实需要弱化了的主权与之对应,这是对国家主权的更好维护。但主权的弱化并非意味着主权可以受到侵犯甚至丧失。环境问题只与绝对化了的主权观念相冲突,而与主权的本质内涵没有冲突。在当今世界形势下,主权的弱化仍然是以坚持和捍卫主权为基础的。可以说主权强调的是国家的独立存在,国际合作强调的是各主权国的彼此协调。一个国家若没有主权存在或不拥有完整的主权,就不能成为真正独立的国家,也就无所谓合作。因此,主权是国际合作的前提和基础,贯穿于国际合作的全过程。任何无视国家环境主权的观念和行为,都将从根本上动摇国际环境合作的基础,构成国际环境合作的障碍。

但是,西方的一些学者片面夸大某些国家的环境危害,偏移了国际环保合作对国家主权弱化的原则,不是通过国际环保合作来解决全球环境问题,而是试图改变相关国家的主权主体,通过剥夺该国的主权来实现。如面对环境问题,不少西方学者主张限制、甚至取消国家主权,由国际社会代行国家主权。英国学者T.奥里奥尔丹认为,"具有爆炸性的温室效应的政治挑战,是我们现在所理解的那种国家主权的终结。一个国家单独决定自己的温室气体的排放量,不能说是合理的,或者说是不再可能在道义上被证明是合理的"。美国国际法协会主席冈瑟·汉德尔则说:"第三世界国家必须调整自己关于各国相互依存和领土主权的观点,以适应处于危境中的世界相互依存的现实,并接受决策权从各国当局向国际论坛和国际机构的不可避免的转移。"[25]让国际社会以主权的主体身份对第三世界国家实行干预。

可以说上述观点是错误的。主要原因是完整、均质的国际社会并不存在。尽管国际社会在20世纪后期已经从历来松散、无序、不完整的状态逐步演变为相当紧密、比较有序、遍及全球的现代化国际体系,但是,联合国目前还不能让任何国家为之做出无条件的特殊利益的牺牲,也没有权力代替各主权国家行使其主权职责。它所做的只是在承认国家主权的前提下,协调、限制、监督各国的行为,弱化主权国家的主权。

既然国际社会不能代替主权国家行使主权职责,那么,别的国家如所谓的精英国家能代替某些国家行使其主权职责吗?对此,西方一些学者持肯定态度。他们认为,生态环境的破坏主要来自于落后、愚昧地区民众对资源的不恰当利用,是由某些发展中国家错误的发展政策所致。某些发展中国家目前的经济发展方式和由此带来的生态环境破坏速度,已经超出了国际社会的道德容忍度,是完全不负责任的、不顾他人的。因此,必须采取各种措施制止发展中国家的这一势头。怎样制止呢?他们认为,某些发展中国家内部政治结构十分陈旧虚弱,本身已不具备承担主权责任的资格,失去了管理和利用环境的能力,不能为其国内及国际环境提供保护,因此有必要由别的国家来代替它履行主权责任。

不能说这种观点没有一点合理性。现在,非洲和南美的一些国家正是由于群际族际关系比较复杂、文化演进进程中"断层"较多、外部挑战内部忧患的"双重变奏"反复出现、再加上国家内部政治结构的欠缺,从而导致其国内战乱频仍、政局动荡、发展停滞、贫穷加剧。这种状况确实导致了这些国家不负责任地采取大规模破坏环境和资源的措施,从而给该地区甚至全球环境带来威胁。

但是,这并不意味着可以由西方国家组成的精英国家集团代替这些国家行使主权。其主要原因在于,全球化的浪潮并没有改变由来已久的不同国家为了各自利益而互相对立的事实。当今国际舞台上仍然存在着南北冲突和对抗,既有政治上的控制与反控制,又有经济上的剥削与反剥削,还有意识形态上的演变与反演变。尽管当今发展中国家的崛起,极大地改变了当代国际政治总格局,推进了世界多极化的发展,成为世界经济发展不可缺少的一部分,使得西方国家再也不能像早期的殖民主义者那样以海盗式明火执仗的武力征服来掠夺殖民地财富,也不能像第二次世界大战后的新殖民主义者那样采用制造分裂、发动政变、扶植傀儡来维持其殖民统治并从中渔利,但是,他们可以利用发展中国家经济技术落后、管理制度欠缺等向发展中国家转移污染产业、销售有毒产品、出口垃圾以及巧取豪夺发展中国家的资源,侵犯发展中国家的环境主权,实行环境殖民主义。

这表明,在今天的世界政治中,虽然绝对的专属主义时代已经过去,但是在这个世界上还有利益的多样化,还有各个国家利益的分歧、矛盾和冲突。由此,一国的主权仍然可能受到侵犯,仍然需要各主权国家加以维护。"主权依然是民族国家立身的基石和国家关系赖以运转的中轴。"[26]因此,发展中国家的政府和人民对西方一些学者上述弱化主权理论是持怀疑态度的。他们认为,绝大多数国际社会的环保决议或各种标准确实是国际化社会的共同意愿(至少是多数国家的意愿)的体现,但是也不排除西方国家凭借其军事、经济实力、信息及技术上的优势,支配着许多国际制度、规章和条约的起草和执行,逼迫发展中国家接受对其生存和发展极其不利的环保方案,为它们获取更大的利益服务,甚至以预防环境破坏为名,行控制发展中国家之实。

如戴维·亚当森(Adamson)不顾发达国家与发展中国家在排放二氧化碳等温室气体上的义务和责任,主张"干预政治",迫使发展中国家接受发达国家联合减排的主张。他说:"如果劝说无效,在某些条件下提出'绿色条件'可能成为解决问题的办法,尽管这样做可能不受欢迎;对于确实难办的情况,只要足够支持,工业化世界又没有在禁止温室气体问题上陷入了不可救药的宿命论,则可以采取制裁措施。"[27]

这就是说,发展中国家砍伐自己的森林、利用自己的生物资源、发展自己的工业、修筑自己的水坝和发电站,必须符合发达国家制定的规则——"绿色条件",否则,他们就会采取制裁措施,操纵国际组织,取消对发展中国家的一切援助和贷款,指使贸易组织加强贸易封锁和禁运,不准进口发展中国家的产品。

如此一来,发展中国家还有何国家主权可言!在这种情况下,对于发达国家来说,不能期望发展中国家在主权问题上作出有损于自身根本利益的让步。

那么,对于发展中国家来说,如何弱化国家主权以适应全球环境保护的实践呢?一个基本的原则是在维持完整主权的前提下参与国际环境保护活动和国际事务。由此需要发展中国家维护国际利益,在主权行使方面采取积极协作的态度,承担相应的国际义务以便参与国际合作,最大限度地实现国家目标。[28]这样做的目的是在当今经济相互依赖、生态问题日益严重的全球化时代,既能够进入国际市场,参与国际竞争,利用比较成本优势,使自己国家的经济发展和人民生活得到改善,又能够学会适应国际环保趋势,把经济发展和环境保护(可持续发展)摆到一个适合本国国情的平衡点上,确保本国在国际舞台上的政治发言权,避免陷入某些发达国家设下的"游戏圈套",防止国家主权与安全等根本权益受到损害,使自己不致成为资本主义世界体系之少数核心国家的"依附性外围"[29]。

总之,目前环境保护的实践对国家主权的弱化只是手段而非目的。从主权国家来看,可以说它不是为实现全球环境利益服务的,而是为维护本国利益服务的。一国是否参与全球环保浪潮之中,在其价值取向上并不是服务于所谓"大同"世界的"共同"利益,而是取决于国家利益。国家有权作出选择。如果没有这样的选择,国家也就失去了主权,也就无所谓国际环保协调与合作。

可以说,建立在尊重国家主权和领土完整、互不侵犯、互不干涉内政、平等互利、和平共处等国际关系准则基础之上的"新的全球伙伴关系",是国际环境合作正常和顺利进行的保障。

三、调整国家利益,保护全球环境

无论是维护国家环境安全还是维护国家环境主权和发展权,都是为了维护国家利益。冷战结束及随之而来的战略改组,降低了世界大战爆发的可能性,提高了多数国家的安全系数,各国都把主要精力放在经济发展上。经济利益上升到国家利益的首要位置。以国家经济利益为中心成为各国参与国际事务所遵循的原则。这点在保护全球生态环境问题上的表现就是:当保护其他国家乃至全球的生态环境有损于维护该国的经济利益时,该国应该采取什么措施,调整该国国家利益?当一国以环境保护为借口以获取更多的国家经济利益时,其他国家应该采取什么态度呢?前者体现在各国温室气体削减指标的制定以及实行上,后者体现在发达国家实行的"绿色贸易壁垒"上。这两方面都需要主权国家在强调国家权利、维护国家经济利益的同时,调整国家利益,与其他国家利益或全球利益之间形成必要的张力,使全球环境保护沿着正确的道路迈进。这里就绿色贸易壁垒问题加以论述。

1. "绿色贸易壁垒"的是与非

冷战结束后,经济优先成为国际经济发展不可逆转的潮流。一国在国际贸易中所占比重的大小决定了其在国际经济中所处的地位。面对广大发展中国家经济实力的迅速崛起和在国际贸易中竞争能力的不断增强,面对世界贸易组织逐步取消全球多边自由贸易关税壁垒,发达国家为了保持自己在国际经济中的主导地位,必然要寻找新的贸易壁垒,以便在国际贸易中占据有利地位。现在看来,这种新的壁垒就是"绿色贸易壁垒"。

所谓"绿色贸易壁垒"是国际贸易中的一种非关税壁垒,它把环保要求与国际贸易相联系,以保护资源环境的有关国际公约、法规、标准为依据,并以进口国(地区)的环保法律、法规、标准为准绳,在国际贸易中对不符合国际和进口国国内环保法律、法规、标准的商品实行限制或拒绝进口,以保护本国的贸易市场。

世界上最早的有关"绿色贸易壁垒"的典型案例发生在20世纪80年代初。当时,一直在丹麦运行良好的玻璃饮料瓶回收系统,受到大量外来的、不能回收的饮料瓶的冲击和威胁。为了改变这一状况,1981年丹麦政府决定所有啤酒、汽水类饮料必须装在可回收再利用的瓶子里才能销售。丹麦政府的上述决定受到欧共体成员国的强烈反对。他们认为这一决定违反了"在欧洲境内一种货物一旦在一国出售,就可以自动在整个欧共体内流通"的法规。1986年欧共体仲裁法庭受理了此案。1988年9月,仲裁法庭裁决丹麦获胜。获胜的关键理由是此决定有利于环境保护。

上述绿色贸易壁垒的案例发生在发达国家之间。实际上,绿色贸易壁垒更多地发生在发达国家和发展中国家之间,而且,更多的是发达国家设置壁垒。发达国家制定一些以发达国家的技术水平很容易达到,而发展中国家因技术、资金落后无法达到或要付出极大代价才能达到的绿色技术标准、标志认证要求和绿色制度,利用这些看似平等的绿色条款来为发展中国家设置较高的门槛,从而达到限制发展中国家产品出口的目的,给发展中国家的经济发展造成损失。具体表现在三个方面:一是影响产品出口市场的范围;二是影响产品出口增长的速度;三是影响出口产品的成本和企业的经济效益。

专栏8-6
2002年欧盟偶氮染料禁用令对中国服装出口的影响

2002年5月和7月,欧盟分别颁布了关于修改并发布授权纺织产品使用欧共体生态标志(eco-lable)的决定和偶氮染料禁用令。这是欧盟在为纺织品和日用消费品的市场准入构筑完整的"绿色壁垒"方面迈出的两个重大的步伐。同年9月11日,欧盟在其《官方公报》上正式公布2002年第61号禁令(简称61号指令),禁止使用四氨基联苯等22种偶氮染料。

这一禁令对中国服装出口的影响巨大。中国是欧盟纺织品服装的最大供应国。据统计,2002年前11个月,中国对欧盟的纺织品服装出口超过60亿美元。加上皮革制品等其他日用品,我国受61号禁令影响的对欧盟出口金额超过70亿美元。

正因为如此,对于绿色贸易壁垒,发展中国家一般反对,而发达国家一般赞成。发展中国家的一些有识之士指出,这是发达国家凭借其在环保技术方面的领先地位,通过制定严格的环境标准,来达到保护贸易的目的。而发达国家则为自己的做法进行辩护。由此形成"公说公有理,婆说婆有理"的状况。谁是谁非,需要我们具体分析,并给出相应的对策。

发展中国家认为,由于与传统的非关税壁垒措施,如进口数量与配额等相比较,绿色贸易壁垒不像配额和许可证管理措施那样明显地带有分配上的不合理和歧视性,不容易引起贸易摩擦;由于绿色贸易壁垒以保护生态环境、自然资源和人类健康为掩护,把人们的视线从对外贸易进行限制的实质目标转移到别处去,具有隐蔽性;还由于建立在现代科学技术基础之上的各种检验标准不仅极为严格,而且烦琐复杂,往往使得出口国难以对付和适应,因此,发达国家更经常地使用"绿色贸易壁垒"保护本国贸易。

更何况,发达国家与发展中国家在技术、经济和贸易上的差异,也为发达国家这种贸易保护策略的实现创造了条件。因此,发达国家借口环境保护,提高国际贸易中的环境标准,不能不令发展中国家怀疑。诚然,发达国家从保护其国内乃至国际环境的目的出发,限制某些发展中国家的某些产品加入到国际贸易行列无可厚非。但是,某些发达国家往往借口保护环境,对发展中国家的产业和产品提出过高的标准,设置新的非关税壁垒,对本国实行贸易保护,损害别国的利益,则是发展中国家难以接受的。

针对发展中国家的上述观点,发达国家一些人士认为在贸易条款上加上环保的内容仅是为了体现公平贸易和保护自然环境,并没有实施"绿色贸易壁垒",推行贸易保护主义。他们认为,某些发展中国家由于其经济技术落后,产品质量低,初级产品比重大,产品的保护环境效应差是既成事实。这由它们的历史和现实条件决定。但是,有些发展中国家为了提高产品的竞争力,搞所谓的"生态倾销"和"环境寻租",故意降低环境标准,这样就使得实行低环境标准的国家工业制成品的生产成本比较低,这相当于该国给予本国企业一笔出口补贴,使其出口产品的国际竞争力大为增加。这样在寡头垄断市场存在着高额利润(租金)的条件下,就有可能从实行较高环境标准的国家手中劫掠市场份额,使环境标准苛刻或严格执行国际标准的国家竞争力下降。[30]例如,东欧生产的化肥在德国市场上价格较低,而使德国的化肥厂商难以与之竞争。为此,德国厂商将其产品竞争力受到侵蚀的原因,归结于东欧的环境标准较为宽松。这就是西方某些学者称作的"战略性环境政策"实施的结果。

面对这种情况,发达国家认为,应该根据污染者付费原则,要求污染者承担治理污染源、消除环境污染和赔偿受害人的费用。由于一些发展中国家出口的产品,在其生产过程和进口到其他国家之后被使用的过程中会破坏环境,从而造成环境破坏的外部性,而这部分外部性成本往往没有算入这些产品的出口价格中,因此,发达国家征收一定的环境进口附加费,以使这些产品的"环境成本内部化"是应该的。否则,世界贸易秩序会被这种通过人为降低环境标准夺取贸易利益的行为搅得一团糟。

即使不是这样,他们也认为,任何主权国家都应该对有害于区域和国际环境的产品进行限制。这是因为,随着人类活动范围的扩大和全球经济一体化进程的加速,国际环境污染已从物质上的联系转向非物质上的联系。这就是说大气污染的加强、生物多样性和热带雨林的减少会因不恰当的贸易形式而产生。一些发展中国家的某些出口产品的生产、营销活动等确实在污染空气和水,恶化环境资源,甚至造成跨国境或全球性的问题(酸雨、河流污染、气候变暖)。如果放任这样的产品进入世界贸易市场,势必加剧环境破坏。为此,必须对这些产品进行环境成本内在化,征收环境进口附加税,或根据一定的环境标准限制该产品的进口。

以美、墨金枪鱼事件为例,按照关贸总协定的非歧视性原则,一条金枪鱼与另一条金枪鱼并没有区别,但是,墨西哥使用拖网法捕捞金枪鱼的作业方式严重影响了海豚这一珍贵物种的生存。为了保护全球环境和避免共有资源濒临危境,美国在 1990 年就禁止进口来自墨西哥的金枪鱼。

况且,他们认为,这种通过贸易手段保护环境的行为已经得到国际社会和他们国内人民的支持。20 世纪 90 年代以来,有关环境保护的国际公约对国际贸易产生的影响日趋明显,国际上制定的环境与资源保护公约、协定已达 150 多个,其中与贸易直接有关的主要有:《关于消耗臭氧物质的蒙特利尔议定书》、《濒危野生动植物种国际贸易公约》、《控制有害废料的跨国转移及其处理的巴塞尔公约》等。加入了这些公约的成员,在国际贸易过程中不能不受到限制。而且,《关贸总协定》缔约方之间有关环境问题的贸易争端日益增多,贸易与环境问题成为乌拉圭回合多边贸易谈判的一个新议题。乌拉圭回合《贸易技术壁垒协议》规定:"任何国家在其认为适当的范围采取必要的措施,保护环境,只要这些措施不致成为在具有同等条件的国家之间造成任何不合理的歧视,或成为对国际贸易产生隐蔽限制的一种手段。"《关贸总协定》(GATT 1994) 第 20 条"一般例外"在 b 款和 g 款中规定,只要不对情况相同的成员国构成武断的或不合理的差别待遇,或构成对国际贸易的变相限制,任何成员国都有权采取为保障人类和动植物的生命和健康所必需的措施,以及为有效保护可能用竭的天然资源的有关措施。《关贸总协定》(GATT 1994) 第 20 条规定:"在一定条件下,影响人类、动植物的生命或健康的贸易政策可以不受正常关贸总协定的约束。"这就承认各缔约方为了保护环境,有权制定和采取与环境有关的贸易政策和措施,从而为发达国家在贸易条款中加入保护环境的条款提供了法律依据。

至于人民对此的态度,1997 年公布的一项跨国民意调查表明,工业化国家 85% 的人民认为环保是未来的第一大课题。与此相应,越来越多的具有环保消费观的消费者要求购买不污染环境的"绿色食品"。调查显示,67% 的荷兰人和 77% 的美国人表示在选购商品时会考虑环境,40% 的德国人更喜欢购买"绿色产品"。可以预见,随着科学技术的发展和人民生活水平的提高,随着人们环保意识的增强,消费者对于可能污染环境、危害健康的产品和服务具有更强的敏感性,对环保产品的需求与期望与日俱增。因此,在国际贸易中相关国家限制进口有害环境的产品,完全是顺应民心的事情。

总之,发达国家认为,在国际贸易中体现环境保护的内涵一是以保护生态环境、自然资源和人类健康为目的,具有名义上的合理性;二是以一系列国际公约、协定和国内法律、法规作为其制定实施办法的依据,具有形式上的合法性;三是针对全球生态环境的非排他性特点,以及随之而来的某些国家可能会"搭便车"的行为,具有实际上的排斥性。因此,以限制贸易的方式促进乃至达到环境保护的目的,在目前国际政治、经济和环境形势下,不失为一条有效的途径。

针对发达国家运用贸易限制实现环境目标的论证,发展中国家表示了它们的怀疑:

第一,与外贸外资政策相比,环境政策是解决环境问题的首选办法,是处理生态问题的治本措施,也是实现环境成本内部化的有效手段。采用环境政策来纠正大多数环境恶化的真正根源——市场机制失灵或政府干预失败,针对性强,因而最为有效。采取其他宏观经济政策、外贸外资政策往往收效甚微,在市场失灵或政策失误严重时甚至会适得其反,加重环境恶化程度。因此,在解决环境问题时应该多从环境政策方面入手,而不应该将外贸政策抬到不应有的高度。

第二,即使为了保护环境而使用贸易措施,也必须谨慎制定和监督执行,以免被狭隘的贸易保护主义者随意滥用,成为"绿色贸易壁垒",损害国际分工与交换的现实和潜在利益,甚至危及世界贸易组织。

第三,发达国家无视发展中国家的贫穷落后状况,无意帮助发展中国家获得环境保护所需的资金和技术,却在贸易、生产和投资方面采取与环境有关的贸易限制性措施,降低了发展中国家的收益,阻碍了发展中国家的发展,从而也就降低了发展中国家扩大投资改善环境的能力。这对环境保护来说,不能不说是一个损失。因此,"用开放和开展贸易来带动改善环境,比用贸易限制或制裁来惩治破坏环境行为好得多。"[31]

第四,发达国家一方面声称要帮助发展中国家消除贫困、治理污染、发展经济和贸易,并且要以限制贸易为手段达到保护自己国家环境的目的;另一方面却利用发展中国家环境标准低、环保意识不强、环境管理不健全等现实条件,将高污染产业、垃圾等向发展中国家转移,造成发展中国家的生态环境进一步破坏。这不能不使人们对他们将环境保护与贸易行为联系起来的做法产生怀疑,从而也使他们对发展中国家环境政策的指责变得很不合理。

第五,国际贸易协议中有关的环境条款、国际环境公约等本身是为保护环境服务的,本质上不是绿色贸易壁垒,但是,其中的一些条款相对模糊的界定,的确使某些发达国家为树立绿色贸易壁垒找到了借口,而且其中的一些条款是由发达国家制定的,是基于发达国家的先进的技术水平,反映的是发达国家的环境利益,这些事实上将会导致绿色贸易壁垒的形成。

第六,发展中国家认为,在国际贸易中加进环境条款以保护环境这种做法不是不可以,但是,环境条款的制定不能以发达国家制定的标准为准绳,标准的制定要因国家的具体情况而定。对于许多发展中国家,由于空气或水污染水平相对较低,自然净化能力较强,为此不一定需要制定严格的有毒气体或废气排放标准,可适当放宽。这是其一。其二,基于经济发展阶段和现有技术基础的差异,发展中国家具有不同于发达国家的环境质量偏好,其国内工业污染标准可以与这种偏好相对应。其三,由于资金缺少,发展中国家的政府倾向于将有限资源优先用于发展经济、消除贫困,因此,对其制定的环境标准应适当放宽,执行时间也可延缓或分阶段执行。否则,既阻碍发展中国家顺利解决人民的温饱问题,又有可能封堵众多发展中国家利用出口贸易促进持续发展之路。

鉴于以上几方面的考虑,发展中国家认为,发达国家对进口商品及其生产过程制定苛刻的环保标准,主要还是限制和禁止可能影响本国商业利益的商品进口。要知道,由于目前南北科技、经济和信息水平的差异,也只有发达国家才能构筑这种"绿色贸易壁垒",发展中国家只能成为这种壁垒的牺牲者。这种按发达国家要求制定的环境标准必然有歧视发展中国家的倾向,外贸政策不能作为保护环境的首选方法。

既然如此,要避免这种环境壁垒,就要摒弃在国际贸易中参照发达国家所制定的环境标准。采用什么标准才比较恰当呢?有人认为,可行的办法是,采用统一的国际环保标准和绿色标志为主要内容的绿色贸易制度,规范限制国际贸易行为。如 ISO14000 的实行就是如此。它是 ISO(国际标准化组织)1996 年 9 月以来陆续制定和发布的由各国自愿执行的环境管理系列标准。为推动可持续发展,统一协调各国环境管理标准,减少世界贸易中的非关税壁垒而制定的环境管理系列标准。由于实施该系列标准具有保护环境和消除贸易技术壁垒的双重作用,因此受到各国的广泛关注。这使得许多国家近年将对方是否通过 ISO14000,作为是否允许其产品进入本国市场的强制性标准来执行。但是,值得注意的是,长期以来,在国际环保标准、绿色标准制定过程中,存在着向发达国家利益倾斜的问题。因此,兼顾发达国家和发展中国家利益的环境标准的制定,对于消除绿色贸易壁垒,保护全球环境,引导国际贸易朝着正确的方向发展,意义重大。

2. 发展中国家的对策

不管怎么说,在国际贸易中不考虑环境问题显然行不通。因为,在全球性经济一体化过程中,日趋扩大的贸易流动会直接引起环境的流动,如果没有相应的绿色措施约束和调节,各国就会通过贸易流动来输出或扩散具有负的外部影响的环境产品,把这种外部影响强加给别国和国内消费者。而随着全球环境的持续恶化以及人们对环境保护呼声的提高,从生态角度使用贸易措施已为世人所部分认可。而且,如前所述,绿色贸易壁垒由于具有形式上的合法性、操作上的隐蔽性、内容上的广泛性,更由于它以国际贸易协议中有关环境的条款、国际环境公约、国际环境管理体系系列标准 ISO14000 以及环境标志制度等为依据,增加了它法律上的合理性,所以,现在要想消除绿色贸易壁垒是不可能的。正是在这样的大背景下,发达国家可以不顾发展中国家的指责与反对,以发达国家的标准制定国际贸易中的环境规则,如环境技术标准、环境标志等对发展中国家的产品进行限制,对发展中国家的产品出口造成了极大的影响。在这种情况下,发展中国家怎么办呢?

在目前国际贸易和环境形势下,发展中国家对发达国家绿色贸易壁垒的抵制任重而道远。发展中国家一方面要积极斗争,有力地抵制发达国家利用某些过高和不切实际的环保标准和环保措施限制发展中国家商品出口的企图,维护自身利益;另一方面,必须审时度势,转变思路,在对外经贸工作中充分考虑环境因素,积极主动调整政策,化压力为动力,有效冲破绿色贸易壁垒。

(1) 正确认识绿色贸易壁垒

在国际贸易中保护环境,是现代国际贸易的发展趋势,是实现全球可持续发展的必然要求,对此不可盲目反对。我们应该反对那种借环境保护之名,行贸易保护之实的非正当的绿色壁垒。而且,即使没有绿色贸易壁垒,发展中国家也应该促进企业进行技术改造,提高资源的利用率,产生较少的污染,在保护国内环境的同时,也为他国或全球环境保护作贡献。

(2) 调整现有政策,大力推进清洁生产,发展绿色经济

在绿色贸易壁垒面前,最有效和最根本的办法是采取各项措施,如实行环境标志制度、绿色包装制度、严格的生产加工技术标准等,促进企业治理污染,改进技术,节约资源,保护环境,降低生产成本,以国际国内的绿色消费需求为导向,大力开发绿色产品,提高产品的国际竞争力。这是从根本上应对绿色贸易壁垒的最有效的途径。

(3) 出台相应的政策,鼓励或激励企业获取进入国际市场的"绿色通行证"

所谓绿色通行证,指的是 ISO14000 系列标准认证。该标准是将环境效益、社会效益和经济效益融为一体的管理体系。它以标准指南的形式为企业提供了加强生产全过程管理的各种方法和行为规范,以帮助企业加强环境管理,达到提高资源和能源的利用率、节约资源、减少环境污染和保护环境的目的。该标准发布后,很快在全球范围内被普遍承认采用或推行。特别是发达国家,他们除了迅速实施 ISO14000 标准,积极开展通过标准的认证工作以外,向发展中国家也提出了应实施 ISO14000 系列标准的要求。否则,发展中国家的产品和服务将难以进入其国内市场和国际市场。从这一意义上说,发展中国家和地区应该制定具体的奖励办法,刺激企业主动积极地通过 ISO14000 系列标准认证。除此以外,国家还应鼓励企业获得 ISO9000 系列标准的认证和主要贸易对象国的环境标志

或绿色产品的认证。

专栏 8-7

推动中国企业通过 ISO14000 标准认证

目前,美国、英国和德国等发达国家在环境标准制定方面的国际标准采标率已达到 80%,日本新制定的国家标准中有 90% 以上采用的是 ISO 的标准。而我国至今只有 40% 左右的国家标准采用了国际标准。这无论对于我国本身的市场保护,还是冲破他国的绿色贸易壁垒都是不利的。更何况,我国 1996 年通过 ISO 标准认证的企业和组织只有 4 家,1997 年为 22 家,1998 年为 71 家,1999 年达到 142 家,至 2001 年 2 月,也只有 510 家。这对于我国数目众多的企业来说,真是太少了。

---

(4) 积极开展环境外交,发挥它的应有作用

一是积极参与国际环境公约和国际多边协定中环境条款的谈判,拒绝接受超越自身承受力的环境条款;二是以国际规范为依据,反对进口国的绿色贸易壁垒。对于进口国以环保为借口单方面设置的绿色贸易壁垒,或进口国将其国内环保法规实施到境外,或进口国以隐蔽形式做出的各种贸易歧视,我国要通过外交途径与进口国谈判,或向世贸组织的争端解决机构(DSB)提出起诉;三是注重"环境外交"策略的应用,以事实说话,让发达国家解除相关的绿色贸易壁垒。如 1997 年 4 月国家商检局邀请欧盟兽医代表团对我国进行考察,确认我国具备了向其出口鲜猪肉、鲜马肉及肉制品的条件,使得欧盟对从我国进口鲜猪肉、鲜马肉解禁;四是充分利用《贸易技术壁垒协议》给予发展中国家的优惠待遇和 WTO 的贸易争端机制,要求发达国家在确立本国的环境标准和其他环境要求时对我国的特殊困难予以实际考虑,以减少绿色壁垒对我国的不利影响。

(5) 跟踪国外绿色贸易壁垒动态,适时采取对策

一是建立有关信息中心和数据库及咨询机构,收集、跟踪国外的绿色贸易壁垒动态,认真总结国内外企业突破绿色贸易壁垒的经验教训,根据出口商品的特点和拟进入目标市场的要求,制定打破绿色贸易壁垒的对策,为本国的企业服务;二是加快本国相关产品标准和检验标准的研究制定工作,并与国际先进标准接轨或逐步接轨;三是为保护本国的环境安全和人民的身体健康,应参考国际规范,建立自己的绿色贸易壁垒体系。加强进口商品检验和检疫力度,严禁不符合环境标准的产品、废弃物和污染产业流入国内,防止危害人民安全的产品进入中国市场。

(6) 联合发展中国家,坚决反对发达国家苛刻的绿色贸易壁垒

面对经济的全球化和全球的环保浪潮,发展中国家应该积极调整有关的产业政策,适应绿色条款,提高国内产品在国际上的竞争力,又要联合发展中国家

抵制发达国家制定的不符合有关国际规范的、实际上是贸易保护主义的不合理的绿色贸易壁垒。

这些才是维护发展中国家经济利益和环保利益的必要之举!

3. 调整国家利益,保护全球环境

无论是"京都会议"有关各国限排问题的讨价还价,还是发达国家与发展中国家在"环境与贸易"关系上的争论,其焦点都集中在对国家利益的考虑上。"京都会议"涉及的问题是一国怎样在维护国家利益的同时,维护国际环境利益。"绿色贸易壁垒"所涉及的问题是一国能否以保护环境为借口,牺牲别国利益。这些问题的解决需要主权国家调整国家利益,协调处理国家间的利益关系以及国家利益和国际利益之间的关系。

首先,对国家利益的过分强调不利于全球环保。通过不同国家对全球大气层保护协定的选择的考察也可深刻体会这一点。

在全球气候变化问题中,大气容量资源可看作公共资源,它可以为所有国家所拥有,可被所有国家免费使用。在没有外在限制的情况下,各国是根据自我福利最大化选择温室气体排放的。当一国向大气中排放二氧化碳时,所获得的收益是自己的,由此造成的温室效应的负影响则由全球各个国家承担。相反,如果它采取减排的措施,则该国经济利益要受到不同程度的影响,由此造成的经济损失则由该国自己承担,而由此改善了的大气资源仍可以为其他国家所共享。其他国家就可以在全球环境保护的过程中采取不合作的态度,不用减排二氧化碳等温室气体来共享其他国家减排所取得的环境保护成果。这就是所谓的"搭便车"。这样一来,对于某国而言,它处于"囚徒困境"之中,不论其他国家采取什么措施,它采取非合作博弈的策略,不减排温室气体应该是最优的选择,能够获得国家利益最大化。由此造成环境外部性。可以说,正是由于这种对国家利益的追求,使得某国就可能为了本国的经济利益而置全球环境于不顾,肆意向大气中排放温室气体。更何况,在保护大气资源的过程中,各国经济利益要受到程度不同的影响,因此,很多国家在限排温室气体问题上顾虑重重,百般辩驳,尽量减少限排量。这是目前全球温室效应加剧的重要原因。

因此,要保护全球的大气环境,就必须各国采取合作策略。否则,全球环境保护就是一句空话。

仍然以大气保护为例,全球气候变化中,世界各国通过大气中的温室气体而相互耦合。各国可以通过国内的化石能源消费活动和进出口含碳的商品,影响到全球气候。没有国家之间的协调配合,全球温室效应的减小是不可能的。

例如,《京都议定书》规定了负有减排义务的国家(即附件1国家,主要由发达国家和经济转型国家组成)和没有减排义务的国家(即非附件1国家)。假如现在规定减排义务的部分或一个国家通过单独行动减少化石燃料的使用,则他

们对化石燃料要求的下降会促使国际能源市场的价格下跌,而其他非附件1国家则可以在较低的价格下消费更多的化石燃料,如果这种诱使的消费增加量大于合作地区的消费减少量,则全球的温室气体排放不仅没有下降反而会增加,进而加剧全球气候变化。

再例如,《京都议定书》还规定工业化国家之间可以进行国际温室气体排放贸易。这样一来,就可出现这种情况:一些承诺减排的国家虽然在国内实施减排行动,但却可以通过进口同样满足其含碳消费品的需要,从全球来看仍然可能会导致温室气体排放增加。而且发达国家为了实现其减排目标,还可以把二氧化碳排放强度大的高耗能产业转移到发展中国家。由于这种产业对环境的危害比较大,所以经过这一转移之后,发达国家在发展经济的同时不断地改善了环境,而发展中国家的环境却恶化了,并且还要进一步为治理这一环境污染而背上包袱。

因此,只有国际共同协调和联合行动,才能使全球温室气体排放量得到有效控制。

其次,应该将维护国家利益和促进全球环保结合起来。主权国家的这种选择非常类似于"囚徒困境"中囚徒的选择。在这里,主权国家处于一种困境,不限制二氧化碳等温室气体的排放,加剧了的温室效应将最终使所有的国家利益受损;而限排本国的二氧化碳等温室气体的排放,则别的不限排国家将获得利益而使自己受损。这里,国家利益是排他的,即产生"零和博弈"的结果。一方赢即意味着另一方输,总和为零;零和博弈是一种不合作博弈,这种博弈致力于如何把对方的利益转到"我"的手中。但是,由于温室效应的最终影响,无论好的还是坏的,都发生在所有国家头上。因此,此时国家利益可以包容,国家所得并不互相抵消,产生"非零和博弈"结果。温室效应减弱时,大家都受益,此时各国都是赢家;温室效应加剧时,大家都受害,此时各国都是输家。现在问题的关键就是制定相应的限制措施,改变二氧化碳排放的"零和博弈"现状,以最终产生双方都是赢家的"非零和博弈"(又叫"正和博弈")的结果。

既然如此,促使世界上所有国家采取合作策略保护环境就成为当务之急。那么怎样才能做到这一点呢?有人认为,应该摒弃国家利己主义,让国家利益服务于国际共同利益的需要。他们认为,国家利益与国际共同利益既对立又统一。当一国试图增强自己的实力,扩大本国的经济利益时,它可能忽视环境的破坏,损害国际共同利益,此时国家利益和国际利益是对立的。但是,当世界上任何国家不能以任何途径单独地逃脱全球性灾难,而全球问题的解决能够更好地维护各国国家环境利益时,国家利益与国际共同利益又是一致的。这就需要各主权国家对自身利益和社会共同利益有一个正确的理解和抉择,需要各个国家摆脱狭隘的国家利己主义。任何国家不能单独片面地追求国家利益,从而将自我造成的损失由全球所有国家承担;要意识到全球共同利益的维护需要每个国家的协调作用,而每个国家利益与全球共同利益息息相关,每个国家应有高度的责任感,自觉维护全球共同利益,走出自我利益的藩篱,形成国家利益和全球共同利益相互维护的良性循环,建立全人类之间的地球伙伴关系。

但是,不要忘记,在目前的国际形势下,虽然通过谈判和相互接触,在有些问题上一国的国家利益可以让步于其他国家的利益或国际共同利益,但国家的根本利益仍占主导地位。这是因为,只要国家存在,国家利益就不会消失。国家利益是一个国家的最高利益,因此它就不能不是一切国家对外行动的指南和准则。这点,正如摩根索(Morgenthau)所说"只要世界在政治上还是由国家所构成的,那么,国际政治中实际上最后的语言就是国家利益"[32]。一个国家对外行动上的基本动因总是国家利益。从长远看,各国追求国家利益的热情大于谋求国际共同利益。也可以说是正因为这一点,国家间利益的争夺和冲突,还会继续下去!

这就表明,那种试图让国家利益自觉地服务于全球共同利益的观点是不切实际的,由此也不能保护全球环境。目前唯一的途径就是在承认主权国家拥有追求和维护本国国家利益的权利的基础上,采取适宜的措施,使得主权国家为了维护国家利益,采取合作策略保护全球环境。

专栏 8 - 8

清洁发展机制

1997 年 12 月《京都议定书》提出的"清洁发展机制"(clean development mechanism,CDM)就具有这种内涵。为了体现"共同但有区别"的环境责任以及"污染者负担原则",《京都议定书》规定了工业化国家在 2000 年以后减少其温室气体排放量的目标和时间表,对发展中国家则没有作出明确的限制。由于这是一项具有法律约束力的协议,发达国家必须执行,到时必须达到减排指标,这给他们的压力很大。而对于发展中国家,没有这种压力,从一定意义上说,他们没有受到激励去保护环境。为了协调两者,《京都议定书》提出对于减排压力较大的发达国家,可以在发展中国家投资实施减排项目,由此得到的减排量可以记在发达国家的账上。这样一来,发达国家为了避免国内减排的较高成本,愿意将传统的无害化技术向发展中国家转让,而对于发展中国家可以借此加快工业领域,尤其是能源领域技术进步和设备更新,提高资源利用率,同时保护环境,何乐而不为!事实上,发达国家减排温室气体几乎肯定离不开发展中国家在区别责任精神下的参与。以经济合作与发展组织(OECD)国家为例,他们预测在未来 10 年内其能源消耗将以每年 1% ~ 2% 的速度递增,光靠国内企业提高能源效率的潜力已不是很大,这必然使他们把目光更多地投向发展中国家,而发展中国家在目前技术相对落后和资金不足,提高能源利用效率还大有潜力可挖的情况下,也必然愿意与发展中国家合作。这就达到了"双赢"的目的。

当然,目前这种新机制还缺乏具体运作模式,对新机制本身还存在很大异议。这就需要国际机构,如联合国,树立国际权威,在调查、谈判、协商的基础上,建立一套公开、公正和有效的激励机制,具体包括执行框架、具体的限制、实施的手段、合作计划、分担的任务、奖惩措施和双方的义务,以促进有关各方合作。

总之,在环境问题上,我们支持一切对主权范围内国家环境利益的维护,既反对以任何借口维护国家经济利益、阻碍国际环保合作,也反对任何借维护本国环境利益为名损害他国利益,反对任何假借维护国际共同利益为名谋求本国利益。

这就要求发达国家和发展中国家必须调整某些国家利益,如对于发达国家,应该适度约束消费行为,甚至改变生活方式,在资金和技术上帮助发展中国家保护环境,尤其是关注穷国和小国的利益,彻底放弃环境利己主义;不能向发展中国家出口垃圾,转移污染企业和掠夺资源,损害发展中国家的环境利益;也不能借口环境保护,实行贸易壁垒,损害发展中国家的经济利益。对于发展中国家,应该走可持续发展之路,提高产品的环境标准,在取得良好的国家经济利益的同时,取得良好的国内和国外的环境利益;不应为了诸如增加外汇收入之类的短期利益而盲目开发高污染产品的生产,不要为了发展经济而牺牲环境,走先污染、后治理的老路。

在维护国家利益的同时,不损害他国和全球的共同利益而解决全球环境问题,应该成为每个国家以及国际社会奋斗的目标。尽管达到这样的目标任务十分艰巨,但必须努力。

材料评论

据报道,从 20 世纪 60 年代起,日本人开始养成外出吃饭的习惯,一次性筷子的消耗量因此大幅增加。在进口一次性筷子剧增的情况下,国内产量急剧下降。2004 年仅占消费量的 2.4%。从事一次性筷子生产的人口也从 1990 年的 4 000 人减至 1998 年的 1 200 人。以 2004 年为例,日本进口一次性筷子 484.1 万箱(1 箱 5 000 双),国内生产 11.9 万箱。换算成双,大约进口了 240 亿双,国内生产了 5.9 亿双。进口来源地主要是中国,2004 年的进口量是 481.8 万箱,其他国家的进口仅有 2.3 万箱,几乎都是从中国进口的。日本国内生产的筷子价格是进口的两倍。[33]

请根据本章内容对上述材料加以评论。

问题与讨论

1. 国家的环境安全可以受到哪些方面的威胁?

2. 为什么说环境威胁主要来自发达国家？
3. 怎样才能维护发展中国家的环境权？
4. 你对"中国环境威胁论"是如何看待的？
5. 你认为怎样才能维护主权国家的环境安全？
6. 全球环保对国家主权弱化表现在哪些方面？
7. 你是如何看待全球环保对国家主权弱化的？
8. 你是如何看待绿色贸易壁垒的？
9. 你认为应该怎样调整国家利益以利于全球环保？

参考文献

[1] 理查林 M. 对湄公河担心日增[N]. 国际先驱论坛,1997-4-4.

[2][6] 陈敏豪. 生态文化与文明前景[M]. 武汉:武汉出版社,1995:184,344.

[3] 杜海涛."洋垃圾"祸害不浅[N]. 人民日报,2005-5-27(5).

[4] 张梓太. 国家环境权[J]. 政治与法律,1998(1):37.

[5] 转引自郑易生. 环境污染转移现象对社会经济的影响[J]. 新华文摘,2002(7):56.

[7] Daniel C W. 废弃物入侵与管制[J]. 世界环境,1997(2):30.

[8] Krist N D. 1993. The Rise of China[J], Foreign Affairs,1993:65.

[9] [美]罗伯特·吉尔平. 世界政治中的战争与变革[M]. 武军,译. 北京:中国人民大学出版社,1994:33.

[10] [美]查尔斯·哈珀. 环境与社会——环境问题中的人文视野[M]. 肖晨阳,译. 天津:天津人民出版社,1998.

[11] 具体内容参见中华人民共和国国务院新闻办公室. 中国的环境保护(1996—2005)[N]. 光明日报,2006-6-6.

[12] 联合国粮农组织认为贫穷加速环境恶化[N]. 人民日报,1992-6-2.

[13] 董云虎. 世界人权约法总览[M]. 成都:四川人民出版社,1990:366.

[14] [美]诺曼·迈尔斯. 最终的安全——政治稳定的环境基础[M]. 王正平,译. 上海:上海译文出版社,2001:15.

[15] 赵柯. 试论国际环境合作机制[J]. 社会科学战线,1998(3):47.

[16] [美]米勒,[英]波格丹诺. 布莱克维尔政治学百科全书[M]. 邓正来,译. 北京:中国政法大学出版社,1992:726.

[17][18] 潘梅. 三种力量作用下弱化的主权[J]. 华南师范大学学报(社会科学版),1995(4):37-39.

[19] 张学仁,沈学平. 西方法律思想史资料选编[M]. 北京:北京大学出版社,1981:668.

[20] 王康. 面临全球问题的主权[J]. 复旦学报(社会科学版),1998(1):47.
[21] 陈舟望. 现当代挑战主权思潮批判[J]. 复旦学报(社会科学版),1998(1):42.
[22] [美]汉斯·摩根索. 国际纵横策论——争强权,求和平[M]. 卢明华,时殷弘,译. 上海:上海译文出版社,1995:393.
[23] 唐连凤,刘顺吉. 对国家主权的再认识[J]. 社会科学探索(长春),1997(2):54.
[24] 俞正荣. 发展中国家在主权问题上的当代选择[J]. 复旦学报(社会科学版),1998(1):35.
[25] 转引自梁光严. 评环境保护问题上的"限制主权论"[J]. 世界政治与经济,1991(5):30.
[26] 王逸舟. 当代国际政治背景下的国家主权问题[J]. 欧洲,1993(6):6.
[27] 转引自[圭亚那]施里达斯·拉夫尔. 我们的家园——地球[M]. 夏坤堡,译. 北京:中国环境科学出版社,1993:227.
[28] 翟玉成. 论国际法上主权问题的发展趋势[J]. 法学评论,1997(3):5.
[29] Hurrell A. International political Theory and the Global Environment[M]// Booth K, Steve Smith, eds. International Relations Theory Today. Pennsylvania: The Pennsylvania State University Press, 1995:148.
[30] 约翰·拜格因. 贸易与环境纵览[J]. 经合组织经济研究,1994(23):13.
[31] 邵宏华. 论国际贸易与环境保护[J]. 世界经济,1996(12):16.
[32] [美]汉斯·摩根索. 政治学的困境[M]. 芝加哥:芝加哥大学出版社,1958:54.
[33] 吴国丰. 一次性筷子,日韩持何态度[N]? 参考消息,2006-3-30(12).

第九章

消费主义文化：对于环境保护意味着什么

> 消费社会的扩张，消费主义的盛行，必将导致可持续发展的破产，导致不可持续的消费。因此，必须对传统的消费主义文化进行批判，倡导可持续的消费文化。
>
> ——作者

- 消费主义文化对消费的生产使得商品具有了符号象征性
- 商品的符号象征性使得商品的消费成了象征性的消费
- 象征性消费导致了消费的异化：浪费、感性消费、炫耀性消费等
- 消费的异化必然导致产品的大量生产和消费，进而加剧资源和环境危机
- 必须对消费主义文化进行批判，建立可持续的消费文化

文化价值观念是与环境问题的产生及其解决紧密相关的。有些价值观念，如关于消费方式的，虽然看来只是与人们对待生活的态度有关，但是，由于人们的生活与环境密不可分，因此，这样的观念也就与环境问题紧密相连了。而且，与人口、技术相比较，消费对环境的影响一点也不小，只是由于消费能够促进经济和社会的发展，给人类带来幸福，所以，它对资源环境的影响就被普遍地忽视了。如此，就非常有必要考察消费社会中消费文化与环境保护的关联，建构可持续发展的消费文化，以达到可持续消费的目的。

一、消费主义文化的符号学解读

在工业社会早期，消费处于社会中心。第二次世界大战以后，第三次工业革命的浪潮带来了第三产业的兴起，之后工业社会逐渐进入消费社会。消费社会既是消费主义文化产生的现实基础，也是在消费主义文化的支撑下运行的。消费主义文化是怎样产生的？它具有什么样的特征呢？

1. 消费的生产

没有消费，就没有人类的生存，也就不需要人类进行生产。从这一意义上说，消费是生产的动力。当然，人类的消费水平受着生产力的限制。有什么样的

生产力水平,就有什么样的消费水平,从而也就有什么样的消费方式。在20世纪20年代之前,人类的生产力有限,生产出来的商品有限,对商品的消费是一种物质性的消费,消费的是它的使用价值,满足的是人们的物质生活需要和基本的生理需要。虽然有少数人也追求穷奢极欲的生活,但这只是个别人的选择。

在此之后,情况不同了。随着科技进步和市场化的推进,生产出来的商品数量有了进一步的增加,首先在美国,然后在其他国家,人们对食品、衣物、住房等的自然需求得到了满足,出现商品过剩以及经济危机。此时,经济生产不再与商品短缺而是与商品过剩相联系,传统的以商品匮乏为特征的社会转变为商品过剩的社会。生产过剩和消费不足成为摆在资本主义社会面前的一个大问题。经济学家和企业主、商业经理们认识到,如果不扩大消费者的需求,大规模生产出来的产品将卖不出去,经济将会处于停滞状态,使市场经济潜在的无限生产力与生产销售产品的必要性之间的矛盾加剧,也使资本主义内在的生产逻辑——在资本主义商品经济条件下,商品生产者所追求的是尽可能地提高生产效率,无限制地扩大再生产,以便获得更大的利润——难以实现,资本主义追求利润的目的也就不能实现。在这种情况下怎么办呢?怎样使卖不出去的商品消耗掉呢?可以通过游戏、宗教、战争等形式去摧毁和浪费这些过剩的产品,也可以通过礼物、供祭、消费竞赛、狂欢、炫耀性消费等来消耗。

后一种方式是消费社会关注的焦点,并由此导致市场经济社会中生产者和消费者关系的转变,导致一种新的消费方式的产生。过去,生产所有商品的目的都是为了消费,生产者是根据消费者的需求和态度来调整生产、安排生产计划的,不采取或很少采取措施去引导刺激消费者扩大消费,而现在,随着资本主义的扩展、凯恩斯国家干预市场和刺激消费的主张的贯彻,建构新的市场,通过广告、电视以及其他媒介宣传把大众培养成为消费者,就成了极为必要的事情。消费社会广泛运用广告系统、时尚系统、商品设计和产品包装等手段,使商品成为文化意义、目标、价值、观念、理想等的象征符号,以此强烈吸引消费者注意,达到刺激消费扩大生产的目的。

以广告为例,按照传统的经济理论,做广告是为了向购买者提供某种商品以及服务的信息,使得市场能够顺利进行下去。但是,现在很多广告已不把这作为一个主要的目的,或者不作为一个目的了。它们在提供这一商品信息的同时,为了与其他同类产品相竞争,往往利用科技手段加以包装,利用某种表面上的美好以及含情脉脉对此进行粉饰,赋予它广泛的文化联系,把罗曼蒂克、奇珍异宝、欲望、美、幻想、成功、科学进步与舒适的生活等各种意象附着于各种普通的消费品上;运用形象化的描述,如性功能的充沛、永远年轻、幸福美好、价值意义等来代替产品的信息,使它们成为现实的享受、力量的象征、快乐的获取、幸福的获得的同义语。如此使得广告所涉及的商品成了一个如梦境般美好的事物,成了一个只要拥有它就拥有了成功、荣耀、富贵、幸福、圆满等的事物。广告就是以这种特定的方式生产了商品的文化意义,使其成为人生价值以及文化意义的展现者,成为人们消费的对象,让人们在消费它所代表的意义中来消费这种产品。正所谓:"如果我们把产品当做物来消费,那么,通过广告我们消费它的意义。"[1] 正是这种意义的消费引导、刺激了我们的消费欲望,使我们产生匮乏感,并向我们展示解决匮乏感的方式——购买。在这里,广告的主要功能是生产消费和消费者。广告成了一个获取更多利润的必不可少的工具。

专栏 9-1
电视广告对新产品文化意义的生产

　　海王银得菲的广告有三个版本。其一是剃头,一个后脑勺出现在屏幕上,正剃着时尚发型,在"NO.1"的形状就要形成的关键时刻,理发师突然一个喷嚏,拿推子的手一晃,发型就给毁了。这时画外音响起:"关键时刻,怎能感冒?"其二是一个人手拿一张奖券,一边朝一女子奔去,一边狂喊"中奖了",在奔到惊喜的女子面前时,他突然一个喷嚏,将手中的奖券喷了出去,飘向了鳞次栉比的楼群中。其三是一位美女领着大伙将一个生日蛋糕送到屏幕前,一边唱着"祝你生日快乐",一边说"许个愿吧",被祝福的人突然一个大大的喷嚏朝众人喷去,众人躲闪不迭,生日蛋糕的蜡烛也灭了,实在是大煞风景。在广告中,海王银得菲作为一种感冒药的主治功能及其优点丝毫没有提及,它表现的只是感冒对日常生活的美的破坏。在第一个广告中,"NO.1"的发型暗示时尚的生活方式是美的。一个板寸头,上面"写"着"NO.1",这通常让人们联想到一个年轻小伙,他愤世嫉俗或者玩世不恭,爱玩滑板,爱听摇滚乐,穿着奇装异服,致力于消解自己平凡的生活与艺术之间的距离,像后现代主义的先锋一般。这种生活方式以它的示范性而拥有着特殊的优越地位。在第二个广告中,此人想必中的是一个大奖,否则不会如此狂喜,而大奖又为什么会令他狂喜?在大众的共识当中,大奖意味着大额的金钱,能让你想买什么就买什么,过上物质优裕而不用辛苦工作的生活。满足购买欲、享乐就是人生的快乐所在。这则广告建立在大众共识的基础上,同时它的诉说又加强了人们对这种观点的认同。追求金钱、追求物质的观点在这种公开的广告诉求中获得了合法身份。在第三个广告中,前半部分向观众呈现了物质生活的美,美女、蛋糕、烛光、歌声,这场面多么温馨美丽,多么令人向往,但是这场面也是西化的、物质的。如果没有这些物质,生活就不再美好。在海王银得菲的广告中,我们可以看到,它本来只是一种普通的感冒药,却和许多美好的概念联系在了一起,广告暗示观众服用海王银得菲可以保护这些美好的生活不被破坏,它自身的功能及优点却退居其后,越来越令观众难以解码出来。[2]

　　这就是消费社会中消费的生产。它们引导并培育着人们的社会态度和社会

需求,控制着市场行为,刺激了人们的欲望,使人们的心理服从于他们的调节和控制;它们激发了人们对现状的不满以及对各种新产品的向往,培养了需求,生产了消费,兜售了消费主义,产生了消费社会。"消费社会也是进行消费培训、进行面向消费的社会驯化的社会——也就是与新型生产力的出现以及一种生产力高度发达的经济体系的垄断性调整相适应的一种新的特定社会化模式。"[3] 此时的社会"已经从传统的以'生产'(制造)为中心的社会转变到以'消费'(以及消费服务)为中心的社会。消费和消费服务不但对经济的作用和贡献加大,而且在社会和文化生活中也从原来所扮演的'边缘角色'变成了'时代的主角'之一。"[4] 此时的生产"已经不仅仅是产品的生产,而且同时也是消费欲望和消费激情的生产,是消费者的生产。"[5]

2. 商品的符号象征性

根据上面的分析,商品通过广告、大众媒体等富有技巧的展示,就不单纯是具体的物品了,已经成为表征某种意义和价值的符号,具有了"所指"与"能指"的双重含义。

根据索绪尔(Saussure)结构主义符号理论,"能指"(the signifier)或"语词"是与"所指"(the signified)、"意象"(mental image)或"指称对象"相分离和割裂的,"能指"与"所指"之间的关系是任意的。将此应用到商品的分析中就是,一个固定的裸露的商品是一个所指,此时它只具有固定的功能。而一旦将各种意义放到该商品中,也就扩展到了能指的范围。能指指的是应用工具如媒体、广告等对物品进行操作,使物品能够游离于具体的物品之外成为影像、符号以及一个仿真的存在。这是对商品实物原形的拒绝,并代之以一个不稳定的、漂浮的能指领域。它们更多地消解了现实与想象之间的差别,成为连接现代社会环境的符号体系,从而能够应用于多样性的关系中。商品成了索绪尔意义上的记号,其意义可以任意地由它在能指的自我参考系统中的位置来确定。

如此,物品不仅是商品,而且还是"象征物"和"符号物";不仅是一种所指,也是一种能指;不仅具有使用价值、交换价值,而且还有象征价值、符号价值。商品的符号价值和象征价值具有两个层次:第一是商品的独特性符号,即通过设计、造型、口号、品牌与形象等显示它与其他商品的不同和独特性,传达商品本身的格调、档次和美感,体现某种梦想、欲望和离奇幻想;第二是商品本身的社会象征性,商品成为指称某种社会地位、生活方式、生活品位和社会认同等的符号,除了作为器具,用于我们的生活及生产之外,还为消费者展现某种社会关系,体现某种社会地位,承载某种存在的资本、信用的资本和心理的资本。

对于这两个层次,第一个层次是第二个层次的基础,第二个层次是第一个层次的本质体现。随着消费社会的发展,第二个层次的体现将会越来越深远。如对于电视,首先是一种物,具有商品的特征,有使用价值和交换价值。但它还可被看做是社会象征的符号,是社会成员地位和身份的象征。作为消费者,正是凭借这种地位和身份而融合到社会系统中去的。

商品的这种符号价值发展具有历史性。在早期资本主义社会中,商品生产的目的比较简单明了,即为了维持基本而简单的生存。它的符号功能表现得不明显,从而被人们忽视了。但是,随着现代社会中物品影像生产能力的逐步增强和影像密度加大,影像渗透到所有领域,形成一个全新的社会——消费社会。在该社会中,现实与影像之间的差别消失了,日常生活以审美的方式呈现出来,也即出现了仿真的世界或后现代文化。商品的物质消费功能,不断被弥漫的文化影像所调和、冲淡,而商品记号和符号方面的特征突现出来,人的目的及其意义的很多方面都被赋予到了物品上面,使得物品的符号功能和价值得到越来越多的、越来越广泛的体现。

3. 象征性消费

商品的符号象征性必然导致对商品消费的符号象征性。在消费社会中,既然物不仅是作为物理的或自然的东西而存在,而且是作为受某种规则支配、表达某种意义的符号载体而出现,那么对它的消费就不单纯是一种物质性消费,而是一种符号消费,一种系统化的符号操作行为或总体性的观念实践。这样的消费活动便大大超越了人与商品之间的关联,进入到社会、历史、文化乃至人类社会的所有领域,成为社会、交流和表演的过程,也成为人与人之间关系的消费。消费不仅意味着物品的耗费(consumption),还意味着某种关系的实现。"消费既不是一种物质实践,也不是一种'富裕现象学'。它既不是依据我们的食物、服饰以及驾驶的汽车来界定的,亦非依据视觉和听觉的意象和资讯的材料来界定,而是通过把所有这些东西组成指称来加以界定的。消费是在具有某种程度的连贯一致性的话语中所呈现的所有物品和资讯的真实总体性。因此,有意义的消费乃是一种系统化的符号操作行为。"[6]这种符号化的操作行为导致消费不仅是一种物理或物质层面上的消费,而且也是象征层面上的消费——"象征消费"(symbolic consumption)。所谓象征消费指人的消费具有符号象征性,表现在两个方面:一是消费符号;二是符号的消费。

所谓"消费符号"指的是消费过程实际上也是社会表现和社会交流的过程,借此消费就向社会公众传递了自己的地位、身份、个性、品位、情趣和认同等,以此体现自己的社会地位。这一点随着消费社会的发展、消费主义的扩张体现得越来越明显(表9-1)。法国后现代思想家波德里亚(Baudrillard)就认为,在西方现代社会中,一个人越来越多地依据于他或她所使用的或消费的物的等级来识别,而越来越少地依据其出生、血统、种族等级和阶级成分来划定。因此,"物品和广告系统,作为'社会地位'的编码,在历史上第一次成为普遍的符号和解释系统,成为占据统治地位的、对人们的地位和身份加以区分和辨认的符号系统"。[7]在这里,消费成为一种交流体系、一种语言的同等物,成为人的价值的展示,成为某个人社会地位的有形标记。从这点看,"人们从来不消费物的本身(使用价值)——人们总是把物(从广义的角度)用来当做突出你的符号,或让你加入视为理想的团体,或参考一个地位更高的团体来摆脱本团体。"[8]这就是说,消费者的行为反映了一种社会现象,即他们从一个社会阶层向另一个社会阶层迈进,或者在同一个社会阶层中进行比较。这里对物品的选择,表面上是满足物质需要,实际上是为了满足价值需求,是为了寻找依附于这些物品上的那些社会价值以及社会意义。"消费过程不仅是商品的交换价值和使用价值实现的过程,而且也是商品的社会生命和文化生命形成、运动、转换和消解的过程。换句话说,消费不但是物质生活过程,而且也是文化、交往和社会生活的过程。消费在物理意义上消解客体的同时,也在社会和文化的意义上塑造主体,并因此找到了使个体整合到社会系统中去的媒介。消费是生活的'辩证法',它使某种东西(如商品)消失,同时又使其他东西(如自我与社会认同)产生。从消费主体来看,消费者不单单是一个'经济人',而是一个具有多重角色的人,甚至一个充满矛盾的人。消费者可以同时是理性选择者、意义传播者、生活方式的探索者、认同寻找者、快乐主义者、商品消费的牺牲者、反叛者、活动主义者和公民。"[9]

表9-1 消费的符号化[11]

普通牛仔裤	名牌牛仔裤
无阶级的	高消费阶层
乡村	城市
共同的	社会层面特殊的
单性的	女性的(很少一部分是男性的)
工作	休闲
传统的	当代的
恒常不变的	无常易变的
西部	东部
自然	文化

这一切说明,"消费并不仅仅是一种经济现象,而是一种复杂的、综合性的经济、社会、政治、心理和文化现象。"[10]消费者对一些物品的选择实际上是选择了一种特殊的生活风尚,从而也是选择了一种特殊的社会阶层。如此我们可以得到这样的结论:某个体消费某物品,因此他属于某团体;某个体属于某团体,因为他消费某物品。消费者在消费时体现的不仅是一种人与物之间的关系,而且也是一种人与人之间的关系,是每个个体向社会所公认的某一价值规则——消费至上靠拢的结果。人们对名牌的青睐一定意义上正说明了这一点。这本身使得消费社会中的名牌商标有了一个非常类似于传统社会中神话的作用。对名牌商标物品的选

一、消费主义文化的符号学解读

择已经成为选择者把自己从一个较低的社会地位的团体中脱离出来,进入到另一个与消费这种物品相对应的地位较高的团体中去的标志。

所谓"符号的消费"则是指在消费过程中,消费者不但消费物,而且消费物作为符号所代表的"意义",包括情调、趣味、美感、身份、地位、氛围、气派和心情。[12]即对这些符号所代表的"意义"或"内涵"的消费。如果说消费的符号指的是通过消费来表达某种意义或信息的话,那么,符号的消费是将消费品作为符号所表达的内涵和意义本身作为消费的对象。它包含下面几个层次:第一,作为消费品外观上的示差符号(物的第一层次符号),如造型、色彩、图案、包装等,它们传达了产品本身的格调、档次和美感,已经成为消费的对象,是消费过程中的一个组成部分;第二,消费品的地位象征符号(物的第二层次符号),如消费品所代表的社会地位、身份和品位(即社会含义),以及与之相联的自鸣得意等心理体验,也是消费的对象和内容;第三,消费品的消费环境,作为消费的空间符号,同样是消费的一个内容。例如,在豪华的酒店进餐,不但食品是消费的对象,而且酒店的氛围和气派也是消费的内容;第四,消费的仪式,如服务程度,作为一种符号,也可以是消费的一个内容。例如,在享受日本的茶道中,我们不但消费日本风味的茶,而且同时消费饮茶的仪式(即表达某种文化意义的符号)。再比如,餐厅服务小姐的服务,不但构成劳务消费品的一部分,而且构成饮食的附加消费仪式(即代表档次和身份的符号),成为消费的对象。

专栏 9-2
麦当劳的象征及象征性消费

符号化的麦当劳已经不再是一间快餐店,而是一个约会、休息、进餐、聊天、打发时间的地方,它以内敛和张扬的双重姿态储蓄着都市人的生活气息,它的全球化和本土化吸引着消费者这个包容量最大的群体的认同,它甚至成为一个让都市情感不自觉地汇集起来的节点(图9-1)。新加坡中生代诗人郭永秀(1951—)发现了这个"节点",他在《元节路》(1989)一诗中,站在青少年的消费位置,以第一人称的、非常口语化的自白性语言来叙说他们的心态:"麦当劳少年,好吧／这样的称呼也无所谓／反正我们总是／无所事事的代名词／请别问我们／是不是有个回不去的家／我们不喜欢／在大人的模型里成长／说我们堕落也好,迷失也好／在这自由的小天地里／偶尔吸吸烟、吹吹口哨／听walkman,写意地／不为什么地活着／我们只想向忙碌的世人／证实自己的存在。"[13]

图9-1 金黄色的双拱形"M"是麦当劳的象征

在这种消费的符号和符号的消费的背景下,"消费,不只是一种满足物质欲求或满足胃内需要的行为,而且还是一种出于各种目的需要对象征物进行操纵的行为,所以,强调象征性的重要性就显得十分有必要。在生活层面上,消费是为了满足建构身份、建构自身以及建构与社会、他人的关系等一些目的;在社会层面上,消费是为了支撑体制、团体、机构等的存在与继续运作;在制度层面上,消费则是为了保证种种条件的再生产,而正是这些条件使得所有上述活动得以成为可能。"[14]

二、消费的异化与消费社会的环境代价

消费的生产、商品的符号化以及商品消费的象征性使得消费社会中的消费价值与非消费社会中的消费价值具有完全不同的意义。

在非消费社会中,商品的符号性以及象征意义不明显,所以,商品的使用价值主要就是该商品的自然物质结构所具有的可供消费的功能。商品的部分消费导致该商品所具有的使用价值的部分消失,商品的全部消费导致该商品的使用价值的全部消失。只要商品可供消费的功能没有完全丧失,那么,该商品就还可以消费而不退出消费过程。此时,商品的消费价值是由它的使用价值决定的。这必然延长商品的使用时间,体现了商品消费的节约性,是一种节约性的消费。这与非消费社会中的商品生产的有限性相一致。

到了消费社会,情况不一样了。消费的符号学分析比较充分地说明了消费不单是经济学意义上的消费者追求个人效用最大化的过程,而且也是社会学意义上的消费者进行"意义"建构、趣味区分、文化分类和社会关系再生产的过程;此时的消费不单是对商品使用价值的消费,更是对商品符号象征价值的消费。正是这些使得消费社会中的消费呈现异化状态。

第一是浪费。在消费社会中,商品的消费价值主要地不是由它的使用价值决定的,而是由它的符号和象征交往价值决定的。一个商品是否还具有消费价值,主要地不是看它是否还具有使用价值,而是看它是否还具有符号和交往价值。由于消费社会是生产商品符号和交往价值的社会——生产消费的社会,由于对这种符号和交往价值的生产是主观的、快速的、多变的、复杂的,从而也就使得嵌入在商品之中的符号交往价值呈现出主观的、快速多变的特征,这些必然加速商品消费的速度,加快商品的更新换代,缩短产品的使用周期,加速生产、流通、消费的循环。这客观上导致了一次性用品的增加、用掉就扔习惯的养成以及产品更新换代的加快,助长了一次性消费、过度消费、快速消费、符号消费等,最终导致浪费。这一点也符合资本主义生产的逻辑——消费得越多,生产得越多,赚取的利润就越多。

第二是从理性消费走向感性消费。消费是人的消费,必然是在人的思想观

念指导下进行的,带有人的主观性。这是消费的决策,有两种形式:理性消费和感性消费。所谓理性消费是指在已知消费的情况下,消费者根据其消费水平以最低的价格获取最大效用的商品及商品组合。所谓感性消费是指消费者在选择商品时以"是否喜欢"为首要考虑因素,包括商品的外观、造型、色彩等,以及商品是否时髦或入时。前者一般与生活水平比较低的阶段相对应,后者一般与生活水平较高的阶段相对应;前者侧重的是产品的功用,贯彻的是实用原则,后者侧重的是产品的外观、感觉、情感、主观偏好和象征意义——品位、理念、价值;前者更多是一种物理消费或功能消费,后者更多是一种意义消费或心理消费。在传统社会以及早期现代性的社会,理性消费是消费的主要形式,而到了晚期或高度现代性的社会,商品的符号象征性得到了充分的体现,感性消费成为消费的主要形式。

第三是炫耀性消费。既然消费不只是一种满足物欲的行为,而是一种出于各种目的需要,对象征物进行操作的行为,那么,在消费社会中的大多数成员,尤其是富裕的上层阶级,就更多地把消费过程作为某种意义和信息的符号表达过程,通过对物品的超出实用和生存所必需的浪费性、奢侈性和铺张性消费,向他人炫耀和展示自己的经济实力和社会地位,并由此带来荣耀、声望和名誉。这是一种典型的"炫耀性消费"。这一点比较充分地体现在对品牌或名牌的消费上。在这里,名牌或品牌本身作为符号表达了商品的档次、信誉以及消费者的身份、荣耀和心情,对它们的消费其实也就是某种心情或情感的获取和表达。这也是品牌或名牌所隐含的"意义"之一。

除了上述几种外,目前盛行于我们社会中的超前消费、借贷消费、负债消费等应该也是商品的符号象征性以及象征性消费所导致的消费异化的表现。

总之,消费的生产、商品的符号化、商品消费的符号象征化必然导致消费的异化,继之导致商品的大量生产和消费。这虽然带来了经济繁荣和社会进步,但是也不可避免地带来了资源的大量消耗和废弃物的大量排放,引发了严重的资源危机和环境危机。具体体现在:

(1) 导致世界范围内人均资源消耗量和资源消耗总量增加

消费社会在20世纪的美国首先出现之后,大萧条和第二次世界大战期间虽然暂时拖延了消费社会的进程,但是,战争结束后不久,大众消费就走向了成熟期。在美国,经济发展的首要目的是生产和消费更多的消费品,20世纪50年代之后的几代人在不断地追求着这个目标。不仅如此,消费社会的信条,在20世纪60年代末已经从美国扩展到了西欧和日本,以至这些国家的人均消费有了极大的增加。20世纪80年代末的日本,人均比1950年多消费4倍多的铝,几乎5倍的能源和25倍的钢材,人均拥有4倍的轿车……西欧人和日本人的消费水平只比美国略低一些。[15]

不仅如此,随着科学技术的进步、经济的增长、全球化的推进,消费主义的理念在东欧和中欧、印度和中国等发展中国家迅速传播和发扬,由此导致全球消费浪潮的兴起,使得全球人均资源的消耗量有增无减。在世界范围内,自20世纪中叶至80年代末,对铜、能源、肉制品、钢材和木材的人均消费量已大约增加1倍;轿车和水泥的人均消耗量也已增加3倍;人均使用的塑料增加了4倍,人均铝消费量增加了6倍,人均飞机里程增加了33倍。

人均资源消耗的增加必然导致世界范围内资源消耗总量的增加。近现代科技革命和工业革命的发生,世界范围内的工业化使得在20世纪100年的时间里,世界人口增加了近4倍,达到60亿(1999年);工业生产增加了50倍以上,能源消耗增长了100多倍,创造出了13万亿美元的世界经济。在这些增长总量中,矿物燃料消耗增长的75%,工业生产增长的80%,都是在20世纪50年代以后实现的。

如此巨大的消费,是靠透支地球自然资源的存量取得的。这不仅减少了人类赖以生存的资源数量,出现资源危机,而且,破坏了生物赖以存在的生态环境基础。

专栏9-3

人类消费的增长与地球自然资源损失

1998年10月,世界自然基金会发表了《活的地球指数》报告。报告指出,1970年至1995年间,地球损失了1/3以上的自然资源。

这份报告以地球的森林生态系统、淡水生态系统和海洋生态系统为指标,比较它们25年前后的状况。报告说,淡水生态系统的指数25年中降低了50%,特别是1990—1995年的5年中,下降幅度增快,每年接近于6%;海洋生态系统指数25年中下降30%(1990—1995年每年下降4%);世界森林覆盖面25年下降了10%,每年损失森林的面积相当于一个英国。

报告还以粮食和肉类的消费量、海鱼消费量、木材和纸张消费量、淡水消费量、水泥消费量以及二氧化碳的排放量等六个关键数据来表明对自然资源的消费压力和环境的污染程度。

报告认为,自然资源的消费压力每年以5%的程度递增;经济合作与发展组织(OECD)国家每人造成的消费压力是其他国家人的2.5倍。报告特别指出,1996年以来,海鱼的消费量扩大了一倍;木材和纸张的消耗量增加了66%;而1996年以来二氧化碳的排放量增加了一倍多,已远远超出地球生物圈的再吸收能力。

所有这一切已经造成地球所储存能量和物质的巨大消耗,引起地球生态呈现化学失调的、简单的、不稳定的状态,引发了自然地理环境的恶化。自然界的自净能力已不能净化人类所造成的环境污染,再生能力已不能补充人类对资源的大量消耗。人类赖以生存的基地遭到了一定程度的毁坏。如果听任这种状况继续下去,那么人类社会的发展在一定时间内会在达到某一极限之后出现崩溃。

（2）导致发达国家消费资源过多,对环境的影响较大

尽管先期工业化国家已经进入后工业化时代,但其仍然是全球矿产资源消费的主体。目前,不足世界人口15%的发达国家消费着全球62%的石油和50%以上的金属铝、粗钢和精炼铜。占世界人口80%的发展中国家仅消费全球33%的石油和不足40%的金属铝、粗钢和精炼铜。

美国人口不足世界的4%,但总能源、石油、天然气和煤炭消费量均超过了世界总消费量的25%,美国年人均石油消费量为3.17吨,名列世界第一,是世界人均消费水平的5.4倍。如果全世界按美国人均消费水平消费石油,那么全球的石油储量使用将不足8年! 2000年,全球钢、铝和铜人均消费量分别为125 kg、4.1 kg和2.5 kg。日本人均钢消费量名列榜首,接近世界人均钢消费水平的5倍;德国和美国人均钢消费量分列第二和第三位,分别是世界人均的3.7倍和3.2倍。美、德、日人均铝消费在17~20 kg之间,相当于世界人均铝消费水平的4~5倍,是中国人均铝消费量的6倍。从矿产资源累计消费总量来看,20世纪美国共消费了350亿吨石油、73亿吨钢、1.4亿吨铜和2亿吨铝。新兴工业化国家日本,1945年至2000年的55年间,消费了85亿吨石油、28亿吨钢、4 000多万吨铜和6 000多万吨铝。[16]

这说明了什么？说明发达国家对资源的过多占有给自然资源环境带来了沉重的压力。1994年7月22日,德国《时代》周报在发表的一篇文章"享乐主义者造成的负担"中就说:"如果都像富人那样生活,人类需要20个地球。"

（3）消费者阶层对环境产生较大影响

艾伦·杜宁(Durning)在《多少算够——消费社会与地球的未来》一书中认为,这个社会有三个主要的生态等级:消费者阶层、中等收入阶层和穷人。这三个阶层对自然资源的消耗以及对环境的破坏是不同的。其中,消费者阶层对环境的破坏最大。这可以从他们的消费类型——饮食、交通、用品上反映出来。

从饮食上看,消费者阶层食用肉制品和加工过的袋装食品,并且饮用装在由不可分解的材料制成的、用过即扔的容器中的软饮料或其他饮品。这导致什么结果呢？在美国,每生产1 kg的牛肉需要5 kg的谷物和豆类食品,超过3 000升的水——主要用来灌溉牧草,以及生产化肥和其他农业投入的2升汽油的等价物。[17]结果是,喂饱消费者阶层使用了生长在世界25%土地上的将近40%的谷物,并且造成土壤的侵蚀、水资源的消耗和化肥农药的污染。不仅如此,食品的加工、包装、运输和储藏都会加重地球的负担。在美国,消费者的全部食品使用了全部能量的17%,其中3%用于牲畜生产,3%用于其他类型的农业,6%用于食品加工和包装,还有5%用于交通、销售、冷冻、烘烤以及事后洗刷盘子。这本身造成资源消耗与废弃物的增加。而且,食品的过度包装、长途运输、用过即

扔等也对环境产生了很大的影响。

从交通上看,消费者阶层使用私人轿车,中等收入阶层使用自行车和公共汽车,穷人步行。前者对环境的影响最大,中等收入阶层较小,穷人几乎没有。因为轿车的制造需要大量的钢铁、其他金属和塑料,而这些材料的生产像石油生产那样是环境高影响的。轿车的使用会产生噪音,排放二氧化碳和有毒气体,造成大部分地方空气污染、噪声污染和酸雨。而且,轿车的运行和停靠需要占用大量的空间,这本身就对土地资源造成影响。而飞机对环境的危害就更大了。

从生活资料上看,消费者阶层大量使用过度包装、一次性使用、用过即扔、迅速更换、不可维修的物品。这造成了物品消费量的激增和浪费,造成资源的大量消耗和环境破坏。

从上面的论述可以看出,消费社会的扩张,消费主义的盛行,给世界环境资源带来了极大的伤害。

这种伤害对于可持续发展的意义怎样呢?普林斯顿大学的埃里克·拉松研究了工业化国家和发展中国家使用化学制品、能源、金属和纸张的情况,发现在工业化国家,从20世纪70年代中期,经过在此之前10年的向上波动之后,大多数物品的人均消费趋于稳定。据此,有人认为,即使全球社会都成为消费社会,消费者阶层对资源的消耗和对环境的破坏不可能永远增长下去,人类社会所消耗的资源也不是无限的,而是达到一定程度后就稳定下来,这就给可持续发展带来了希望,地球能够承受得起消费社会的消耗。

进一步的分析表明,上述观点是没有道理的。因为,即使消费者阶层对资源的消耗和对环境的破坏有一个限度,不可能永远增长下去,如果不控制消费,任由世界上每个国家走向消费社会,都像发达国家那样去消费,那么,地球承担不起消费社会的消费。表9-2列出了美国和世界经济中的商品消费量,美国的商

表9-2 美国和世界经济中的商品消费量[18]   单位:Mt

商品	1990年美国消费量	1990年世界产量	按照美国人均消费水平,全世界所需要的产量	增加因子
塑料	25.0	78.3	530.0	6.8
合成纤维	3.9	13.2	82.7	6.3
铝	5.3	17.8	111.5	6.3
铜	2.2	8.8	46.0	5.2
盐	40.6	202.3	860.7	4.3
碳酸钾(K_2O含量)	5.5	28.3	115.5	4.1
工业用砂石	24.8	133.1	525.3	4.0
钢铁	99.0	593.7	2117.9	3.6
氮	18.0	107.9	381.0	3.5
水泥	81.3	1 251.1	1 723.1	1.4

资料来源:美国矿山局数据,按1990年美国人口2.49亿,世界人口53亿计算。

品消耗占世界商品总消费量的比例很大。根据美国世界观察研究所的莱斯特·布朗测算,如果中国人均牛肉消费量要达到美国水平,每年养牛所需要的谷物相当于美国谷物的全部产量;如果中国人均海产品消费量达到日本的水平,其消费量将等于全世界的鱼类捕获量;如果中国像美国那样每4人拥有3辆汽车,那么中国每年消耗的原油比目前全世界的产量还要多,仅仅是为这些车辆提供道路和停车场的土地,其面积就相当于中国稻田面积的一半;如果中国的人均纸张消费量达到美国的水平,中国的纸张消费量将比目前世界的总产量还要多,世界的森林将荡然无存。其结论是,西方发达国家的消费模式不适合中国,世界上没有足够的资源供其使用,消费社会的全球化是没有出路的,以发达国家为标准的消费是不可能持久的,并且向全世界推广这一标准不过是一种幻想。

而且,环境经济学家赫尔曼·戴利(Daly)的研究表明:如果不减少那些显然是很必要的增长速率,并且允许发展中国家开始追赶,那么要控制全球污染、生态退化和动植物生息地的破坏率,当前技术的环境性能在40年里就应该提高20倍,工业化国家就应该立即停止他们的人均资源消费的增长,世界人口在这一时间内就应该不翻番。对于后面这几点,是不可能达到的。这从反面提醒我们,消费社会的扩张,消费主义的盛行,必将导致可持续发展的破产,导致不可持续的消费。如果没有消费社会物质欲望的减少、技术的改变和人口的稳定,人类就不能拯救地球。[19]不控制消费,依靠其他因素是不能解决人类目前所面临的环境危机的。

三、建立可持续消费文化

要控制消费,就必须对传统的消费主义文化进行批判,倡导可持续的消费文化,保证可持续发展战略的顺利实施。传统的消费主义文化的主要内涵怎样呢?核心是:少消费就衰退;消费能够满足人的需要;消费越多越有价值;消费越多越幸福等。在这里,消费成了经济的增长、需要的满足、价值的追求和幸福的获得的代名词,成为一种权力话语,成为一切行为的诠释语句,成为很多人经济和社会生活活动的信条,更成为消费社会向前迈进的观念先导。

这种消费主义文化正确吗?结论是否定的。

1. 少消费并不意味着衰退

"少消费就衰退"的观念起源于20世纪30年代的美国。那一时期大萧条沉重打击了美国经济,失业率达到美国历史上的最高水平。为什么会这样呢?美国著名的经济学家凯恩斯(Keynes)认为,这是由消费不足、供给过剩造成的,而消费不足的原因又是由于人们收入不足引起的。要解决这些问题,就要扩大消费,消耗财富,以此促进就业,提高穷人收入,刺激全社会消费,扭转经济衰退,使经济走向繁荣。因此,"大量消费"就被看成经济增长和社会发展的必需,多消费就是好的,少消费就是坏的。不消费就衰退成为消费社会的信条。第二次世界大战后,销售分析家维克特·勒博的一度话充分表达了这种消费主义观念在消费社会中的特殊地位:"我们庞大而多产的经济……要求我们把消费当成我们的生活方式,要求我们把购买和使用货物变成宗教仪式,要求我们从中寻找我们的精神满足和自我满足……我们需要消费东西,用前所未有的速度去烧坏、穿坏、更换或扔掉。"[20]

少消费真的就意味着衰退吗?这要具体分析。没有消费,哪有生产;没有生产,哪有人们的就业与社会经济的发展,消费与生产和就业以及人们生活水平的提高紧密相关。就此而言,不消费或者是过少地消费,肯定意味着衰退。但是,必须清楚的是,消费得越多并不意味着越不衰退越繁荣,也不意味着少消费就一定意味着衰退。事实上,如果按照现在的生产模式与消费模式来行动的话,必将带来自然、经济、社会和消费的不可持续,最终必将导致衰退。而且即使不考虑这一点,单靠消费的增长来带动经济的增长并不能消除社会的缺陷,带来社会的繁荣。主要原因在于消费中无限制地扩大消费的目的并不是为了人,而是为了扩大再生产,刺激经济增长,经济增长并不能保证社会繁荣。

在近代经济学家中,西斯蒙第(J. C. L. Simonde de Sismondi)是第一个对以经济生产率的增长本身作为目的提出质问的人。他认为生产率的提高并不等同于公益的改进。为什么这么说呢?这是由于他看到了在他所处时代存在着大量的剥削现象,由此使他发出了这样的感慨:"若一个人以经济物品的增长作为社会的目的,他必将丧失运用这些手段的真正目的。一个人获得更大的产量,更多的人会因此而陷入水深火热之中。这是多么昂贵的代价。"[21]这就是说,人类为了生产那些商品,支付的代价太大了。"一种优秀的文化不仅仅意味着不断增长的物质生产。如果生产率的不断增长是通过非正义的经济体制实现的,这种增长带来的恶果可能比好处更多。"[22]

这种道德的困境对于现代社会仍然成立。目前以扩大消费追求经济增长为目的的社会并没有消除剥削,也没有消除不公,而且还带来了资源危机和环境危机,威胁到后代人的发展和人类的长期生存。如果不对这种状况进行改变,那么,以这种目的运行的社会所支付的代价太大了,最终必将导致自然、经济和社会的不可持续发展。

正因为这样,我们必须寻找其他的途径,采取其他的措施,在较少消费的前提下,保持经济的持续发展和社会繁荣。这样的经济形式可以是我们在前面第五章所论述的"稳态经济"。

对于上面这一点,有人可能提出疑问:不用消费刺激生产,依靠没有经济增长的发展,我们在多大程度上缓解贫困和就业以保证经济和社会不衰退?当然,扩大消费,通过经济增长增加财富,实现富裕,确实是缓解贫困和就业的一个手段,但是,由于不平等的存在,更由于环境资源的限制,经济增长不可能永远持续下去,停止下来,从而使得不可能实现上述目标。实际上,要摆脱贫困,就必须调节不平等、限制人口数量和人类对资源的消耗,坚持经济的没有增长的发展,即贯彻"稳态经济"。

在稳态经济中,停止物质数量方面的增长并不妨碍需求、技术、制度质量的进步。而且,正是这些方面的进步,促使经济不断地发展和贫困就业问题的解决。

不可否认,穷国目前的贫困使得经济增长成为必然的选择,但是,如果穷国人口再进一步增长,穷国仍然在采用规模庞大、资本资源密集型的富国增长方式,而富国仍然在推行原有的经济增长模式,则穷国的摆脱贫困是不可能的。实际上,摆脱贫困一定程度上可以通过财富分配的调整来进行,这是稳态经济关注的焦点。

至于有人提出稳态经济影响就业,就更不一定是正确的了。我们有很多理由相信,在稳态经济中比在失败的增长经济中更容易达到充分就业。"稳态经济的条件之一就是以最小和最大收入形式对不平等进行调节。最小收入相当于为失业者提供的最低工资,使他们获得有保证的生活津贴。对最高收入和最大财富进行限制,将减少总储蓄率,从而保证一定的总需求水平和就业水平。再者,对物质或能量的耗用进行限制,会提高能源和资源对劳动的相对价格,这将导致在生产过程和消费模式中更多地用劳动替代能源,从而扭转以机器和能源替代劳动的历史趋势,我们知道,后者的相对价格已经和正在开始下降。稳态经济的另一项政策,即人口零增长,由于降低了需要就业的人口,也会缓解失业问题,尽管它的效果20年之后才能体现出来。"[23]

2. 消费并不能使人的需要得到满足

在传统的经济学、社会学中,消费理论是以需要为出发点的,消费的目的通常是为了满足人们对衣、食、住、行、教育、娱乐等方面的基本需要。根据这样的消费理论,消费就是一种物质性的实践活动,消费就与"我买这东西是因为我需要这东西"相联系。东西买到了,需要也就满足了。

在消费社会中,这种观念得到了扩张。消费主义认为,我们的社会是一个由需要、生产、消费、欲望构成的社会,社会的推动似乎是由生产实施的,实际上是由隐藏在其背后的其他东西,如消费的增加、需要的满足、资本的扩张等决定的。生产得越多,消费得越多,人们的生活水平越高,人们的需要就越能得到满足。

消费真的能够使人的需要得到满足吗?要回答这一问题,首先就要弄清人的需要有哪些?马斯洛(Maslow)在《动机与人格》前言中,将人的需要归结为三大类型:一是"低级需要"、"物质主义动机",即生理需要,也就是物质需要。其最高表现是发财致富和健康长寿。二是"中级需要"、"社会性动机",也就是社会需要,包括安全需要、归属和爱的需要、自尊需要三个层次。其最高表现是达官显贵和爱情美满。三是"高级需要"、"超越性动机",也就是精神需要,包括认识和理解的欲望、审美需要、自我实现的需要三个层次。其最高表现是著书立说、成名成家,成一家之言。根据需要这三个层次的划分以及消费的符号象征价值,消费一般能够满足人们的物质需要,部分满足人们的社会需要,较少满足人们的精神需要。可以这么说,低级需要一般更多地由消费来满足,而中级的社会需要和高级的精神需要就不可能也不应该由消费来满足了。

不仅如此,在消费社会中,人们的需要并不单纯或主要不是受着生理或基本生存所支配或影响,而主要是由消费社会中消费主义文化所激扬起来的消费欲望支配。消费社会充分运用媒体,宣扬消费主义文化,装载、宣示并展现商品的文化意义和价值,使人们面对无数梦幻般的、向人们诉说着欲望的、使现实审美幻觉化的和现实化的影像,刺激人们的消费欲望,产生强烈的心理需要短缺,渴望去购买并消费这种产品。在这种情况下,消费就不仅仅是商品和服务的使用价值,而是它们的符号象征意义,是一种无度占有符号意义的消费。它与合理满足消费的使用价值所体现出来的伦理、观念、价值的生活方式和生存状态是完全不同的,前者满足的是真实的需要,后者是在不断模糊真正的需要和欲望之间界限的过程中,尽量去追求需要之外的东西,无止境地占有商品,以此体现人生的意义和价值。消费的目的不仅是为了实际需要(need)的满足,而是试图去满足被制造出来、被刺激起来的难于满足的欲望(desire),去证明自己的权利和高贵的身份、地位、自我价值以及经济上的实力。此时消费者已经不能认清自己真正缺少的是什么,真正需要的是什么,而是随着社会媒体的转动而转动,从一个商品走向另一个商品,完成消费的转化及其增长。本来在提高消费的过程中,人们是会获得更多的需要的满足的,但是,由于这一追求永无止境,个人的欲望永无止境,个人的需要也就永无止境,因此,需要永远也不会得到满足。而且,一旦将自己的需要及其所得与别人相比较时,就会明显地感到不满足。

总之,在消费社会中,人的消费行为以及展现于其中的人的欲望是被生产出来的,它们不是服务于实际需要,而是服务于资本和利润增长的目的,资本和利润的增长是无限的,由此导致消费社会中生产出来的人的消费欲望也是无限的。进一步地,由欲望作为基底的需要,更多地表现为一种心理需要,而非具体的生理上的以及生活上的原因所引起的客观需要,也是无限的。"欲望并不能让欲望得到满足,相反,欲望使得欲望成为欲望(Desire does not desire satisfaction. On the contrary, desire desires desires)。"[24] 既然这样,消费者在这样的消费过程中,越是消费,就越是感到匮乏,从而他也就越要消费。人们的需要也就不可能被满足。

3. 消费越多并不越有价值

消费主义的一个中心内涵是,消费越多,人就越有价值。传统社会中勤俭节约的美德,在消费社会中就不是美德了,它与吝啬、平庸、无为、呆板、闭塞相联系,代表着生活的失败、人生价值的失落。相反,消费享乐成了人们生活的目标、炫耀的资本、能力的体现、潇洒的表现。根据这种观点,人类的价值应该由物质体现,生产财富、控制财富和消费财富成为人们生存的一切。

在消费主义文化的背景下,现实情况似乎还真是这样。但是细究之后,情况并非如此。主要原因在于由消费主义文化所刺激起来的消费很多是异化消费,消费的目的已经主要地不是满足人们对物质和能量的需要,以达到重新生产人的生命,而是为了满足经济不断增长的需要,满足资本不断扩张的需要,满足经济人不断追求利润的目的。这样一来,"消费者被消费所支配,被生产经营者所支配。生产经营者为了获得更大的利润不断扩大再生产,并通过广告宣传诱导消费者的消费,把他们的产品强加给消费者,使人们在'幸福'的感受和对欲望的满足中舒舒服服地、自觉或不自觉地接受和屈从这种操纵和控制。同时,由于消费者是在消费中并通过消费来表现自己的地位、证实自己的能力、展现自己的价值,消费者也被自己的消费所支配。消费者已经不再是消费的主体,而是成为过剩商品的'消耗器'或'消费机器'。结果一切都反了过来:'虚幻'被当成'真实',痛苦被当成幸福,'受制'被当成'自由'。"[25]"在工业化的国家里,人本身越来越成为贪婪的被动的消费者,物品不是用来为人服务,相反,人却成了物品的奴仆。"[26]如此,人失去了自我,变成了消费社会的工具,变成了资本的工具,成了资本、经济和社会利用的对象,还有什么独立的人格和价值。

不仅如此,在消费社会中,消费已经背离了维护人的生存的最终意义,成为消耗资源、破坏环境、伤害人的身体的最重要因素,这样的消费还有什么价值和意义?

更重要的是,消费主义鼓励个体到消费中去寻找人生的意义,鼓吹"我消费我高贵","消费就是我们精神满足和自我满足"。它是人们把占有和消费尽可能多的、尽可能高档的物品当作人生的价值,将人生的意义和价值附着于对物品及其所内含的各种意义上,通过物的价值求证、确证和彰显人的价值。这种通过单纯的消费能够承载得起人生的价值和意义吗?是不能的。一切物质性的东西,如金钱等都是可变的、易逝的、易失的,在人类生活中,它们虽然不能少,但却无法使我们获得生命的超越性,相反它使得现代人的生活被狭隘化和平庸化,缩小了人的价值领地、放逐了人的价值和意义的高贵性、精神性、独特性、多元性,失去了一种更高、更普遍意义上的价值理性。经济学家舒马赫(Schumacher)指出,人的需要是无穷无尽的,而无穷无尽的需要只能在精神王国中实现,物质王国不可能实现。消费主义者试图用物质的东西来代替并且实现人生的价值和意义,是用物质来代替精神,最终会因陷入对商品不断变换的符号价值的无尽追逐中而疲惫不堪,失去对人生价值和意义的认定以及人性的体验,成为一个没有灵魂的漂浮的存在,所导致的结果只能是:现代人虽然物质生活富足,但精神生活却更多了焦虑、痛苦、压抑和忧郁,丧失自我价值感和意义感。关于这一点,全球自杀人数不断上升就是一个证据。不可否认,人类有情感、有意志、有非理性思维、有想象、有直觉、有信念和信仰,他的心灵需要安慰,他的行为需要伦理的支持,所有这些,通过消费是不能解决的。消费能够使人富足、舒适、博学、健康、长寿、快捷、方便,却无法治愈贫困、不平等、战争、恶欲、屈辱、无爱、奴役、缺德、犯罪、腐败、虚无主义、无家可归等人类痼疾,相反,它的不恰当扩张,很可能会引发和加剧社会问题,扭曲人生的价值和意义。

要记住海德格尔的一句话:"没有审察的人生没有价值。"现代人生最根本的问题是日常生活的物质化、功利化、实效化、个我化日趋强烈,生命安顿之普遍性、超越性、永恒性却日趋委顿。人们应该在现实的生活过程中,通过对人性、人的本质、人之理想、人生目标、人生价值、人生准则等的阐释反思,确立体现人的真正价值之所在,然后身体力行,使自己以崇高的人生理念为指导,去更多地进行精神性的创造,把自我之生命、心血凝聚成某种永恒性之物,如道德文章、丰功伟业、发明创造等,为他人、为社会发展做出个人贡献,从日常生活的个我性达到一个普遍性的生命存在。只有这样,当我们的生命不可避免地结束时,这些包含着我们心血的创造物才能够使我们的生命在死后永存,使我们的生活达到一个普遍性的生命存在。

4. 消费越多并不代表越幸福

消费主义文化的盛行已经形成了一种普遍的社会心理,就是一切的幸福都可以在生存的现实中实现,可以由社会展示给我们的物品,包括实际的物品以及媒体上的那些物品符号体现。我们的很多欲望及奋斗的志向和生活的目标,从某种意义上说,就是由这些商品及其所附着的符号象征价值所体现决定的。它使得我们的生活目标清晰,动力巨大,感觉现实;它成为我们人生的最终目标——起点是工作和奋斗,终点是消费。消费社会中的人们更多地不是在其他诸如道德、宗教、信仰、主义上寻求幸福,也不是在家庭、闲暇、事业中寻求幸福,而是在对物品的拥有上寻找价值感、归属感、满足感,寻找幸福。对他们而言,消费是第一位的,工作是为了消费,消费成了满足需要和获得幸福的唯一手段。"消费越多越幸福"。

消费越多真的越幸福吗?要回答这一问题,首先就要清楚什么是幸福?关于幸福,从古至今一直争论不休。概括他们的观点,可以分为两派:主观主义幸福论和客观主义幸福论。前者的代表人物有穆勒、休谟、霍布斯。他们一般认为,幸福就是快乐的主观体验。穆勒就说:"幸福就是指快乐与免除痛苦,不幸福是指痛苦和丧失愉快。"[27]是不是这样呢?不是这样。如今天我吃了一顿美味,这很快乐,但不是幸福。实际上,快乐并不都是幸福,快乐不等于幸福。快乐的时候很多,而幸福的时候就不会那么多了。不快乐有时也能获得幸福。如父母含辛茹苦地哺育子女就是一种幸福。把幸福定义为快乐是犯了定义过宽的错误。

既然如此,幸福的定义是什么呢?客观主义幸福论认为,幸福是客观的、不依个体的主观感觉而转移的自我完善、自我实现。按照这一观点,不能实现自我完善、自我实现的人,就不能获得幸福。这就排除了绝大多数人获得幸福的可能性。实际上,自我完善及其实现肯定能获得幸福,除此之外,其他方面也能获得幸福。客观论把幸福界定为自我实现是犯了定义过窄的错误。

综合这两种观点,我国学者王海明将幸福定义为:"幸福是对一生具有重要意义的需要、欲望、目的得到实现的心理体验。"[28]这种观点还是比较客观的。它将幸福的主观形式——心理体验和幸福的客观标准——人生目的之实现结合了起来。既避免了主观主义幸福论的过分主观性,又避免了客观主义幸福论的过分客观性,将实际生活中需要的满足和心理体验结合了起来。这也表明,一个人所享有的幸福取决于他的人生需要、欲望、目的的实现,在此基础上,他觉得幸福了,他确实就是幸福了。

根据需要的三种类型——物质需要、社会需要、精神需要,幸福可分为三类:物质幸福、社会幸福、精神幸福。

这三种幸福有什么关系呢?我们应该追求什么样的幸福呢?这和三种幸福的关系以及我们每个人的实际情况有关。

(1)物质幸福是基础

不可否认,"生理需要强于爱的需要,爱的需要又强于尊重的需要,而后者又强于个人特质的需要——我们称之为自我实现的需要。"[29]只有满足了低级需要之后,才能去尽量满足高级需要。只有有了低级幸福之后,才有高级幸福。没有物质幸福,其他幸福是很难实现的。即使实现了,也是一种不完整的幸福。古今中外,多少盖世奇才,如曹雪芹、卡文迪许、陈景润、斯宾诺莎等的生活经历说明了这一点。

(2)幸福是有等级的

"整个社会自我,比整个物质自我高。我们为名誉、为朋友、为承诺、为信义,应该胜过我们为自己体快、为自己发财。至于精神自我,更属高尚得不可以道理计、宝贵到不可以金钱数。一个人宁可抛却朋友、鄙弃名誉、丧失财产,甚至牺牲生命,也不该丢了它。"[30]而且现代心理学已经证明,不论从种系进化上看,还是从个体发育上看,精神需要都是最迟的、最高阶段的产物。物质需要是最初的、最低阶段的产物,而社会需要则介于两者之间。因此,物质幸福是低级幸福,社会幸福是中级幸福,精神幸福是高级幸福。

(3) 幸福是有价值大小之分的

马斯洛认为,"那些两种需要都满足过的人通常认为高级需要比低级需要具有更大的价值。他们愿为高级需要的满足牺牲更多的东西,而且更容易忍受低级需要满足的丧失……与两种需要都熟悉的人,普遍地认为自我尊重是比填满肚子更高更有价值的主观体验。"[31] 穆勒也指出:"做一个不满足的人比做一个满足的猪好;做一个不满足的苏格拉底比做一个傻子好。"[32] 这些都表明幸福是有价值的,而其价值是有大小之分的。精神幸福的价值大于社会幸福的价值,社会幸福的价值大于物质幸福的价值。

正因为如此,我们应该在获得物质幸福满足的基础上,尽量满足社会需要和精神需要,以获得社会幸福和精神幸福,这样才能获得比较完整的幸福。

通过消费能够获得这样的幸福吗?不能。其原因在于:

(1) 由消费获得的幸福是低级幸福

高级幸福只是低级幸福相对满足的结果而不是它的必然结果。消费的主要功能是减弱乃至消除人们的物质匮乏状态,获得物质幸福。而且,伴随物质需要的满足,对社会需要和心理需要也会产生某种满足感、幸福感、快乐感和美感,从而获得部分的社会幸福和较少的精神幸福。不管怎么说,有一点是肯定的,由消费获得的幸福更多地属于低级幸福,缺乏中级幸福和高级幸福。不可否认,需要越低级,其心理体验便越强烈,因而就越优先;需要越高级,其心理体验便越淡泊,因而就越后移。但是,这并不意味着只要有了低级幸福之后就有高级幸福。要想获得更多的高级幸福,就必须在低级幸福得到相对满足之后,努力追求高级幸福。否则,满足的仅仅是消费性的需要,是非创造性的、非自我实现的需要,不能获得高级幸福那种持久的幸福的心理体验。后者才是人生最大的幸福。

(2) 由消费获得的幸福是利己幸福

按照道德的眼光,幸福可以分为利己幸福和利他幸福。所谓利他幸福就是利他目的得到实现的幸福,也就是对一生具有重大意义的利他的需要、欲望、目的的实现。它是无私的利他幸福,是最高的正当幸福。而利己幸福就是利己目的得到实现的幸福,也就是对一生具有重大意义的利己的需要、欲望、目的得到实现的快乐。从这种区分来看,由消费所获得的幸福就是利己幸福。这样的幸福正当吗?需要我们具体分析。从消费者的主观看,消费是为自己的,因此是利己的。但这是不是就一定意味着利他呢?不一定。一个人如果盲目消费、过度消费,消费了过多的物品,那么也就意味着他占有过多的资源,产生了过多的废弃物,加剧了资源环境危机和贫富两极分化,是不利于他人的,其所获得的幸福是不正当的幸福,应该反对。反之,如果他采取的是适度消费的策略,那么,他没有占有过多的资源,而且他的消费对促进社会的发展也有一定的作用,他的这种消费在一定程度上就是利他的,由此所获得的幸福是为己利他幸福,是基本的正当幸福,应该提倡。

总之,消费确实能够一定程度上满足人们的物质需要、欲望、目的,从而获得物质幸福。不仅如此,由于物品的符号化以及消费的符号化,消费的社会需求在消费社会中体现越来越明显,社会幸福甚至精神需要的一部分也可以由消费部分完成。但是,这并不意味着通过消费就能获得完整的幸福,它只是意味着现代人更多的幸福可以由消费获得和体现。消费与幸福不能画等号。

(3) 消费越多并不一定使人感到越幸福

对富裕国家消费者的调查表明,高收入阶层比中等收入阶层略幸福一些,中等收入阶层比低收入阶层幸福,并且最低收入阶层倾向于最不幸福。这给我们什么启示？它表明,并不是消费得越多越幸福,收入水平与幸福之间并不是直线关系,而是曲线关系。在收入水平达到一定高度前,收入提高会增加幸福,但当收入水平超过一定高度时,它的进一步提高未必会明显增加幸福感。做一个中等收入阶层,适度消费就能够获得比较大的幸福。

不仅如此,消费的增加并不能使得现代人比以前的人更幸福。如果将同一国家中的公民与以前该国公民的幸福程度相比,便会发现这一情况。自从 1940 年,美国人自己已经使用的地球矿产资源的份额就同他们之前所有人加起来的一样多了。按理说,这么多的消费应该使得消费者阶层更加快乐。但是,由芝加哥大学国民意见研究中心所做的常规调查表明,并没有更多的美国人说他们现在比 1957 年"更高兴些"。尽管在国民生产总值和人均消费支出方面都接近翻番,但"更高兴些"的人口份额之比例自从 20 世纪 50 年代中期以来一直围绕着 1/3 波动。

而且,将不同国家的公民幸福相比较,也可以得出这样的结论:发达国家的上等阶层并不比更贫穷国家的上等阶层更幸福,不快乐的人数所占的比例并不比贫穷国家少。在法国、英国和美国等发达国家,最近的十几年间,精神抑郁的人数在不断增加,差不多占了总人口的 11% 左右,而在经济发展相对迟缓的非洲国家,此比例仅为 7% 左右。

这表明,收入和幸福、消费和幸福之间的关联是相对的而非绝对的。实际上,一个人的幸福是与他的财富成正比而与他的欲望成反比的。对于消费社会来说,虽然每个人所拥有的财富增加了,但是,由于人们的欲望也被极大地煽动了起来,因此在这种日益膨胀的欲望面前,要获得幸福的确是非常困难的。这也是在消费社会中,通过消费不能获得幸福的一个重要原因。

(4) 崇尚消费不能够获得幸福

消费只是获得幸福的许多要素中的一种。现代社会的一个主导观念是"工作越多,挣得越多,花得越多,越幸福"。这本身是错误的。实际上,决定幸福的因素除了工作和消费外还有社会关系和闲暇。在消费社会中,这些因素受到了怎样的影响呢？由于在消费社会中，消费者的独立性增强了，彼此的信赖性减弱了，人们对物质投入了过多的关注，忽视了人与人之间的关系尤其是家庭和团体中的关系。情感式的社会关系比以前淡漠了许多，利益关系受到了人们的普遍重视。而且家庭经济的商业化、地方经济的衰弱、零售业的转变、传统社区的消亡等无不加剧了这一趋势。这在一定程度上影响了人们的幸福感受。

专栏9-4

美国公民生活满意度与人均收入并不成比例

图9-2表明第二次世界大战后美国人均收入和生活质量都明显增加，然而人们对生活的满意度并没有提高，美国公民的生活满意度并未因为物质消费水平的增加而有所增加，而且似乎还有所减弱。

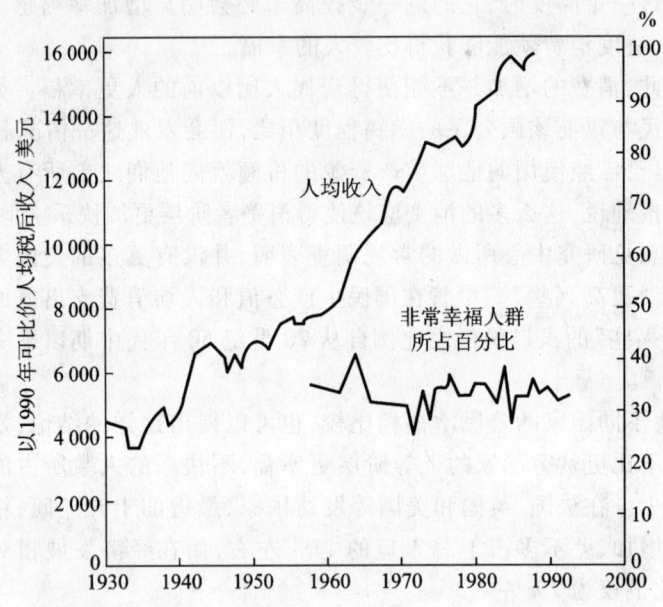

图9-2 美国公民的生活满意度与人均收入变化之关系图[33]

对于工作，消费社会的人们更多地不是从自我发展的角度去进行，而是为了工作而工作，是为了挣更多的钱而工作。从事更多的工作，挣更多的钱，消费更多的物品，成了人们的信条。这必然导致工作的异化和人的全面发展的丧失，使工作成为人们的负担，而不是成为幸福的一个要素。

消费社会的另一个特点是生活节奏的加快。本来技术的进步能够缩短人们工作的时间，但是，由于国家工业化、商业化程度的增加和加快、人们提高生活水平的欲望的增强,人们越来越重视时间和节省时间了,以至于工作时间没有缩短。这造成闲暇时间变得越来越宝贵,越来越少,人们没有时间去享用它,甚至于对此的享用也成了消费的一部分。旅游产业的兴起就说明了这一点。这也影响了人们的幸福感。

专栏 9-5

变 形 记

卡夫卡在其名著《变形记》中曾刻画过一个小职员,他因生活压力太大而变形成了一只甲虫。这个故事看来荒诞,其实正是资本主义制度下普通人心态的真实写照。由于无限制地追求消费,导致人为物所役,陷入了没完没了的生活竞争中。工作节奏加快,信息超负荷轰炸,使得人的肉体和精神都紧张到了极点,混合神经官能症、眩晕症和抑郁症等"现代"疾病频频发生,非理性乃至暴力行为泛滥,高度工业化国家的居民不断发出"我紧张过度,要死了"的抱怨。他们何尝不曾幻想过自己能有甲虫那样的一层硬壳呢?

对此怎么办呢?霍布森(John A. Hobson)在《财富和生活》一书中从追求身心健康的角度,给出了他的解决方案:"人的精力需要不断地将半数机械生产能力用于提供更多的闲暇,而不是生产更多商品,也就是说应把生产者从专业化生产的过度疲劳与负担中解放出来,使他们拥有足够的闲暇和精力去按自己的方式自由享受科学生产的成果。尽管这会使生产速度放慢,却能使人们免受自己生产出来的物品的控制。同时,要把这种经济生活的准则适当地应用到非经济活动中去和用于评价对生活的满足程度。"[34]而要做到这一点,就必须对资本主义的经济体制进行变革,改变资本主义追逐利润最大化的本质。因为"对追逐利润的人来说,只有他的工人和机器都满负荷地工作,快速地产出商品,再由那些经验丰富的商人引导工人去消费那些增加的商品,而不是去享受闲暇时光和寻找非经济方面的其他满足,他才能达到目标。"[35]

上面的论述告诉我们,必须抛弃消费主义文化,建立可持续消费文化,转变人的需要、人生价值、幸福等观念,改变现有的消费模式,提倡适度消费,崇尚俭朴生活,在获得物质幸福的基础上,把更多的精力用在建立良好的家庭和社会关系上,用在有意义的工作上,用在闲暇的享受上,以追求更多的社会幸福和精神幸福,获得更多地非物质的满足。要知道,"人们并不需要大量的汽车,他们需要的是尊重。他们不需要整柜的衣服,他们需要的是感觉到自己有吸引力,另外,他们需要刺激、多样化和美丽;人们也不需要电子娱乐,他们需要的是做一些值得去做的事情等等。人们需要认同、团体、挑战、被承认、爱和欢乐。如果想用物质的东西来填补这些需要,那就无异于对真实的和从未解决的问题提出一大堆错误的解决办法。在对物质增长的渴望背后有一项主要的推动力就是心理上的空虚。一个社会如果承认并明确指出其非物质的需要,并找到非物质的方法来满足它们,那么这个社会将会只需要低得多的物质和能量产出,并且可以提供更高层次的人类满足"[36]。"那些设法克服内在持续增长的物质欲望并代之以非物质目标的人们将渡过危机。结果,整个星系将在一个宇宙学上的短时间内变成稳定、高度伦理和精神文明的社会"。[37]

材料评论

十年前的中国,曾经出现过一次"轿车大论战":樊纲博士称颂轿车文明,郑也夫教授批判轿车文明。无论双方对轿车文明如何理解,无论这十年来轿车如何迅速发展,一个铁的事实是:中国有13亿人口,并且每年还有0.5~1.0个百分点的增长,这一最大的国情决定中国绝不可能每2人拥有一辆小汽车(这是美国水平),而每3人拥有一辆小汽车也绝不可能(这是日本水平),即使是每5人拥有一辆小汽车也极难成为可能(这是荷兰水平,发达国家中最低的)。这里暂不讨论环境与噪音污染、空间拥挤、温室效应等,仅从能源经济学角度作点分析。

2003年,我国能源消费量为16.78亿吨标准煤,其中原油2.52亿吨,原油中进口0.9亿吨以上(至少占总量的35%),已成为世界第二大原油进口国。全国石油总消耗量的40%左右估计为2 000多万辆汽车所消耗(其中1/4多是私人小车,近600万辆)。现在假设:全国13亿人口每2人一部小汽车(像美国那样),全国则有7亿辆。再假设每辆小车每年消耗0.5吨汽油(这一个标准肯定是偏低的),此时,全国仅私人小车每年耗油就达到了3.5亿吨,这相当于美国今日从世界进口的总量。如果假设每3人一部小汽车(像日本那样),则全国至少拥有4亿辆,这一数量比美国、日本现有小汽车数量总和还要高1倍,此时每年需消耗汽油2亿吨。如果假设5人一部小汽车(像自行车王国荷兰),全国也至少拥有2.5亿辆,这一数量也相当于美国与日本目前所拥有小汽车的总和,此时每年需消耗汽油1.3亿吨。如果假设每12人1部小汽车(像空间狭小的香港那样),全国也至少拥有1亿辆小汽车,是现有水平的5倍,此时每年需消耗汽油0.5亿吨。因此,可以说,即使燃油效率提高1倍(这是20~30年后的目标)甚至2倍,即使我们汽车人均拥有量达到每10人一辆的世界平均水平,全世界的石油出口可供量也根本不可能满足我们的需求。

以上是从汽车能耗角度的分析,下面我们再从总耗能角度分析。2003年我国人均耗能1.3吨(标准煤),如果按全世界平均人均耗能2吨计算,则我国将耗能30亿吨,相当于美国今天的耗能总量;如果按美国人均耗能水平的一半(相当于日本的人均耗能水平),则中国总耗能将达到70~80亿吨,这一数字相当于全世界目前耗能的一半!显然这绝不可能的!可见,无论我们设定人均耗能水平多么的低,只要用13亿人口数一乘,就将是一个巨量![38]

请你结合上述材料,就我国的消费主义文化的泛滥进行分析、批判,并指出我国解决资源危机的出路在哪里?

问题与讨论

1. 消费的生产怎样使得商品具有符号象征性?
2. 消费社会中的消费与传统社会中的消费有什么不同?
3. 消费社会中消费的异化表现在哪些方面?
4. 消费社会的环境代价有哪些?
5. 不改变消费社会的现状,可持续发展有希望吗?为什么?
6. 少消费就意味着衰退吗?
7. 消费能够满足人的需要吗?
8. 消费越多越有价值吗?
9. 消费越多越幸福吗?
10. 可持续消费文化的主要内涵有哪些?
11. 从你的或他人的住宅或公寓选一个房间。把房间里的东西列一个清单,将它们分成以下四类:

(1) 生存必要的物品;

(2) 功能上讲是必要的,但物品体现了不必要的环境影响(比如说,衣服也许是必要的,但毛皮大衣或十双鞋就不是了);

(3) 不是生存必要的,但从文化角度是必不可少的;

(4) 身体上和文化上都没有必要的物品(虽然大概是令人想要的,不然也不会有它)。

你能从调查结果中推断出你或他人大体的消费模式吗?基于这些结果,你的或他人的消费在多大程度上对环境造成不必要的影响?

参考文献

[1] Baudrillard J. Selected Writings [M]. Mark Poster eds. Cambridge: Polity Press, 1988: 10.

[2] 蔡骐,刘维红. 虚幻的仿真世界:电视与消费主义[M]//张立升主编,社会学家茶座. 济南:山东人民出版社, 2005: 151.

[3][4][7][10][12] 王宁. 消费社会学:一个分析的视角[M]. 北京:社会科学文献出版社, 2001: 108, 3, 199, 1-2, 203-204.

[5][8] [法]波德里亚. 消费社会[M]. 刘成富,译. 南京:南京大学出版社,

2000:73,48.
- [6] [法]波德里亚.物的体系[M]//让·波德里亚文集.斯坦福大学出版社,1988:21-22.
- [9] Yiannis G, Lang T. The Unmanageable Consumer:Contemporary Consumption and Its Fragmentation[M]. London:Sage,1995.
- [11] [美]费斯克 J.牛仔裤:一种理解美国大众文化的视角[J].宋伟杰,译.新华文摘.2000(7):172.
- [13] 鞠惠冰.麦当劳的符号速写[M]//张立升主编,社会学家茶座.济南:山东人民出版社,2005(1):132.
- [14] [波兰]鲍曼 Z.消费主义的欺骗性[N].何佩群,编译.中华读书报,1998-06-17(6).
- [15] [17] [19] [20] [美]艾伦.多少算够——消费社会与地球的未来[M].毕聿,译.长春:吉林人民出版社,1997:13,44,37,5.
- [16] http://news.sina.com.cn/c/2005-04-21/10175710865s.shtml,2005.
- [18] U. S. Bureau of Mines Date.
- [21] [22] [23] [34] [35] 转引自[美]赫尔曼·E.戴利.珍惜地球——经济学、生态学、伦理学[M].马杰,译.北京:商务印书馆,2001:212,216,420,226,226.
- [24] Taylor M C, Saarinen E. Imagologies:Media Philosophy[M]. London:Routledge,1994:11.
- [25] 刘福森,郭玲玲.消费主义霸权统治的生存论代价[J].人文杂志,2005(4):37
- [26] [美]弗洛姆.在幻想锁链的彼岸[M].张燕,译.长沙:湖南人民出版社,1986:174
- [27] [32] 穆勒.功用主义[M].唐钺,译.北京:商务印书馆,1957:7,8.
- [28] 王海明.新伦理学[M].北京:商务印书馆,2001:486.
- [29] [31] [美]马斯洛.动机与人格[M].许金声,译.北京:华夏出版社,1987:113,115.
- [30] [美]詹姆士 W.心理学简编[M].北京:商务印书馆,1933:23.
- [33] Myers D G, Dener E D. The pursuit of happiness[J]. Scientific American. 1996,274(5):70-72.
- [36] [美]唐奈勒·H.梅多斯.超越极限:正视全球性崩溃,展望可持续的未来[M].赵旭,译.上海:上海译文出版社,2001:224-225.
- [37] Papagiannis M D. Quarterly Journal of the Royal Astronomical Society. 1984(25):309.
- [38] 顾海兵.十三亿人口的能源经济学分析[N].光明日报,2004-8-24(B2).

第十章

环境伦理学:走进还是走出"人类中心主义"

> 如若我们将世界包含于我们的意识之中并施之以爱,包含着我们自身的世界就会有所回报。
>
> ——[美]大卫·玻姆(David Bohm)

- 古代人类中心主义的历史局限性
- 近代人类中心主义的论证方式是有问题的
- 现代人类中心主义对于环境保护是不充分的
- 动物解放/权利论主张人类应赋予动物以平等的道德关怀
- 生物中心主义认为人类应当尊重所有的生命
- 生态中心主义坚持人类应当关心无生命的生态系统
- 环境保护要在重构主体性的基础上进行

在人类发展的各个时期,人与自然之间的关系是不同的。原始文明时期,人与自然之间的关系是自然的统一、原始的协调、低层次的和谐;农业文明时期,人与自然之间的关系基本和谐;工业文明时期,近代人类中心主义得到了张扬,人与自然之间的关系呈现出主客二元对立的局面,由此导致人类在改造自然的同时破坏了自然。为了保护自然,就必须反思、批判、走出古代人类中心主义和近代人类中心主义,重构人与自然之间的良好关系。有关这方面,现代人类中心主义环境伦理学和各种形式的非人类中心主义环境伦理学给了我们有益的启发。不过,现代人类中心主义是有其内在欠缺的,非人类中心主义有待进一步完善。人类主体性的重构和自然的返魅,为我们建构完善的非人类中心主义环境伦理学提供了可能性。

一、走出"人类中心主义"

考察历史上人类中心主义的表现,可以分为古代人类中心主义、近代人类中心主义和现代人类中心主义。下面分别对这几种人类中心主义加以评述。

1. 扬弃古代人类中心主义

古代人类中心主义包括自然目的论、神学目的论、灵魂与肉体二元论和理性优越论。

自然目的论是一种最古老的人类中心论。古希腊百科全书式学者亚里士多德明确提出,植物的存在是为了给动物提供食物,动物的存在是为了给人类提供食物,由于大自然不可能毫无目的、毫无用处地创造任何事物,因此,所有的动物肯定都是大自然为了人类而创造的,人"天生"就是其他存在物的目的,它们只是人的工具,人对它们不承担任何道德义务。恩格斯对这种观点曾作过辛辣的讽刺,他说,猫被创造出来是为了吃老鼠,而老鼠被创造出来是为了被猫吃。此足见这种观点的幼稚和荒谬。

神学目的论是欧洲中世纪基督教世界观的一个主要组成部分。它认为人类不仅在空间方位的意义上位于宇宙中心,而且在"目的"的意义上也位于宇宙中心。人为神而存在,万物为人而存在。人是大自然的主人而非其成员,它明显地高于其他事物,可以对大自然进行绝对的、无条件的统治。这样,基督教就在人与自然之间构筑了一道价值鸿沟,在指明了人的生存是苦难的同时,也提出了为了人的生存可以给自然带来苦难。

灵魂与肉体二元论的代表人物是笛卡儿。在他看来,人是一种比动物和植物更高级的存在物,不仅具有躯体,还拥有不朽的灵魂或心灵,而动植物只具有躯体,没有心灵,只具有物质的属性:广延、体积、重量、形状等,而没有精神的特征,充其量只是一架自动机,与无生命的客体并无区别。因此,那种认为我们应同情动物的观点是错误的。我们完全可以把动物(更不用说植物了)当做机器来对待。[1]

古代人类中心主义的最后一种形式是理性优越论。根据启蒙的传统,理性是人的本质,是人之为人的根据。正是人的理性使他高于其他存在物,将自己从万物中区别开来,凸现于自然界,形成类的意识,发挥主体性,建立起独立性和自主性,以自己的行为认识并改造着自然,体现着创造性和对自由的追求,完善着自我。康德是这种观点的重要代表人物。他认为,对理性存在物来说,理性本身就具有内在价值,它是一个自在地就值得人们追求的目标;对所有的理性存在物来说,理性都是相同的,因而所有的理性存在物追求的都是一个共同的目标:理智世界。只有人才是理智世界的成员,因而只有人才有资格获得道德关怀。动物不是理性存在物,"就动物而言,我们不负有任何直接的义务。动物不具有自我意识,仅仅是一个目的实现的工具。这个目的就是人。"[2]

古典中心论的前三种形式已经失去科学证据,被世人抛弃,只有理性优越论被近代人类中心主义继承发扬。

2. 近代人类中心主义的内涵与批判

近代人类中心主义是在机械自然观以及人类主体性张扬的前提下形成的。在这里,自然已经不是精神,不是人,而是非人的物,指的是"自然事物的总和"。这与古代以及中世纪对自然的看法是不一样的,在那一时期,"自然"主要是在"自然的本性"(天然的、自生的、自在的、符合本性的)的意义上使用的,指未受到人类干预,按其本来应是样子所是的事物。近代人类中心主义认为,人类不是与大自然融为一体的不可分离的存在,而是与自然有着巨大差别的、高于自然的存在。人类是自然的中心,非人类存在物不具有内在价值,只具有工具价值,不是我们的伦理体系的原初成员,道德只与理性存在物有关,用道德原则调节自己行为的能力是获得道德权利的基础,非人类存在物不具有理性和道德自律能力,它们没有道德权利。人类有权绝对支配、统治、处置自然,只要这样做不损害他人的利益。

分析近代人类中心主义的产生会发现,其论证方式是有问题的。

首先,为所有人(包括胎儿、婴儿、白痴、精神病、老年痴呆症患者)所具有的某种特殊属性这种状况并不存在,如果以某种属性如理性、道德自律能力等作为存在物是否有权获得道德权利的根据是不充分的。那些不具备这种属性的人就既不能成为道德代理人,也不能成为道德顾客。这是不人道的,也是行不通的。既然人类能够将道德权利赋予那些不具有理性、道德自律能力和自我意识的人(如白痴)和组织(如公司、社团、国家、联盟),并且通常指定或选定一个代理人来捍卫他们的正当权利,那么,人类也就完全可以将人类作为非人类存在物的道德代理人,承担起维护自然的道德权益的义务,对自然施以道德关怀。

其次,"只有人才有权作为道德代理人和道德顾客",是人根据自己的属性和其他存在物的属性定义的。既然如此,其他非人类存在物也可以(如果可能的话)以同样的逻辑定义将自身作为道德代理人和道德顾客。

再次,从人类历史的发展看,道德进步同时也是道德关怀的对象不断扩大的过程。在原始社会,人们只关心本部落的成员;在奴隶社会,奴隶主只对奴隶主负有义务,奴隶和妇女只是工具;在中世纪,基督徒认为他们只对上帝和上帝的信徒负有道德义务、到了18、19世纪,白人还认为黑人不具备道德权利;到了20世纪,所有人都获得了道德权利。既然如此,人类完全可以将道德关怀扩张至世上万物。

最后,从人所具有的某种特殊属性如理性等,并不能必然得出人类不应该给予非人类存在物以道德关怀。人类的真正优越性在于其是一个有道德意识的物种,能够超越动物那种胃觉取向的世界观(以食物为中心)、以自我为中心的世界观(只保护它自己的生命)和种族中心主义的世界观(只促进其同类的繁衍),获得完整的形象。

上面的论述表明,人类中心主义认为人对自然没有道德义务、不存在道德关怀的根据是站不住脚的。

在这种情况下,有些环境伦理学家主张人类应该从人类中心主义走向非人类中心主义,试图以此协调人与自然之间的关系,以达到保护环境的目的。但是,其他一些人认为,面对环境保护,我们应该由古代人类中心主义、近代人类中心主义走向现代人类中心主义,现代人类中心主义是不可拒斥的。谁是谁非,需要我们进一步分析。

专栏 10-1

近代以来各种人类中心主义的大致区分

从内涵上看,近代人类中心主义与我国某些学者提出的绝对的人类中心主义、国外某些学者提出的强人类中心主义非常接近;现代人类中心主义与我国有些学者提出的生态人类中心主义或相对人类中心主义、国外某些学者提出的弱人类中心主义非常接近。可以将前面一类冠以"近代人类中心主义",后面一类冠之"现代人类中心主义"。有兴趣的读者不妨比较一下。

---

3. 现代人类中心主义的理由辨析与缺陷

现代人类中心主义主张自然没有内在价值,一切应以人类的利益和价值为中心,以人为根本尺度去评价和安排整个世界,这一点与近代人类中心主义极其相似。只不过它抛弃了近代人类中心主义的不合理之处,能够有意识地从人类的共同利益、长远利益出发,协调人与自然之间的关系,特别是经济关系,如此使得它与近代人类中心主义根本没有环境伦理的概念不同,增加了新的有利于保护自然的内容,承认人类应该伦理地对待自然。这些都是积极的方面。这样的环境伦理学,有人将此称为"人类中心主义的环境伦理学"。

为什么有些人主张现代人类中心主义呢?主要是他们认为,人类中心主义是不可拒斥的,现代人类中心主义对于人类保护环境来说是必要的。理由如下:

① 环境问题的产生正是人类没有坚持以人类为中心,而是奉行个体中心主义和群体中心主义的结果。而现代人类中心主义主张不同的利益主体要超越自身的特殊利益,以人类整体的、长远的、共同的利益为根本尺度,是以人类为中心的。

② 人和地球上的动物都是以自我为中心的,人和动物都具有利己性,这是生物生存下去的理由和根据,也是其生命力的表现。人类的任何主张和行为是不可能反人类的,人类总是要维护自身的利益和生存。人类无论是在内在价值还是基本利益上,不可能与动物平等,而是要高于动物,人类中心主义是走不出的。

③ 人所提出的任何一种环境道德,都是人思考得出的,都是属人的道德。

④ 环境问题是人类造成的,也要由人类来解决,为此,就必须充分发挥人类的主观能动性、创造性,必须坚持人类中心主义。否则,人类的认识和改造自然的活动就会因失去意义的指向而无法展开,保护环境就丧失了内在动力。

⑤ 现代人类中心主义所关注的是全人类的整体利益、长远利益,而不是那种狭隘的、近视的、极端的功利主义,最终落脚点是人,由此能够解决环境问题。

如果深入分析上述各种观点,将会发现,是站不住脚的。

观点① 没有分清人类中心主义的两个层面——人与自然之间关系的层面和人与人之间关系的层面。在人与自然关系的层面上,人类中心主义是以人类为中心的,这一点可以说已经真正得到了实现,而且不恰当的人类中心主义——古代人类中心主义和近代人类中心主义是引起环境问题的重要原因。而在人与人之间关系的层面上,虽然科技的发展、全球化的推进正在从存在的意义上和人类生活的意义上加速人类共同体的形成,但是,在现代人类生活的过程中,主体性的张扬是以"群体(集团)"、"小我(自我)"为主体的,个人主体和群体主体在其思想观念上不是或主要不是从人类的角度来行动的,而是以追求个人利益和群体利益为其行为准则,以个体与个体、群体与个体、群体与群体之间的对抗为其表现。这样一来,他人以及社会成了个体(自我)的客体,导致"个体中心主义"和"群体中心主义"。可以这样说,人类中心主义中的"以人类为中心"意涵在社会领域中,在人与人之间关系的层面上并没有得到体现,相反,个人主义、群体利己主义、国家利己主义得到了比较充分的体现。这些都不利于环境保护。

根据上面的论述,在人与人的关系的层面上,应该坚持并走向"人类中心主义";在人与自然的层面上,应该摒弃"人类中心主义"。

观点②、③、④没有区分生物学意义上的、认识论意义上的、价值论意义上的人类中心主义的含义。所谓生物学意义上的人类中心主义就是观点② 的内涵,这是人类和其他生物生存发展的基础,是反对不了的。所谓认识论意义上的人类中心主义指的是人类的主张总是以人类固有的尺度进行的,即总是以人类特有的方式、视角和需要来认识自然界。这种人类中心主义也是反对不了的,因为人类认识对象的生成、认识过程和方法以及认识结果是受人的内在尺度制约的。所谓价值论意义上的人类中心主义是从伦理价值的角度来考虑人与自然之间的关系。它主张人类的一切活动都是以人的利益为出发点,为人的利益服务,满足人的目的需要。前面所述的几种人类中心主义从内涵看,都可以归入其中。

在区分了生物学意义上的、认识论意义上的、价值论意义上的人类中心主义的区分之后,可以发现,观点③ 只强调认识论意义上的人类中心主义的不可超越性,但是,这种不可超越性并不代表价值论意义上的人类中心主义不可超越,也许正是人类意识的作用,也许正是在人类对自然和自身认识的基础上,人类才有可能超越自身,提出一种超越人类中心主义的环境伦理学。观点④ 的错误就在于,"走出人类中心主义"并不一定就否定人的自我意识和为我的目的性,否定人的主观能动性和创造性,否定人类的长远利益、整体利益,为了纯粹的生态平衡去平衡生态系统,而是要约束人类不恰当的需求和利益,将人类的利益和自然系统的利益通过相互依存关系协调为一个有机整体。它对人类提出了更高的要求,要求人类更加深入地认识自然界的整体,而不是单凭人类的利益和价值去对整个自然进化施加定向的影响。

考察观点⑤将会发现,现代人类中心主义对于环境保护是必要的,但不是充分的,其存在着比较严重的缺陷:

第一,现代人类中心主义将人类的利益作为处理人与自然关系的根本尺度,仍然是一种人类中心主义的观点。这种只从人类自身一个物种的利益出发,而不是从整个自然界(有机界、无机界、动物界)出发去考虑千万种其他生物及其生存环境的观点,实质是一种生物种族中心主义的延续。虽然这样的种族中心主义对于人类的演化有其历史合理性,但是,现今的人类已不是一种纯粹的生物,而是一种社会性的智慧生物,它能够而且应该超越以保护为特征的生物种族中心主义,从千万种物种的利益出发去保护自然环境。[3]

第二,现代人类中心主义从人类的利益和价值出发去对待自然,并不是将人与自然平等看待。这种人与自然间的不平等关系必然加强人类之间不平等关系。马克思就提出:"人们对自然界的狭隘的关系制约着他们之间的狭隘的关系,而他们之间的狭隘的关系又制约着他们对自然界的狭隘的关系。"[4] 这一点比较充分地体现在文化生态女权主义者的论述中。她们认为,人类统治自然的文化与男人对女人压迫的男性文化紧密关联。由于妇女被认同为"自然"和"身体"范围,男人被认同为"人"和"心智"范围(价值二元对立),并且被认同为前者的东西的价值比被认同为后者的东西的价值要低(价值等级思维),因此,妇女比男人低一等。由于对于任何 X 和 Y,如果 X 优于 Y,则 X 支配 Y 证明为正当(统治逻辑),所以人类支配自然、男人支配女人是正当的。

第三,在实践层面上,现代人类中心主义从人类的利益和价值出发去保护自然环境,缩小了自然环境的概念,将环境限制在人类的环境之内,着眼于保护与人类有关的生态环境,而不是保护所有物种的生态环境。其实,当代生态环境问题是由人类活动引起的生态圈的失衡,既包括人类生态系统与自然环境的失衡,也包括动、植物等生命系统与它们所处的环境失衡。保护环境就应该保护所有物种所在的环境。环境道德不能以人类的利益为轴心,建立在其他物种对人类的有用性上。这正是以往资源环境保护运动的失败之处。人类应该承认"非资源物质"(non-resources)的权利,并建立一种把生物联合体的其他成员也包括进去的新道德。仅仅因为病菌比人小并对人有害就消灭它是没有任何逻辑理由的。也许人类在损害了对人类有害的非人类存在物,或在保护了对人类有利的非人类存在物的同时,就不自觉地损害了生态环境,从整体和长远看,给人类带来了损害。

以土地的保护为例,真正在市场上销售、作饲料、食品或其他经济用途的生物种类比较少,可能还不到生物总数的5%,而其他土地群落的大多数成员就没有通常意义的市场经济价值。如果从人类利益和价值出发去保护土地,那么该土地群落上的大多数不具有市场经济价值的成员就不能得到有效保护。但是,我们知道,这样一些缺乏经济价值的自然要素,如沼泽、沙丘及荒漠等是土地群落正常运行所不可缺少的,必须对它们加以保护。否则,将会影响生物群落的完整性而使之趋于不稳定。

总之,"从人的完美形象的角度看,人类中心主义那种把人的存在维度和意义空间完全压缩和控制在人际关系范围内、把人种的形象设定为'一个只关心其同类的存在物'的做法是有待超越的。人类中心主义是关于人的生存的伦理学,但不是关于人的完善的伦理学。人作为人所拥有的潜能,并不只够他的生存之用。他的那些超出其生存所需要的潜能是能够、也应该用来'赞天地之化育'、突显大自然的'生物成物之德'的"。[5]一句话,人类是应该超越现代人类中心主义的。

二、走进"非人类中心主义"

根据上面的论述可知,超越现代人类中心主义这是一种话语的转换。西方环境伦理学正是沿着这一思维逻辑,逐步扩大其道德关怀的对象,走向非人类中心主义的。这样的环境伦理学,我们称之为"非人类中心主义的环境伦理学"。

1. 动物解放/权利论

动物解放论标榜的是边沁(Bentham)的功利主义,其代表人物是辛格(Peter Siger)。功利主义伦理学内含两个基本原则——平等原则与功利原则。平等原则指的是应该平等地关心每一个人的利益,原因在于每一个人都拥有感受苦乐的能力。对于动物呢?它们有没有这方面的能力呢?笛卡儿说没有,而边沁和辛格认为是有的,并且认为动物理应与人类一样享有道德上的平等,人类必须平等地考虑动物的利益(因为平等原则所关心的正是利益)。

当然,这里的平等是一种道德观念,而不是有关事实的论断;是一种伦理规范,而不是一种事实上平等的要求。动物解放论者虽然主张要平等地关心所有动物的利益,但它们并不认为我们应给予所有动物以相同的待遇。相反,他们认为,我们应根据动物的感觉能力、心理能力和复杂程序,区别地对待它们。这样做的理由是基于功利原则:在任何一个特定的环境中,道德的正确行为都是那些能带来最大功利的行为,即选择那些能带来最大利益总和的行为。

对于人和动物,当人的利益与动物的利益发生冲突时,在其余情况相同的条件下,那种为了人的利益而牺牲动物的类似利益的行为在道德上是允许的,但不能为了人的边缘利益而牺牲动物的基本利益。

对于两个动物 A 和 B 的利益发生冲突时,动物解放论者认为,在其余情况相同的条件下,应该根据双因素平等主义(two factor egalitarianism)来进行选择:如果 A 缺乏 B 所拥有的那种重要心理能力,那么牺牲 A 的利益以促进 B 的类似利益;如果 A 缺乏 B 所拥有的那种重要心理能力,那么牺牲 A 的基本利益以促进 B 的重要利益;如果两者的心理能力大致相同,那么,牺牲一方的边缘利益以促进另一方的更加基本的利益。[6]

表面看来,上述处理人与动物、动物与动物利益冲突的原则是合理的,其实存在认识上的困境,如人类怎样确定并比较动物 A 和动物 B 的心理能力呢? 即使如此,上述原则对于一般性地处理人与动物以及动物之间的关系,仍然具有借鉴作用。

对于动物权利论,其代表人物雷根(Tom Regan)就认为,动物解放论者把对动物的道德地位的辩护建立在功利主义的基础上是不充分的,只有假定动物也拥有权利,我们才能从根本上杜绝人类对动物的无谓伤害。动物是否拥有权利呢? 雷根对此持肯定态度。他认为,动物(至少某些哺乳动物)也具有成为生活主体的物质特征——生命、意识、感觉、记忆等,如此,动物也就拥有值得我们尊重的天赋价值(inherent value)。具有这种价值的存在物必须被当做目的,而非工具来对待。

不过,动物权利论者也认为,动物的权利与人的权利虽然是不可侵犯的,但是在某些特殊的情况下,个体的权利可以被侵犯,不过这时必须满足一定的条件。

专栏 10-2

动物的权利可以被侵犯的条件[7]

① 对该个体的权利的侵犯将阻止(而且是唯一现实的阻止方式)对其他无辜个体的更大伤害;

② 对该个体的权利的侵犯是一系列措施中的一个必要环节,这些措施将从总体上阻止(而且是唯一现实的阻止方式)对其他无辜个体的更大伤害;

③ 只有侵犯该个体的权利,我们才有希望阻止对其他无辜个体的更大的伤害。

上述条件从质的方面规定了侵犯个体(人或动物)的权利的边界。但在现实的道德生活中,善善相伤、恶恶相权的情况也时有发生。为此,动物权利论者又提出了两个原则作为补充:

① 伤害少数原理(the miniride principle):如果我们必须要在践踏少数无辜者的权利和多数无辜者的权利之间进行选择,而且每一个相关的无辜者所遭受

的都是大致相同的伤害,那么,我们应当选择践踏少数无辜者而非多数无辜者的权利。

② 境况较差者优先原理(the worse-off principle):如果我们必须要在践踏多数无辜者的权利和践踏少数无辜者的权利之间进行选择,而且,这种践踏给少数无辜者所带来的伤害将使他/它们的处境比多数无辜者(也遭受类似的伤害)更糟,那么,我们就应选择践踏多数无辜者的权利。很显然,这一原理不同于功利主义的注重功利总量的原理,而有些类似于"惠顾少数不幸者的原理"。

应该清楚的是,动物解放/权利论只把平等、权利限定在有感觉能力的动物范围之内是不够的,环境伦理学的范围应该扩大到所有生命存在,由此生物中心主义得以诞生。

2. 生物中心主义

法国学者史怀泽(A. Schweizer)第一个从伦理学高度提出尊重生命的伦理学思想。他认为,以尊重生命为基础的伦理信念是所有生命与人享有平等权利主张的伦理学基础。"敬畏生命的伦理学否认高级的和低级的、富有价值的和缺少价值的生命之间的区分,"[8]一切生命都是神圣的,它们之间没有高低等级之分。那种认为人在自然界中处于最高地位的观念,只是人们对生命进行的主观等级划分,没有任何依据。

现代生物中心主义的代表人物是保罗·泰勒(Paul W. Talylor)在 1986 年完成的《尊重大自然》一书中,建立了一套完整的生物中心论的伦理体系。他认为,如果我们能够不借助其他的事物而说对一个事物产生或好或坏的影响是有意义的,那么这个事物就有其自身的好。简而言之,凡能够被损害或能够获得利益的事物都有其自身的好。根据这一定义,具有其自身好的实体不一定有利益,但一定能够接受利益,也就是能够受益或招损。由此,泰勒认为,所有有生命的个体都是拥有自己的好的实体(entity having a good of its own)。如果一个实体有自身的好,那么它就具有固有价值(inherent worth);而说某物具有固有价值,就是说该物的好被实现了的状态比没被实现的状态好。这与人类对它的评价无关,也与该物实际上是否增进或减少了其他事物的好无关。因此,人类应该尊重生命。

专栏 10-3
动物实验伦理规范[9]

(1) 实验不合法认定,即任何一种动物实验都将被认为是不合乎道德的,除非实验者能够证明该实验的合理性,实验者要承担举证的责任;

(2) 除非该实验的好处非常明显,否则该实验即不合理;

(3) 应尽量提高被用于实验的动物的"福利",减少动物所遭受的不必要的痛苦;
(4) 活体解剖时必须给动物注射麻药;
(5) 尽量减少用于实验的动物数量;
(6) 应尽量寻求动物实验的替代品。

~~~~~~

既然我们要尊重所有的生命,那么,怎样才能做到这一点呢? 泰勒认为,应该遵循下面四个原则:

(1) 不伤害原则

即不伤害自然界中有着自己的好的事物,这就包括不杀害个体、不摧毁种群和生命共同体等。不伤害的原则只适用于人,不适用于人类之外的动物或植物,它们可以给其他生物带来伤害或死亡。

(2) 不干涉原则

不限制有机体追求它的好的自由;不干涉大自然中自发生的一切。对个体来说,这个责任要求我们不要捕获它们和将它们从其自然栖息地中移走,不管我们将怎样好地对待它们。对种群和生命共同体来说,就是要求我们"不要操纵、控制、改变和管理自然的生态系统"[10]。这种行为方式是对自然的深层尊重。

(3) 忠诚原则

这一原则只适用于人与那些存在于自然状态下,且能够被道德代理人欺骗或背叛的动物之间的关系。它适用于人类对野生动物的行为,要求我们"不要打破一个野生动物对我们的信任,不要欺骗和误导它们,而要去支持它们的欲望……"[11]据此,捕猎、设陷阱和钓鱼等活动就是不道德的了。

(4) 补偿正义原则

这一原则要求对那些被伤害了的有机体做出补偿,恢复道德代理人与道德顾客之间的正义"平衡"。泰勒列出了几种补偿的具体方法:在个体受到伤害但没有致死的情况下,补偿原则要求使个体恢复到以前没有被损害时的状态;如果致死了,则要求代理人对个体处于其中的种群或共同体做出某种形式的补偿;如果某个种群被损害了,则要求对种群剩下的个体作永久性的保护;如果一个生命共同体被整个地毁灭了,无法对其做出补偿,那么,可以通过保护另一个与其相类似的生态系统而做出补偿。

不仅如此,泰勒还提出了当四条原则之间发生冲突时,所应遵守的原则:不伤害原则是最高的,我们对自然的最基本的义务就是不要伤害野生生物。当冲突不可避免时,如果能够对生物产生很大的利益,并且干涉或破坏信任不会造成严重伤害时,可以违反不干涉原则和忠诚原则,但此时应该遵循补偿原则进行某种形式的补偿。

不可否认,在遵守上述原则维护生物的好时,有时会与维护人类的价值和权利发生冲突,对此怎么办呢?泰勒提出了下列五条优先原则:

(1) 自我防御的原则

如果其他有机体对人产生危险和伤害,人类又无法避免加在他身上的危险和伤害,人类可以消灭或伤害这些有机体而进行自卫。

(2) 对称的原则

当人类的非根本利益与人类以外的生物的根本利益发生冲突,并且这种非根本利益是与尊重自然的态度不协调的时候,根本的利益高于非根本的利益。据此,那些用象牙制作旅游纪念品,为了个人的私人收藏而采集稀有的野花,为了娱乐休闲而捕猎、钓鱼等行为,都是应该受到道德谴责和禁止的。

(3) 最小伤害原则

当人类的非根本利益(如建造博物馆、公路、水坝、实验室等)与人类之外的生物的根本利益发生冲突,但这些人类的非根本利益在本质上与尊重自然的态度是协调一致的,而且这些人类的利益是如此重要以至于即使有真心尊重自然的态度也不想放弃,此时应该把对其他生命的伤害减少到最低限度。

(4) 分配正义原则

适用于人的基本利益与其他生命的基本利益发生冲突且其他生命对人不构成威胁的场合。它要求人类公平地分配地球上的资源,使人和其他生命的延续都得到保障。

(5) 补偿正义原则

它是对最小伤害原则和分配原则的补充,指的是,当最小伤害原则和分配正义原则得不到完美地实现,那么,对其他生命做出某些补偿就成为生物中心论世界观的必然要求。它的基本要求是恢复人与其他生命之间的正义的平衡,对其他生命做出大致与对它们的伤害相等的补偿,维护生态系统和生命共同体的健康和完整。

通过对生物中心主义的分析,不难发现,它所关心的仍然是个体,坚持的是个体主义的伦理学方法,把物种、种群、生态系统及其利益还原归结为个体以及个体利益。由于否认生物共同体的实在性,所以,生物中心主义否认人对物种本身和生态系统负有直接的道德义务。这是与现代生态学思想不一致的,为此必须将人类道德关怀的对象扩展至生态系统。

3. 生态中心主义

受生态学思想的启发,生态中心主义认为人类是生态系统、生物圈和生态过程中的有机组成部分,理应遵循生物共同体的行为规则,平等对待其他成员。一种恰当的伦理学必须从道德上关心无生命的生态系统、自然过程以及其他自然存在物。环境伦理学必须是整体主义的,即它不仅要承认存在于自然客体之间的关系,而且要把物种和生态系统这类生态"整体"视为拥有直接道德地位的道德顾客。因此,与动物解放/权利论和生物中心主义相比,生态中心主义更加关注生态共同体而非有机个体,它是一种整体主义的而非个体主义的伦理学。

生态中心主义包括大地伦理学与深层生态学。大地伦理学的创立者利奥波德(Aldo Leopold)就认为,个体并非是唯一的终结性的"实在",并不拥有独立于它所依赖的各种关系的价值,个体的重要性是由它在生态系统中所发挥的功能决定的。如此,他不同意泰勒的"每一个生物都拥有同等的天赋价值"的观点,也不同意动物解放论把快乐和痛苦作为尊重动物的标准。在他看来,由于多样性有助于共同体的稳定,因而属于珍稀和濒危物种的生物个体理应优先得到关怀;而那些在大自然的"经济系统"中发挥着特别重要功能的动物(如蜜蜂)所获得的道德关怀,也应多于那些虽具有较复杂的心理能力和感觉,但数量庞大、遍布全球、繁殖能力强的动物(如老鼠)。

这种整体主义的伦理学考察同样适用于人类。大地伦理学认为,人与大地是一个共同体。作为共同体的成员,人不仅对共同体中的其他成员,而且对共同体本身负有道德义务。人们在利用自然环境的时候,要尽最大的力量使生物共同体的多样性、完整性、稳定性和美丽得到保护;在改造河流和大地时应心怀敬意,应带着尊重的态度来对待那些被他们消费的动物和植物个体。"大地伦理就是要把人类在共同体中以征服者的面目出现的角色,变成这个共同体中的平等的一员和公民。这意味着人不仅要尊重共同体的其他同伴,而且要尊重共同体本身。"[12]由于它是以自然科学作为立论基础的,所以,易为具有自然科学,尤其是具有生物科学类知识的人们所接受和应用。

生态中心主义的另一个方面是深层生态学。深层生态学之所以是"深层的"(deep),就在于它对浅层生态学不愿过问的根本性问题提出质疑并不断向深层追问。深层生态学所持的是生态中心主义的立场,它对在人类中心主义框架下所做出的任何决定都保持警惕。"深层生态学运动力图探明那些支撑着我们的经济行为的以价值观、哲学与宗教的方式表现出来的基本假设。"[13]如我们为什么认为经济增长与较高的消费水平是如此重要?当代社会是否满足了诸如爱、安全、接近大自然这类基本的人类需要?什么样的社会、宗教和教育才有益于地球上的所有生命?为实现必要的文化变革,我们需要做哪些事情?因此,深层生态学运动实质上是包含了自然观、价值观、经济观、技术观、社会观、政治观等内容广泛的社会运动,其目标是要倡导一种与自然协调的新生活方式(表10-1)。

表 10-1 浅层生态学和深层生态学主要观点比较[14]

	浅层生态学	深层生态学
自然观	人与自然是分离的；人类能够也应该用自然规律来开发利用支配自然	人是自然的一部分；人类必须服从自然规律；尊重保护自然与自然和谐相处
价值观	自然界的多样性作为物种资源对我们来说是有价值的；离开人类谈价值都是胡话；人类应该保护具有工具价值的资源。人天生具有侵略性和竞争性；人类社会天生就是等级社会；社会进步反映在物质财富和技术进步上；逻辑与理性比情感和直觉更有效、更可靠	自然界的多样性具有自身的（内在）价值；自然的某些部分由于具有内在价值而应受到保护；人天生具有合作性；社会等级是反自然的、令人厌恶的和可避免的；生活中精神质量和爱的关系比物质财富更重要。情感、直觉与其他知识同等重要和有效
经济观	资源是人类的资源；如果威胁到经济增长，那么污染应当减少；生产与服务的主要目的是生产更多的产品和服务；降低产品和服务成本以提高经济效益；经济增长是好的，永远如此；为了增长的最大化，你必须对物质循环和控制污染的程度加以限制；经济计划应该是短期的，不应超过 10 年；国家和地区通过贸易而发展进步；用中央控制和生产线技术大规模制造产品是更好更有效的方式	"资源"是生物的资源；减少污染优先于经济增长；生产服务的目的是社会，而不是看它们能否得利；经济效益应当以提供多少充分的环境、良好的工作和用少的资源满足多少人适度的物质需要为标准；不加区别的经济增长是不好的；从长远看，所有生产应当是最小的物质消耗和循环利用；经济计划的跨度应该是几百年；国家和地区间的贸易应当减少；用小规模和局部控制的和手工业生产制造产品是更好更有效的方式
技术观	科技能够解决环境问题；技术自主决定论；大规模的高技术（如核动力）是进步的标志；通过分析，把问题分解成若干部分来解决它	科技解决环境问题是有限的；我们能够按照我们的要求改变社会和经济，从而改变技术，使之对我们无害。中间的适宜的和民主的技术，如可再生能源技术是进步的标志。通过综合系统地解决问题
社会观	人们不能忍受生活标准的大幅度下降；消费主义文化；第三世界的人口增长威胁到生态平衡	生活质量不应大幅下降，可以忍受发达国家高生活标准的大幅度下降；适度消费和再生利用；发达国家较少的人口消耗了太多的资源更具威胁
政治观	民族国家是更重要的政治实体；能够通过社会改良解决环境问题；把环境决定权交给最适合的专家和科学家建议的政治家；通过议会民主决定行动方案	区域共同体是最重要的，但它是全球共同体的一部分；解决环境问题唯一方式是社会的全盘变革；把环境权交给自己；通过直接民主对话解决问题

三、人与自然协调发展的可能性

人类是离不开自然的,人与自然的对立必然导致自然生态环境的破坏,从而最终影响人类的健康长远发展。可以说,对人类中心主义环境伦理学的批判以及对非人类中心主义环境伦理学的建构,就是为了从观念上端正人们对待自然的态度,协调人与自然之间的发展,达到共生共荣。这种协调发展的可能性怎样呢?要达到这样的目的,应该如何重构人类的主体性以及自然的客体性呢?

1. 环境保护不能消解人的主体性

人的主体性在社会领域和自然领域的张扬,使得人成为宇宙的中心和世界的中心。人的自我被肢解了,完整意义上的自我被异化得支离破碎。这本身影响到人类的生存,使得自然无情地报复了人类,产生了严重的反主体性效应。人类以及主客二元对立思维模式必将导致人类在认识和改造自然时造成人与自然关系的外在对立性,必然通过各种方式引导人们去达到对客体(包括自然与人)的控制和征服,造成环境的破坏。而环境的破坏又必然导致对人的压迫,阻碍人类社会的发展,造成主体性的异化。主体自身的异化是在主客体关系中发生的,是主体的主体性丧失,是主客体地位的倒置。在这里,客体出现了反主体化的现象。为此,需要反思人类的主体性,走出主体性的误区,以利于环境保护。

怎样消除主体性的观念给环境带来的危害呢?激进的后现代主义采取的是消解的策略。作为兴起于晚近西方的一股强大社会文化思潮,激进的后现代主义被人们称为"摧毁运动",它对始于古希腊哲学,经笛卡儿、康德等人明确建构、在现代社会中得到极度推崇的主客二元论进行了强烈的批判,并通过瓦解主体,解构主客二元对立结构,使二元论丧失客观意义。

结构主义是从语言入手来消解人的主体性,在他们看来,由于语言从其内在结构讲是一个无"主体"的系统,因此,不能想当然地把主体视为第一性。人是语言的产物而非发明者,人仅仅是语言的一种结构功能,主体本身是由语言确立的。后结构主义的代表人物福柯(Foucault)则从对现代人文科学进行的考古学分析中得出,"人"只不过是随着生命科学、经济学和语言学的兴盛而诞生的,也就是说,人不是能动的创造者,而是被创造、被生产的,是社会的建构。根本就不存在什么完整的人类,人类已经不符合最初的单一的含义而分化成为一个语言的存在、一个经济的存在、一个生物的存在等。根本不存在一个类的主体和一个个体的主体,它充其量只是一种意识形态的建构,是一种虚构,一个幻影。所以他说,"人毫无疑问正在消失过程中,""人将像海边画在沙滩上的面孔那样被抹去"。[15]而激进的解构主义旗手德里达则对"自我"和"人"采取了彻底摒弃的态度,他认为这些概念都是"在场的形而上学"的产物,逃避了符号的相互作用,因此,是一种形而上学的虚构,人不过是无限的语言游戏中的一个词而已。后现代的解释学则从文本出发消解主体。针对传统解释学对解释主体的主动性和决定性的强调,后现代解释学认为,并不存在在解释之先或不依赖解释而存在的"自我",正如美国学者霍埃(Hoy)说:"我们必须原则上不再认为自己是纯理性的存在、独立的自我,或者是站在世界之对立面或世界之外的独立的意志。我们发现我们自己已经在我们这个世界之内了,我们是什么,这一点与其说是我们作为个体去作出决定的一个功能,倒不如说是这个世界的一个功能。"[16]

此外,还有拉康(Lacan)、德利兹(Delitzsch)等人从精神分析入手否定人的主体性,詹明逊(Jameson)从历史主义的观点否定主体性等。总之,尽管后现代主义者否定人的主体性的理由不同,批判的强烈程度也不同,但他们在一定意义上都是在宣布"主体的死亡"。在他们看来,现代主义的主体不过是一个神话,这种主体从来就没有存在过。

激进的后现代主义摧毁了作为中心的、理性的、绝对的、封闭的主体观念,消解了近代以来主客二分的对立,进而倡导一种多元的、即此即彼的思维方式,这对于我们重审主体与客体的关系、人与自然的关系,反思现代性观念,走出现代化陷阱具有启迪意义。然而,我们应该看到,后现代主义在把人边缘化的过程中,打倒了一个中心却又悄然树立了另外的中心,如结构主义的"语言",福柯的"话语"等,在批判了理性的有限性后,把有限的非理性又无限地夸大了。所以西方有学者断言:"解构主义必将自我解构。"[17]

激进的后现代主义哲学否认主客二分以及主体的存在,取消人在对象性活动中的主体地位和主体性,否认了主体性学说在认识论发展史上的理论意义以及积极作用,会走向消极主义的预成论和宿命论,回到古人主客不分的蒙昧状态。事实上,人类对自然的认识和改造是以主体性的觉醒以及主客二分作为基础的,并且在其实践过程中,与社会历史文化如哲学的伦理学、历史哲学等一道,最终确立了主体性原则及其主体、客体的特征。不存在一个与自然客体相区别并高于自然客体的主体,就不存在人类对客体认识和改造的前提,也就不能充分发挥人的主体性保护环境。在对待主体性的问题上,应该在吸收科学最新研究成果的基础上,明确主体、客体的内涵,在承认人类主体、自然客体相对可分的基础上,在承认人的自发性、受动性的基础上,更大地发挥人的能动性、创造性,重构主体性的观念,构建与自然、社会和谐相处的主体、主体性观念,协调人与自然以及人与人之间的关系,保护自然,促进人类的可持续发展。

2. 自然的返魅与自然的内在价值

人类中心主义和非人类中心主义的一个核心区别在于是否承认自然具有内在价值,从而引发出他们对待自然的不同伦理态度以及保护自然的不同行为方式。人类中心主义认为,只有人类才有内在价值(intrinsic value),人类是一切价值的起源。自然界只有工具价值,以此建构的环境伦理学属于人类中心主义环境伦理学。非人类中心主义认为,价值不是属人的范畴,也不是为人所独有,而是为所有的或自然的一部分所具有,由此建构的环境伦理学属于非人类中心主义环境伦理学。

自然界具有内在价值吗?泰勒认为,当符合以下条件时事物有内在价值:(1)为其自身原因寻找或获得满足;(2)其价值建立在它的特性而非它的结果的基础上或者它具有非引导(non-derivative)价值;(3)客体,内在或属于它的客观的、非自然的属性;(4)即使它是宇宙中唯一存在的东西,它也是有价值的。[18]

根据上述定义,内在价值与主体性密切相关。所谓主体性并非只是自我意识的展现或人的意识的确定性,它还意味着经验性和目的性,也就是意味着能动性。具有这种特征的事物能在具体的环境中进行不同程度的创造,从而取得一定水平的适应环境的主动性和主导性。

自然界中真的存在具有一定程度的主体性从而具有内在价值的事物吗?对这一问题的回答,可以结合自然科学的最新成果,从自然返魅的角度进行。

对于生物学的研究,虽然社会现象在动物界以及植物界都非常广泛地存在着,但是由于缺乏适当的关于社会的概念,所以传统生物学只把它们看做"混乱的共生。……族类的本能、罕见的特例,而没有被看做是深刻地刻写在生物世界中的社会性的标志"。[19] 由此,生物学很少研究与通讯、认识、智能有关的现象。这就将生物界与社会界分离开来,生物学被禁锢在"生物学主义"的范围之内。

生物具有主体性吗?这就看生物是否具有智能、情感、文化等一系列外在表现。如果有的话,可以通过科学观察实验检验生物的行为效应来判断生物智能等是否存在。动物心理学、动物社会学就是依据这一原理来确认某些动物主体性的存在的(图10-1)。概括起来有下列几点:动物有智能;动物有文化;动物有情感;动物有思想。[20]

至于植物有没有智慧,这也是一个非常复杂的问题。科学研究有越来越多的证据表明某些植物可能并不像我们原先所想象的那样,只是一个不具有主体性的客体,它们可能也有智慧,如植物有计算能力与预见力,有多种感觉和对环境的反应,有决策能力和灵活性等。[22]

上述分析表明,生物的一部分是存在一定程度的主体性的,进一步的问题是无机界是否具有哪怕些许的经验性呢?化学的新发展似乎为我们提供了部分的证据。化学家在20世纪80年代对冠醚的研究发现,分子之间的诸种作用力(范德华力、氢键力、静电力等)具有协同作用的特性。通过这种协同作用,分子间的这种相互作用能够形成具有一定方向性和选择性的强作用力,成为超分子形成、分子识别和分子组织的主要作用力。这里的"协同作用"、"方向性和选择性"、"分子识别"、"分子组织"等已经表示超分子有类同于一般社会群体和组织所具有的性质,具有有机组织如生物、社会、经济等才具有的自我演化特征,即具

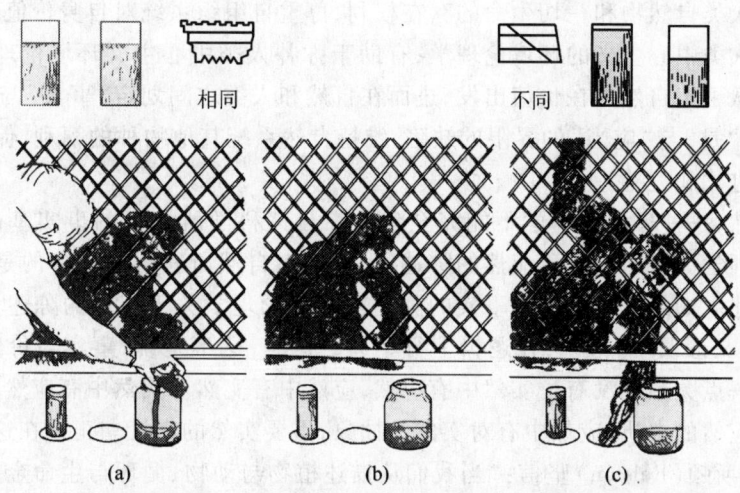

图 10-1 对黑猩猩进行液体守恒能力实验[21]

(a) 实验人员向萨拉展示两个相同容器内装等量的彩色液体后,将其中一个容器里的液体倒入另一个更粗的容器中;(b) 实验人员把一个装着表示"相同"和"不同"两个"词"义(塑料片)的盒子拿给萨拉后离开;(c) 萨拉打开盒子,选择了表示"相同"的塑料片,然后把它放在两个容器之间的圆圈内。

有生物体所具备的基本功能特性。这就将化学和生物学联系了起来,为从无生命的物质进化到有生命的物质提供了某种可行的途径,打破了非生命体和生命体之间僵化的二分,为无生命的物质赋予某种生命性提供了条件。[23]

不过,这里的意思不是自然的全部都具有主体性、目的性或具有相同程度的主体性,而是说自然中某些事物或生态系统具有主体性从而具有内在价值。尽管这样的主体性与人类的主体性不同,或这样的主体性随着事物的不同而不同,但是,我们确实不能否定它。实际上,人类确实没有理由认为自己的主体性是全世界唯一的主体性。如果认为只有人类具有主体性,也就是承认人类已经成为自然进化的"终极",宇宙的中心。但是,从广阔无限的时空尺度看,自然进化完全可能产生出比人类更高级的生命形式。因此,各种形态的人类中心主义认为只有人类才具有主体性和内在价值的观念是错误的。

将自然的一部分看做是具有一定的主体性,为人类彻底克服人类主体与自然客体之间二元对立的思维模式创造了条件。它们是"自己的目的",而不是用来实现人类主体的目的的手段。这是自然的内在价值概念。它是客观的,一定程度上不依赖于人类主体的存在,由它的内在属性所决定的。这与泰勒所提出的生物的好(the good of living-being)、内在价值,雷根提出的固有价值(inherent value),罗尔斯顿提出的自然价值(natural value)的含义相一致,有助于人们树立生态整体主义的伦理观念,构建并发展关于动物、植物和生态系统的价值体系,尊重非人类自然物和一切生命的存在权利,尊重自组织系统对自身价值的追求,完善非人类中心主义的环境伦理学;有助于弥补人类中心主义环境伦理学和传统哲学从否定自然内在价值出发,进而在自然和人类之间划定"事实"与"价值"的界限、"是"与"应当"的界限的缺陷,维持自然系统其他物种的福利,促进自然系统的进化和完善。

当然,一种环境伦理学不能完全建立在自然科学所发现的事实基础之上。因为伦理学更多的是关于应然的陈述,而科学对自然所获得的更多的是关于事实的陈述。如果从科学关于事实的陈述来推出伦理学关于应然的陈述,是犯了"自然主义谬误"的错误,在逻辑上行不通。但是,这不是说,事实与价值、实然与应然一点关系也没有。实然中有应然,应然中有实然。实然中有应然的预设,体现着应然的本质;应然中有对实然的抽象,需要实然的支持。正是在这个意义上,罗尔斯顿(Ralston)坚信:"当我们从描述植物与动物、循环与生命金字塔、自养生物与异养生物的配合、生物圈的动态平衡,逐渐过渡到描述生物圈的复杂性、地球生物的繁荣与相互依赖、交织着对抗与综合的统一与和谐、生存并繁荣于其共同体中的有机体,直到最后描述自然的美与善时,我们很难精确地断定,自然事实在什么地方开始隐退了,自然价值开始在什么地方浮现了;在某些人看来,实然、应然之间的鸿沟至少是消失了,在事实被完全揭示的地方,价值似乎也出现了;它们二者似乎都是生态系统的属性。"[24]这就是说,自然科学对自然的认识以及在其基础上形成的自然观,一定程度上形成了人类对于自然的伦理价值观念。科学的发展与非人类中心主义环境伦理学的完善是紧密联系在一起的。

3. 重构主体性协调人与自然之间的关系

上面的论述比较充分地说明,为了有效地保护环境,既不能否定人的主体性和人在自然界中的主体地位,把人与自然的关系看成是"客体—客体"关系,也不能在对自然物进行"拟人化"描述和"人格化"的理解的过程中,在所谓"平等"原则下把人与自然之间的关系看成是"主体—主体"关系。实际上,环境问题的造成不在于承认人类相对于自然的主体性地位,而在于人类过分张扬了人的主体性,使之具有不恰当的内涵。可以说,现代性的主体性是片面的、狭隘的、走向极端的或者未充分发展的,忽视了作为主体自身的自发性、自为性和受动性,忽视了自然也有主体性的一面。要保护环境,就应该校正人类的主体性观念,使之更加全面开放和成熟,具备恰当性。真正的主体性的发挥是在确证人的主体地位的前提下,充分发挥人的主体性(即人在与自然界的相互作用中表现出来的积极性、自主性和创造性),通过人的能动活动,使客体按照人的内在尺度和物的外在尺度发生改变,使自然界、社会、群体、人与人之间的关系以及人自身获得更全面和谐的发展。"人类主体性的发展不仅表现在客观世界的变化上,还表现在主体本身的发展上,由此可以说,人类主体性的发展内在于自然、社会和人类的全面、持续、协调的发展与进步之中。"[25]

一是要强调主客体之间的内在关联性。现代性把个人与他人、他物的关系看做是外在的、偶然的和派生的,与此不同,建设性的后现代主义强调内在关系,强调个人与他人、他物的关系是内在的、本质的、构成性的。它认为,"个体并非生来就是一个具有各种属性的自足的实体,他(她)只是借助这些属性同其他事物发生表面上相互作用,而这些事物并不影响他(她)的本质。相反,个体与其躯体的关系,他(她)与较广阔的自然环境的关系、与其家庭的关系、与文化的关系等,都是个人身份的构成性的东西。"[26]如此就使得"自我不可能再成为由存在主义者的绝望激发出来的孤立的自我,不可能再成为启蒙运动确立起来的自主自我,不可能再成为浪漫主义者的自我表现的自我,也不可能再成为实证主义者佯装的无自我。……对后现代精神而言,纯粹自主的自我已不再可能。"[27]作为主体的人既是一种实体的存在,也是一种关系的存在,这种关系的存在使得他既可以作用于社会、自然,也可以被社会、自然所作用,由此使得作为主体的人与作为客体的人、自然有一种不可分离的关系。正是这种不可分离性,"破坏了主—客二分法,摧毁了一方胜过另一方的权威地位,中断了与主体范畴相联系的独断权力关系,并由此消除了其隐藏的属系(等级系统),"[28]这就将内在关系赋予各个等级上的个体,打破了它们之间的壁垒,克服了主体与客体的分离,随之也就克服了真理与德行的分离、价值与事实的分离、伦理与实际的分离,从对立走向和谐,有利于在人与自然、人与人之间建立和谐的关系。

二是承认主体性是自主性与依附性、能动性与受动性的统一。所谓自主性,指的是人类源于自然而又超越于自然,人可以把人以外的自然物作为认识、利用和改造的对象。但是,这种自主不是完全独立的自主,人是自然界长期进化的产物,是自然的一部分,没有人类,地球生态过程可以照常进行,而没有绿色植物或者那些毫不起眼的微生物,人类至多只能活几个月。人类的存在和发展离不开自然。因此,"我们还不得不放弃那种认为人类属于单独一类超自然产物的观点,而将人类看做在摆脱自然的束缚(但不与之分离)中逐步形成的产物。"[29]人类没有哲学所封授的特权。科学的最大成就或许就是突破了盛行于我们人类的无意识的人类中心主义,揭示出地球不过是无数行星中的一个,人类不过是许多系统中比较复杂的一个。况且,1996年末,美国《科学》杂志披露,"生物圈2号实验"失败了。这表明,在现有的条件下,人类还无法用人工的方法模拟出一个脱离地球自然环境而又能让人类休养生息的生态系统,地球是人类生存和发展的唯一基础,人类应当努力保护它而不是破坏它,人类无权以自己的利益和需要作为尺度去衡量自然物的存在价值。这些表明了人的主体性的依附性。

所谓能动性指的是,在实践活动(包括环境保护)过程中,人类是将自然作为认识和改造对象的,并且这样的认识和改造具有目的性、选择性、计划性和预见性。但是,由于自然本身具有规律性,由于人与自然是相互制约、相互规定和相互依存的,由于人的实践活动是在一定的社会历史条件下进行的,因此,这种能动性的贯彻不能完全以人为尺度,必然受到客体的制约和限制。人类应该考虑到大自然的复杂性,按照自然规律尤其是生态系统规律办事,目的是比较充分地完成主体的内在尺度和自然客体的外在尺度的统一,实现人的活动的目的性和自然规律性的统一。这后一方面体现了主体性的受动性,它的实现需要人类能动性的进一步发挥。

三是承认交互性的主体性。考察现代人类中心主义与非人类中心主义,不难发现,它们都是处理人与自然之间的道德关系的,也就是处理"人类主体—自然客体"之间的关系的,目的是保护自然,保持人与自然之间关系的协调。不过,在这一过程中,必然涉及主体对自己以及他人施于环境对象之上的行为之利弊得失的评价和规范。"这样一来,我们每一个人,在面对自然客体之时,实际上就是通过中介客体来与另一个'他者'主体相遇;每一个人与环境的关系不过是'我'与'他者'关系的一部分;'我'所面对的环境,或迟或早都会成为他者实践的客体;人类通过中介环境而结成伦理关系。"[30] "他者"在这里不是一个纯粹被动的对象,而是一个自主、自觉、自为和创造性的存在,在这一过程中,他不仅作为与某一主体相对应的客体,而且还作为与该主体进行交往实践的主体,体现了某种主体际关系,内含了某种主体间性。这种主体性,我们也可称之交互性的主体性。在这一过程中,既体现了人与自然之间的关系,也体现了人与人的关系,并且将两者融合了起来,体现了"主体—主体"的关系结构(对于人与人之间而言)和"主体—客体—主体"的关系结构(相对于人与自然以及人与人之间而言)。也只有这样,才能在协调人与人之间以及人与自然之间关系的基础上,最终实现人与自然的和谐共生。

这是一种更加全面和广泛的环境伦理学,不仅涉及人与自然之间的伦理关系,而且还涉及人与人之间的伦理关系。前者如现代人类中心主义、非人类中心主义、自然的价值和自然的权利等;后者如代际伦理、生态女权主义、经济领域中的环境伦理、科学技术与环境伦理、消费方式与环境伦理、公众参与与环境伦理、国际环境立法与环境伦理、工程环境伦理、人口与环境伦理等。如此,环境伦理就不仅体现在观念层次,而且还体现在人类的实践层次;不仅涉及人对自然的价值认识和伦理观念,而且还涉及人对自然的改造与评价,涉及主体际的交往关系以及各种交往共同体之间的互动。

材料评论

1. 前不久,乌克兰有一批生猪经过 60 多个小时的长途运输,抵达法国,却被法国拒之门外,理由是没有考虑到动物福利,生猪长途运输过程中没有按规定时间休息。这样的动物福利观念对绝大多数中国人来说可以说是闻所未闻,甚至可以说是"荒谬绝伦",但是,这就是一种事实,动物福利问题已影响到国际贸易,正在继绿色壁垒后,成为畜牧、水产品国际贸易的一道新的壁垒。

对待动物福利问题,国际上公认的是动物享有五大自由:不受饥渴的自由,生活舒适的自由,不受痛苦伤害和疾病威胁的自由,生活无恐惧的自由,表达天性的自由。通俗地讲,就是在动物饲养、运输、宰杀过程中要尽可能地减少痛苦,不得虐待。目前世界上已有100多个国家建立了完善的动物福利法规。比如对猪的动物福利国际法规规定,猪在运输途中必须保持运输车的清洁,要按时喂食和供水,运输时间超过8小时就要休息24小时。在宰杀时,应当使用高压电快速击中致命部位,使其在很短时间内失去知觉,以减少宰杀的痛苦,并且必须隔离屠宰,以防被其他猪看到而产生恐惧感。不少欧美国家要求供货方必须能提供畜禽或水产品在饲养、运输、宰杀过程中没有受到虐待的证明才准许进口。[31]

请你就上述材料加以评论。

2.

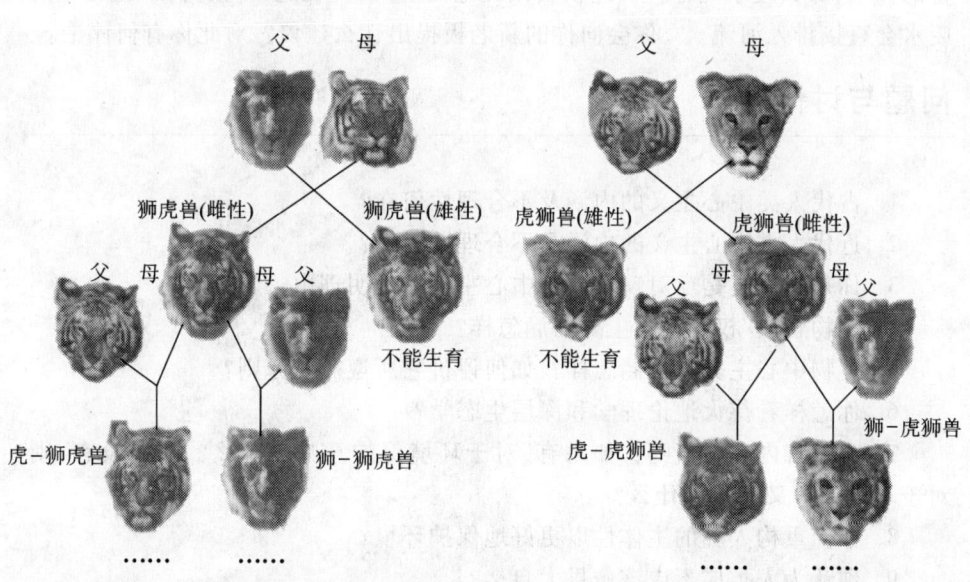

图10-2 一群怪兽的诞生与命运(原图由向春制作)[32]

根据上述图片所示,可以人为地将雄狮与雌虎交配得到狮虎兽,或将雄虎与雌狮交配得到虎狮兽。虎、狮之间不是种内交配,加之它们的渊源极远,使它们的遗传基因在染色体数量上有不匹配性,造成了严重的遗传基因缺陷,致使器官发育与免疫能力都容易出现问题。狮虎兽会得"巨大综合征",大于其父母一倍;虎狮兽会得"矮小综合征",比其父母中的任何一个都小许多。不仅如此,出生后它们的健康状况明显不佳。有的一出生就死了,而器官衰竭与呼吸衰竭是最重要的原因。即使在发达国家,它们也难以摆脱不幸的命运。不过,现在有人仍然支持这项工作。支持者认为,通过对虎狮兽或狮虎兽的样本分析,有利于猫科动物的遗传学、繁殖生理、免疫学的研究,而且还可以通过培育这样的珍稀动物来实现观赏价值和经济价值;反对者认为,这将违背动物福利,违背人对自然的伦理,甚至有人激烈地指出:"如果有比人更强大的动物把人和大猩猩进行杂交,你有何感想?"

你是持支持态度还是反对态度?为什么?

3. 作为公司里唯一受过噪声污染控制培训的工程师,你在上班的第三天,被要求审阅一家制造商关于废水处理厂鼓风曝气机的噪声控制设备的标书。在读过标书并进行了一些计算后,你认为消声器可以保护工人。然而,你从《环境工程导论》这本书中了解到,该噪声级在夜间会超过标准,因而会干扰附近的居民(该城市尚未制订噪声法)。你知道,如果再回头重新制作更好的噪声控制设备的标书,那么废水处理厂的建设会因此拖延 90 天。在这 90 天内,未经处理的废水会直接排入河流。[33]你会向你的新老板提出什么建议?对此你有何评论。

问题与讨论

1. 古代人类中心主义的内涵及不合理性何在?
2. 近代人类中心主义的内涵及不合理性怎样?
3. 你是赞成还是反对现代人类中心主义?说明理由。
4. 动物解放/权利论的主要内涵怎样?
5. 生物中心主义的内涵怎样?如何评价它所遵循的原则?
6. 你怎样看待大地伦理学和深层生态学?
7. 自然有内在价值吗?如果有,对于环境保护意味着什么?如果没有,则对于环境保护又意味着什么?
8. 如何重构人类的主体性以更好地保护环境?
9. 你认为人类应不应该敬畏大自然?
10. 20 世纪动物解放运动的基本目标是:废除"动物工厂"、反对以猎杀动物为主目标的户外运动、素食主义、释放被拘禁于实验室和城市动物园中的动物。对此有何看法?
11. 当黑猩猩再次面临相互间的种族屠杀事件时,我们是否有责任:①干涉,就像我们在发生人类的种族屠杀事件的波斯尼亚进行干涉以阻止屠杀那样,或者②不干涉,让黑猩猩按照自己的法则生活和死去。
12. 若干年前,有一个婴儿(全世界知名的 Baby Fae)出生时发育不全,患有左心房并发症,为此一只狒狒被杀死,它的心脏被移植给这个婴儿。这项手术没有成功,因此没有人再进行这样的尝试。然而如果这项手术取得成功,情况会怎么样呢? 杀死一只类人猿以把它的心脏移植给一个婴儿是正当的吗?

参考文献

[1] Decartes R. Animal is Machine[M]//Amstrong S,Botzler R,eds. Environmental Ethics:Divergence and Convergences. New York:McGraw – Hill,1993.

[2] Taylor P W. Respect for Nature:A Theory of Environmental Ethics[M]. Princeton:Princeton University Press,1986:145 – 146.

[3] 佘正荣. 整体智慧论[M]. 北京:中国社会科学出版社,1996:231.

[4] 马克思选集(第一卷)[M]. 北京:人民出版社,1972:35.

[5] 何怀宏. 生态伦理——精神资源与哲学基础[M]. 石家庄:河北大学出版社,2002:369.

[6] VanDeVeer D. Interapecific Justice[M]//VanDeVeer D,Pierce C,eds. Environmental Ethics and Policy Book:Philosophy,Ecology,Economics. Belmont CA:Wadsworth Publishing Company,1994:179 – 198.

[7] Regan T. Animal rights, human wrongs, Environmental Ethics,1980(2):2; Regan T. The Case for Animal Rights [M]. Routlege, Press, 1984, 1988: 301 – 312.

[8] [美]史怀泽. 敬畏生命[M]. 陈泽环,译. 上海:上海社会科学院出版社,1992:131.

[9] 杨通进. 中西动物保护伦理比较论纲[J]. 道德与文明,2000(4):30 – 33.

[10] [11] Taylor P M. Respect for Nature:A Theory of Environmental Ethics [M]. Princeton:Princeton University Press,1986:174,175.

[12] [美]利奥波德. 沙乡年鉴[M]. 侯文蕙,译. 1997. 长春:吉林人民出版社,194.

[13] Naess A. Deep Ecological Movement:Some Philosophy Aspects[M]//Zimmerman M,eds. Environmental Philosophy,Englewood Cliffs:Prentice – Hall,1993.

[14] Naess A. Identification as a Source of Deep Ecological Attitudes[M]//Toabiad M,eds. DEEP ecology. San Diego:Auant Book,1985:256 – 270; Pepper D. Modern Environmentlism:An Introduction [M]. New York:Routledge,1996:11 – 13.

[15] [法]福柯. 事物的秩序[M]. 英文版. 1970:387.

[16] [美]霍埃 D J. 批评的循环[M]. 沈阳:辽宁人民出版社, 1987:19 – 20.

[17] [美]马什 J. 逃避策略:后现代理性批判的自我参照性悖论[J]. 国际哲

学季刊,1989:3.
[18] Taylor. Problem of Moral Philosophy[M].411.
[19] [法]埃得加·莫兰.迷失的范式:人性研究[M].陈一壮,译.北京:北京大学出版社,1999:74.
[20] 参阅[英]玛丽安·斯坦普·道金斯.眼见为实——寻找动物的意识[M].蒋志刚,译.上海:上海科学技术出版社2001.
[法]雅克·沃克莱尔.动物的智能[M].侯健,译.北京:北京大学出版社,2000.
[21] 根据伍德拉夫1978年绘制图.
[22] 参见田立.植物有没有智慧?[J]百科知识,2003,7:25-27.
[23] 参见杜丹,王升富.自组装超分子膜修饰电极的研制及分析应用[J].化学研究与应用,2001(6):617.
[24] [美]霍尔斯·罗尔斯顿.环境伦理学:大自然的价值以及人对大自然的义务[M].杨通进,译.北京:中国社会科学出版社,2000:315.
[25] 郭堪.主体性哲学:人的存在及其意义[M].昆明:云南人民出版社,2002:130.
[26] [美]大卫·格里芬.后现代精神[M].王成兵,译.北京:中央编译出版社,1998:21.
[27] [美]特雷西.解释学·宗教·希望[M].冯川,译.上海:上海三联书店,1998:135-136.
[28] [美]波林·罗斯诺.后现代主义与社会科学[M].张国清,译.上海:上海译文出版社,1998:21.
[29] [法]埃德加·莫林.地球·祖国[M].马胜利,译.北京:三联书店,1997:55.
[30] 刘大椿.科学技术导论[M].北京:中国人民大学出版社,2000:77.
[31] 龚雪.别小看了动物福利[N].科技日报,2003-11-3,绿色周刊.
[32] 一群怪兽的诞生与命运[N].南方周末,2005-11-17.
[33] Vesilind P A,Gunn A S.工程、伦理与环境[M].吴晓东,翁端,译.北京:清华大学出版社,2003:18-20.

第十一章

环境与宗教：宗教中的生态伦理意涵

> 从神学院到邻近的教堂，愈来愈多的人都认为，人与自然的关系不能排除在宗教伦理学之外。"生态神学"不再只是一个新词，而变成了一种非常有生命力的世界观。
>
> ——[美]詹姆斯·纳什（James Nash）

- 宗教与生态环境的关联表现在理论层面和实践层面
- 生态神学对生态伦理思想具有重要的贡献
- 佛教伦理观念中的缘起、因果、平等和慈悲是构筑佛教生态伦理体系的柱石
- 传统佛教的生态伦理实践主要集中在三个方面：素食、放生和佛化自然
- 道教的生态伦理精神有其自身特色
- 民族传统宗教和原始宗教中的生态伦理意蕴

根据近来《不列颠百科全书·年鉴》、《美国与加拿大教会年鉴》、美国《教会研究国际公报》等有影响的资料记载，1970年至1996年这20余年来的世界宗教信徒的人数增长基本上同世界总人口的增长同步，世界上所有的主要宗教，在这20余年中教徒的绝对人数都呈上升趋势。宗教信徒占世界总人口的比例始终保持在80%左右，即大体上全世界每5个人中有4个信仰宗教。显然，宗教对人类思想及行为的影响是巨大的，将会直接影响到人们对待自然的态度和行为方式。结合宗教的内涵，研究其与环境问题的关联，发掘并构建有利于生态伦理的宗教意蕴，就是非常重要的了。

一、宗教与生态环境保护的关联

宗教是关于超人间、超自然力量的一种社会意识，以及对之表示信仰和崇拜的行为，是综合这种意识和行为并使之规范化、体制化的社会文化体系。或者也可以说，宗教是依据超人间存在信仰而进行的修行及保证这种修行活动进行的、以神秘世界观为背景的基本人生态度或人生观和与此相关的组织体系。宗教的一切思想和行为及其组织活动等外现于人类社会当中的其他现象均体现出超人

间的意义,并反作用于其活动、心理直至最核心的信仰。这些方面与生态环境保护之间有一个什么样的关联呢?

宗教与生态环境的关联内在地体现为宗教对自然生态的关怀。一般来说,主要反映在两个层面:一是作为哲学或意识形态的宗教的生态观,或者是宗教的生态哲学;二是作为以实际的运动或者活动存在的宗教的生态实践或者是生态运动。前者主要是宗教关怀对生态的理论构建、理论反思,后者则主要把理论转变成实践,或者宗教的生态观的实际运用。这两个方面也体现出宗教与生态环境关联的理论层面和实践层面。

1. 宗教与生态环境保护关联的理论层面

从理论的层面看,宗教的生态关怀主要有两个方面:
(1) 宗教文化与生态哲学的关联

人与自然的关系凸显为现时代的根本问题之后,宗教作为哲学形态对于人的存在意义主要是要解决世界观、价值观和方法论的问题,生态哲学所要解决的则是人对于大自然的根本观点、意识、价值和方法问题。生态哲学思维的最本质和最切近的基础,是考察和反省人所引起的自然界的变化,而不单独是自然界本身,因为人的智力是按照人如何学会改变自然界而发展的。生态哲学即是要把将被工业文明所遮蔽的人与自然之间的真正联系揭示出来。宗教文化在哲学层面上,就是不仅要关注人与神明的信仰和崇拜的关系、人与人的关系,还要以生态智慧或生态世界观或生态洞察力,观察现实事物,解释现实世界,反省、认识和解决现实问题。

(2) 宗教道德与生态伦理的关联

宗教道德无论在结构层次、与世俗道德的关系或者基本特征方面,都有强烈的生态伦理关怀的情怀。成熟形态的系统宗教(如佛教、道教、基督教等)均以某种特定的信仰(通常是信奉某种神明)为核心,同时又有一整套伦理规范与之相匹配。"宗教中无论任何方面,也无论任何信条,都不能没有其伦理方面的相配部分。"[1] 宗教在发展中制定了许多道德规范,它自身又依赖于道德规范的发展。[2] 宗教家们把道德引来作为信仰者获得宗教之各种美好许诺的前提和保障,使宗教信仰同道德之间的矛盾,因着人类生存的目标,得到了合乎人类情感逻辑的解决。宗教道德既直接在教义中阐述生态伦理规范,又以教义为依据,间接地制定了各种生态伦理规范。现代宗教生态伦理的基本立场,就是将人与自然的关系纳入到伦理思考的框架内,即要求人们在道德上不仅要关爱人,而且要扩展到关心生态系统中的自然事物身上,要对它们予以良知上的尊重,要用道德来约束自己对待大自然的行为。这与现代伦理在自然生态上的关怀在某种意义上是接近的。可以说,宗教的生态观在现实社会中所表现出的影响力主要在于它的生态道德规范,而生态道德规范也是宗教的坚实基础。

专栏 11-1

现代生态神学的生态关怀

现代生态神学中有一个观点,即认为上帝让大地为哺育人类做出牺牲,她是人类的母亲;自然本身具有人的特点,人类本身具有与自然世界相连的感觉意识。这与生态哲学中有机论自然观有一致之处。自然总是被看做是一位养育众生的母亲。不少宗教神学观点认为,随着"近代科学革命"的推进和自然观的机械化与理性化,地球作为人类的养育者——母亲的隐喻逐渐消失,驾驭自然的观念得以盛行。这种新的观念成了近现代世界的核心观念。宗教把自然作为一位养育众生的母亲时,这一形象在客观上就会形成一种文化上的约束力,限制人们对自然的蔑视和亵渎。宗教对自然生态的关怀在现实的人与自然的关系上所要形成的世界观就是,要根据人与自然之间应该具有的联系和应该具有的关系,去发展人与自然的关系。

2. 宗教与生态环境保护关联的实践层面

宗教伦理在生态上的应用,可从三个方面观察:一是宗教生态伦理对自然价值的认识和态度与当代生态伦理学或环境伦理学、生命伦理学等应用伦理分支学科的某些认知有相通之处,直接引起了人们对它自身内在价值的关注。二是宗教伦理的生态面向可以看做是宗教现代发展的价值形态之一或价值上的一种形式,是宗教回应人类生态危机挑战的产物。宗教教义思想和实践要与整个人类文明的发展相适应,这是现代世界各宗教发展的必然选择。在宗教教义与现代社会的适应工作中,宗教界和环境学家对宗教生态伦理研究的主要方面,基本侧重于阐发宗教经典和教义中的生态思想,其间相互的差别也在于各自理论框架的差异。同时思想学术界也逐渐形成了这样的趋势,即最富价值之处是人们从对宗教经典诠释注解,转向用宗教伦理的基本要义创造性地解释当代社会问题,如生态环境、资源利用、修身养性等。三是大多数宗教坚信宗教的生态伦理观可以具体落实到生活中,以保护生物物种、绿化美化生活环境,与维护自然平衡、实现可持续发展的生态伦理理念取得某种内在的一致。这就意味着,宗教生态伦理思想可以进行现代性转换。

从实践的层面看,宗教的生态实践以寻求人与自然的和谐关系和满足人们最深层的愿望为目的。在宗教生态主义者看来,宗教生态理论的功能是为生态实践提供思想指导和行动原则,宗教的生态实践才是宗教生态理论的目标和归宿,因而他们特别重视宗教生态实践。西方基督教的绿色化、东方佛教的生态运动以及当代宗教的全球伦理运动,就是一个很好的说明。

(1) 基督教的绿色化

基督教环境运动的独特之处在于他们通过教会发挥作用。教会的环境运动经历了三个阶段：20世纪70年代基本属于初级阶段；20世纪80年代为过渡阶段；20世纪90年代为自觉阶段。

20世纪70年代初，西方主流派教会信徒深切地感受到环境危机的紧迫性。美国新教各主流派（包括长老会、联合基督教会、卫理公会、主教制教会，思想较开放的路德宗、北浸礼会等）开始把环境问题列入教会的议事日程，并成立各种环保组织。到70年代中期，由主流派教会组成的全美基督教联合会（National Council of Churches）发布了《帮助拯救地球的101种方法》，并且就环境问题召开了许多会议讨论环境政策和生态神学问题。

20世纪70年代能源危机时，教会中的环境主义者积极宣传节约能源。一些人倾向于不再使用石油和煤气，而改用太阳能；一些人主张摆脱现代生活，回归到过去简朴的生活方式以减少能源消耗。不仅如此，他们还积极提倡控制人口，认为人口增长过快是造成环境恶化的重要原因，提出限制人口增长使基督徒尽到地球好管家的重要职责。除主流派教会外，作为教会中温和保守派的福音派，其个别先进分子也在70年代形成环保意识。其中最值得一提的是加尔文学院的考尔·德·维特（Cal de Witt）教授。1977年，他开始在福音派中积极宣传环保意识。在他的推动下，福音派中建立了绿色组织"向沙漠进军协会"（Au Sable Institute）。福音派中的环保分子属该派的左翼力量，在对待社会、政治、经济、环保等问题的看法上，与主流派有较多的一致性。

20世纪70年代，天主教也在一定程度上参与了国际环境活动。1972年6月1日，教皇保罗六世向当时在斯德哥尔摩举行的"联合国人类环境会议"发出贺电，提出：人们"要勇敢和清醒地面对现实"；人类通过专横统治取得了惊人的物质成就，但在当今必须恢复地球原状时，却显得精神空虚和贫乏。这次会议的教廷代表还强调了环境与发展的密切关系，"一切破坏地球环境的举动都是对发展概念的肢解"。在70年代西方基督教会环境运动中，主要是新教主流派参与，温和保守派中也有个别先进环保分子开始参与，天主教采取了一定的支持姿态。

20世纪80年代，一方面，新教主流派对环境保护活动的参与更为积极，另一方面以往对这一运动漠不关心的基督教中的温和保守派——福音派也开始改变意识，对环境问题逐渐关注。美国福音派的喉舌《今日基督教》（Christianity Today）在70年代主流派对环境问题展开热烈讨论时，对此采取全然漠视的态度，到80年代，它开始用一种模棱两可的态度讨论环境问题。福音派中的环保先进分子则于1987年进一步建立了"向沙漠进军协会"的姐妹组织"北美基督教和生态联合会"（The North American Conference on Christianity and Ecology，简称NACCE）。他们对待主流派的意识，较之该派的保守分子要宽容得多，欢迎所有基督教环境主义者参加。80年代西方基督教会环境运动的主要特点是：环境运动在新教的温和保守派中进一步扩展。

20世纪90年代,西方基督教会的环境运动,出现了一系列令人振奋的变化,不仅主流派人士更加积极,而且很多较为保守的福音派人士也积极投入。福音派的《今日基督教》不再以含混和模糊的意识,而是以更积极的姿态参与环境运动的各种讨论。天主教虽然有许多观点不同于新教自由派,但对环境的关注则是一致的。1990年8月,教皇约翰·保罗二世就生命和环境问题发表讲话,指出人类生命与环境和自然栖息地有着密切关系,这个问题不仅要求人们深思,而且要求人们在科学和政治决策上全面投入。主流派素来对当今西方社会和宗教的多元化持欢迎和支持态度。他们强调基督教各派求同存异,开展对话,并一贯积极参加"基督教普世合一运动"(Ecumenical Movement)。福音派虽然总体上属保守势力,但其中的环境主义者则是该派内的开明派,对其他教派并不排斥。随着环境运动的深化,他们愿意打破原有的教派成见,在环境问题上进行合作。同样,天主教在20世纪60年代召开第二次梵蒂冈大公会议,开始抛弃了原来的保守立场,向现代化社会开放,并积极改善与其他基督教各派的关系,主动与其他宗教对话。

出于对环境的共同关心,以及共同维护地球生态环境的团结愿望,西方基督教会在20世纪90年代开始建立一些联合性环保组织。如1992年,美国天主教联合会(U.S. Catholic Conference)、全美基督教联合会、福音派环境网(the Evangelical Environmental Network)、环境和犹太人生活联盟(the Coalition on the Environment and Jewish Life)共同建立了"全国宗教环境伙伴组织"(the National Religious Partnership for the Environment),简称"伙伴"。

基督教环境组织不仅在基督教会内积极活动,而且努力将这一运动推向全社会。他们认为,各教堂都应该成为"创造(环境)意识的中心"。为此,他们尽可能地利用主日学、圣经学习和各种讨论会,提高听众环境意识。有些教会还把环保内容编入赞美诗。世界著名的纽约圣约翰大教堂,还专门举行了一次动物和创造物合一的大型宗教礼拜,不少动物"出席"了这一活动。著名的福音派环境组织"向沙漠进军协会"(Au Sable Institute)不仅向教徒,而且向非教徒进行生态环境教育,经常去大学,尤其是基督教的大学,向学生和成人宣传环保知识,举办各种有关环境的讲座和讨论会。前述"伙伴"组织于1997年2月,决定投入400万美元发起一场运动,以"激发起人们认识环境保护与发展社会正义之间的联系"。他们尤其关注穷人利益,敦促政府的所有政策都应考虑到环境立法对穷人的影响,反对把有毒垃圾倾倒于穷人区,要求政府把解决环境问题与解决社会不公问题密切结合起来。20世纪90年代西方基督教环境运动的主要特点是:对环境运动的全面参与,不同派别教会的环境联合行动,教会内的环境运动向全社会扩展。

(2)佛教的生态运动

佛教的生态伦理实践以寻求人与自然的和谐关系和满足人们最深层的愿望

为目的。在佛教生态主义者看来,佛教生态伦理的功能是为生态实践提供思想指导和行动原则,佛教的生态伦理实践才是宗教生态理论的目标和归宿,因而他们特别重视生态实践,使之贯穿在佛教徒的生活、修行的各个方面,并辐射到更广泛的社会生活中。

传统佛教的生态伦理实践主要集中在三个方面,即素食、放生和佛化自然,现代佛教又把这些方面拓展到布施、参与环保和呼吁和平层面。

专栏 11-2
传统佛教的素食、放生与佛化自然

素食是汉传佛教所遵守的以食用植物为主体的饮食方式,是落实不杀生戒的有力保证。《大乘楞伽经》卷6说:"凡杀生者多为人食,人若不食,亦无杀事,是故食肉与杀同罪。"[3]其异译本《楞伽经》卷8指出:"我观众生从无始来,食肉习故,贪著肉味,更相杀害,远离贤圣,受生死苦。舍肉味者,闻正法味,于菩萨地,如实修行,速得阿耨多罗三藐三菩提。("阿耨多罗三藐三菩提",梵语音译,意译为"无上正等正觉",即最高的正确觉知一切真理的智慧。)"[4]《梵网经菩萨心地戒品》说:"一切肉不得食,断大慈悲佛性种子,一切众生见而舍去。是故一切菩萨不得食一切众生肉。食肉者得无量罪,若故食者,犯轻垢罪。"[5]对生态问题而言,素食落实杀戒的消极行为,对于保护动物的多样性具有直接的积极作用。

放生就是用钱赎买被捕的鱼、鸟等动物,并放回江河、山野等处,使之重获生命自由。放生是戒杀、素食的发展,是对生命的积极保护。在佛陀时代,就有专门的保护生命的器具,名"放生器"。佛陀所处的地区,天气炎热,生命繁盛,出家人日常饮水,其中多有生物存在。为防止杀生,佛教徒取水之时,必用一个滤水袋过滤,将所得小生物放入一专门的容器中,再将它们放入江河泉池,这一专门容器,就叫放生器。《护命放生轨仪法》说:"观虫滤水是出家之要仪,见危存护乃悲中之拯急。既知有虫,律文令作放生器者,但为西国久行。"[6]放生器的设置,为佛教徒在日常生活中保护生命提供了实在的工具。民间的放生是颇受尊敬的善行,人们喜欢在节日放生,也愿意到寺庙放生。为满足教徒的放生意愿,在寺庙中,还有专门的"放生池"。放生池一般多设在佛寺门前或周围,池中置水,大的放生池中还有假山、亭子、花草等,供生物生存休栖。佛教还有专门放生的法会,叫"放生会"。《梵网经》卷下说:佛子应以慈悲心怀行放生之业,因为六道众生都是我的父母。《杂宝藏经》卷5记述,一个小沙弥因为救起水中的蚁虫,而获得长寿的果报。中国佛教天台宗创始人智𫖮在天台山时,就规劝沿海渔民不要以捕鱼杀生为业,并造放生池。天台宗因此十分重视放生,这对中国佛教产生了很大的影响。

佛化自然就是佛教徒通过辛勤创造,美化地貌。佛教以解脱为鹄的,修行为教徒所必须。佛教徒喜欢在青山绿水间筑庵建庙,为清修创造良好的环境。每一寺庙建立之后,佛教徒必本着庄严佛土、利乐有情的宗教精神,栽花种树,美化自身及周围的环境。无论深山僻壤,还是城郭闹市,举凡佛教活动场所,无不树木葱茏,鸟语花香,在环境污染日益严重的今天,许多寺庙堪称绿色孤岛。佛教寺庙园林环境是描绘天国的特殊手段,佛教徒依据佛经关于极乐世界的描述,顺应自然,融入自然,点染自然,升华自然,建设自己的生存环境。他们从视觉、听觉、嗅觉诸多方面,自觉地佛化自然,使自然界最大程度上与其宗教理念、生命感觉相和谐,成为其解脱成佛的理想道场。从普通大众对宗教活动场所的珍视喜爱,可以看出佛教徒的环境追求在很大程度上反映了普遍的人性需要。可见,基于众生平等的理念,传统佛教提倡的素食、放生、佛化自然等行为,既有益于人们的身体健康、精神康泰、清心少欲、澄心静虑,也有利于保护濒临灭绝的物种,维护生态平衡。

在现代生态实践中,佛教伦理以"人间佛教"的态度积极回应生态危机,实现宗教的世俗化、现代化。宗教的世俗化及其过程,并不局限于宗教体系的社会形式的位移,更重要的基本含义侧重在此世的社会生活不再以宗教的意义理念作为其正当性的根据,世俗的或社会生活的知识从此获得了自己的正当性以及公民身份的非宗教性;社会的存在形式,也不再以宗教组织的样式作为基础。[7] 不少学者提出:我们应该以乐观的意识期待着佛教与当代生态学的互动。佛教可以为解决当代生态危机提供精神资源,生态问题也为佛教与现代社会的融合开辟了崭新的通道。

参与环保是20世纪下半叶世界佛教生态伦理的重要实践方式,反映了当代佛教徒的生态自觉。这在佛教流行的东亚、南亚,以及一些藏传佛教地区表现得尤为突出。两次世界大战和以核武竞赛为标志的冷战,堪称人类的自戕。佛教不杀生的优良价值前所未有地凸显出来,受到佛教徒乃至全人类的重视。1954年成立的"全日本佛教会",以"佛陀的和平精神"为理论基础。[8] 创建于20世纪30年代的"日莲正宗创价学会",50年代后走上政坛,提出"佛法民主主义"、"人性社会主义"、"地球民族主义"等政治理念,体现了尊重生命、保护环境的精神。[9] 90年代以后,中国、韩国、日本佛教徒之间联络加强,重光历史上的"黄金纽带"。1996年在汉城会议上发表了《韩中日佛教友好交流会议汉城大会共同宣言——21世纪韩中日佛教的使命》,声明:"我们三国佛教徒要坚持'此有故彼有,此无故彼无'的缘起说为基础的和合共生的理念,巩固相互间的纽带,彻底认识宇宙共同体的原理,为济度人类生命而净化人心,为消除威胁人类生存的核武器,为保护环境和恢复自然界生态,为保持尊重生命的思想和恢复伦理道德,必须在绿化庄严地球的第一线上为人类和社会做出更大的贡献。"[10] 这是佛陀生命理念的现代回响。

现代佛教徒将环境保护作为奉献社会的重要方式,他们将佛教义理与现代社会结合起来,积极参与环境保护活动,创造了许多符合时代要求的净土实践形式,受到全社会的重视。例如,我国台湾地区的佛教堪称环保楷模,圣严法师将法鼓山的环保实践解剖成两个层面,一是物质环保,二是心灵环保。所谓物质环保,是将环保落实到物质生活的每个层面,将人的日常行为变成环保行为,包括礼仪环保、生活环保、自然环保、身体环保、社会环保等。所谓心灵环保,是从人的心灵出发,建立环保意识,进而自觉地将意识转化为行动。心灵环保是本,物质环保是表,两者相互促进。就生活环保而言,法鼓山的信徒提倡不用一次性餐具、洗碗不用化学制剂、垃圾分类、认养流浪动物等。在身体环保方面,他们以"养生护生厚生"为饮食原则,提倡"无污染饮食"。在礼仪环保方面,倡导佛化奠基、佛化祝寿、佛化婚礼,供佛时不烧香、不烧纸。在社会环保方面,组织"法鼓山社区关怀环保日"等,动员全社会参与惜福市场、资源回收、净滩、净山、植树、环境清洁、省水等活动。[11]佛教生态伦理实践不仅为佛教徒的自我完善提供了现代方式,更为佛教参与当代社会伦理建设指明了重要方向。

"人间佛教"的生态伦理实践致力于从佛法的角度为民众提供健康的生活理念,并以此解决当今社会存在的各种问题。在生态的问题上,现代佛教生态伦理通过实践革新了人们的观念,并积累了丰富的经验,主要体现为:

① 克服欲望与贪婪。佛教将贪、瞋、痴比作危害我们心灵健康的三毒。尽管它们是无形的,但由此带来的后果却往往是有形的。佛教认为,心灵是主导人类行为的关键力量。心净则国土净,心染则国土染。只要人类的贪、瞋、痴还存在,对能源的过度开发就不会停止,对生态环境的肆意破坏也不会停止。如果我们希望拥有清净、安定的世界,首先就要净化我们的心灵,克服我们心中的贪、瞋、痴,只有这样,人类社会才会有光明的前景。

② 纠正幸福的观念。从佛教伦理实践来看,幸福是由众缘和合而成。从个人生活来说,幸福离不开良好的心态和健康的身体。和睦的家庭、真诚的朋友、纯洁的情感,都是幸福不可或缺的组成部分。从整个社会来说,我们的幸福又是建立在世界和平的基础上。人间佛教在生态伦理实践中逐步认识到,几个世纪以来,科技发展为人类带来了崭新的生活。尤其在西方发达国家,物质文明达到了前所未有的高度。在今天,很多人对财富的追求,早已不再是为了维持生计,而是转向财富的积累。可悲的是,当整个社会也走向这一歧途时,道德解体了,自然破坏了,因缘和合而成的幸福也遭到破坏。

③ 改变生活的方式。观念直接决定了我们的价值取向,也直接影响着我们的行为和生活方式。生存离不开必要的物质利益,从佛教生态伦理来看,我们的现实利益和长远利益是一体的,我们的自身利益和社会利益也是一体的。遗憾的是,现在的人很少能意识到这一点。这与快乐主义的盛行是分不开的,既然人生是断灭的,至多也不过百年而已,所谓的人生目标自然就不可能更长远,眼前

的利益也自然会高于一切。这种急功近利的思想,使得人们寻找一切可能致富的捷径,丝毫不考虑这些短期行为将会带来什么样的后果。如果我们将自己定位为一个现代人,一个走在时尚前列的现代人,那么我们的需求就会永无止境,对自然的消耗也会永无止境。所以,人类要改变生存环境,就必须从根本上改变我们的观念,回归到简单自然的生活方式。

④ 正确认识人与自然。人类依赖自然的给予生活,与此同时,对大自然的探索也始终没有停止,希望以此改善人类的生存条件。人类在欲望的怂恿下,将征服自然当作理所当然的权利,从大自然中无尽地索取,以满足人类最大限度的需求。佛教生态伦理依据"依正不二"理论,将人类称为正报,将我们生存的世界称为依报。正报和依报是息息相关的,依报败坏了,正报则无以生存。人与人的关系、人与自然的关系、自然与自然的关系,都是互相影响的,一荣俱荣,一损俱损。破坏大自然,和大自然对立,无疑会使人类自取灭亡。现代化的生活环境需要通过劳动去创造,而大自然的给予却不需要我们用金钱去交换。我们必须改变人类中心论的观点,从自然的使用者、破坏者,成为自然的看护者。不论我们出于什么样的动机毁坏自然,都等于是在谋害自己的母亲。人类应该像对待母亲一样去对待大自然,像尊重母亲一样去尊重大自然。只有这样,我们才会继续得到自然的呵护,才会在它母亲般的怀抱中获得安宁。也只有这样,人类才不会在背弃自然的任性行为中走向毁灭。

⑤ 培养良好的心态。人类之所以为万物之灵,是因为有一颗不同于动物的心。我们的烦恼和痛苦,是来自心的感觉;我们的快乐和幸福,也是来自心的感觉。所以,我们要充分认识到心灵的作用,正是它,直接或间接地影响着世界的改变。从这个意义上说,生态环保能否见效,关键就在于我们是否以感恩心、尊重心、怜爱心来对待自然。[12]

(3) 当代宗教的全球伦理运动

宗教的生态实践具有普世性、现代性、全球性的特点。这从宗教的全球伦理运动中可反映出来。1990年,德国神学家孔汉思(Hanskung)率先提出了全球伦理的口号。1993年9月,世界宗教议会通过了创始性的《走向全球伦理宣言》。世界上大大小小的宗教以及一些非宗教组织的代表,就一种人人都可以同意的最低限度伦理,签署并发布了由孔汉思起草的声明。后来,又由联合国教科文组织哲学与伦理学处出面,分别在巴黎、那不勒斯、北京召开了关于全球伦理的研讨会,引起了学术界的普遍关注。

美国神学家斯威德勒(Imnard Swidler)为使全球伦理运动走出宗教界的范围,成为信教和不信教的各国人民的共同事业,另行起草了一份《全球伦理普世宣言》。在其中,他不仅把伦理的基本规则简化为"己所不欲,勿施于人",而且提出了八项"基本原则"和十项"中程原则",强调每一个人在法律、宗教、言论、决策、财产、男女关系、工作与休闲、儿童与教育、和平以及环境保护等十大方面均负有责任。斯威德勒除了撰写文章阐释这一新文本的意义、必要性和理论基础等之外,还发起在许多国际学术会议和宗教对话会议上对此进行讨论和修改,力求使运动深入到学者、领袖和民众这三个层面中去。

在学者们的强烈呼吁下,一些政治家、宗教领袖、专家学者联合起来推进这一事业,他们组成互动委员会(Interaction Council),联合一些宗教界与学术界人士,于1996年在维也纳发表关于全球伦理的报告书,提出了一系列重要建议,其中包括由联合国召开大会来考虑《人类责任宣言》的问题,以补充《世界人权宣言》。1997年和1998年,中国学者两次聚会北京,对全球伦理的倡议作出了积极的响应。2000年9月,孔汉思再访北京,重申他对全球伦理的坚定主张:"没有一个全球伦理,一个虽然存在着教义差异的全球伦理,就不会有一个新的世界秩序!"

1993年8月28日至9月4日,在美国芝加哥召开了有6 500人参加的世界宗教议会大会,其《走向全球伦理宣言》指出:"宗教并不能解决世界上的环境、经济、政治和社会问题。然而,宗教可以提供单靠经济计划、政治纲领或法律条款不能得到的东西:即内在取向的改变,整个心态的改变,人的心灵的改变,以及从一种错误的途径向一种新的生命方向的改变。"[13]

综上所述,宗教的生态实践已成为当今世界主要宗教一个非常醒目的社会文化特征,宗教的环境运动不仅提供了宗教环境哲学的基础和源泉,也是现代社会中环境保护的一支非常有启发性、创造性的社会力量。宗教环境运动中孕育的环境意识对现代生态哲学和环境伦理的建设具有重要的启发意义。环境哲学家罗尔斯顿就特别注重中国的宗教观与现代生态伦理之间的亲和,他指出:"禅宗在尊重生命方面是值得人们钦佩的。它并不在事实与价值之间,在人类与自然之间标定界限……禅学并不是人类中心论说,并不倾向于利用自然,相反,佛教许诺要惩戒和遏止人类的愿望和欲望,使人类与他们的资源和他们的周围世界相适应。我们知道,禅宗懂得使万物如何协调,而不使每一物失去其自身在其宇宙中的特殊意义。禅宗知道怎样使生命科学与生命的神圣不可侵犯性相结合。"[14]尽管人类不能指望让宗教来解决所有的生态问题,但是必须承认,宗教的生态关怀对人类是有现实意义的。

二、基督教的生态伦理意蕴

生态危机的产生不只简单地由于人口增加而对环境产生了相应的影响。在这些影响的背后应该有更深刻的思想根源。就西方文化背景看,这个根源就在于基督教的神学和伦理。20世纪六、七十年代以来,基督教和生态思想呈现互动状况。一方面,基督教作为西方近2000年来的世界观和价值观的主要支柱,受到了生态思想的严重挑战,被迫对自己的教义和经典做出新的审视;另一方面,基督教又顺应生态的潮流,创造性地发展出了丰富多彩的生态神学,反过来对生态思想和生态伦理做出了独特的贡献。

1. 基督教不利于环境的内涵及"生态学抗议"

1966 年神学家理查德·贝尔(Richard A. Baer, Jr.)在《土地的误用:一种神学的关怀》一文中探讨了所谓的基督教对自然的"去神圣化"问题。他认为这一根本变化发生在 2000 多年前,希腊哲学家和希伯来神学家开始用一位单一的、至高无上的神来替代早先文化认为存在于各自然物中的诸多神祇。贝尔认识到这种从多神教向一神教的转变是"对自然的神祇罢黜",其后果有利于对自然的剥削。贝尔站在基督教的立场上认为,补救的办法不是恢复对自然的膜拜,而是从基督教信仰出发改变对自然的态度。自然虽不是神灵,但它是至高的造物主的创造物,因而是圣洁的(holy),因此对自然的败坏"本质上是非宗教的",贝尔认为:"成熟的基督教立场既不允许崇拜自然,也不允许鄙视自然。"

1967 年,林恩·怀特发表了一篇颇有影响的文章:《我们生态危机的历史根源》。在此文中他宣称基督教应当为出现的生态危机负责,因为基督教的"在造物之外"的创造者上帝观念,为中世纪的神学和文化对物质空间的"去神圣化"并继而在现代初期为人类将自然日益作为开发利用的资源库找到了正当的借口。[15]构造"在造物之外"的上帝观念本意是通过上帝独立于世界的存在,强调全能的上帝的高超神性,但与此同时,世界也就有可能被设想为是没有上帝的。造物一旦失去了其神性的根据,就可能从科学上被"祛魅",即失去其中的宗教意义和道德价值。这就是自然界的"去神圣化"。马克斯·韦伯也曾经描述了这种"祛巫除魅"的现代性特征。

在上述分析的基础上,怀特认为,从教义上看,与别的文化不同,基督教从犹太教那里继承的创世故事,把人作为上帝创造的最高产物,人虽然是用泥土做的,但他却是"按照神的形象"被创造的,所以,人通过命名所有的动物而建立了对它们的统治,而物质的创造物除了服务于人以外就没有别的意义。怀特认为,基督教不仅在人和自然之间建立了一种二元论,而且还坚持认为人为了自己的目的而剥削自然是上帝的旨意。所以,西方形式的基督教是世界上见到过的人类中心色彩最强烈的宗教之一。

怀特认为,在实践层面上,这样的教义必然造成对自然的冷漠和无情。基督教由于反对偶像崇拜而禁止将自然赋予神性,随着基督教摧毁了这些异教的万物有灵论,对于剥削自然的禁令也就消除了,自此,人们可以为满足自己微小的奇想而利用自然。

上述这种把生态危机的根源诉诸基督教并对之加以批判的运动,詹姆斯·纳什称之为"生态学抗议"。[16]这样的抗议典型地体现在对基要派所持有的观念的批判性考察中。

基要派主要采取统治意识。在神学方面,基要派素以维护圣经的正统性自居,对圣经的理解完全根据其字面意思,认为圣经字字是真理。《圣经·创世记》1:26 和《圣经·创世记》1:28 的经文是"上帝说:'我们要照着我们的形象,按着我们的样式造人,使他们管理海里的鱼、空中的鸟、地上的牲畜和土地,并地上所爬的一切昆虫。'……又对他们说:'要生养众多,遍满地面,治理这地;也要管理海里的鱼、空中的鸟,和地上各样行动的活物。'"《新约》中基督的救赎也只是针对人类而言,也就是耶稣基督只是为拯救犯有原罪的人类而死,而不是为救赎自然而牺牲的。

基要派据此认为:第一,人是绝对不同于并超越于万物的,只有人是按上帝的形象创造的,只有人与上帝有直接关系,分享上帝的神性;第二,上帝把统治万物的权柄交给了人,人就是万物的主人,可以随心所欲地处置地球,地球或自然之所以有价值,在于它能为人所用;第三,人从堕落中得救赎的标志,是人再次成为上帝在地上的形象,成为大自然的主人和占有者;第四,自然是受上帝诅咒的。美国 Covenant 学院神学教授卡尔文·贝斯纳说:"我们无法发现那些未受人手接触的自然是好的,也不可能把它置于中心地位。我们只应在它受诅咒、需要救赎的转变中发现它。"这是基要派坚持"统治意识"的依据。他们认为,基督教自由派设法挖掘圣经中对自然的赞美和称颂以及尊重一切生命的思想,均是歪曲圣经原意,是为偶像(自然)崇拜找根据,是泛神论。这是他们不允许的。

基要派中还有些人,尤其是一些老基要派,最关心的是自己的灵魂得救进天堂,现世对他们没有多大意义。他们中很多人是末世论者,相信世界末日马上来临,任何人对它都无能为力,唯有多做祈祷,使世界福音化,迎接末日来临。在他们看来,世界是上帝创造的,那么,掌管自然当然是上帝的事。因此,这些人反对环境运动,认为"既然上帝掌管自然,我们为什么要担心环境问题呢"?他们认为,想通过改善环境来"拯救"地球,是痴心妄想。

新基要派反对环境运动则是从右翼的政治立场出发。他们支持资本主义私有制和私有财产的神圣不可侵犯,支持美国政府对外实施包括军事干预在内的强权政治,指控自由派倡导的环境运动和社会正义是受世俗人道主义影响的左翼政治运动。自 1995 年以来,共和党受这些宗教右派支持掌握了国会。1996 年,由于宗教右派及其他保守势力的反对,国会推翻了《濒危物种保护法》,其理由是此法案"歧视了在其土地上拥有这些物种的人"。美国的一系列环保立法自 1995 年以来处于停顿状态。《时代周刊》感叹道,当今"美国的政治气候对环境立法明显变得敌对",美国是全球温室效应的罪魁祸首。明尼苏达圣约翰大学的神学兼经济学教授丹尼尔·芬恩(Daniel Finn)研究认为,美国政府应该向欧、日学习,抬高能源税收。但是,自由派人士却清醒地认识到,在深受当今保守派势力影响的美国,这将会阻力重重。

受怀特论文的启发或刺激,也是受到基要派"统治自然意识"的挑战,许多神学家及其他人开始重新阐释基督教对自然的态度,重建基督教的"托管传统"与"合作传统"。基督教的"绿色化"过程开始了。到了 20 世纪 80 年代,"从神学院到邻近的教堂,愈来愈多的人都认为,人与自然的关系不能排除在宗教伦理学之外。'生态神学'不再只是一个新词,而变成了一种非常有生命力的世界观。"[17]前者典型的有管理派的生态神学、激进生态神学。后者包括过程生态神学、女性主义生态神学。他们提出了相应的环境保护意识。由此形成了教会对自然的各种各样的认识类型。

专栏 11 - 3

教会对自然的意识类型

美国联合神学院教授拉里·拉斯马森(Larry Rasmussen)曾任世界基督教联合会堪培拉大会顾问,他根据大会发言及传统基督教会对生态危机的不同反映,将教会对自然的意识分成七种:统治意识(又称征服意识)(the model of dominion)、管理意识(steward model)、伙伴意识(partner model)、圣礼意识(sacramentalism as a model)、生态女权主义意识(eco-feminist model)、先知-教师意识(prophet - teacher model)、进化意识(evolutionary model)。其中圣礼意识主要属于东正教,在西方教会不占主导地位,而后三种意识大体可以归并于伙伴意识。

---

2. 基督教环境保护的伦理基础

综合管理派生态神学和激进生态神学生态意识,一是管理意识,二是伙伴意识。

(1) 管理意识

多数天主教、新教主流派信徒以及福音派中的环保分子,在环境问题上所接受的神学意识可以归为管理意识。根据这种意识,他们把人与自然的关系视为管理者与被管理者之间的关系,是花匠与花的关系,并试图从圣经中为这一说法找到根据。

根据《圣经·创世记》1:26 和《圣经·创世记》1:28,他们做出与基要派完全不同的解释。他们在肯定人是按照上帝的形象创造的同时,认为人与自然既相同又不相同:相同的是它们都是受造物,从生物学上,人类与动物一样,要吃、要呼吸、要繁殖;不同的是人类能像上帝那样创造、爱、思考,处于上帝与自然之间。人既在自然中,但是又高于自然,人仍然是地球的中心。

根据《圣经·诗篇》24:1,"地和其中所充满的,世界和住在其间的,都属耶和华",和《圣经·诗篇》115:16,"天,是耶和华的天;地,他却给了世人",他们认为:大地真正的主人是上帝;上帝把"治理这地"的权力授予人类,只是交给人类管理权,而不是主权,人类只是承租人,是花匠;人类对自然的统治应不同于国王对臣民的统治。人类要管理好这地,首先要依靠上帝,因为上帝提供阳光、雨露、矿藏、动植物等资源;其次,要积极与上帝合作,因为上帝在创造我们之前先创造了地,那时自然界硕果累累,只因人犯了罪,地才变得贫瘠。

正是基于上述理解,美国南方大学的经济学家罗伯特·哥特弗里德(Robert Gottfried)认为:"人类可能并应该是花匠,而不是捕获者。"他批判只把自然看成资源和海洋、人高踞于它们之上的意识,提出要有限制地使用"花园",以创造一些环境系统,使动植物和人类相互作用和繁荣。他反对保守派把自然和大地视为有罪。美国西北大学的范·戴克(Van Dyke)也说:"大地受诅咒是因为人类不服从上帝。在《圣经》中,我们找不到上帝告诉我们它有固有罪性的根据。"

根据上面的论述,《圣经》对生态环境的态度是基于造物自然归谁所有和人在世界中的地位问题。如果说造物自然归创造者所有,上帝是造物的真正主人,而人类对造物的支配权是上帝授予的,旨在和他合作并与众生分享其产品,那么人类就没有随心所欲处置造物自然的自由,却负有看护它们的义务。或者说,人对自然的支配权不是统治权,更不是破坏权。由此,《圣经》便为人类改造自然环境设置了神学和伦理上的限制。

专栏 11-4

管理意识与自由派的分歧

一是管理派很重视《新约圣经》。他们反对自由派在环境问题上只重视从《旧约圣经》中找根据,而忽略从《新约》的耶稣基督的救赎中去寻找灵感。他们也不赞同保守派把耶稣基督看成只救赎人,不救赎自然的看法。美国福音派环保组织发起人考尔·德·维特对《圣经·约翰福音》3:16 中的"上帝爱世人,甚至将他的独生子赐给他们"一句话,提出新的解释。他发现,"世人"一词在希腊文中是"世界"(cosmos)之意。因此,他认为,上帝献出独生子,不只是为了救赎"世人",也是为了救赎整个世界。这是对《圣经》中上帝创世和人对地球管理的诫命的一种新理解。管理意识认为,人应该像上帝对人那样去对待自然,爱护地球,当好上帝的好管家。

二是管理意识中的福音派人士,非常反对自由派在人与自然关系问题上对《圣经》和传统基督教所持的批判意识。他们尤其反对自由派的"自然中心论"、"动物权利论"。针对"自然中心论",管理意识论者指出,"圣经要肯定的是,地球既不是受人崇拜的对象,也非神灵。地球应处于天主为它规定的位置",因此,"今天在强调重视地球环境时,不应重新出现对大自然的顶礼膜拜,为富有浪漫色彩的自然宗教招魂"。针对"动物权利论",天主教律师克里斯托弗·德怀尔(Christopher Dwyer)批评说:"动物不可能有权利,因为权利是与责任密不可分的,而这两方面只有有理性的人才能具有。"管理意识论者大都强调,"人是上帝造物的最高成就"、"人是地球最宝贵和真正的财富"。

三是管理意识忧虑人口增长,但是反对堕胎。天主教还反对人工节育。教皇约翰·保罗二世1990年8月25日发表"生命与环境"的讲演中说:"生态平衡是为人类生命服务的","在任何地方,人都不能自称有权直接毁灭无辜的人","教会要按照上帝的命令,捍卫未出生者的权利"。1991年5月,他在《百年》通谕中,进一步提出了"人类生态"(human ecology)概念,认为人类生态的结构是家庭;家庭中夫妇构建这种人类生态以养育孩子;如今的堕胎与人工节育不仅不鼓励而且破坏这一人类繁衍的条件。他指出:"自然生态正受到无理的破坏。对于濒临灭绝生物的生态保护,人类虽然做得不够,但仍在努力,可是受损害更为严重的却是人类生态,可惜这没有得到应有的关心。""唯独对真正的'人类生态'的道德保护工作,人做得太少了。"在堕胎与人工节育问题上,管理意识的看法与统治意识的基要派雷同。

管理意识中的福音派与天主教,对生态危机的原因认识有所不同。福音派更多地归诸人的原罪,如贪婪。英国著名福音派布道者约翰·斯图特(John Stott)说:"生态危机的根子是人类的贪婪,即通过丧失环境而获得经济收益。"他引证了罗纳德·希金的《第七个敌人》中的说法,即在生态危机中,除了人口爆炸、食品危机、资源匮乏、环境恶化、核滥用、科学技术这六个敌人外,第七个敌人就是人类自己的盲目性;人类征服地球要比征服自己容易。他提出,基督徒应成为"关心人类的先锋",毫无自私自利地为人类服务,"重新唤起福音的伦理中心"。福音派强调《圣经》在解决生态问题中的作用。美国"福音派环境网"的负责人勒夸尔(Le Quire)说:"我们重视《圣经》。它讲了许多我们应该怎样与造物一起生活。所有科学家的警告明天也许证明是错误的,但是我们的做法将始终正确。"

相比之下,天主教官方对生态危机原因的认识既肯定人的罪性的影响,但更注意从政治、经济上寻找根源。这可见诸1990年他们与世界基督教联合会共同召开了汉城会议,并共同发表了10大要点。他们常常把环保与社会正义相连。美国天主教联合会国内政策委员会主席威廉·斯凯斯塔特(William Skylstad)说:"我们要尽到管理者的责任,照管好上帝的花园和上帝特殊的子民——穷人、弱者和非正义的受害者。"

应该指出,现在越来越多的福音派人士关心环保问题。尤其近四五年来,一些人还把环境问题与社会正义联系起来,另有些人在从事社会救济工作中发现环境问题。福音派人士保罗·汤普森说:"当我试图用世界的眼光去减轻贫困问题时,我变成了环境主义者。你要是不关心环境遭受的破坏问题,就不可能去减轻贫困。"但这些人的思想遭到本派内的保守势力的攻击,从而加深了福音派内部的分裂。

(2)伙伴意识

伙伴意识主张,人与自然是完全平等的伙伴关系。这是基督教自由派环境主义者(包括生态女权主义者)所持的意识。自20世纪90年代以来,越来越多的新教和天主教的自由派接受这种意识。伙伴意识反对统治意识把《圣经》视为字字是真理的僵硬意识。在伙伴意识看来,《圣经》是在一定的历史背景中产生的,甚至还有人认为,古代传下来的《圣经》不可能直接解决今天所产生的环境问题。

伙伴意识对传统基督教与《圣经》持批判意识,认为:① 传统基督教只强调人与上帝的关系,而不考虑与自然的关系;② 传统基督教的二元论思想,使物质与精神、肉体与灵魂相分离,它视精神高于物质、灵魂高于肉身,从而造成人与自然的完全对立;③ 传统基督教使人主宰自然完全合法化,确立了人高于自然的等级制观念,认为这些是造成人对自然进行掠夺和剥削的深刻的宗教根源(女权神学家还批判传统基督教将妇女和自然放在同等地位而加以歧视的错误意识)。宾州大学教授伊恩·麦克哈格(Ian McHarg)针对《创世记》1:28 指出:"如果你要想发现复杂可怕的经文,即确保人与自然的关系只能是破坏,使任何创造性的技能退化……并对这2000年来西方人所做的一切破坏、掠夺做出解释的话,那只需看这段灾难性的经文即可。"其意识是十分理性的。

伙伴意识主张,应该从保护环境的立场,对圣经做出新的解读。他们从《旧约》的《创世记》、《诗篇》和一些《先知书》中,尤其是《以赛亚书》中,发掘基督教对人与自然的平等意识。他们赞同人应该与一切生命彻底团结,确保生命的多样性。这样,在伙伴意识中,圣经具有了新的含义,它"召唤人类去为造物服务,并彼此服务,以努力荣耀上帝"。

伙伴意识还借鉴和吸收世俗环境运动中的非人类中心主义的一些思想,如《动物的解放》的作者彼得·辛格(Peter Singer)对把人的生命看得比其他动物更珍贵的观点的批评,罗德里克·纳什(Roderick Nash)在《自然的权利》中提出的万物皆有权利的观念,这些在伙伴意识阵营中有一定影响。伙伴意识对人与自然关系的认知,可以概括如下:上帝的创造是一个整体,"圣灵存在并贯穿于整个创造之中",人只是其中的一部分,万物都分享神性;"在人类与非人类,动物与非动物之间无法划出一条硬性界线";人类与其他创造物相互依存,结成伙伴,和谐相处,否则毁灭了它们就是毁灭人类自己;人类应放弃人是上帝创造的中心这一观点,发展真正符合《圣经》的生态人道主义。伙伴意识对人与自然的平等伙伴关系的肯定,不仅批判了征服意识,而且也对管理意识提出非议,认为它也是以人为中心的,很容易滑向征服意识。

伙伴意识阵营有着强烈的社会责任感和集体意识。他们认为解决生态环境问题不只是治疗自然界,还必须同时治疗社会,对西方价值观、发展意识、资本主义私有制以及衍生而来的个人主义、等级制、贫富不均等持批判意识。他们非常重视社会正义,特别是经济正义。其理想目标是在地球上建立一个人类与自然相和谐的社会。这个社会有以下特征：① 人类与一切生命具有共享性；② 生态环境保护与社会正义不可分开，因此有责任帮助弱者，包括穷人和自然，消除贫困和饥饿及对生态环境的破坏；③ 提倡可持续发展意识，以及建立与之相适应的"可持续性"秩序。

伙伴意识阵营对社会正义的关注得到管理意识阵营中思想比较开放的福音派和天主教的响应。教皇约翰·保罗二世曾说："基督教传统从没有把这种权利（财产私有权）提升到绝对的不能触动的地步。相反，它常常把这种权利理解为较广泛意义上的所有人共同使用所创造的所有产品。"就此而言，他的看法接近自由派，只是自由派比他更同情社会主义，对资本主义更持批判意识。

总之，在对待与自然的关系的问题上，统治意识认为：人类绝不同于万物，只有人能分享上帝的神性；上帝授予人类统治万物之权，因而是万物的主人；万物的价值取决于它们能否为人类所使用；不关注环境问题，在环境与个人利益冲突时反对环境保护。管理意识认为：人类与自然既相同又不同，处于上帝与自然之间；上帝是自然的主人，人类是上帝委托照管自然的管理者；人类要管理好自然必须依靠上帝并与上帝合作；关注环境保护。伙伴意识认为：应重视《圣经》中有益于环境保护的篇章，予以重新解读；应给《圣经》一种新的含义，使之"召唤人类为造物服务，并彼此服务，以荣耀上帝"；人与自然是平等的，一起分享神性；人类与自然是伙伴关系，具有共享性，应相互依存；人类应发展真正符合圣经的生态人道主义；生态环境保护与社会正义不可分开。

3. 基督教环境伦理

（1）爱护大自然

爱上主的美德应该延伸到每一个人和所有的那些神所愿意并爱护的物。如果人诚心地爱上帝，他也必须爱他的朋友和一切为他所爱的物。这是博爱诫命的普遍性的最深理由，同时也是爱惜受造物的理由。当然，这种爱也是有秩序的，它根据不同造物所实现的不同价值的等级而确定爱的秩序。爱护自然最终奠基于上主的慈善、智慧及和蔼之上，因为大自然反映出这些善、真、美。由于自然是上帝的化身，人们也应该爱护它。"人可能并应当爱好天主所造的万物。万物受自天主，应视为天主的手工而予以尊重"。这种爱意味着欣赏自然的善与美并尊重上主给予自然物的目的。

~~~~~~

专栏 11-5

<center>亚西西的圣方济各对大自然的爱</center>

亚西西的圣方济各（Saint Francis of Assisi）以一种独特的方式说出了对大自然的爱。对他来说，所有的受造物都是兄弟和姐妹：太阳和月亮、大地和河流、植

物和动物;并且他为了这一切赞颂上主。他那种朴素的精神和与万物兄弟般的团结至今仍然激励着许多基督徒或非基督徒。但对别的基督教圣人,如宾根的希尔德加德(Hildegard of Bingen),自然也会引起愉悦、赞叹、颂扬、敬畏和爱的感受。这些意识无疑都与真正的基督教精神相关。

(2) 对自然的尊敬

基督教伦理学者在环境伦理上视为最重要的另一基本意识是对自然的尊敬。生态意识首要的基本特征无疑是对自然的尊敬。西方文明在某种程度上要重新发现这一意识,因为在笛卡儿和牛顿后的思潮中,机械主义和唯物主义的意识占了上风,而其后果是人们失去了对大自然的尊敬之情。"人们如果不回归到一个尊敬一切生命的意识,就不可能纠正近代对自然的基本意识。"这就需要一种心灵上的教育,要突破那种只以数学、物理学和化学的方法为科学标准的意识,也要克服那种将物质世界仅仅视为可以操纵、可以利用的对象的意识。"不只是人的生命,而且也是动物和植物的生命和元生命的自然界,都应该获得欣赏、尊敬和保护。尊敬自然的意识明显地设定生命和一切存在物有它们自己的善和价值,不只是具有对人有用的性质,而且拥有内在的优点。"人类为什么不应该消灭他们世界的理由并非简单的是实用主义。人们为什么不应该浪费事物的理由也不仅仅是经济上的考虑。这个理由是更深的道德上的理由:毫不注意地毁坏自然,去攫取和抛弃自然物,这些都是对自然永恒价值不尊敬的行为。因为自然的整体并不仅仅是原材料的堆积,自然也是价值的存在。因此,对非人的大自然之干预也需要明确的理由和解释。

一切存在的事物的内在价值的终极理由是,它们是上主的创造,因而也反映出上主的善、美、智慧和神圣性。对于我们来说,我们更应该学习如何看透事物,如何在万物中认出那个光明,如何透过这些事物的表面去意识到上帝的临在。当人们重新学得这种能力和意识,他们必定也会尊敬自然。

(3) 节制和自我约束

自然有其内在的价值而人有义务向它负责的表态已使某些人做出结论,自然有权利提出要求。他们这样讨论:如果自然没有权利,人对自然的责任怎能有约束性和义务性? 当然,如果自然拥有这样的权利,人在管理自然时就会面对一些特定的限度。

不过在另一方面,自然不能真正地被看做是与人同行的伙伴。下面的事实最清楚地证明了这一点:自然不能尊重别物的权利,特别是人的任何权利。然而,为了说明人有尊重自然并承认自然价值的义务,不必要说自然拥有自己的权利。人的义务有另一个更为合理的理论基础:自然是上主的创造而因此属于他;只有他是自然的绝对所有者。人,正如已经解释的那样,只是造物的管理者。这清楚地意味着,在他处理自然时,人是受一个更高的权威的限制,受更大的权利的限制。在使用自然时,人们总要而且绝对要尊重那些权利。更为具体地说,人要尊重自然的目的和目标,因为这个目的必须符合创世主的旨意和意向。同时,创世主的旨意也规定了人对自然的权利以及这些权利的限度。

三、佛教的生态伦理意义

佛教生态伦理有理论和实践两个层面。对于体系严谨的佛教来说,理论首先是主要的,它的目的是重视人自身的心灵建设,以调整人的价值取向,改变人的心态,转换人的意识,提升人的智慧。在内涵丰富的佛教伦理观念中,缘起、因果、平等和慈悲四个基本理念是构筑佛教生态伦理体系的柱石。它们与环境保护有什么样的关联呢?

1. 缘起及其所内含的生态伦理

缘起是佛教生态伦理最基本的观念和最根本的教理,显示了佛教对宇宙与人生、存在与生命的根本看法。佛教有一个专门的颂,内容是"若法因缘生,法亦因缘灭;是生灭因缘,佛大沙门说"。[18] 这是宣扬宇宙万法依因缘而生灭,包括物质方面的处境与精神方面的心识,都由"缘"即原因或条件的和合而生起,缘集则法生,缘去则法灭。这是缘起论的基本思想。缘起思想是佛教的具体说教和重要理念,是因果、空有、中道、平等、慈悲、解脱等的哲学基础。换句话说,佛教的各种生态说教和重要理念都是缘起思想的展开。缘起论有别于无因论、偶然论、神造论和宿命论,是对宇宙万物的生成演变和世界的本来面目的比较合理的论说。缘起论是佛教独特的世界观,是佛教区别于其他宗教、哲学的特色。

缘起包含着"关系"和"过程",缘起思想是一种关系论、过程论的世界观。《杂阿含经》卷 10 云:"此有故彼有,此生故彼生。……此无故彼无,此灭故彼灭。"[19] "此"和"彼"是在互动关系中构成的不可分割的整体,也就是说,任何一个事物都是在众多条件的规定下,在一定关系的结合中,才能确定其存在。事物不能自我形成和孤立独存;事物在关系中确定,在关系中存在,事物是关系的体现。《杂阿含经》卷 12 说:"譬如三芦,立于空地,辗转相依而得竖立。若去其一,二亦不立;若去其二,一亦不立。"[20] 这是说由相依互存而得缘起,缘起就是因缘条件的相依互存,就是不同条件组成的相依互存的关系。这种缘起事物是关系的思想,包含了事物是和合共生的理论、互相联系和同一整体的理念。中国佛教如天台宗的"性具"说、"十界互具"说,华严宗的"性起"说、"事事无碍"说、"一即一切,一切即一"说进一步发展了缘起论,都强调一事物与其他事物之间是互相涵摄而不碍的,事物之间是共同为缘的缘起关系。

佛教缘起论强调一切事物都是由众多原因、条件和合而成,任何事物都不是孤立存在的。中国佛教还宣扬宇宙万事万物的互相依存、互相渗透、互相圆融。

这对宇宙和人类社会的认识有着独特的意义。比如,人类生存的地球村,由大地、海洋、天空以及各种动植物等构成,如果大地退化、海洋毒化、臭氧层日益变薄、动植物种群不断消失,地球母亲的存在也就成问题了,人类也就难以生存了。缘起论的中心内涵与有机整体论世界观有相通之处,可以为当代的环境哲学提供理论视点。

2. 因果及其所内含的生态伦理

缘起讲因缘和合而生起"果",缘起法所说的也就是因缘与结果的关系。能生结果者为原因,由原因而生者为结果。因果是在前后相继的演变中,彼此关涉的和合中存在。有原因必有结果,有结果必有原因。一切事象都依因果法则而生灭变化。这种因果律是佛教用来说明世界一切事物相互关系的基本理论。因果报应说明各类众生的身心活动与结果的关系,在伦理方面展示为善有善报、恶有恶报,即善因乐果、恶因苦果之说。

众生的身心活动不仅会给自身的生命带来果报,而且还会为生命生存的空间、环境带来果报,由此佛教又把果报分为"正报"和"依报"两类。所谓正报是指依过去的业因而招感得的众生的身心,即具体的生命存在,是直接的果报主体、正体。所谓依报是指依过去的宿业而招感得的众生生命存在所依赖的外物、环境,包括衣物、房宅、国土、山河,以至整个环境世界。正报指众生,众生世间;依报指众生所依托的处所,即国土世间。与依报相关,时代背景、生活环境、国土、山河等是多数众生所共同招感前界报,称为"共报"。果报思想表现了佛教对主体世界与客体世界、主观世界与客观世界相互联系的缘起关系的洞察、体认,表现了对众生共同活动的种种结果的关注,表现了对自然环境、生活环境、生态环境的关怀。中国佛教如天台宗还从修持实践的角度,提出"因果不二"[21]说,宣扬在因位的人与在果位的佛,在本质上并无差别;又提出"依正不二"[22]说,认为就佛来说,佛身是正报,佛土是依报,佛身与佛土不二,正报与依报不二,两者共摄"一念三千",而归于一心。

佛教的依正果报论,强调众生生命的生活环境,包括山河大地、国土家园,以至整个环境世界,都是众生行为带来的报应。佛教宣扬"心净则国土净"的思想,提倡报国土恩。这其间包含的主体与环境不可分离、主体精神活动引起主体与环境的变化的思想、环境的改善有待于众生主体主观世界的净化的观点,以及尊重自然、善待自然的情怀,都是具有启发性的。

3. 平等及其所内含的生态伦理

平等理念包括"众生平等"和众生与无情的平等。"众生"指有生命的存在。佛教通常以十界中佛以外的从菩萨到地狱的九界,尤其是从大到地狱的六道为众生。佛教认为不同众生虽有其差别性,但众生的生存、生命的本质是平等的,还特别强调一切众生悉有佛性。即在成佛的原因、根据、可能性上是平等的。"无情"即无情感意识、不具精神性的东西。中国佛教天台宗就宣扬"无情有性",认为草木花卉、山川大地都有真如佛性,大自然的花香树绿、风动水流,都是佛性的体现。无情之物与众生并无本质区别,彼此是平等无二的。佛教的平等观是基于缘起的学说,是建立在因果平等上的。众生与佛同具真如佛性,是在成佛的原因方面平等的众生与佛都能成就佛果,进入最高理想、涅槃境界,是在结果方面的平等。众生与佛因果平等,无有差别。佛教的平等观体现了生命观、自然观与理想价值观的统一,体现了宇宙间一切生命的平等,关爱生命,珍惜生命,尊重生命,敬畏自然,珍爱自然,摄护自然,以进入清净、美妙、庄严的佛国净土。这都表现了佛教平等观意义的广泛性、普遍性和神圣性。

专栏 11-6

佛教的众生平等思想

佛教认为,宇宙间一切存在(诸法)在共性或空性、唯识性、心真如性等方面没有任何差别,平等无二。一切事物及其差别都不过是心的幻象。在这一点上,人并不高于其他动物。另外,所有众生在成佛之前都生存于痛苦之中,在六道中轮回,永无止境。所以,人与动物都是拯救的对象,同有拯救的必要;他们都具有佛性,都有拯救的可能。尽管他们有陆行水潜飞升、二足无足多足、裸身披毛戴甲等差别,但在佛教之中,都是平等无二的,都值得关怀、怜悯。人比其他动物更能觉悟佛理,因而更有爱护一切生命,使它们免遭灾难、屠戮的道义责任。因此,人不能杀戮其他生命,而应尽自己所有的能力使他们免遭损害,积极主动地解救处于危难之中的生命。

佛教基于缘起论而高唱的尊重他者、尊重异类、尊重生命,众生一律平等、众生悉有佛性、众生皆能成佛的众生平等观,从根本上承认他类生命的生存权利,这不仅和那种滥杀异类,任意糟蹋环境,破坏生态平衡的行径不同,也有别于那种以为保护环境是人类对弱者的怜悯、恩赐的观点。佛教的众生平等观,既和"人类中心主义"不同,也有别于"环境中心主义"、"生物中心主义"。可见,若将佛教众生平等的理念应用、落实于生态学,无疑将有助于建立完整的生态伦理学说。

4. 慈悲及其所内涵的生态伦理

慈悲就是对众生的深切、真诚的关怀和爱护。在宇宙生态大环流中,一切众生可能曾经是我们的亲人,山河国土则是我们生命的所依,应当怀着平等的心态,报恩的情愫,慈悲的心愿,给予众生以快乐,拔除众生的痛苦。佛教宣扬"三缘慈悲",认为"悲有三种:一、众生缘悲,缘苦众生,欲为济拔。……观诸众生十二因缘生死流转,而起悲心。……二、法缘悲,观诸众生俱是五阴因缘法数,无我无人,而起悲心。……三、无缘悲,观诸众生五阴法数毕竟空寂,而起悲心。……慈亦有三:一、众生缘慈,缘诸众生,欲与其乐。二、法缘慈,缘诸众生但是五阴因缘法数,无我无人,而起慈心。三、无缘慈,观一切法毕竟空寂,而起慈心。"[23]这是相对地分别以众生、诸法和空理为对象而起的三类慈悲,其中以"无缘慈悲"为最高的类别。《大智度论》卷40云:"慈悲心有三种:众生缘、法缘、无缘。凡夫人,众生缘;声闻、辟支佛及菩萨,初众生缘,后法缘;诸佛善修行毕竟空,故名为无缘。"[24]"无缘大慈"、"无缘大悲"是对对象不加区别的绝对平等的慈悲,是体悟真如平等的空理而生起的慈悲。慈悲是佛教不受等级、阶级的限制的特殊理念,它排除狭隘的偏私性,还富有实践性,重视对人、社会、自然生命的关怀,由此而大力从事社会福利、民间公益和生态保护事业。

总之,佛教的命运决定于对社会的关怀,佛教的现代价值决定于对21世纪人类社会的作用。自从人猿相揖别以来,人类社会取得了空前的进步。当代人类在不断取得进步的同时,又拥有毁灭地球、毁灭自然的手段。人类社会的进步应归功于人类自身,人类社会的问题也出自人类自身,威胁人类社会生存和发展的敌人也是人类自身。同时我们还应当看到,现代化涉及物质生活、制度和思想观念诸多层面,当前人类社会存在的信仰危机、道德堕落、良心丧失等负面现象,表明人文精神的严重失落,这为具有宇宙整体理念、追求生命超越的宗教人文精神的佛教哲学,提供了调整人的心灵,进而调整人与人的关系、人与自然的关系的历史契机。

四、道教的生态伦理精神

道教是中国历史上流传下来的五大宗教(即佛教、道教、伊斯兰教、天主教、基督教)中,唯一源于中国古代文化的土生土长的宗教。它吸收了佛教的营养,融合了儒家的智慧,吸取了传统中国人信仰的因素,蕴涵着丰富的伦理精神。道教既有超世的信仰,又有浓郁的入世情怀,其生态伦理精神独有特色。在伦理认识上,道教以其重视生命的喜乐、宁静、恬淡、朴素和心灵的充实与扩展为特色,关注自我与自然的协调,以人为本,内容简而深、博而约,具有无穷的趣味;在伦理实践上,道教致力于体玄修道,韬光养晦,淡泊名利,求得生命在情感、行为、自然、人伦与文化的互动中长存长立,因此它在对自然生态和人的关系的认识上,表现出开发生命活力的自觉能动性、与自然对象的同一性以及伦理认识的整体系统性。用道教《阴符经》的话来说,就是"自然之道不可违"、"顺乎自然之道"。此自然所指,是事物本质之自然、人生之自然、社会之自然。参悟事物、人生和社会之本质,求得生命与本性应有的风格、态度和气象。就是道教伦理追求的目标与精神支柱。

四、道教的生态伦理精神

道教生态伦理精神不是体现在它受民间杂风异俗影响而生的诡异、繁多而复杂的道术中,而是体现在它的精致深刻的内容和吸引世人的内涵中,蕴涵在使它延续、发展久远的生命力中。具体而言,道教生态伦理精神主要表现在六个方面:

一是万物一体。道教的宗旨是长生不死,得道成仙。所谓得道,就是通过修炼与大道一体化。因此,道教在中国诸多宗教中是最注重现实生命的宗教,在它看来,世间万物是一体的,自然万物的存在有其合理性,人是天地万物的一部分,应当以生为乐,重生恶死,使生命不断升华。人类也要以平等意识尊重自然万物的存在与个性。道教在早期经典中提出"天地中和同心,共生万物",[25]认为理想的太平世界是人与各个层次的自然事物和谐相处、共生共荣的世界。在道教思想家葛洪那里,万物一体的平等意识也极为明确和丰富,他认为人通过修炼可以实现"长生久视"、"肉体成仙"的理想,这个理想也就是与自然齐一或万物一体的境界。道教还有"生道合一,重人贵生"的思想,它们与中国道家的最高观念相贯通。老子指出,道是宇宙的本原,道生一、一生二、二生三、三生万物。庄子说:"天地与我并生,万物与我为一。天地万物,物我一也。"这表明道教注重从宇宙的高度来认识和把握人类的意愿。万物一体的生态伦理精神告诉人们,要与自然和谐相处,营造和谐共生的生态文明的社会。

二是生而不有。与万物一体的精神相关联,道教认为人生最高的境界和准则是产生万物而不占有万物的道德。道教认为,人的肉体修炼、精神完满的最高境界是"道"。"道"是如何产生的呢?"道起于一,其贵无偶,各居一处,以像天、地、人,故曰三一也。天得一以清,地得一以宁,人得一以生,神得一以灵。"[26]并且自认为这是对老子智慧大道的发挥。老子曾指出:"人法地,地法天,天法道,道法自然",而自然的要义是:"道之尊,德之贵,夫莫之命而常自然。故道生之,德畜之,长之育之,亭之毒之,养之覆之,生而不有,为而不恃,长而不宰,是谓玄德。"由之,只有"道法自然"才符合道德的思想。高尚的道德在于繁生万物而不据为己有,帮助万物而不自恃有功,引导万物而不宰制它们。唐代道教学者、医学家孙思邈就是这种精神的实践者,他的医学理论以天人一体、生而不有说为基础。《旧唐书·本传》谓"天有四时五行","人有四支五藏","阳用其形,阴用其精,天人之所同也","良医导之以药石,救之以针剂,圣人和之以至德,辅之以人事,故形体有可愈之疾,天地有可消之灾"。孙思邈本人"学殚数术,高谈正一",不仅医术精湛,而且品德高尚。道教的这种生而不有的精神具有相当的实践性和普世意义。这种实践性和普世意义,提出了世间事物持续平衡发展的观念,揭示出人类要顺应自然,效法自然法则,有所为而有所不为,才能得心应手,取得成果;如果强行索取,则会适得其反,破坏和谐,不能达到很高的境界。

三是曲成万物。在道教以前,《易传》有言:"夫大人者与天地合其德,与日月合其明,与四时合其序。""天地交泰后以财成天地之道,辅相天地之宜。"这里指出天道与地道是相对峙而又相协调的,其协调是由人来做中介的。老子将人提到重要的地位:"故道大,天大、地大、人亦大。域中有四大,而人居其一焉。"既然"人亦大",那么人就不是仅依附于自然,受制于自然,而要驾驭自然规律。因为人要依靠自然而生存,要与自然进行物质交换。道教于此进而提出:人要三思而行,审时度势,求仙问道而不强作妄为;如果反其道而"妄作",势必败坏心性,甚至危害人类自身。道教的修习者始终对宇宙万物报以仁慈的爱心,倡导并力行尊重自然界万物的属性,让宇宙万物自足其性,自然得到发展,而不横加干涉。因为人和自然万物之间存在因果报应关系,人与宇宙万物是互相感应的,感应的基础在于人和万物都有灵性,人与物资讯相通。宇宙演化不停,生生不息,人作为宇宙共同体中的一员,应该以促进整个宇宙更加和谐完美为目标,而不应该以毁灭各种自然物的行为来扼杀宇宙的生机。因此,道教不仅给人以一种思想信仰,以安身立命或将注意力放在教义教规的完善和遵守上,以求得祭祀、祈祷的肃穆和虔诚,而且将信仰或教义教规具体化为各种道功、道术,进而形成操作体系,引导众信徒去实践力行。可以说,道教是重视道、术、行的宗教,既重视"道"的提升,又积极提倡功法和炼养术。真正的道徒或对道教真谛的切实掌握,在于不仅要懂得它的基本宗旨,或具备其虔诚的信仰,还要作道术的训练,努力积累道功,日进无疆,不断深化和纯正信仰。这样,就充分强调了人类活动的主体能动性,以及与自然的适应性。人作为天地的中介与协调者,既要顺应自然,又要对自然变化作出制约,加以引导,以曲成万物。这是道教闪耀着超越时代智慧之光的生态伦理意识的凝结。

专栏 11-7

庄子的人与动物、人与自然和谐相处思想

《庄子·至乐》有一个故事:"昔者海鸟止于鲁郊,鲁侯御而觞之于庙,奏九韶以为乐,具太牢以为膳。鸟乃眩视忧悲,不敢食一脔,不敢饮一杯,三日而死。此以己养养鸟也,非以鸟养养鸟也。夫以鸟养养鸟者,宜栖之深林,游之坛陆,浮之江湖,食之鳅鲦,随行列而止,逶迤而处。"由此可以看出,庄子不仅反对因为人的目的和利益来治理和利用动物,甚至也反对按照人类自己理解的动物利益来对待动物,主张让动物按照它们的天性生活。对人好的东西不一定对动物就好,对人不好的东西对动物未必就不好。反之亦然。正所谓:"子非鱼,安知鱼之乐?"在庄子的理想社会中,人与动物、人与自然是和谐相处的,他在《庄子·马蹄》中说:"彼民有常性,织而衣,耕而食,是谓同德。一而不党,命曰天放。故至德之世,其行填填,其视颠颠。当是时也,山无蹊隧,泽无舟梁;万物群生,连属其乡;禽兽成群,草木遂长。是故禽兽可系羁而游,鸟鹊之巢可攀缘而窥。夫至德之世,同与禽兽居,族与万物并。恶乎知君子小人哉!同乎无知,其德不离;同乎无欲,是谓素朴。素朴而民性得矣。"这应该对我们很有启发意义。

四是和而不同。道教和而不同的精神是与传统伦理学中的"和合"精神相承接的。西周末年的史伯告诉人们："夫和实生物,同则不继。以他平他谓之和,故能丰长而物生之,若以同裨同,尽乃弃矣。故先王以土与金、木、水、火杂以成百物。是以和五味以调口,刚四肢以卫体,和六律以聪耳,正七体以役心,平八索以成人,建九纪以立纯德,和十数以训百体……周训而能用之,和乐如一,夫如是,和之至也。"[27]这说明,多样的事物和因素组织融合,以他平他,就达到多样而统一,丰富而多彩;如果是完全相同的事物和因素组合,以同裨同,事物只能同一,就失去了多样性。其中所揭示的伦理智能是和实生物、同则不继。这种和而不同的智慧,发展为中国人"和为贵"、"知和曰常"、"天地和而万物生"、"和者天地之所生成也"的观念意识,得到了人们的广泛认同。道教《太平经》提出"中和者,主调万物者也",认为自然界与人间社会各层次的事物,皆包含阴、阳、和三种基本要素,合而构成一物,故名三名同心。"元气有三名:太阳、太阴、中和。形体有三名:天、地、人。天有三名:日、月、星,北极为中也。地有三名为:山、川、平土。人有三名:父、母、子。治有三名:君、臣、民。"[28]三名同心就是理想的太平世界。阴阳之道体现天意,所以人要顺应阴阳之理,从各个方面保持人与人、人与自然关系的和顺,才能消灾去异,致力世界太平。为了达到这样的目的,道教在信仰系统、丹术符箓、仪式规范中发展了和合的思想。和而不同的生态智慧帮助人们认识到世间万物多样性存在的意义。保护了事物的多样性,就有可能达到可持续发展。

五是循环再生。在关于如何有效地利用自然方面,传统的中国人确立了"大"和"久"的目标,并认为为了达到这个目标,人要有中正的德性,效法天地,用制度节制人的无穷欲望,不造成对自然与人类的伤害。《周易》指出了两个途径,其一是"九二贞吉,以中也。"其二是"中正以通。天地节而四时成,节以制天下,不伤财,不害民。"道教也发展了类似的思想,强调对生命以及生命存在条件的确是圣人之智、圣人之德,是圣人之业,它刻画了人的理想的生活世界是一个物我同一的美好社会,认为在那样的社会里,生命可以循环连续、周流罔停、生生不息。早期道教认为古之得仙者,或身生羽翼,变化飞行,卓然特立于一般人的本性之外,甚至化身异形,有似雀之化为蛤,雉之化为蜃。后来的道教吸收了更多的人伦日用思想,从生命循环再生的角度出发,把老而不衰、延年久视、出入任意作为神仙之道。道教学者谭峭以"化"的观点看待宇宙、人生和社会,提出"虚化神,神化气,气化形,形化精,精化眄,而顾眄化揖让……"[29],整个人生和社会的兴盛就处在变化统一的过程中。11世纪早期的大画家郭熙,在画论中发挥了道家的人与物相统一而变化的思想,他极力强调景物须有自己的生命,摆脱尘世的扰攘,而去与林泉、雾霭为伍,才能真正彰显人与风景相映生辉、生命长生长存的意趣。另外,道教在利用物资的观念上,主张人类要多多节制欲望,保持万物的生机与发展活力,这与中国传统思想中的依时令进山伐林,夏以前禁采樵,禁捕幼兽幼鸟、禁杀鱼蟹,不涸泽而渔,不焚林而猎等观念,是相当一致的。人与生物资源相连,要进行物质交换。进行物质交换不是强行占有,而是对自然作顺应与调适。

六是融通万有。道教思想一向把大自然看做是一个充满生命的超巨大系统,其中的所有事物都相互有机地联系着,宇宙在其历程中运行,是时间坐标和空间坐标的交叉线。从老、庄之始便探其玄机,以揭示自然界中固有的整体关系。老子《道德经》第 34 章说:"大道泛合,其可左右。万物持之持生不辞,功成不名有。衣养万物而不为主,常无欲可名于小。万物归焉而不为主,可名为大。以其终不自为大,故能成其大。"也就是说,大道像广阔的河水一样滋润着万物,毫无私心,毫无偏意,像伟大的母亲一样爱护着所有的生命,所有的生命依靠道的养育而生。对自然界要善意对待,这是因为在根本上"人与天一也"。[30]既然如此,就必须保护生态环境。庄子曰:"万物皆种也,以不同形相禅,始卒若环,莫得其伦,是谓天均。天均者,天倪也。"[31]也就是说,万物都来自特定的物种,但在不同物质的物种之间也存在着联系和转换,如同圆环一样,分不出始终和次序。这种自然的联系性,可以叫做"天均"。道教自认为道为世界的本原,道是创造一切生命的总源泉,是融贯万物生成的总动力。唐代道士吴筠说:"通而生之之谓道,道固无名焉。畜而成之之谓德,德固无称焉。尝试论之,天地人物,灵仙鬼神,非道无以生,非德无以成。生者不知其始,成者不知其终。探奥索隐,莫窥其宗,入有之末,出无之先,莫究其朕,谓之自然。自然者,道德之常,天地之纲也。"[32]这里立足于物象世界的固然之理,推理道德本体对于物象世界的意义,其中蕴涵着通生无匮、品物有方的生态伦理智慧。大道是宇宙的本原,也是观察天地万物的出发点;站在大道的角度观察人世,天地同一,万物一齐,物我无分,无此无彼;天地万物虽然形态各异,人间诸事虽然各有其理,但说到根本上,则各顺其情,各尽其性,各自自然,各自皆安,这就是差别之中的同一,相异之中的不异,体悟到差别之中的同一,相异之中的不异,也就体悟到了大道,也就融入了大道。

总而言之,道教作为一种宗教,其思想中确有一些与现代科学相违背的东西,但是,道教的基本思想中,也的确蕴涵着中国传统儒、道思想中关于宇宙、自然、人生的深刻智慧,我们完全可以结合当今社会实践,通过返本开新,阐幽发微,从中提炼出符合时代要求、推动社会发展的新理念来。

五、民族传统宗教与原始宗教生态伦理的表现和原则

现代宗教学、民族学学者近年来对亚洲东部的古代宗教,尤其是对少数民族传统宗教和原始民族宗教文化整理、研究的成果表明,民族传统宗教与原始民族宗教的思想和行为在漫漫的文明发展中虽在总体上被消磨了痕迹,但从现存的

可供考察的极其有限的实物资料及保存至今的少数文字资料来看,民族传统宗教与原始民族宗教主要保存在某些民族的文化中,其中也有可供现代生态伦理汲取的精神资源。

大多数民族传统宗教与原始宗教生态伦理的基础是万物有灵论。万物有灵的观点是大多数民族传统宗教和原始民族宗教的基本认识和共同特征。在这些宗教的信仰者看来,整个世界都是有生命、有灵魂的。人和活蹦乱跳的动物自不必说,花草树木等植物也不例外,即使是天地日月、风火雷电、山川、土石等自然之物也跟人一样,具有意识、意志和愿望,宇宙万物都有精灵或神灵寄寓其中。例如,我国彝族典籍《献酒经》中列举了十三种自然神:"神神十三种,献酒到座前,天神是阿父,地神是阿母,原神银幕穿,野神金帐围,树神白皎皎,石神黄焦焦,岩神鸟雅翅,水神鸭以祭,露神露浓浓,雨神雨淋淋,光神光明明,雾神雾沉沉,坑神气熏熏。"[33]列举十三种自然神实际上也赞美了十三种自然现象,彝族人通过称颂自然神的名字慨叹大自然的奥妙神奇。彝族万物有灵的观念认为,自然之物分别有各自的神灵,天有天神、地有地神、树有树神、石有石神、水有水神等。赫哲族的叙事体民间文学作品《满斗莫日根》中有一首萨满的请神歌,反映了赫哲族万物有灵的观点:"我祷告保护我们的诸神,赶紧光临我的顺江霍通(意为城堡、城池),前来分享我们虔诚的祭祀……那巴阿恩都力在天之神,那纳阿恩都力在地之神,那山神、树神、河神、海神,那会潜水的鳇鱼神,会飞行的金钱豹神,那熊神、鹿神、虎神、野猪神,那风神、雨神、星神、月神,你们赶快降临吧!"[34]大多数民族传统宗教与原始宗教认为,精灵或神灵掌握着神奇的力量,控制着世界的一切变化,如果人类顺应它们、取悦它们,它们就能保护人类;如果人类违背它们、冒犯它们,它们就会降下灾祸。一些现代民族中仍有万物有灵观念的遗迹,例如,南方苗族认为,人之所以会生病,是因为荒郊野外的各种精灵作祟而起。每个苗族的村寨都有寨神守护,妖魔鬼怪从正门进入村寨总是办不到,但如果村寨周围没有护寨林和茅草地,妖魔鬼怪就可以从旁门左道潜入寨内,危害村民。为了保护村寨的安全,每个苗族村寨都要集体维护该村寨的风水林和茅草地。这样的风水林和茅草地为整个村寨产生不可替代的生态作用。各村寨的风水林累加起来无异于建构了连片的自然保护区,使这样的自然林带成了多种动物和植物穿越农田和迁徙村寨的走廊,这对维护众多生物正常繁殖具有不可替代的作用。人们认为,尊重日月星辰、山川河流、花草树木、飞禽走兽等自然之物,也就是尊重了寄寓于其中的精灵或神灵。正是基于"万事万物都是有灵魂的"这样一种对世界的基本认识,人们衍生出对自然万物深厚的敬畏、崇拜之情。

万物有灵的世界观依现代观念是无根据的,然而,近年来它也逐渐进入了人们的视野,尤其引起了当代生态伦理学家们的关注。这样的宗教使人们相信自然本身就具有尊严性,它教导人们对人和人以外的整个自然都抱有崇敬和体贴的心情。甚至,一些宗教学家和生态伦理学家在反思万物有灵的世界观中体现出了批判工业文明,希望重返农业社会的倾向。[35] 万物有灵观念奠定了某些民族传统宗教的信仰者对大自然的强烈的敬畏和尊重的感情,决定和规范了他们的行为。一些生态伦理学家看到了这一点,他们提出,完全依靠原则和规范来约束人们对自然的行为是不够的,只有让人们怀有一种"尊重自然"的态度才会使得行为规范更加有效,才会使得人们的行为更加符合保护自然的目的。[36]

专栏 11-8
中国黎族、普米族、鄂伦春、鄂温克族传统宗教中的动物崇拜

海南保亭毛道黎族认为猫是他们的亲属,他们称雄猫为"祖父",雌猫为"祖母",严禁杀猫、食猫。猫死之后,他们像死了亲人一样为之举行丧葬仪式:由两个十二三岁的未婚少年男子,用竹竿抬到村房猫山或椰子树下埋葬。路上,送葬者像死去亲人似的痛哭呼叫,以示哀痛。云南普米族自称为熊的家族。他们认为自己氏族的祖先是"喔娘政嘎公"(黑虎祖先)、"棍娘却拍"(黑熊祖先),他们不猎取虎和熊,因为他们不忍心伤害自己的骨肉。将某种动物看做自己的血缘亲属,不准加以伤害,并制定各种禁忌加以保护,这是原始先民动物崇拜的一种方式,可以说,这种方式直接起到了保护动物的作用。为了生存,人类不得不取食于动物。但即使在猎取、食用动物的同时,原始先民们也依然怀着一种对动物的崇敬心情。鄂伦春、鄂温克族将熊视为自己的亲族,在最初是不准猎食熊的,后来由于生存的需要,不再禁食熊,但在猎取和食用熊时有一系列的禁忌和仪式。鄂伦春猎人在猎获熊后,不敢食熊头。把熊头裹上草包,然后放置在木架上,由年长猎手率青年猎手行三跪九叩之礼,并反复祈祷。食尽熊肉后,骨头不能乱扔,要集中起来放在柳条编的篱笆上,由四个人抬着送葬。这时全体氏族人员要假装哭泣一番,并道歉说:"不是我们故意伤害你,而是误杀了你,请你原谅,不要降祸于我。"鄂温克族打死熊,忌说熊死了,只能说熊睡觉了。食熊肉之前要学乌鸦叫,然后说:"是乌鸦吃你的肉,不是我们吃你的肉。"他们禁吃熊的脑、眼珠、心、肝、肺,认为这是熊的灵魂寄居处,要把这些东西连同肋骨用桦树皮包好,放在树上进行风葬。参加葬仪的人要佯装哭泣,表示哀痛。部分鄂温克族人在食熊肉之前要由一人毕恭毕敬地捧着熊皮走门串户,表示让熊向人们告别。而持熊皮者每到一家,家中所有的人都要发出一种"嘎嘎"的叫声,以示欢迎熊的莅临。

民族传统宗教与原始宗教生态伦理的原则主要有三个方面。

一是取悦自然以满足功利要求。这个原则具体体现在自然物象的崇拜之中。民族传统宗教与原始宗教的自然崇拜是,某些民族和原始人类对无生命的自然物以及自然现象的崇拜。中国少数民族中存在着形形色色的祭天祭地、日

月星辰崇拜、风火雷电崇拜、山石水火崇拜,都是自然崇拜的表现形式。这些崇拜活动的主要动机是取悦自然力,让自然神了解人们的要求与愿望,并满足人们的生存要求,但同时也有促使自然界保持生机勃勃的状态的意图,以及感激自然界为自己的生存赏赐万物、提供生活资料的目的。他们观察到,只有当日月辉煌、星辰灿烂、四时调顺、山峰岩石清明时,人类栽培的果树才会结实,庄稼才会丰收,鱼儿才会活跃。这使他们认识到人类的繁衍生息与大自然的兴衰枯荣是息息相关的,只有顺从大自然的运行节律、保持大自然的生机勃勃的状态,人类才能富裕、幸福。因此,他们祈祷和向往自然的繁荣,希望人和自然和谐统一。

二是取悦动物以满足实用、报恩之心。这个原则体现在动物崇拜之中。在某些民族传统宗教与原始宗教中,人们与动物的关系构成了他们与自然的关系的一个重要内容。由于他们对动物的独特认识,形成了他们与动物的特殊相处方式——动物崇拜。他们在日常生活和生产实践中与动物频繁接触,看到了动物与人有很多相似之处,从而将动物视为自己的血亲;他们叹服动物适应自然环境的神奇的生存能力,从而对动物心怀敬重;他们甚至满怀钦佩地赞美动物所具有的诸如勤劳、勇敢、机警等美好品德和气质。动物崇拜构成了人们与自然的关系的一个重要内容。之所以会形成动物崇拜,主要原因有三种:① 他们认为某种动物有恩于人类;② 认为某种动物是他们的亲族;③ 祈求动物供给食物。普米族巫师中有一名为《直呆木哺》的诗文,述说了宇宙的起源,并且用生动优美的语言记叙了是孔雀教会了人类梳妆打扮,是蜥蜴互易捕获物教会了人类做生意,人类从猴群那里学会了贵贱等级,从鹦鹉那里学会了诵经,人类的经书是从鸡头骨和羊头骨的裂纹发展而来的等。与许多其他民族认为是天神或女神创造了宇宙和人类不同,普米族认为是动物创造了万物。彝族把图腾崇拜与祖先崇拜结合,将生存发展中有想象联结关系的竹、鹰、龙、山羊等看做自己的祖先。《毕摩经典》记述说古代战旗上绘有鹰、野猪、日、牦牛等自然物图案徽帜。彝族服饰有日、月、星纹、鸡、牛、鱼眼、牛、羊角形、鱼刺形等纹饰,兵器上附着鹰爪、牦牛尾、虎皮、虎尾等饰物,都是彝民崇拜自然、亲近自然物的体现。一些彝区地名也保留着图腾崇拜的遗迹,如"古曲"意为"白色仙鹤","昭觉"意为"山鹰的坝子","觉克瓦拖"意为"山鹰之岩","他普"意为"松林地带"等。某些相当原始的民族先民不得不求食于野生动物时,他们与动物进行推心置腹的谈话,求得动物的体谅,并怀着敬畏和尊重之情举行种种祭仪来表示歉意和安抚动物。他们并不认为人类食用动物是理所应当的,当人类的生存和动物的生存之间发生冲突时,他们选择人类的利益。他们举行的祭仪活动并不完全是形式上的虚伪,正是这种禁忌和礼仪阻止了他们对动物的滥杀和残酷行为。在某些民族宗教文化中,为促使动物繁衍增殖,人们举行隆重的繁殖祭礼的现象是极为普遍的。

三是取悦植物以驱灾避祸、获得福佑。这个原则体现在植物崇拜之中。大多数民族传统宗教与原始宗教的信仰者认识到了人类对植物的深刻的依赖,从而形成了各种各样的植物崇拜。在植物崇拜中最重要的是崇拜树木。与动物崇拜相似,有些原始民族认为某种树木是他们的祖先。例如,柳树是满族萨满教信仰中崇拜的主要树木,他们有两个颇引人注意的传说,其一是珲春那木鲁教氏神谕:"很古很古的时候,世上还刚刚有天和地,阿布卡恩都里把围腰的细柳叶摘下了几片。叶子上就出了飞虫、爬虫和人。大地从此有了人烟。直到今天,柳叶上还好生绿色的小包,包里生虫子,就是那个时候阿布卡恩都里留下来的。"其二为满族富察氏族家祭神谕:"在古老又古老的年月,富察哈拉祖先居住的虎尔罕河突然变成虎尔罕海,白水淹没万物。阿布卡恩都里用身上搓落的泥做成的人只剩下一个了。他在大水中随波漂流,忽然漂来一根柳。他手抓柳枝才漂进石洞。柳枝幻化成一个美女,从此留下后代……"[37]这两则神话表明,崇拜柳树是因为他们认为是柳树创造了人,传衍了他们的族类。他们奉柳为生命之母,是柳树给予了他们生命与营养,就像母亲对孩子一样,砍伐、损害柳树就等于杀害了自己的母亲。

一些民族认为,枝干虬盘、根深叶茂的古树附有神灵,他们通常将村寨附近的古树作为他们的氏族神、家族神、村社神来崇拜。他们奉这类有灵魂的树木为神树,认为是这类神树在庇护和养育他们,毁坏、冒犯这些神树将给村寨带来灾祸。《西南彝志》载:彝族"六祖"之一的恒氏创业兴家是靠松树创天,靠柏树创地。"马尾松和依依草"的传说生动体现出彝民对森林的情感:远古时,金沙江南岸爆发大规模部落战争,战败者扶老携幼仓皇北逃。前有湍急的大江,后有穷追不舍的仇人,当此危急关头,江边一棵高耸入云的马尾松树突然横倒在大江上,犹如一座大桥,待逃难人马过江后,大松树却顺水漂走。逃过了这一劫难,又遇悬崖峭壁阻隔,身陷困境的彝人意外发现悬岩上的"依依"草,他们手抓该草攀岩脱险。于是人们认为松树和依依草是祖先灵魂的化身来拯救自己。自此,依依草和松树枝也就成为彝族祭祖时必需的物品,一些古树被赋予神性受到崇拜,有的村寨以古树或主要树木命名。云南景颇族、傣族认为,生长在村落附近的高大挺拔、枝繁叶茂的大树是他们的氏族祖先,常年保护着氏族成员的平安顺利,不受外族侵犯。因此他们每年都要祭祀祖先神树,祭仪特别严肃认真。云南哈尼族认为寨边古木参天,意味着人丁长寿,因而把寨边古木视为神圣之物,倍加崇敬,每年定期举行祭献仪式。如果古木枯倒,村寨要停止农业生产一天,向树神致哀,并且任其倒树腐烂,也不作柴火或其他用材。哈尼族还认为,村寨以林木、竹类环绕,就可阻止灾难、邪恶、瘟疫入寨,因此,他们将村社周围的林木比作人畜的围墙,倍加增植养护。[38]藏族、普米族、纳西族等对神树神林极为崇拜,因而这些民族生活的地区,至今仍有许多保护神林神树的神圣戒规禁律,如严禁砍伐神林神树,禁止在神林中狩猎、放牧,甚至禁止在神林中高声喧哗和嬉戏调笑等,为的是怕触犯神林神树的灵魂,给人类带来灾难。这些戒规禁律如同法律一样严明,任何人不得越雷池一步,若有人违犯了这些法规,族人将严厉惩罚。

植物崇拜中的禁忌和戒律直接规范了原始人类对植物的行为方式,其直接的结果是起到了护育树木和山林的作用。直到今天,这种原始文化中的植物崇拜力量在保护一些少数民族地区的生态环境方面仍在发挥重要作用。

总之,调适人与自然之间的矛盾,促进共同发展和可持续发展是现代人类社会面临的最大问题。如果说,维护世界和平需要协调人与人之间的关系,那么,共同发展、可持续发展则不仅要协调人与人之间的关系,而且还要协调人与自然之间的关系,使人类赖以生存与延续的自然生态环境得到全面、良好的保护。迄今为止人类社会的大量事实表明,在现代化的进程中,人类有时也会走上一条与自然相抵触的道路,对自然界的过度开发,甚至是野蛮的掠夺,正严重地破坏人与自然的和谐,改变人类生息长养的生存环境,从而也就严重威胁到人类自身的生存。在这些方面,宗教的生态伦理也有一定的参照价值。

材料评论

从20世纪70年代开始,过程神学在基督教学者当中得到了新的发展,并自觉和生态运动结合起来,从生态思想中吸取营养,为生态思想提供独特支持。如过程神学家杰伊·麦克丹尼尔(Jay McDaniel)认为,生命的过程以及构成这个过程的各种事件并不完全在上帝的管辖和控制之下。构成进化过程的事件内在具有创造性和自发发展,它们不受上帝的决定和指令,物质和生命的这种独立性本质上来自上帝创世之初的能量和混沌状态。上帝从混沌中创造出秩序,但是宇宙及其每一个能量事件仍然保留了创新的可能性,即可以选择是沿着和谐还是混乱的道路发展。上帝对所有物质和生命的目的是和谐和完整,但这只是提供了一种可能。他主张自然存在物,从动物、植物、细菌到河流、星辰,都有内在的价值,这种价值不是上帝赋予的,但是上帝"诱使"人们尊重自然物的权利。存在物的价值高低要由其进化的复杂程度来决定。

对此你有何理解和评价?

问题与讨论

1. 宗教与生态环境有怎样的普遍关联和特殊关联?
2. 教会环境运动经历了哪几个阶段?
3. 宗教生态实践有哪些具体体现?
4. 对基督教"生态抗议"的主要内容是什么?
5. 基督教环境伦理的内涵怎样?
6. 佛教生态伦理的现代意义和价值如何?
7. 道教的生态伦理精神的内涵如何?

8. 民族传统宗教和原始宗教中有哪些可借鉴的生态伦理思考?

9. 《道德经》中有下列论述:

人法地,地法天,天法道,道法自然。(第25章)

天长地久。天地所以能长且久者,以其不自生,故能长生。(第7章)

道常无名相。虽小,天下莫能臣。侯王若能守之,万物将自宾。天地相合,以降甘露,民莫之令而自均。(第32章)

道之尊,德之贵,夫莫之命而常自然。故道生之,德畜之;长之育之;成之熟之;养之覆之。生而不有,为而不恃,长而不宰。是谓玄德。(第51章)

上述论述有什么样的生态伦理意涵?

参考文献

[1] [英]马林诺夫斯基.文化论[M].北京:中国民间文艺出版社,1987:78.

[2] [日]池田大作,[英]威尔逊.社会与宗教[M].成都:四川人民出版社,1996:414.

[3] [日]高楠顺次郎.大正藏(卷16)[M].1979:624上.

[4] [日]高楠顺次郎.大正藏(卷16)[M].1979:561中.

[5] [日]高楠顺次郎.大正藏(卷24)[M].1979:1005中.

[6] [日]高楠顺次郎.大正藏(卷45)[M].1979:902上.

[7] 刘小枫.现代性社会理论绪论[M].上海:上海三联书店,1998:475.

[8][9] 杨曾文.当代佛教[M].北京:东方出版社,1993:265,245.

[10] 法音,1996(10):32-33.

[11] "中央"日报.1998-1-9.台北.

[12] 济群法师.佛教的环保思想[J].佛教文化,2002:59-60.

[13] [瑞士]孔汉思,[德]库舍尔.全球伦理——世界宗教议会宣言[M].何光沪,译.成都:四川人民出版社,1997:13.

[14] [美]霍尔斯·罗尔斯顿.尊重生命:禅宗能帮助我们建立一门环境伦理学吗?[M].哲学译丛,1994:5.

[15] White L. The Historical Roots of Our Ecologic Crisis[J]. Science,1967,155:1203-1207.

[16] Nash J. Loving Nature: Ecological Integrity and Christian Responsibility. Nashville,TN: Abingdon, 1992:68.

[17] [美]纳什.大自然的权利:环境伦理学史[M].杨通进,译.青岛:青岛出版社,1999:131,132,145.

[18] [日]高楠顺次郎.大正藏(卷14)[M].1979:768中.

[19] [日]高楠顺次郎.大正藏(卷2)[M].1979:67上.

[20] [日]高楠顺次郎.大正藏(卷2)[M].1979:81中.
[21] [日]高楠顺次郎.大正藏(卷46)[M].1979:703中、下.
[22] [日]高楠顺次郎.大正藏(卷2)[M].1979:85下.
[23] [日]高楠顺次郎.大正藏(卷44)[M].1979:743中.
[24] [日]高楠顺次郎.大正藏(卷25)[M].1979:350中.
[25] 王明.太平经合校[M].上海:上海古籍出版社,2000:576.
[26] 葛洪.抱朴子·地真[M].北京:中华书局,1985.
[27] 上海师范大学古籍整理组校点.国语·郑语[M].上海:上海古籍出版社,1978.
[28] 王明.太平经合校[M].上海:上海古籍出版社,2000:19.
[29] 谭峭.化书·大化.道藏(第23册)[M].天津:天津古籍出版社,1988.
[30][31] 庄子.庄子·山林[M].北京:中华书局,1985.
[32] 吴筠.玄纲论·道德章第一,道藏(第23册)[M].北京:文物出版社,1988:674.
[33] 吕大吉,何耀华.中国各民族原始宗教资料集成·彝族卷[M].北京:中国社会科学出版社,1996.
[34] 吕大吉,何耀华.中国各民族原始宗教资料集成·赫哲族卷[M].北京:中国社会科学出版社,1999.
[35] [英]汤因比,[日]池田大作.展望二十一世纪:汤因比与池田大作对话录(中文版)[M].北京:国际文化出版公司,1997:367.
[36] Taylor P W. Respect for Nature:A Theory of Environmental Ethics[M]. Princeton:Princeton University Press,1986:70.
[37] 吕大吉,何耀华.中国各民族原始宗教资料集成·满族卷[M].北京:中国社会科学出版社,1996.
[38] 吕大吉,何耀华.中国各民族原始宗教资料集成·哈尼族卷[M].北京:中国社会科学出版社,1999.

第十二章

环境与战争：战争生态学

> 对和平和人类社会生存造成的威胁，莫过于人类赖以生存的生物圈愈来愈严重的、不可逆转的退化的前景……我们的生存不仅取决于军事平衡，而且还取决于全球合作，以确保一个可持续存在下去的环境。
>
> ——《我们共同的未来》

- 对资源的争夺将会引发战争
- 战争不能维护国家的环境安全
- 战争的各个方面都将会耗费资源破坏环境
- 在发展军事力量的过程中保护环境
- 通过国际合作解决资源安全问题

既然环境安全是国家安全的一个重要组成部分，那么对于主权国家来说，就需要解决国家的环境安全问题，也就是要解决国家所面临的环境威胁。由于环境威胁来自国内、地区和全球三个区域，因此，为了维护主权国家的环境安全，既需要主权国家自身的努力，实施可持续发展战略，解决本国国内的环境问题，又需要主权国家采取适当的方式，与其他国家和国际社会一道，维护地区和全球环境安全。

那么，主权国家如何解决环境安全问题呢？是采取联合协调的方式，还是采取冲突战争的方式？战争能够维护国家环境安全吗？如果不能，我们如何看待环境与战争？

一、为资源而战

在20世纪60年代环境问题凸显之前，主权国家的环境安全问题主要表现在资源稀缺对国家安全的威胁上。为了摆脱这一状况，主权国家在开发利用本国资源的同时，往往通过战争侵略别国，扩大自己的疆土，掠夺别国的资源以扩充自己的实力。

在农业社会，先民定居下来，利用还处于萌芽状态的知识，如青铜器冶炼知识、炼铁知识、农耕知识等在土地上从事着手工劳动，生产出粮食等基本生活品维持着生活。如此,土地成为一国赖以生存发展的基础,成为一切财富的源泉,成为农业社会政治、经济和军事关注的焦点。为了获得更多的土地资源,一国的统治者更倾向于通过战争,掠夺他国的土地来增加实力和财富。这贯穿于农业社会历史发展之始终。

距今300年左右,人类社会进入到工业时代。为工业文明提供动力的不再是土地,而是以土地为载体,蕴藏于土地之中的各种不可再生的能源和矿产品。对此的占有成为综合国力的重要指标,也成为各国争夺的主要目标。加之科学的发展和技术的进步,使得早先进入工业化的国家对各种资源利用的强度和数量增大了。这些加剧了相关国家对土地的争夺,使得世界上绝大多数国家或主动或被动地卷入其中。

在20世纪,无论是第一次世界大战,还是第二次世界大战,以及其后分别建立的凡尔赛-华盛顿体系和雅尔塔体系,均是列强对土地争夺的范围由本国版图向各国殖民地或势力范围延伸的结果。可以说,掠夺资源就是第二次世界大战爆发的重要原因。且不说豪斯(Hausllofer)的争夺生存空间和"能动的疆界"的思想影响了希特勒,促成希特勒对外大肆侵略扩张。看一看日本作者柄奇英一所著《石油与现代战争》一书就能明白:日本觊觎东南亚的油气资源,德国对高加索和中东石油垂涎三尺,是它们发动第二次世界大战的重要原因。

第二次世界大战一结束,1945年杜鲁门继任美国总统后,改变了战时大国合作政策,强调对苏联采取强硬态度,以"反苏反共"为口号,以"冷战"为工具,加紧筹组大西洋联盟,对苏联等社会主义国家推行"冷战"与"遏制"政策。

为了对付帝国主义的政治颠覆、经济封锁和军事包围,苏联提出了莫洛托夫计划,并与其他社会主义国家加强了政治经济联系,成立了九国共产党和工人党情报局、经互会和华沙条约组织,形成了社会主义阵营。

尽管在其之后,东西方的社会主义阵营和资本主义阵营发生了很大变化,但是以美苏两个超级大国为首的两极格局已经形成。它们在政治方面表现为遏制与反遏制,在经济方面表现为封锁与反封锁,在军事方面表现为军备竞赛的轮番升级,在资源方面表现为试图将资源争夺政治化,从对资源的占有遏制对方。如针对苏联控制中东石油的企图,美国1983年在国防报告中指出:"一旦苏联控制了该地区的石油命脉,西方联盟将在没有一兵一卒进入西方的情况下被迫屈膝投降。"美国前国防部长布朗甚至这样认为:"如果苏联在政治上对波斯湾以及石油掌握了支配权,就等于占领了西欧和日本的领土。因为这些国家在很大程度上依赖这个地区的石油……"

具体说美国,它对中东特别是海湾地区的石油依赖程度是很大的。1973年第一次石油危机之后,美国为减轻对中东石油的依赖程度,在20世纪80年代前半期努力把从中东进口的石油削减到只占全部消耗量的10%多一点。但是,在此之后,由于美国石油需求增加、国内生产减少和拉美石油增产势头减缓,美国对中东石油的依赖程度再次增强。1991年美国从海湾地区进口的石油在石油进口总量中的比重,已由10年前的20%上升到30%,2001年从中东进口的石油达到了美国全部石油消费量的28.6%。在这种形势下,美国前总统国家安全事务助理布热津斯基曾强调:"拥有世界已查明石油储量56%的波斯湾国家,将继续是西方的重大战略利益之所在";"任何外部势力想控制波斯湾的企图,将被视为是对美国重大利益的攻击。"海湾战争中,美国前总统尼克松毫不掩饰地说,美国向伊拉克开战,既不是为了民主,也不是为了自由,而是为了石油。至于2003年美国发动伊拉克战争的起因,有人认为与石油有关,有人认为与石油无关。但不管有关还是无关,战争的结果肯定与石油有关。美国是世界第一大石油消费国,其人口占世界总人口的5%,却消耗着全球42%的能源,对海外石油依赖严重,因此它要建立以其为主导的国际能源新秩序。"9·11"事件后,美国通过强化美俄能源合作、加速里海油气开发、抢滩非洲石油等手段,加紧抢占石油地缘战略支点,全面推进全球石油战略布局。其中,"倒萨"成为关键一步。

专栏 12-1

美国"倒萨"的政治地缘战略

伊拉克石油探明储量1 125亿桶,排名世界第二。战后,伊拉克石油日产量1~2年内可望恢复到1991年海湾战争前的350万桶,5年后可增至600万桶,取代沙特成为世界第一大产油国。2003年,美国国务院已组织伊拉克流亡海外的石油专家组成"未来项目"小组,在未来新政权的能源部门中占据要职。战后,美国不仅将要求伊拉克政权重新审查萨达姆与俄、法等国签订的石油合同,还会迫使其取消对石油生产和销售的国家控制。伊拉克重返国际油市使美国掌握了一张"王牌",可以达到取代沙特、打压欧佩克、制约俄罗斯的多重目的。

事实上,冷战结束后,军事安全因素下降,经济安全因素上升,而资源是发展经济的物质基础,加之全球正面临着日益严重的资源危机,因此,资源安全因素为大家所瞩目,涉及资源的问题也变得更加敏感,由资源引发的冲突和战争更加突出。1995年初爆发的秘鲁与厄瓜多尔边界武装冲突,究其原因既是一场有着历史根源的边界争端,也是一场对黄金和铀蕴藏量极为丰富地区的争夺。1990年统一的也门共和国于1994年5月爆发的南方和北方大规模的武装冲突,究其原因也是一场石油争夺战。因为南方拥有丰富的石油资源和天然气资源,不愿让北方分享这个宝贵财富。而北方坚持统一,甚至不惜使用武力,以便控制南方石油。据有关资料统计,第二次世界大战后的局部战争60%以上与资源有关。

可以说，哪里有丰富的资源，哪里就可能成为资源争夺的焦点。不可否认，当今世界"谁想控制世界谁就必须掌握知识，谁想掌握知识，谁就必须拥有高素质的人；谁想拥有高素质的人，谁就必须有高素质的教育和有效的人才引进机制。"[1] 但是，光有知识和人才还不够，还要有人类赖以生存和发展的基础——资源，还要有知识的力量得以发挥的对象——资源。而资源并不是谁想有就有的，它必然受到本国以及他国乃至全球的限制，必然要在与国际社会打交道的过程中获得。在此过程中，有时会不可避免地卷入资源冲突之中，甚至为资源而战。这一点对于未来世界的水资源体现得特别明显。

地球上的水虽然并不少，但分布极不平衡。地球表面虽然有2/3覆盖着水，但其中97.5%是海水。余下2.5%的淡水中，77.2%是冰雪，22.4%是地下水，只有0.4%为地表水，人类能取用的淡水仅占地球储水量的0.014%。世界上约65%的水资源集中在不到10个国家里，而人口共占世界总人口的40%的80个国家（其中9个在近东和中东）却严重缺水，另外26个国家（共2.33亿人）的水资源也很少，处于经常缺水的状态。联合国在2003年3月举办的水论坛上发布的《世界水资源发展报告》称，目前全球水资源危机日益严重，由于人口增加、环境污染、气候变化等因素，今后20年人均水资源供应量还将减少1/3。一种最坏的估计是，到21世纪中叶，将有60个国家的近70亿人口面临缺水问题。即便是最乐观的估计，也将有48个国家的20亿人口缺水。而且，据气象组织的统计，20世纪以来，人类对淡水的需求急剧增加。从1900年到1995年，水的消耗增长了6倍，比同期世界人口增长速度快两倍。到2025年，世界人口将从目前的57亿增加到83亿，对水的需求还将急剧增长，世界缺水人口将占总人口的1/3。有资料表明，伴随水资源危机而出现的"环境受害者"人数在1998年达到2 500万，第一次超过了"战争受害者"的人数。

水是人类赖以生存的不可替代的生命资源，也是社会发展的经济资源。水资源短缺会阻碍农业、工业的发展，危及世界的粮食供应，破坏生态环境系统，直接威胁人类的生存。因此，在现在和未来，水是一些国家的命脉，成为一些国家争夺和维护的对象。印度与巴基斯坦关于克什米尔的数十年冲突，部分原因在于喜马拉雅山脚下的富水地区。印度修建控制整个地区的河坝，巴基斯坦担心印度会在某些炎热的夏季关闭水闸而使巴基斯坦地区变为焦土。在印度的东部边界，贫困的孟加拉国也有同样的恐惧，因为印度在离边境几英里的恒河建坝。孟加拉国官方认为该问题性命攸关，并要求提交海牙国际法庭。水的竞争在约旦、以色列、叙利亚之间也相当激烈，它们都依靠约旦河供水。小小的约旦河孕育了两大宗教，是中东争夺最激烈的水源。中东四次大战都与它有关。阿拉伯国家20世纪60年代要截流约旦河，1965年以军炸毁叙利亚的截流设备，这成为1967年战争的原因之一。而且，土耳其正在幼发拉底河的源头修建大坝，这将急剧减少下游国家叙利亚和伊拉克的流量。因此，在这个因为民族、信仰和石油而众所周知的政治火药桶中,潜藏着因严重的缺水和人口膨胀而形成的"水定时炸弹"(hydrological time bomb)……

联合国教科文组织负责水问题的官员安德拉会·塞尔就说,由于水供应不足和水纠纷,有140个地区出现强烈的爆炸性局面。据统计,全世界至少有240条国际河流,约40%的世界人口居住在这些河流两岸。其中,155条河流由3个以上国家共享,有的甚至由多达12个国家共享。根据研究,当一条河流为3个以上国家共享时,出现冲突的可能性就很大。此时,再加上缺乏可实施的法律与条约作为指导分配国际淡水的准则,许多国家为争夺淡水资源而产生矛盾。被联合国列入未来30年内"水资源高度紧张"的27个国家之间就已经潜伏着水资源冲突的因素。

2003年联合国《世界水资源发展报告》指出,在最近的50年,由于水资源问题引发的1 831起个案中,有1 228件已经通过"合作形式"得到解决,并且签署了大约200个分配水资源或建造新水坝的协议。在507件"冲突的个案"中,有37件有暴力性质,而这37件中有21件演变成了军事冲突。在这其中有18件是以色列和其邻国之间发生的。

当然,对于起因于资源的冲突,也并非仅存在于水资源上,对于其他的资源也可能由于这样那样的原因,引起国内及国家间的冲突乃至战争。对抗仍然是未来一段时间内主权国家维护资源安全的一个手段。

二、战争不能维护国家环境安全

传统的安全观信奉"如果你想拥有和平,请准备战争"。之所以如此,是因为外部军事进攻是构成一国生存和发展的主要威胁。国家获得安全最可行的方法就是最大限度地扩大单边军事能力,把自己武装得比对手强大,抵御对手的进攻,获得安全感。不仅如此,主权国家相信,只有通过战争,占领别国领土以掠夺别国资源和财富,才能满足本国环境安全的需要。

随着地球自然资源日益紧缺,国家之间对原材料、能源、土地、海洋通道、河流海域等重要环境资源的争夺更加激烈,甚至不惜军事冲突。在目前的国际形势下,放弃对资源的争夺,甚至放弃以军事手段对资源的争夺(当然,这里的争夺应是合情合理的)都是不明智的,也是不可能的。因此,对于各主权国家来说,利用军事手段保护本国的环境资源不被掠夺,仍然是维护环境安全的一条途径。

但是,不可否认,战争自身与环境破坏紧密联系在一起,通过战争最终不能维护主权国家的环境安全。

1. 战争对自然环境的破坏

战争是残酷的,它不仅威胁到人民的生命财产安全,而且极大地破坏了自然资源环境。

(1) 战争准备给自然生态环境造成极大破坏

第二次世界大战期间,一个机械化营演习就需占地 1 600 公顷,而现在同样规模的演习则需要 32 000 公顷。苏联的军事基地、靶场、机场和营房就占去其 4% 的国土面积。仅塞米巴拉金斯克试验基地就占地 1.8 万平方千米,几乎等于一个克里米亚共和国。在整个欧洲,用于军事目的的土地面积达到其国土总面积的 3% 左右。即使在和平时期,军事基地和军库占地估计有 75 万～150 万平方千米,[2] 相当于人口居世界第四位的印度尼西亚的领土面积。在美国,军事用地大约占 10 万平方千米,相当于整个弗吉尼亚州的面积。面对世界农耕土地的短缺,这确实是一个问题。

而且,在那些建有军事设施的地方,自然环境遭到了原子、化学和细菌武器的严重污染和破坏,而这些污染和破坏不仅仅局限于本地,还不可避免地随风、水以及动物传遍全球各个角落。苏联新地岛基地进行核试验后,其北部地区的核污染比原来增加了 1～2 倍。在美英频繁进行核试验的 1950 年,国内共发生了 32 万起死胎和新生儿夭折的事件。在苏联,核爆炸对哈萨克斯坦、阿尔泰边疆区以及新西伯利亚的居民来说已经成为历史,然而在他们第三代人中间却出现了不少"黄孩子"。根据 1990 年抽样调查,在以上几个试验区,28% 的儿童有严重的黄疸病,72% 的成年人中枢神经受到不同程度的损害。

(2) 战争过程导致自然资源和环境破坏的结果

大规模战争严重破坏环境的历史由来已久。近 5 500 年以来,人类共经历了大小战争 14 550 次,和平时期仅有 292 年。被历次战争毁灭的财富足以使人类享用数千年。而且,"战争的历史,本质上是火力和破坏增加的历史。"[3] 随着武器技术的进步,从剑、弓、矛、马到火枪、加农炮……人类破坏环境的能力增强了。当武器沿着材料(石头—铁—钢)、能源(火—石油—核)、信息(物理信息—生物信息)不断演进,战争对环境的破坏也由生物圈、大气圈、岩石圈不断扩大。古罗马兵团排兵布阵的战场,小草第二年就发出了新绿;而第二次世界大战中所造成的环境创伤绝大多数 40 年内才能够恢复;现代战火的硝烟不仅使肥沃的良田遭到破坏,而且使各种野生动物濒临灭绝。

由 38 个国家参加,战火波及 410 万平方千米土地的第一次世界大战,夺取了 970 万人的生命。而卷入第二次世界大战的人口达到全球的 80%,战火燃遍 61 个国家的 2 260 万平方千米的土地,5 500 万人死于战火中,发达国家 54% 的工业、38% 的农业遭到毁灭性的破坏。

在朝鲜和越南战争中,战争的策略发生了变化,封锁成了一门艺术。20 世纪 50 年代的朝鲜战争,75% 的军火支出用于封锁;60 年代到 70 年代的越南战争,85% 的军火支出用于封锁。封锁的进行就是使用重火力去攻击预计藏有敌人或敌人物资的地方。这样,环境成了攻击的目标。美越战争给越南的自然环境造成了严重破坏,土壤严重碱化,30 多种鸟类从国土上消失,江河湖泊中的许多鱼种和浮游生物濒临灭绝。

到了未来,战争的资源环境破坏如何呢?这可以从核战的直接后果"核冬天"中窥见一斑。

专栏 12－2

"核冬天"

1982 年保罗·克鲁森和约翰·伯克斯指出,在一次核大战中,一定会有巨大的全球性火灾向大气中喷发烟雾和岩屑,极大地破坏保持地球温度的脆弱的辐射平衡。这一观点被命名为"核冬天"。之后,很多科学家对此进一步研究,给出了"核冬天"的概貌:

"在一场较大的原子战争后,生态系统将惨遭破坏,致使北半球不大会有幸存者,而南半球的人、畜和植物估计也将遭受严重的后果。战争最初几个月内,不会有充分的阳光穿过烟雾和尘埃到达地球表面,因而植物不可能继续存活。爆炸时未被杀害的动物也将渴死。因为零下 15~35 ℃ 的严寒达数日之久,水都冻住了。据最近的研究,在一场爆炸力为 5 000~10 000 兆吨 TNT 当量的原子战争中,将有 3 亿~10 亿人丧命。更有数量相同的重伤者需要急救,但是几乎没有医疗条件。很可能世界人口的一半将成为这样一场战争的牺牲品。目前两个超级大国拥有 5 万件原子武器,其摧毁力相当于 13 000 兆吨 TNT 当量。"[4]

由此可见,未来核战带来的几乎是地球和人类的灭亡!

(3)"环境战"直接以破坏环境为目的

有时为了达到战争的胜利,环境成为军事打击的直接目标。这样的战争俗称"环境战"。

环境战自古就有。公元前 1 000 年,约旦人的战争提供了第一个用化学战损害敌方环境的较早记录。敌人的军队将盐撒在农田里,以便破坏约旦人的粮食供应。公元前 512 年在奔锡尼与塞西亚人的战争中,当塞西亚人撤退时,他们有计划地实施烧光政策,以便阻止敌人进入到相当于现代的伊朗地区。

在此后的历史中,类似的环境战又发生了好多次。

到了中世纪,公元 405 年,汪达尔人(属日耳曼民族,公元 4—5 世纪进入高卢、西班牙、北非等地,并曾攻占罗马)洗劫了罗马,使得环境以及人类遭到了重大的损失。从公元 1213 年到 1224 年,蒙古侵犯和抢劫了东欧,毁坏了支撑生命系统的环境。从1618年到1648年的30年,在德国、瑞典与神圣罗马帝国(962—1806)天主教军队的战斗中,40%的农田受到破坏,并且波斯米亚的人口减少了75%。

拿破仑战争、美国南北战争和许多其他冲突都包含有意的环境破坏。这里不再一一叙述。

到了现代,环境战愈发加剧,对环境的影响也越来越大。当今世界上某些国家将大规模杀伤性武器用于对敌对国自然生态的破坏,企图以此来"人道"地消灭对方,但他们却没有顾及这种做法的后果。美国在越南战争中曾大规模地使用落叶除莠剂,使越南南方40%的森林、70%的椰林和43%的农作物遭到毁灭性的破坏,人均遭受3 kg化学毒剂的伤害。化学制剂造成成千上万名妇女流产或早产,生出的死胎、怪胎、先天畸形、肿瘤和先天性心脏病婴儿更是不计其数。

海湾战争中,伊拉克明确声称要以炸毁科威特油田作为"生态武器",石油环境战成为伊拉克作战方式之一。科威特的935口油井中有749口在战争期间被战争损坏或故意破坏,其中650口油井被点燃或任其喷流。原油损失估计为3.85亿吨。在被损坏的油田周围湖中有340万~680万吨的石油必须排除。油湖的残余物对脆弱的沙漠环境造成了巨大的破坏。[5]

伊拉克炸毁科威特油田可以说只是未来环境战的雏形。未来的环境战将集中在核电站、大型化工企业、油田、大型油轮、水电站、大型水坝等目标上。之所以如此,是因为这些设施关系到一个国家的国计民生,对一国的生存和发展具有重大意义。毁坏了这些设施,也就威胁到这些国家的基本生存。不仅如此,对这些目标的攻击,还将造成被攻击国环境的巨大破坏,使其环境安全受到极大威胁。根据国际原子能机构的报告,截至1995年,世界上共有476座核电站在运行或正在建设中。除此之外,还有许多核燃料加工厂、核弹工厂、核废料储存库等。这些核设施在战争期间一旦被有意无意地摧毁或平时发生重大核泄漏事故,将在数千公顷范围内造成放射性元素污染,这些区域可能几十年内都无法居住。目前,世界上有21个国家在其主要河流上共建有72座大型水库。每个水库蓄水量至少为近10亿立方米,其中有6个特大型水库的蓄水量高达1 000亿立方米。一旦这些水库遭到破坏,其对环境的影响将十分严重。现在大陆架上有数千口油井,产量占世界石油产量的1/3。还有约5 000艘油轮,它们平均载油量约为7万立方米,其中有30艘油轮载油量达40万立方米。如果这些油井和油轮遭到袭击或发生意外事故而泄漏石油,那么将对该区域的海洋生态系统造成毁灭性的破坏。[6]

上述三方面充分说明,战争的环境破坏是巨大的。这在一定程度上说明,通过战争维护本国和他国的环境安全就是行不通的。

专栏 12-3

"威望号"事件

2002年11月19日,悬挂巴哈马国旗、装载着7.7万吨燃料油的"威望号"油轮在西班牙西北部海域断裂沉海。在当月就泄漏了1万多吨的燃料油。这一消息震惊了欧洲乃至全世界。这不仅因为污染使西班牙损失惨重,也不仅因为污染很快将波及北邻法国和西南的葡萄牙,甚至更远的国家,人们惊讶的是,"威望号"这样一艘破船怎么能满载着比原油污染危险性还大的燃料油在大海上航行,严重威胁着沿海国家的安全?人们担心的是,国际社会如不采取措施,"威望号"油轮事件还会重演。现在,盛满燃料油、静静躺在海底的"威望号"就像一颗定时炸弹,随时都会把它肚子里的约6万吨燃料油泄漏到海面上。

2. 战争最终不能维护国家环境安全

对于上面的结论,可能有人会提出疑问。他们会说,战争对环境的破坏并不是双方的,一方可以通过战争在给对方造成环境破坏的同时,争夺到有利于自己的环境资源,从而增强自己的环境安全。这种看法从表面上、从孤立的角度或从短期看,有一定道理。但是如果深究下去,就会发现这种观点是错误的。通过战争不能给战胜国带来环境安全。

(1) 从战争的内涵来看,战争最终不能带来国家环境安全

战争所导致的只可能是战争的继续。通过战争掠夺资源只可能使掠夺资源的战争愈加激烈。既然一国可以通过战争从另一国得到更多的环境资源,获得环境资源安全,那么其他国家也就可以通过战争从该国掠夺环境资源,侵犯该国的环境安全,以获得他们的环境安全。这样,由战争获取的国家环境安全只能是暂时的,主权国家将长久地处在别国的威胁之下没有安全感。这就陷入了"争夺资源—战争—环境破坏—争夺资源"的恶性循环之中。

因此,为了本国和他国的环境安全,应当避免战争,用和平的方式解决国与国之间有关资源环境的一切争端。第二次世界大战后,美国在中东的战略转向说明了这一点。

第二次世界大战后,美国在中东扩张政策的主导目标不是中东的石油,而是中东的战略地位。以色列虽然在石油资源方面是贫油国,但由于其所处的战略地位对美国来说特别重要,因此,美国不惜与阿拉伯国家为敌,偏袒和支持以色列,操纵联合国于1947年11月召开的第二次大会上通过了关于巴勒斯坦将来治理问题的不公正的《分治决议》。决议规定,占巴勒斯坦总人口不足1/3的犹太国分得57%的土地,而人口超过2/3的阿拉伯人却只分得34%的土地。不仅如此,美国还在四次中东战争中支持以色列,打击阿拉伯国家。

在这种情况下,阿拉伯国家忍无可忍,以石油作为捍卫国家主权、收复失地和反对强权政治的战略武器。1967 年,以色列人发动了对阿拉伯国家的闪电战,阿拉伯国家随即宣布石油禁运。第二天运出阿拉伯的石油就减少 60%。在这种情况下,美国石油工业反应迅速,每天增产石油 100 万桶,相当于阿拉伯减产量的 2/3,再加上委内瑞拉、伊朗的增产,使石油禁运失败。1973 年 10 月,第四次中东战争爆发。阿拉伯国家再次运用石油武器,于 10 月 16 日单方面决定将石油价格在原来的基础上提高 70%~100%。在此之后,阿拉伯国家石油输出国组织也决定把它们的石油生产逐月递减 5%,直至国际社会迫使以色列撤出它 1967 年侵占的领土。与此同时,阿拉伯国家明确宣布将石油消费国分成三类:"友好类",即支持阿拉伯的国家,如欧洲的法国、西班牙等均不受减产的影响;"中立类",即它们如不改变政策的话就要受到缩减生产的影响,日本即属此类;"敌对"类,即支持以色列或被认为是以色列盟国的国家,如美国、荷兰等,对它们实行禁运。

石油禁运的影响究竟有多大呢? 在 1973 年 10 月初,西方从阿拉伯获得石油为每日 2 080 万桶,到 12 月石油禁运最严重的时候,市场供应总量为每日 1 580 万桶,减少了 500 万桶。石油的价格也从 1971 年每桶 1.8 美元突然上涨到 1974 年的每桶 10 美元以上,曾一度突破 17 美元。

石油武器沉重打击了西方资本主义国家,造成了第一次石油危机,结束了西方石油进口国长期得到廉价石油以促进其经济高速增长的时代,使整个资本主义世界经济的根基发生动摇,转入衰退和低速增长时期。

受影响最大的还是美国。美国在禁运前,每日从国际市场上进口原油 620 万桶,禁运后,减少了 200 万桶。一些工厂因为缺少能源而停工关闭;美国在欧洲的驻军和地中海的第六舰队不得不动用它们的战时储备。美国政府宣布了一系列节省石油和电力的紧急措施,其中包括:减少班机航次、限制车速、对取暖油实行配给、星期日关闭全国加油站、禁止和限制户外灯光广告。尼克松总统还下令取消他周末旅行的护航飞机。国会通过法案授权总统对所有石油产品实行全面配给。

但是,这一系列措施只能应急,不能从根本上解决问题。对此,美国权衡再三,不得不调整其公然的、毫无顾忌的亲以政策,考虑阿拉伯国家人民的情感,修好于使用"石油武器"的主导国家——沙特阿拉伯。

美国对中东石油的控制,对于其在冷战结束、苏联解体之后继续保持在西方国家中的盟主地位具有重要意义。在冷战时期与苏联对峙的情况下,美国在西方国家中占有盟主地位,一是靠它的经济实力,二是靠它的核保护伞。在这两方面日本和西欧都有求于美国。到了 20 世纪 80 年代,日本和西欧在经济上已经与美国分庭抗礼,甚至形成挑战,这时美国经济优势失去了效力,剩下的只有核保护伞了。到了 80 年代末 90 年代初,冷战结束,苏联解体,日本和西欧依靠美国核保护伞的必要性也消失了,至少是大大地减弱了。这些必然动摇美国在西方国家的盟主地位。为此,美国试图控制中东石油以加强其盟主地位。因为,日本和西欧对中东石油的依赖性都很强,西欧除英国和挪威外都是石油进口国,西欧从中东进口石油量占其石油进口总量的60%。日本从中东进口石油量占其石油进口总量的75%。中东石油历来是,现在更加是西欧和日本的生命线,因此,美国控制了中东石油,就能在一定程度上对西欧和日本具有制约力。

在这种情况下,美国意识到必须改变其在中东地区的战略决策,由原来偏袒以色列,交恶于阿拉伯国家转向推动中东和平进程,修好于阿拉伯国家。

伊拉克1990年8月入侵科威特给美国调整其在中东地区的战略创造了大好的机遇。伊拉克悍然入侵阿拉伯兄弟科威特,使阿拉伯联盟破裂,并对沙特阿拉伯构成了直接威胁。这样,美国就很容易做到以沙特阿拉伯为依托,利用他国提供的大量捐款,实施其"沙漠盾牌"和"沙漠风暴"计划,打了一场自越战以来最大规模的海湾战争。战后,美国以道义上的"救世主"、军事上的"保护神"和经济上的"援助者"立足于沙特阿拉伯。由此,美国成功地实现了中东的战略转向:由以以色列为立足点的中东扩张政策转移到以沙特阿拉伯为立足点的控制中东石油政策。

然而,巩固美沙关系并非易事,阿以冲突历来是美沙关系中的难题,这是威胁美国中东石油利益的一大隐患。所以,美国把促进阿以和谈、促成阿以签约、实现中东和平定为一大国策。中东和平进程,在美国的积极撮合下取得了实质性的进展。1991年马德里中东和会后,经22个月,11轮阿以和谈,于1993年9月签署了巴以原则协议,1994年10月签署了约以和平条约。1998年在美国的调解下,巴以签署了"以土地换和平"的代顿协议,2003年又提出了"中东和平路线图"……

美国在中东策略的转变以及中东和平进程从一个方面说明:在当今国际形势下,任何国家想通过对抗、冲突、战争来维护其国家环境安全已是不可能的了,必须通过合作的途径和方式来求得共同的环境安全。环境安全问题,如由水或石油引起的紧张局势,既可成为制人的工具又可成为受制于人的工具,既可引发冲突,也可促成国家外交政策的实现,在地区潜在的敌对中增进沟通和友善。因此,对环境安全问题,必须通过合作的方式解决。

(2) 从战争的准备看,军事耗费有损于国家环境安全

虽然从战胜国的角度看,战争可能会给其带来大量的自然资源。但是,战争的准备及其进行肯定会耗费其大量的财富。如果将这些财富用于保护环境开发资源,则肯定能增强其环境安全。从这一意义上说,无论是战胜国还是战败国,战争及其准备总是有损于国家环境安全。这点通过对全球军费开支如果用于社

全世界的军费开支从20世纪70年代初到80年代初翻了一番,从每年4 000亿美元增加到8 000亿美元。1986年达到8 250亿美元,1987年即突破1万亿美元的大关。20世纪90年代以后,全世界每年的军费开支超过万亿美元。如此巨大的军费开支对社会的影响是巨大的。此花费如果不用于战争准备而用于环境保护,用于购买或共同开发资源,效果会比通过战争更好(表12-1)。

表12-1　如果军费支出用作环境或社会,情况将会怎样?[7]

军事项目	费用/美元	如果用于社会或环境改善
两天的全球军事费用	48亿	提议中的阻止发展中国家20年沙漠化的联合国的行动计划每年的费用
三天的全球军事费用	65亿	热带雨林保护行动计划投资
两星期的全球军事费用	300亿	提议中的联合国水和卫生10年计划每年的费用
三叉戟核潜艇	14亿	针对六种致命疾病的全球4年儿童免疫计划
三叉戟核潜艇和F-18型喷气飞机项目	1 000亿	清理1万座美国废弃的垃圾堆所估计的费用
秘密轰炸机项目	680亿	满足联合国2000年的清洁水目标所估计费用的2/3
3B-1轰炸机	68亿	美国1983—1985年花费在可再生能源上的费用
B1轰炸机1小时操作费用	21万	在非洲10个村庄以社区为基础的具体的身体保健费用
两个月的埃塞俄比亚军费用	5亿	提议中的联合国阻止埃塞俄比亚沙漠化计划每年的费用

可以肯定,世界上多一份和平,少一份战争以及战争准备的耗费,我们将有更大的力量去发展我们的生产力,也就能够改进我们的生活质量和环境质量。如果实现了这一点,也就实现了1990年6月美国世界观察研究所的迈·伦纳在《刀剑化为犁》一文中提出的"和平红利",即由于实现了裁军,把资源从军事转变为民用……从而带来社会效益、经济效益、生态效益。这确实是一件令人鼓舞的事情。

(3) 从战争的结果看,通过战争不能获得国家环境安全

现代"非常规的常规武器"和核武器的出现以及武器系统的复杂化,使作战

原理和作战方式发生了革命性变化,也使战争胜利的概念发生了质的变化。在传统战争中,胜利的含义是占领敌国领土,控制敌国人口,掠夺敌国资源,以及对敌国实行有效统治,从而使战胜国所得大于所失。但是,在现代战争中,拥有一定核武器的敌对双方都拥有"第二次打击力量",从而确保在受到敌国攻击时能够摧毁敌方,这就是"第二次打击战略"。这样,核战争就成为交战双方同归于尽的战争,没有胜利者,胜利失去了传统意义。[8]此时,传统战争中的"零和"游戏规则(即一方所得为另一方所失,二者相加等于零)失灵了,一方完全的胜利变得不可能了,只能是两败俱伤,遑论环境安全?

总之,通过军备和战争既不能获得国家安全,也不能获得国家环境安全。虽然国家安全包括战争和提高军事实力,但是,安全不可能完全靠发展军备,军备竞赛恰恰在一定程度上降低了安全度。这一点正如罗马俱乐部创始人贝切伊所言:"认为扩充军备可以满足我们的安全保障,这是可笑的偏见。它的具有讽刺意味的悲惨后果是,人类继续明知故犯地生产更加强有力的毁灭性武器,迫使世界的一切都置于恐怖的平衡之中——它只能是一种不稳定的平衡,事实上,人类全部的进化史,就是先在均衡中出现一次次衰落,然后又建立起一种新的平衡。依照这种方式去寻找安全,人类就把自己置于自相矛盾的更多危机中。这仅仅是人类发狂的又一个表现。"他认为,这种安全概念"仍然停留在部落和未开化的人的水平"。[9]

三、化刀剑为犁锄

前面的论证清楚地说明,在过去了的历史中,一些国家为了解决资源短缺或为了获得更多的资源,采取了战争的形式。而进一步的分析表明,无论是战争的准备还是战争的进行,是要消耗资源和破坏环境的,战争最终不能维护国家环境安全。在这种情况下,主权国家应该采取什么样的策略,以维护国家环境安全,尤其是资源安全呢?

1. 在发展军事力量的同时保护环境

必须明确,"战争不能维护国家环境安全"并非意味着主权国家在目前阶段可以放弃战争准备,甚至无原则地放弃战争。主要原因在于,霸权主义和强权政治依然存在,不合理、不公正的国际政治经济旧秩序也不会很快得到根本改变,因种族、宗教、领土、经济利益纠纷、意识形态对立、文化冲突和干涉别国事务等引发的冲突将不断发生,其中任何一种矛盾的激化都可能导致局部战争和军事冲突。在这种情况下消灭战争确实是不可能的,放弃战争准备甚至某些时候放弃战争都是不明智的,会给某些战争贩子以可乘之机,最终不能维护国家安全(包括环境安全)。因此,一国有必要保留并发展军事力量,但目的不是试图通过军事手段掠夺他国资源,破坏他国环境,获得本国环境安全,而是通过军事手段防止其他国家以军事冲突等方式来掠夺本国资源,破坏本国环境。当侵略行为发生时,被侵略国有权而且应该以军事等方式加以反抗。这种行为是正义的。只有最终阻止了侵略行为,才会最终维护主权国家的环境安全。

只是在这样做的过程中,应该实施环境保护战略。

第一,编写《武装部队与环境》手册,就军事生活中有关保护环境方面的问题提出一些建议。提倡个人卫生,节约水和能源,减少垃圾,进行垃圾的循环处理,减少交通的占用以及军事演习等。

第二,将和平时期对环境的冲击和自然资源的消耗减少到最低限度。在总的环境立法中,通过武装部队应遵循的环境准则,建立以 ISO14000 标准为基础的环境管理制度;研究军事基地给环境造成的危害,并努力避免。对军事区内需保护的自然资源采取专门的措施。

第三,在军事行动时期,遵守相关的国际公约,如禁止为军事或任何其他敌对目的使用改变环境的技术的公约,不使用"改变环境的技术",即在战争过程中不使用对环境有严重破坏作用的武器和手段,不有意操纵自然变化过程来改变地球,包括其生物圈、石圈、水圈、大气圈或外层空间的组成、结构和动态平衡。

第四,为社会做出榜样。武装部队应该承担起预防和消除重大自然灾害的责任,保护人民的生命财产。

这是我们目前针对环境保护在军事领域的对策,这丝毫没有减少"拒绝战争,加强环境保护"的意义。

~~~~~~

专栏 12-4

中国人民解放军环境保护和环境影响评价条例

1982 年 3 月 16 日中央军事委员会发布了《中国人民解放军环境保护暂行条件》。该条件于 1990 年 7 月 10 日废止,同日发布《中国人民解放军环境保护条例》,该条例分为总则、防止污染、治理污染、环境管理、环境监测与科研、奖励与惩罚、附则等共七章,目的是为了保护和改善军队管辖区域的生活环境和生态环境。

2006 年 3 月 21 日,中央军委主席胡锦涛签署命令,颁布实施《中国人民解放军环境影响评价条例》。"条例"要求,军级以上单位有关主管机关组织编制营区、港区、场区、库区、阵地建设等涉及军用土地利用的规划,军级以上单位有关业务主管部门组织编制对环境可能造成影响的战备、训练、物资储运和装备研制、采购、试验、修理、报废等军事活动计划,以及建设单位组织实施对环境可能造成影响的建设项目,应当组织进行环境影响评价。"条例"要求,各级首长和机关应当加强对环境影响评价工作的领导,支持军队环境保护主管部门依法履行职责,督促各有关部门和单位依法落实环境影响评价制度。"条例"将于2006年10月1日正式实施。

2. 通过国际合作解决国家资源安全问题

在怎样解决国家资源安全问题上,主权国家可以通过战争获取资源,或通过战争解决国与国之间因获取资源而引起的政治和经济冲突,这方面有其历史体现。但是,历史的经验以及未来的展望、理论的分析都告诉我们,那种试图通过战争增强国家环境安全(主要是资源安全)的想法和做法在现时代是站不住脚的。如此,主权国家为了整个世界以及世界上每个国家的军事安全、环境安全,应该拒斥战争,将国家从以军事争夺资源和环境的方式中解放出来,运用外交战略、政治战略和经济战略取代以战争为目的的狭义军事战略,倡导一种互信、互利、平等、协作的新安全观,促进全球协作,解决资源问题,以增强了的"综合国力"削弱对方有形或无形的实力,做到不战而胜。有关这方面,国际政治经济学中的自由制度主义理论为我们提供了理论依据和启发。这种理论更看重国际机制(international regimes)协调不同国家之间利益摩擦以降低军事冲突的作用。这种理论认为,通过建立协商、协调机制,参与者将从机制运行过程中形成一个合作的习惯,并认清不合作的代价;在此基础上,避免恶性竞争,降低军事冲突的可能。

这一点比较典型地体现在"中国石油安全战略"的制定以及贯彻实施中。

1973年石油危机后,"能源安全"成为"石油安全"的同义词。人们在研究能源安全问题时逐渐把重点放在石油安全问题上,有时甚至把能源安全等同于石油安全。对于中国,石油安全比较突出。自20世纪90年代起,中国经济进入高速增长轨道,并由此带来对能源和原材料的高需求,特别是对石油的高需求。国内生产出来的石油不能满足需要,需从国外进口,而且进口的数量越来越大。从1993年中国成为石油净进口国之后,中国石油对外依存度就自1995年的7.6%增加到2000年的33.8%。据有关资料,在2002年,我国石油消费总量约达2.41亿吨,其中国内产量约1.67亿吨,石油进口量约达7180万吨;2003年,我国的石油总进口量达到了9600万吨;2004年,我国石油进口依存度达到41.3%;2005年我国原油和油品净进口量为13 617万吨,比上年减少5.3%。我国原油进口量仍居美国、日本之后,继续成为世界第三大原油进口国。有人在对我国油气储产量预测、需求量预测的基础上,作出了对2010年和2020年表观净进口量的预测方案。它是对进展较为理想条件下多种预测的均值性的方案,如表12-2所示。

表 12-2 中国 21 世纪初期石油天然气产量需求量进口量的可能方案[10]

项目	石油		天然气	
	2010 年	2020 年	2010 年	2020 年
产量/(10^8 t, 10^8 m³)	1.75	1.65	700~740	1 050
需求量/(10^8 t, 10^8 m³)	3.20	3.70	950	1 600
进口量/(10^8 t, 10^8 m³)	1.45	2.05	210~250	550
进口依赖度/%	45.3	55.4	22.1~26.3	34.4

上述方案中的数值表明,未来一段时间内,中国对外石油天然气的进口量和依存度是比较大的。国内外专家一致认为,当一国的石油进口量超过 5 000 万吨时,国际市场的行情变化就会影响该国的国民经济运行;进口量超过 1 亿吨以后,就要考虑采取外交、经济、军事措施以保证石油供应安全。据此,21 世纪中国石油安全形势严峻,面临着两大问题:一是国内油气资源不能满足经济发展的需要,石油战备储备体系尚未建立;二是中国石油需求严重依赖进口,给中国石油安全带来种种隐患。为了解决这些问题,需要中国政府制定正确的石油安全战略,应对可能出现的石油危机。

(1) 加强国内石油资源的勘探和利用效率,加快落实石油储备

中国应继续立足本国油气资源,在加强开采陆上石油的同时,推进其他地区的油气勘探开发,在保持合理储采比的条件下,努力增加原油生产,增强节约意识,降低每万元国民生产总值石油消耗量。此外,抓紧落实石油战备储备计划,尽快建立和完善相关法律框架,尽快制定和颁布《石油法》和《石油储备法》,提高国家应对国际石油市场剧烈波动的能力。

(2) 积极实施"走出去战略",全面进入国际石油市场

"在当今和平与发展时代,资源配置由符合游戏规则的风险竞争而非战争所主导,对能源的争夺实际上是对利润和市场的争夺。石油生产方须通过更多地销售石油以获取高额利润,而不是限制其他国家消费石油。"[11]这就是目前以及今后一段时间内国际石油市场的状况,这也决定了中国与石油外交相关的海外石油战略应该包括三方面内容:一是改变过去单一的石油依赖中东的局面,实行"多元化战略",实现石油来源的多渠道化;二是建立石油运输船队和远洋力量以及强大的海空军,使其具备保卫中国海上资源和能源补给的能力;三是"走出去战略",鼓励国内石油公司发展国际合作,努力去开拓国外油气资源,争夺国际产权市场。[12]

从上面中国石油安全战略可以知道,中国主要是以市场行为作为国家海外石油战略的主导性方向,采取自由竞争的方式谋求本国的石油供应,在遵守国际规则的前提下温和有序地推行自己的石油外交战略,而不是采取战争掠夺他国

石油资源来满足国内要求,是可取的。这种通过国际能源安全合作,改善自己的石油安全的做法,可以增强自己抵抗可能出现的石油危机的能力和弹性,最终维护我国的经济安全和国家安全。

必须记住:和则共生,战则俱灭。人类要生存,地球要延续,必须拒绝战争。这就是战争生态学给出的真谛。

材料评论

从全球范围看,中国未来的油源将可能来自以下三个战略地区:一是中东、北非和西北非地区。这一地区是当今世界油气资源最丰富的地区,现有剩余石油可采储量约1 100亿吨,占世界总量的70%,而且开采成本低,地质条件好;中东地区是中国传统的油气进口区,这里的国家与中国有着较为稳定、长期的能源贸易关系,但如今由于该地区不断的宗教纷争、持续的巴以冲突以及其他不确定因素对中国获得稳定的石油有消极影响和一定的风险。二是中亚和俄罗斯地区。这一地区油气资源相当丰富,特别是近年来中亚地区的油气有重大的发现,现有剩余石油可采储量78亿吨,天然气剩余可采储量58万亿立方米;中国与该地区陆地接壤、运输便利,并且这里的许多国家与中国关系较为密切,但令人担忧的是中亚已经有外国驻军,有的国家也把该地区列为"战略利益地区",这表明该地区情况还比较复杂,我国要在该地区获得稳定可靠的油源的前景并不乐观。三是拉美、加勒比海地区。这一地区的石油资源也很丰富,特别是南美的委内瑞拉拥有世界上最大的重油储藏量。但最大的缺憾是该地区距离中国遥远,而且该地区某些友好国家的政局还不稳定,这不能不令人担忧。由此不难得出,石油安全不仅是一个纯经济问题,更牵扯到国际政治问题,可以预见在今后还有一定的国际政治的风险不断出现。[13]

根据上述材料,具体说明中国应对石油安全的海外战略定位。

问题与讨论

1. 目前世界各国对资源的争夺有什么具体表现?
2. 战争对环境的破坏怎样?
3. 如果化战争为和平,对于可持续发展有何意义?
4. 如何做到在发展军事力量的过程中节约资源保护环境?
5. 为什么说战争最终不能维护国家环境安全?
6. 请就表12-1的内容加以讨论。
7. 从一定的武器决定战争的形式的角度,可以把历史上的战争分为:徒手战争、冷兵器战争、热兵器战争、化学武器战争、物理武器战争、核武器战争、生物武器战争、信息武器战争、环境武器战争。请就上述几种战争形式分别说明战争对环境的破坏。

参考文献

[1] 张蔚斌,马磊.地缘政治与智缘政治[J].世界经济与政治,1998(8):66.

[2] Renner M. 1991. Assessing the Military's War on the Environment, in State of the World. 1991:A Worldwatch Institute Report, L. L. Brown et al. New York: W. W. Norton.

[3] Southwick C H. Global Ecology in Human Perspective. New York: Oxford University Press,1996:315.

[4] [德]狄特富尔特.科学家描述原子战争的后果[M]//哲人小语:人与自然.周美琪,译.北京:生活·读书·新知三联书店,1993:215.

[5] [美]世界资源研究所.世界资源报告(1992—1993)[R].北京:中国环境科学出版社,1993:201.

[6] Westing A H. Environmental Warfare. Stockholm: Stockholm International Peace Research Institute,1984:7.

[7] Renner M. 1989. Enhancing Global Security. In State of the World,1989:A Worldwatch Institute Report, ed. L. R. Brown et al, New York:W. W. Norton.

[8] [美]基辛格.必要的选择[M].北京:商务印书馆,1972:19.

[9] [意大利]贝切伊 A.未来的一百年[M].北京:中国展望出版社,1984:68-84.

[10] 张抗.中国油气资源和安全对策[N].中国经济时报,2003-11-14(5).

[11] 赵宏图.国际能源安全形势的新特点[J].现代国际关系,2005(7):3-4.

[12] 李林河.非传统安全视角下的中美关系——以石油问题为例的分析[J].学术探索,2005(6):85.

[13] 常泽鲲.世界石油地缘新图景下的石油安全问题——兼对中国石油安全问题的战略思考[J].国际问题研究,2004(2):69.

第十三章
中国的必然选择:从可持续发展到科学发展

> 由于中国如此庞大的人口,人类至今为止走过的所有发展道路对中国都不能适用。要不了多久,中国非得开拓一条全新的航道不可。这个发明了造纸术与火药的民族,现在面临一个跨越西方发展模式的机会,向世界展示怎样创造一个环境上可持续的经济。
> ——[美]莱斯特·布朗(Lester R. Brown)

- 中国的环境问题自古就有
- 新中国成立后中国的环境问题越来越严重
- 中国环境问题产生的重要原因
- 中国应该走经济发展与环境保护协调之路
- 中国可持续发展纲要
- 坚持科学发展观是中国未来的出路

历史的回顾和未来的前瞻都表明,21世纪,中国将不可避免地遭遇环境与发展的巨大挑战。人口三大高峰(人口总量、就业人口总量、老龄人口总量)相继来临的压力、自然资源的超常规利用、生态环境的日益恶化、工业化城市化现代化的快速推进、区域的不平衡加剧等,都将成为未来发展的瓶颈。为此需要中国审时度势,坚持环境保护和经济协调发展,坚持科学发展观,实施中国的可持续发展战略。

一、中国的环境问题及其起因

考察中国环境问题的形成历史,可以发现,并非始于当代,而是有着悠久的历史。我国人口众多,分布极不均匀;耕地不足,高产稳产的耕地更少;人均资源比较贫乏,自然环境脆弱,各种自然灾害频发,生产和社会财富往往为灾害所抵消。这就是我国数千年来所处的地理环境。它决定了我国自古以农立国的格局的形成,对我国的自然生态环境会产生重要影响。新中国成立后,在大力发展工业化、城市化的过程中,由于相关政策的欠缺及其他原因,人口问题、资源环境问题凸现出来,需要我们分析这些问题产生的原因,选择正确的发展道路。

1. 中国农业社会各时期人类活动对环境的影响

大致从战国中期至西汉中期,黄河中下游地区从农主牧副兼营林渔的经济格局,转变为单一的农耕经济格局。这种格局的形成是以森林草原的砍伐和环境损害为代价的。东汉以后,虽然一段时间内畜牧业又成为当地主要产业,但被破坏的环境已难以恢复。迟至公元6世纪,库布齐沙漠和毛乌素沙地已经出现。自西汉武帝以后,黄河下游平原的原始森林、草地已全部砍伐开垦殆尽,连河湖滩地也都辟为耕地,西汉中期"内郡人众,水泉荐草,不能相赡,地势湿溽,不宜牛马,民足迹未而耕,负担而行,劳罢而功寡"。由于缺乏畜力,生产力难以提高,同时因粮食紧张,"六畜不育于家"。于是单一农耕成为黄河中下游地区唯一的生产方式。在这种农耕经济思想指导下,不断无序地开垦一切可耕土地,并且大兴水利以维持农业的高产,引起环境和产业结构的变化。隋唐时代继秦汉以后又一次在鄂尔多斯草原上兴起农垦高潮,导致原先的沙地进一步扩大。汉唐是封建文明强盛时期,为我国人民所称道,不过其经济的发展是建立在黄河流域中下游地区农耕地的不断扩大和对自然的大量索取之上的,是以环境的破坏为代价的。在当时的条件下,可开发的水土资源已开发殆尽。到了公元10世纪的宋代以后,黄河流域环境恶化趋势已不可逆转,黄土高原上沟壑纵横,水土流失、黄河含沙量与日俱增,下游泛滥决口连年不断,土壤盐碱化,农田被淹,城镇被毁,东部平原河流湖泊淤浅湮废,农业生产力低下,人民贫困。

对于长江流域,很久以前便有了人类活动,约在五六千年前,长江流域的先民已开始学会在草木丛生的沼泽地带开辟耕地。大量的氏族部落遗址也表明,当时的先民多选择在临近水源的冈阜阶地居住,既便于耕种、灌溉,又可享舟楫之便,还能防洪。

春秋战国时代,长江流域开发加快,下游的太湖地区出现了早期的圩田,上游的成都平原也出现了著名的都江堰水利工程,但从总体上来说,直到汉代,长江流域仍是"江南卑湿,丈夫早夭。……地广人稀,饭稻羹鱼,或火耕而水耨"的生产力水平。

三国时,曹魏屯田于江淮,蜀汉屯垦于四川,孙吴广泛屯田于江浙(吴越),表明长江中下游地区的区域开发进程有明显加快。

长江中游的几条主要支流如湘江、沅水、汉江及赣江流域的开发,自魏晋以来有了明显的进展。

从东晋、南北朝到隋、唐、宋时期的900年间,北方战乱频繁,大量人口南徙,使南方人口大增。在我国历史上曾有过三次黄河流域向长江流域大规模移民的浪潮,那是西晋末年的永嘉之乱、唐代中期的安史之乱和唐末以及北宋末年的靖康之乱。第一次大约是90万人;第二次大约是650万人;第三次大约是1 000万人。这三次北方人口大规模南移的结果,造成南方土地的大量开辟,人们将目光投向不宜开垦的山地与湖滩,开始了大规模以围江、湖为主的造田运动。其代价是上游水土流失加剧,下游河湖围垦为田,蓄水面积缩小,洪水来时泛滥成灾。

明清时期长江流域环境进一步恶化,其原因是 16 世纪中叶美洲耐寒、旱、瘠作物玉米、番薯、马铃薯等的传入,使灾害之年死亡率降低,人口迅速增加。17 世纪初中国人口约有 1.5 亿,至 18 世纪中叶达到了 3 亿。人口大幅度增加,而耕地却没有增加,再加上土地兼并、赋税繁重等原因,大批失去土地的农民背井离乡,进入南方山区,成为棚民,从事伐木、造纸、烧炭等产业,北部的秦岭、大巴,南方的浙西、闽西、赣南、湘西等山区大批原始森林被毁,引起长江各支流上游水土流失严重,加速沿江河道和湖泊的淤浅,成滩与长洲相继被垦成田,也加剧了洪水灾害。[1]

2. 新中国成立后中国的环境问题及起因

新中国成立以后,中国的社会发展可分为两个阶段:改革开放之前的 30 年(1949—1978)与改革开放之后(1979—)。对于前一阶段,社会经济发展对于环境的不良影响主要表现在以下几方面:(1) 片面强调"以粮为纲",在农村大搞单一的粮食生产,毁林开荒,围湖造田,破坏了生态环境;(2) 片面强调建设地方"独立的工业体系",低水平的工业遍地开花,特别是"三线"工业建设,导致了工业污染的加剧;(3) 不适当地强调把消费型城市改造为生产型城市,破坏了城市分工和规划布局,造成城市畸形发展,导致城市环境质量下降,并导致种种"城市病";(4) 片面强化治水,放松了治山兴林,导致森林覆盖率持续下降,植被破坏,水土流失严重,最终也妨碍了水利设施效益的发挥。[2]

当然,除了上述一些因素对环境的影响之外,计划经济体制和人口政策也给我国的资源环境带来沉重的压力。对于计划经济体制与环境保护的关联,有人认为,从激励的角度看,缺陷在于计划者、管理人员和工作人员的实际动机与制度所需要的行为相违背,结果必然是普遍的资源滥用,最终导致环境破坏;从信息的角度看,计划体制无法有效率地开发和使用具有公有地性质的环境资源。最重要的是无法低成本、及时地确定稀缺资源的相对价格;由于计划经济体制使得产权模糊的情况更为严重,因而更易导致环境灾难;在环境灾难发生后,由于政企不分,计划经济体制很难采取成功的补救措施,甚至还有以公共利益的名义继续滥用环境资源的倾向。[3] 对于人口政策,从 20 世纪 50 年代到 70 年代末,政府鼓励已婚配偶生育更多的孩子,人口从 1949 年的 5 亿猛增到 1978 年的 10 亿,由此对农田、森林、草地和淡水系统带来更大的压力。

然而,在原有的体制下,由于高度集权、信息封锁,那一时代的环境问题并没有引起广泛的注意,政府不愿意承认环境问题,认为那是资本主义的产物,是资本主义社会在追求财富过程中产生的"恶劣后果",牺牲的是穷人的利益而为富人创造财富。

1978年12月召开的中共十一届三中全会坚决批判了"两个凡是",指出:"当前中国社会的主要矛盾不是阶级斗争,而是落后的生产力不适应人民群众的物质文化生活需求",提出了改革开放的战略方针。从此党的工作中心重新回到了经济建设上来,中国的现代化、工业化、城市化得到快速推进,中国的经济得到持续快速增长。按照世界银行的统计,中国20世纪80年代的年均增长率是10.1%,仅次于非洲资源型国家博茨瓦纳;90年代的年均增长率名列榜首,为10.7%。这种经济奇迹在世界经济史上恐怕只有19世纪后半期的美国和二战之后的日本可堪媲美(图13-1)。

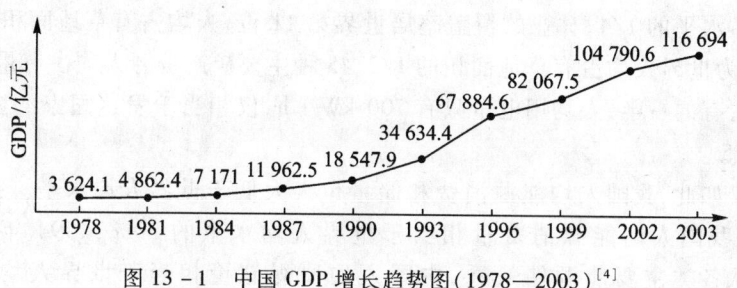

图13-1 中国GDP增长趋势图(1978—2003)[4]

增长给中国人带来的福利是不容怀疑的,但是,中国也为增长付出了沉重的代价。具体体现在两个方面。

一是环境污染严重,生态破坏加剧:国土荒漠化呈现扩大趋势,水土流失日趋严重,草原生态呈现衰退趋势,生物多样性减少,耕地面积减少,森林面积减少。我国著名国情研究专家胡鞍钢对此作了基本评价:"先天不足,并非优越;人为破坏,后天失调;退化污染,兼而有之;局部在改善,整体在恶化;治理能力远远赶不上破坏速度,环境质量每况愈下,从而形成中国历史上规模最大、涉及面最广、后果最严重的生态破坏和环境污染。"[5]国家林业局于2003年11月至2005年4月进行了第三次全国荒漠化和沙化监测。结果显示,截至2004年底,中国荒漠化土地为263.62万平方千米,占国土面积的27.46%,沙化土地面积为173.97万平方千米,占国土面积的18.12%。2002年,我国的废水排放总量为439.5亿吨,超过环境容量的82%;我国七大江河水系,劣五类水质占40.9%,75%的湖泊出现不同程度的富营养化;我国600多座城市中有400多座供水不足,其中100多座城市严重缺水;我国尚有3.6亿农村人口喝不上符合卫生标准的水;我国废气中二氧化硫排放量为1 927万吨,烟尘排放量为1 013万吨,工业粉尘排放量为941万吨,人民身体健康受到严重损害。

二是矿产资源形势严峻,能源资源形势紧张。从中国的资源总量来看,中国是一个资源大国。中国国土面积960万平方千米,居世界第三位。实际耕地约1.33亿公顷,占世界的6.8%,居世界第三位。森林面积1.27亿公顷,居世界第五位。草地面积约 4 亿公顷，居世界第二位。河川径流量 2.7 亿立方米，居世界第六位。可开发的水力资源 3.7 亿千瓦，居世界第一位。矿产资源总值居世界第三位，其中，钨、锑、钛、稀土、菱镁矿居世界第一位，煤、钒、硫居世界第二位，磷、锌、铝居世界第三位，镍居世界第九位，石油储藏量居世界第九位。中国主要自然资源的总丰度与世界各国比较，仅次于俄罗斯与美国，位居第三，堪称资源大国。

但是，这样的资源大国只是从地大物博考虑的，没有考虑到中国人口因素以及资源质量、分布等因素。如果将这些因素考虑在内，中国则又是一个资源小国。我国人均占有土地只有世界人均的 1/3，人均占有耕地面积只有世界人均耕地面积的 1/5，人均森林面积只有世界人均水平的 15%，人均淡水资源拥有量仅为世界水平的 1/4，林业的覆盖率居世界第 11 位，人均占有草地面积仅 0.33 公顷，约为世界人均占有草地面积的 1/2，45 种主要矿产资源人均占有量不到世界人均占有的一半，人均用电量只有 700 kW·h，仅相当于发达国家的 1/10，美国的 1/15。

不仅如此，我国人均能源消费和储量也大大低于世界人均水平。据统计，1980 年，我国人均能源消费量相当于世界人均水平的 30%，1994 年上升为 46%。从各类主要能源储量看，中国人均原煤储量相当于世界人均水平的 45%，人均水电资源储量相当于世界人均水平的 55%，人均原油储量相当于世界人均水平的 11%，人均天然气储量仅相当于世界人均水平的 5%。

人均占有资源量少是中国资源的一大劣势。一个国家的居民消费水平和生活方式在很大程度上取决于该国的人均自然资源占有量或消费量。中国人口还将持续增长，人均占有资源还将继续降低。这是难以改变的事实，表明中国资源需求的压力很大。

而且，进入 21 世纪以来，随着全面建设小康社会进程的开始，我国的经济规模进一步扩大，工业化和城市化进程全面加速，资源供需矛盾变得越来越大。从 1990 年到 2001 年，中国石油消费量增长 100%，天然气增长 92%，钢增长 143%，铜增长 189%，铝增长 380%，锌增长 311%，10 种有色金属增长 276%。2002—2004 年，我国能源消费增长过快，年增长率分别达到 9.8%、10.1% 和 15.2%，主要原材料消耗也大幅度超过 GDP 增长率，煤电油运供求历史上第一次出现全面紧张，资源短缺对经济增长的刚性约束十分凸显。2003 年，中国钢材消费 2.6 亿吨，而全世界 2001 年的钢材总产量才 7.2 亿吨，中国占了 36%；煤炭消费量 15 亿吨，而全世界 2001 年的煤炭总产量才 49.3 亿吨，中国消费了全世界 30% 的煤炭；全世界的水泥产量 15 亿吨，中国 2003 年消费了 8.2 亿吨，相当于全世界 55% 的水泥都倒在中国的土地上。这样的消耗速度将会迅速耗尽国内的资源。

不仅如此，中国的能源和原材料已经越来越依赖国际市场。2002 年，中国铜产量 60% 以上、铝产量 40%、铅产量 20%、锌产量 15% 是靠进口原料生产；2003 年，中国的铁矿石、氧化铝和镍的对外依存度分别达 36%、47%、55%；2004

年,中国石油消费的对外依存度超过40%。过去几年间,中国主要资源消费的增加量占世界总增加量的比例,包括能源、煤炭、石油和钢等均已居世界第一位,中国对能源和原材料迅速扩张的需求已经对国际市场产生了深刻影响。

中国的资源环境形势异常严峻,资源环境危机并非耸人听闻,而是迫在眉睫的事情。这一点,从我国的国家资源安全系数上也可以看出。

专栏13-1

中国属于次低安全度国家

分析的结果表明,抽样的10个国家大体上可以分为两大类。第一类为高安全度国家,其安全系数高于世界均值5的水平。这类国家包括俄罗斯、美国和巴西3个国家,占抽样国总数的30%。第二类为低安全度国家,其安全系数低于世界均值5的水平。这类国家包括中国、印度、印度尼西亚、巴基斯坦、孟加拉国、日本和尼日利亚7个国家,占抽样国总数的70%。

从低安全度国家的情况看,大体还可以分为3个亚类。第一亚类的安全系数值域为5~3,属一般低安全度国家。这类国家的资源环境基础虽比高安全度国家的低了许多,但仍有相当开发的弹性空间。例如孟加拉国的可耕地、水资源和尼日利亚的可耕地、矿产资源均有相当大的开发潜力。第二亚类的安全系数为3~1,属次低安全度国家。这类国家的资源环境安全的弹性空间已经明显不足,特别是在生态环境和水资源方面的表现更为突出。例如,巴基斯坦单位国土面积的森林面积指标只有世界平均水平的1/7,而印度已经开始陷入人口过快增长与本国有限资源环境基础冲突的困境。第三亚类的安全系数小于1,属完全低安全度国家。这类国家只有日本一个国家,其资源环境已无任何开发余地。国家的生存和发展不得不完全依赖于国际资源环境市场。

中国属于次低安全度国家,且处于该类4个国家的最后一位。国家资源环境安全状态极为不佳。形成此种局面的主要原因,一是森林覆盖面积过低,二是生态环境破坏严重(表13-1)。

表13-1 各主要国家资源环境安全分类及安全系数比较[6]

分类及安全系数指标	数量	国家(安全系数值)
高安全度国家(>5)	3	俄罗斯(23.98)、美国(13.97)、巴西(11.38)
低安全度国家(<5)	7	
一般低安全度国家(5~3)	2	孟加拉国(3.87)、尼日利亚(3.19)
次低安全度国家(3~1)	4	印度尼西亚(2.17)、巴基斯坦(1.78)、印度(1.74)、中国(1.73)
完全低安全国家(<1)	1	日本

如此严重的资源环境形势主要与中国的工业化、城市化有关。

从工业化的推进速度看,中国高速度的工业化在某种程度上使得环境问题呈爆发的趋势;从工业化发展的过程看,工业发达国家一般是先轻工业和加工业(对环境污染较轻),后基础工业、重工业(对环境污染较重)的发展模式,而我国却反其道而行之,把基础工业放在优先发展的地位,工业结构趋于重型化。改革开放前的30年,中国走的是一条由投资需求带动的、以重工业为主的增长道路。20世纪80年代,增长战略有所调整,转向由消费需求带动的、以轻工业为主的增长道路。进入90年代,增长战略又重新转向由投资需求带动的、以重工业为主的增长方式。重工业以能源和矿产为主要原料,由此导致资源消耗的速度加快和环境负荷加重;从我国工业化的推动力量看,基本上是由三股力量推动的:原有工业的扩张、国际工业的转移和乡镇企业的发展,这三种力量对于中国的资源消耗和环境破坏影响很大;从我国工业化的组织方式看,也不利于遏制环境污染和破坏。

至于城市化与环境问题,具体表现在:① 快速城市化本身加剧了环境问题;② 中国的快速城市化基本上走的是外延式扩张的道路,在侵占大量耕地的同时,土地利用率却很低,造成土地资源的大量浪费;③ 改革开放以来,小城镇的迅速发展在很大程度上支撑着我国城市化的高速度,从而直接加剧了环境污染和破坏;④ 在高速推进城市化的过程中,相对落后的城市规划和管理在很大程度上也加剧了环境污染和破坏。[7]

不仅如此,中国公众的环保意识偏低、政府优先发展经济的倾向过强、脱贫致富与保护环境的矛盾比较尖锐、环境管理制度不够健全、环保过程中的市场失灵和政府干预失灵、道德滑坡、消费主义文化的扩张、对眼前经济利益的追求等都加剧了环境破坏。

专栏13-2
政府优先发展经济倾向明显过强

中央电视台在1998年11月的"新闻调查"节目中报道了这样一件事。当主持人问一个因污染环境被判刑的厂长为何犯罪时,厂长回答说上级要求不严;当主持人再问主管市长为何要求不严时,市长说他既管环保又管工业,如果要发展工业就难免污染环境,要避免工业污染就难以发展,但为了本市的财政收入,就不能在环保上很严格地要求。

这典型地表明了我国地方政府的一些官员对待环保与经济发展的态度。为什么会出现这种情况呢?

中国共产党十一届三中全会提出"以经济建设为中心"以后,各级政府都把经济建设当成头等大事来抓,当成政治任务看待。这本身没有什么过错。问题在于,这样一来"经济发展指标"成了评价各级政府领导人政绩的主要依据。经济上去了,辖区内的许多问题,如年轻人的就业问题、政府的财政收入问题、人民的生活问题、辖区内的基本建设问题等,就比较好处理,这样,当权者就能够通过上级部门的考核,对于老百姓以及人民代表大会也好交代。为此,各级政府领导倾向于加强本地区内的经济建设。

对于环境保护工作,情况与此不同。由于环境保护工作总的来说是一项公益性事业,社会效益、环境效益很大,但经济效益尤其是直接经济效益不明显。而且一般而言,其投入大,产出少,效益在任期内很难显现出来。因此,当经济发展与环境保护发生矛盾时,各级政府领导中的大多数倾向于优先发展经济。

这一点在我国的环境保护实践中有多种体现。在环境保护上,地方政府在制订计划时,没有从长远利益出发,将环境保护工作纳入到当地国民经济和社会发展计划中去。在环保建设上舍不得投资,使得环保工作不能正常有效进行。一些地方政府在保护环境和保护地方企业利益之间往往选择后者。在项目建设上,对所建、扩建项目往往只看重经济效益,忽视其是否对当地环境产生不良影响。没有执行建设项目环境影响评价制度,或者先建设,后评价;也不执行国家规定的防治污染及其他公害的设施必须与主体工程同时设计、同时施工、同时投产使用的"三同时"制度;甚至不经环保部门验收即投产运营。在资源开发上,一些地方政府、资源主管部门、经济开发部门往往只看到资源可以开发的一面,片面强调以开发来解决就业和增加经济收入,忽视了自然资源作为生态环境要素的一面。重资源开发,轻生态保护,从而给滥砍滥伐、滥垦滥植,"五小企业"的泛滥等打开了方便之门。在环保执法上,常常是环保部门对严重污染环境的单位提出限期治理的责令,而政府部门因担心影响国计民生而从中干扰,从而使那些严重污染的环境不能得到及时治理。

针对政府优先发展经济的倾向,需要全社会特别是政府领导人转变观念,不以经济增长作为衡量社会发展的唯一标准,而以社会整体发展作为考核领导干部的标准;不从眼前利益出发发展经济,追求短期效益,而从整体利益、长远利益出发走环保与经济协调发展之路;不以政府约束限制干涉企业行为,而是实行政企分开,让企业在市场经济的大潮中,在环保的压力下,走向强盛。

3. 中国未来的环境问题

我国学者经过研究,得出下列基本结论:未来50年社会经济将由工业化"起飞"阶段迅速向成熟阶段演进,城市化将进入加速阶段;人口增长面临三大高峰,人口老龄化问题日趋凸显,人口压力加大;工业化、城市化和新的人口增长必将对资源和环境施加更大压力;21世纪中国主要自然资源短缺矛盾将进一步加剧,资源供需形势更加严峻;生态环境继续恶化,社会经济发展进入生态环境的强性约束阶段。[8]

这种预测有道理吗？应该说是有道理的。中国目前正在由农业国向工业国转变，对自然资源的需求增长不可避免。如果以每一万元的国民生产总值（GNP）中，含有矿产品的使用量作为对矿产品的"使用强度"的话，经济学家们发现：在人均GNP处于1 000~2 000美元时，对矿产资源的使用强度最大，这实际上相当于工业化的中期阶段，是基础工业与基础设施发展最快的时期。西方工业国家大约是在20世纪三、四十年代度过了这一时期，它们是靠殖民地的极廉价资源支持了对矿产资源的大量消耗。第二次世界大战以后西方国家进入后工业社会，使用强度已大幅度下降，每1万元GNP中包含更多的是高科技和服务性产品，矿产品的份额减少。但是，对于中国，今后20~30年，正好是人均GNP处于1 000~2 000美元的时期，即处于矿产品使用强度高峰期，这一时期，我国经济的增长仍然需要大量的物质性投入，特别是矿产品的投入，以支持基础工业与基础设施的发展。这可以从下面矿产资源形势和能源资源形势的介绍中看出。

国民经济发展对矿产资源的需求基本还能保证，但大宗矿产与主要矿产资源除煤以外，不足问题已经很突出。根据地矿部材料，2010年在45种重要矿产中，可能保证的只有23种，不能保证需长期进口补缺的有石油、天然气、铁、锰、铜、镍、金、银、硼、硫铁矿等10种，资源短缺主要靠进口的有铬、钴、铂、钾盐、金刚石5种。到2020年，形势更加严峻，可以保证需求的仅有6种矿产，矿产对2050年的发展目标完全没有保证，相当部分矿产资源对经济建设保证程度偏低，关键矿产资源与石油能源紧缺的状态将会走向全面严峻。

据有关专家测算，中国人口占世界的21%，但石油储量仅占世界的1.8%，天然气占0.7%，铁矿石不足9%，铜矿不足5%，铝土矿不足2%。到2010年，我国的石油对外依存度将达到57%，铁矿石将达到57%，铜将达到70%，铝将达到80%。如果美国经济每年增长3%，中国经济每年增长8%，中国需要68年才能实现与美国相同；如果美国经济每年增长4%，我国经济每年增长7%，中国需要118年才能赶上美国。要实现这样的目标，中国的资源条件允许吗？是不允许的。

不仅如此，中国的环境形势也是异常地严峻。2005年1月27日，在瑞士达沃斯正式发布了评估世界各国（地区）环境质量的"环境可持续指数"（ESI）。这项研究是由美国耶鲁大学和哥伦比亚大学的环境专家完成的，评估结果显示，在全球144个国家或地区中，芬兰位居第一，列第二到第五的国家分别是挪威、乌拉圭、瑞典和冰岛，中国位居第133位，全球倒数第12位。这一评估结果表明，中国的环境问题相当严重。关于这一点，从中国1990—2003年全国垃圾、粪便清运量以及1998—2004年全国工业废气排放总量的统计中可以看出（图13-2和图13-3）。[9]

我国的国内资源再也难以支撑传统工业文明的持续增长，我国的环境更难以支撑当前这种"高污染、高消耗、低效益"的生产方式的持续扩张。因此，需要

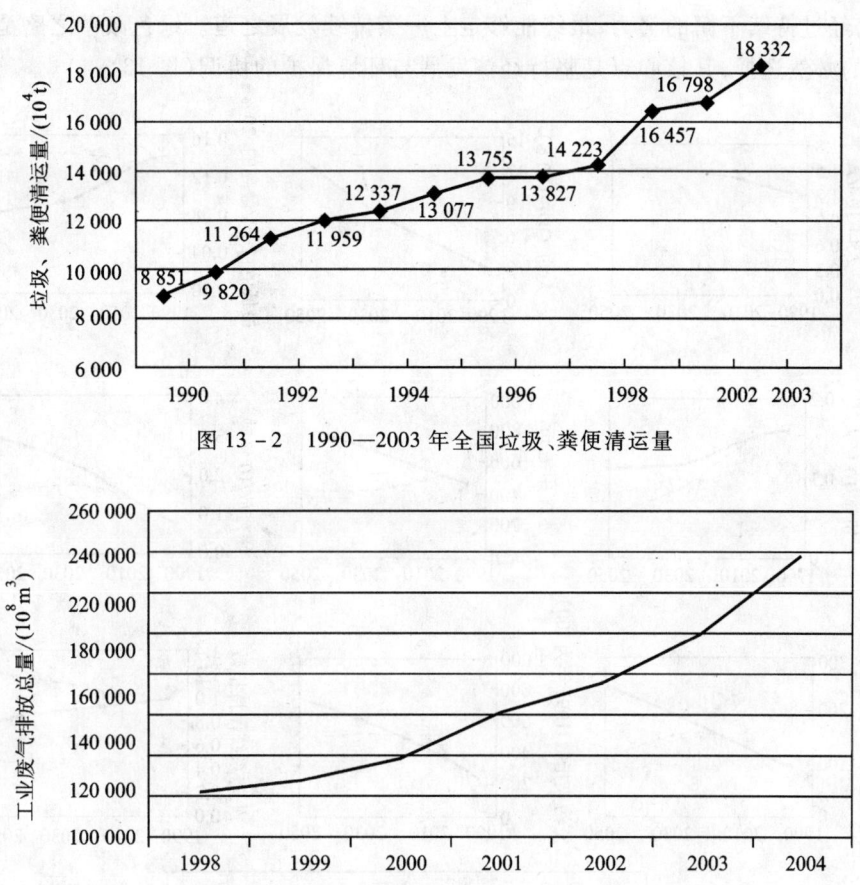

图 13-2　1990—2003 年全国垃圾、粪便清运量

图 13-3　1998—2004 年全国工业废气排放总量

我们针对中国环境问题的成因,采取相应的对策,实施中国的可持续发展战略。

二、坚持经济发展与环境保护的协调

由联合国驻华代表处等编著的《中国人类发展报告 2002》为中国未来的发展提供了两种道路选择:一条是危险的道路,不采取积极主动的、以改革为方向的政策,相反制定出了很多不利于环境保护和资源节约的政策。虽然缺乏公众参与和缺乏利用市场保护环境的政策可能不会影响经济的增长,但是,它会导致严重的、持续的环境退化和自然资源的消耗,会把大量的中国人口抛在发展进程之后。这条道路是危险的,它会削弱中国社会对不确定的未来发展状况的恢复力,减弱中国的中长期增长潜力,并增加社会动乱和政治不稳定的风险。另外一条道路是改革发展之路,就是采取主动的环境政策和社会经济政策,实施可持续发展战略,更多地实现社会公平。虽然前几十年造成了一些生态环境问题,但是，经过持续不懈的努力，最终能够走上一条持续发展之道。绿色改革之路是我国的必然选择，其核心点是坚持经济发展与环境保护的协调（图13-4）。

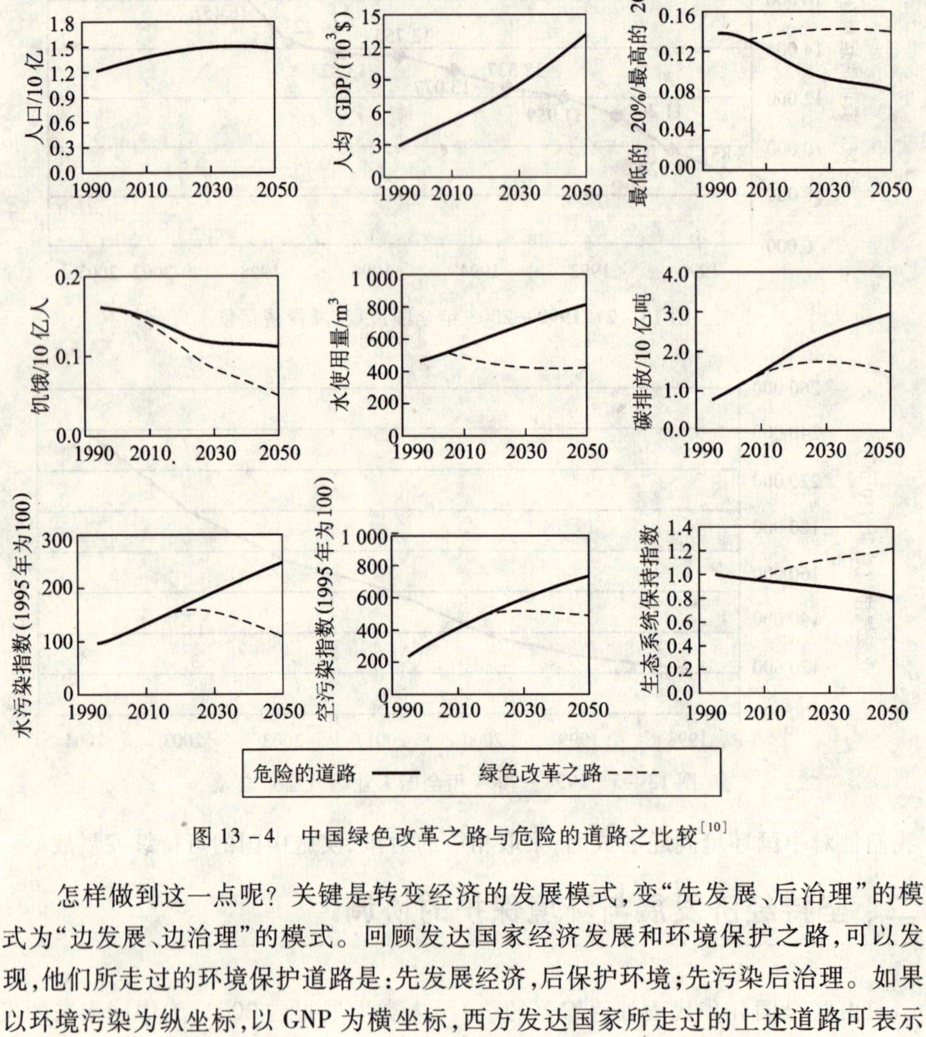

图13-4 中国绿色改革之路与危险的道路之比较[10]

怎样做到这一点呢？关键是转变经济的发展模式，变"先发展、后治理"的模式为"边发展、边治理"的模式。回顾发达国家经济发展和环境保护之路，可以发现，他们所走过的环境保护道路是：先发展经济，后保护环境；先污染后治理。如果以环境污染为纵坐标，以GNP为横坐标，西方发达国家所走过的上述道路可表示为图13-5所示的一条曲线：

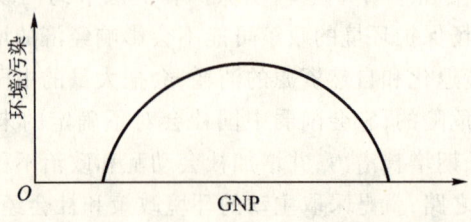

图13-5 环境库兹涅茨曲线的一般形式

该曲线通常称为环境库兹涅茨曲线。表示的是发达国家所走过的"先发展、后治理"之路。它较好地符合发达国家所走过的道路。发达国家如美国、西欧和日本的经历,新兴工业化国家和地区如韩国、新加坡、中国香港、中国台湾的实际看起来似乎符合这样一种环境污染与经济增长的倒"U"形曲线。这一点与世界银行《1992年世界发展报告》中所描述的环境指标与收入水平关系曲线也相符合。对于发达国家和地区来说,上述道路走通了,现在可以说是形成了经济发展与环境保护比较良好的循环。但是,对于广大发展中国家,情况与发达国家不同,不能重复西方工业化的老路。在其走向现代化的过程中,一开始就遇到了资源和环境难题。如果发展中国家不顾这些难题,片面地发展经济,照原样推广发达国家的消费文明,很可能会导致在工业化的初期或中期,在人均收入比较低的情况下,造成资源的快速耗竭和环境的巨大破坏,使得库兹涅茨曲线前半部分环境退化的上升区段变陡,达到与发达国家人均收入相同时的环境退化的指标上升,所积累的环境危害量更大,推迟了倒"U"形曲线转折点的来临。而且即使这一转折点来临之后,由于倒"U"形曲线前半部分环境破坏的严重性,就需要更长时间和更高费用来改善,所以要达到与发达国家相应的人均收入和环境指标,就需要更长的时间。甚至当环境破坏使得环境呈现不可逆时,发展中国家就不能完成"先发展经济,后治理改善环境"的目的,就不能形成一个完整的库兹涅茨曲线,从而导致"低收入高污染—高收入高污染—更高收入更高污染—低收入高污染"的恶性循环,导致经济和环境两者都不能持续发展。

专栏 13-3

库 氏 曲 线

20世纪60年代中期,美国著名经济学家、统计学家西蒙·库兹涅茨(Simon Kuznets)在其论文《经济发展与收入不平等》中,通过对当时可能得到的有限统计资料的实证分析,首次提出了居民收入分配理论中的倒"U"形的假说:在前工业文明向工业文明过渡的过程中,收入差异一开始随着经济增长而加大,尔后是短暂的稳定,随后这种差异开始缩小。在二维平面空间中,如果以收入差异为纵坐标,以人均收入为横坐标,这一假设便是一个倒"U"形关系。这一关系为大量的现实统计数据所证实,通常称之为库兹涅茨曲线,或称库氏曲线。

对这一曲线我们要做具体的分析。不能认为它已经成为经济规律。亚洲"四小龙"20世纪50—80年代的基尼系数表明,在它们工业化初期经济腾飞期间,收入不平等的程度都有所改进,而不是恶化了。其中,中国台湾堪称公平增长的典型。理解了这点之后,对当前我国的现代化建设具有重要意义。我们不能不加分析地盲目相信我国分配格局的长期变动也将呈现倒"U"形态,从而放任收入差距无限制的扩大,应该采取宏观收入分配的调节措施,缩小收入差距,维护社会稳定。

根据研究考察,目前世界各国也存在着随着人均收入的提高,环境质量有所改善的状况,此称为环境库兹涅茨曲线。后发展的国家,所面临的就是在考虑经济增长的同时,降低环境库兹涅茨曲线的弧度,在倒"U"形曲线上找到一条水平的通道,实现经济发展与环境保护的双重目标。在图 13-6 中 M 表示环境资源阈值,A 曲线为一些发达国家的发展经济,环境保护的目的就是使 A 曲线的弧度不断降低,如曲线 B 和 C。

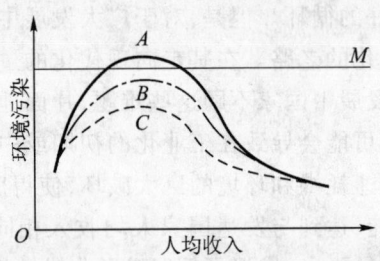

图 13-6 环境库兹涅茨曲线与环境资源阈值

不能说这种看法没有道理。如目前的中国,正处在工业化阶段,尚未摆脱高消耗、低效率、高排放的粗放型经济增长模式,生产工艺总体上还相对落后,导致的结果只能是:发展成本过高;能源利用率偏低;劳动生产率偏低。所有这些又必然导致生态赤字严重,导致在发达国家工业化后期出现的资源、环境、生态等重大问题,而我国工业化初期和中期就过早地出现了。这使得我国在实施可持续发展战略时所面临的实际情况更为复杂,现实矛盾更为尖锐,时间上也更为紧迫。

不过,有一些人不以为然,认为中国是一个发展中国家,应该走"先发展经济,后保护环境"的道路。所持的理由是:① 根据库兹涅茨曲线,环境破坏与经济增长之间呈现一定的关联,当经济增长到一定程度时,环境自然而然就好了。西方发达国家已经为我们做出了榜样。因此,发展中国家目前首要的任务就是集中力量发展经济,以经济的发展带动环境保护,并最终达到环境与经济的协调发展。② 脱贫是发展中国家的第一要著,不摆脱贫困就不能保护环境。因此,要先发展经济、摆脱贫困。③ 贫困是导致环境退化的重要原因之一,要保护环境必先摆脱贫困。④ 保护环境会阻碍经济发展,在以发展经济为第一要著的发展中国家,应该先发展经济后保护环境。⑤ 发展中国家现在还没有足够的经济实力保护环境,应该先发展经济,等有了经济实力后再保护环境。

第一个理由是说发展中国家走"先发展经济后治理环境、先污染后治理"之路是必然的;后四个理由是说发展中国家走这样的道路是必要的。真的如此吗?发展中国家一定要因循发达国家所走之路吗?有必要这样走吗?中国现实的环

境资源状况充分表明了不能这样走,而且没有必要这样走。因为:

(1) 发展中国家可以在较低的收入水平下保护环境

主张发展中国家应走"先发展经济、后保护环境"之路的人们认为,库兹涅茨曲线是所有国家经济发展与环境保护之间关联的一个普遍性规律。任何国家绕开其发展轨迹,另辟蹊径都是不可能的。

其实不然,库兹涅茨曲线的获得有两个基本假设:一是各国的经济发展模式大体相同,经济发展与环境改善之间才存在诸如倒"U"形曲线这样相对稳定的关系。对于发展中国家,由于各种原因,经济发展模式与发达国家有很大的不同。因此,发展中国家也就不必像发达国家那样,等经济有了较大发展之后再保护环境。

话说回来,即使发展中国家经济发展模式与发达国家相同,也并不意味着发展中国家就一定要像发达国家那样,等人均收入达到较高水平时,再治理环境。这点通过库兹涅茨曲线的第二个假设可以证明。

库兹涅茨曲线得以成立的第二个假设是环境改善除受经济影响外,不受其他因素影响。这一假设的局限性显而易见。环境改善不但取决于经济发展,而且与居民的收入水平、科技发展水平、受教育程度、大众传播媒介的宣传以及公民的环保意识有着密切的关系。从现阶段看,科技发展水平、大众传播媒介的宣传、技术的进步、公民环境意识、世界范围的环境保护运动等已非发达国家当初所能比拟。因此,对于某些发展中国家,完全有条件实行边发展边治理的战略,较早实现环境质量从恶化到改善的转变。

而且,就是对于发达国家,不同学者根据研究所得到的库兹涅茨曲线上的转折点的估计值差距也较大。如 Shafik 和 Bandyopadhyay(1992),Cropper 和 Griffiths(1994)等用跨国数据研究了环境质量好转的收入水平问题。以大气污染物为例,对于悬浮颗粒物总量来说,与环境质量改善转折点相对应的收入水平估计区间为人均 3 000 ~ 16 000 美元,对于二氧化硫为人均 3 000 ~ 8 000 美元,对于氮化物为人均 5 500 ~ 11 217 美元,对于二氧化碳只有一项估计为人均 6 000 美元。[11]

对于同一项目的估计值差距为何如此之大? 解释有多种,但有一点可以肯定,就是转折点可以在人均收入较低的情况下到来。发展中国家不一定按照发达国家对环境治理的人均收入作为标准,开始对环境进行治理。

总之,从全球范围看,发达国家之间、发达国家与发展中国家之间、发展中国家之间的自然条件、社会历史条件差距很大,经济发展模式不一定相同,经济发展的不平衡在很长一段时间内还将继续存在,因此,在发展经济和保护环境的过程中,就不能用同一尺度、同一标准来衡量。发展中国家可以在较低的收入水平下保护环境。近年来发展中国家的实践表明,由于技术的进步,污染的严重程度即污染指数的最大值已大幅下降,转折点已经开始提前出现。

(2) 发展中国家发展经济与保护环境并不矛盾

主张发展中国家"先发展经济,后保护环境"的人们认为,经济发展与环境保护两者不可兼得,增加了污染治理投入,必然要减少经济投入,这样必然会影响经济发展速度,影响脱贫致富。因此,在现阶段,发展中国家只能弃环境抓经济,等经济状况有了改善后再改善环境。

形成这种看法的一个重要原因在于没有考虑到资源是有价的、环境破坏是要付出代价的。

尽管数据不足,尽管对资源退化和环境损失的宏观价值评估还很缺乏,环境经济学家还是可以估算出环境退化的代价。

如对于我国,20 世纪 80 年代前期环境破坏的损失约占 GNP 的 6%;生态破坏的损失约为 GNP 的 9%~12%;90 年代前期约为 GNP 的 2%~4%,2000 年 10 月,有研究表明,我国环境污染造成的损失接近 3 000 亿元,约占 GNP 的 4%。2006 年 9 月 7 日,国家环保总局和国家统计局向媒体联合发布了《中国绿色国民经济核算研究报告 2004》。这是中国第一份经环境污染调整的 GDP 核算研究报告,结果表明,2004 年全国因环境污染造成的经济损失为 5 118 亿元,占当年 GDP 的 3.05%。虚拟治理成本为 2 874 亿元,占当年 GDP 的 1.80%。

既然如此,在发展经济过程中注意保护环境,就可以减少这一经济损失,一定程度上促进经济的发展。而且,这也说明在环境破坏产生后,尽管污染治理需要一定的成本,但是,该投入的回报——治理环境从而使环境有所好转所带来的效益也是巨大的。弗里曼(Freemam)早在 1982 年就估算了 1978 年美国污染控制的效益,发现控制大气污染,改善了健康、土壤、植被、材料和财产,取得经济效益 217 亿美元,占 GNP 的 1%,治理水污染,取得经济效益为 48 亿美元,占 GNP 的 0.2%。两项治理所取得经济效益总计 265 亿美元,占 GNP 的 1.2%。[12]

由此可见,对于"保护环境是否阻碍经济增长"这一问题的回答,关键在于有没有把环境改善所获得的收益算入经济增长中,有没有把自然环境资源看做是有价的。从表面看,环境保护投入大量资金,这在一定程度上限制了经济增长。但是,自然环境是有价的,资源退化和环境破坏会带来经济损失,将此考虑进去,治理环境并不阻碍经济发展,两者可以协调起来。这充分说明,发展中国家在保护环境的同时,完全可以促进经济的发展。

况且,走"先发展经济后保护环境、先污染后治理"之路的经济代价巨大。研究和经验事实表明,后治理的费用要比事先或及时进行污染防治的费用高出 10~100 倍。国外经验证明,湖泊治理一般需要 10~20 年才可能取得明显的成效。日本琵琶湖经过 25 年的治理,投资近 185 亿美元,才基本控制水质恶化的趋势。我国滇池污染治理,从 1996 年国务院将滇池纳入"三河三湖"重点治理规划算起,累计投资已达 40 多亿元,但没有达到预期的目标。专家们预计,滇池的富营养化是长期污染导致水环境和生态功能严重退化的结果,而功能再造需要一个从量变到质变的长期渐进过程,不可能一蹴而就。这表明,我们为了一时的利益轻易地破坏了滇池的环境,现在要恢复它的本来面目,是一项庞大的系统工程,要付出的代价远远高于当初所得到的利益。

考虑到这些,环境保护就不是经济增长的限制因素。

(3) 摆脱贫困与保护环境并不矛盾

主张发展中国家"先发展经济,后保护环境"的人们认为,发展中国家面临的最大敌人乃是贫困,摆脱贫困是发展中国家的第一要著,为此需要大力发展经济。而且贫困是导致环境退化的一个重要原因,要保护环境,就必须先发展经济摆脱贫困。

毋庸置疑,对于发展中国家,摆脱贫困确实是第一要著,但是这只是意味着以经济建设为中心,以经济的发展促进贫困的摆脱,并不意味着在发展经济的过程中可以置环境保护于不顾,在完成第一要著的过程中破坏环境。况且,如前所述,环保并非一定有害于经济发展。

至于贫困是环境退化的重要原因,这句话应该具体分析。实际上,贫困只代表一种存在状态,其自身并不必然导致环境退化。否则的话,在原始社会、农业社会就会出现严重的环境退化。环境退化只可能体现在摆脱贫困的过程中。不恰当的摆脱贫困方式,才是导致今日某些发展中国家环境急剧恶化的重要原因。

这里要分清摆脱贫困与摆脱贫困的方式之间的差别。摆脱贫困本身不是导致环境恶化的重要原因。否则,如果认为脱贫致富是导致环境恶化的必然原因,就会得出下列结论:为了保护环境就没有必要脱贫致富;为了脱贫致富就会破坏环境。这显然将环保与脱贫对立了起来。其实,环保与脱贫并不矛盾,脱贫本身并不一定就导致环境破坏,只有那些不恰当的摆脱贫困的战略和行为才能导致环境破坏。因此,需要我们具体分析调整摆脱贫困的战略,使之满足摆脱贫困与环境保护两者兼得的要求。

针对摆脱贫困与保护环境之间的矛盾,应该进行系统分析,采取适当的措施加以解决。如对于我国农村地区的贫困,首先要分清是绝对贫困还是相对贫困。如果是相对贫困,就应该加大环保力度,在保证人们基本生活的基础上,引导人们走可持续发展的道路。如果是绝对贫困,那么就应该分析导致绝对贫困的原因。一般而言,导致中国贫困地区贫困的原因不外乎下列四方面:① 自然地理条件恶劣,生态环境极差,基础设施薄弱,抵御灾害的能力低下;② 产业结构单一,经济效益差,收入来源单一,生活消费水平低,对外部社会的依附性高;③ 文化生活贫乏,文盲和半文盲比重大,科技力量薄弱,医疗保健落后;④ 人口增长率高,人口素质低下,低龄、老龄人口比例大。对于某一地区,造成贫困的原因可以是其中的一种或几种。如果是其中的一种,如由环境恶化导致的贫困,摆脱贫困又加剧了环境恶化,恶化了的环境又加剧贫困……那么,就应该探讨摆脱资源约束型贫困的有效途径以解决之;如果是多种因素的作用,则应该分析这几种因素中的每一种占据什么地位,运用系统的方法加以解决。现实中,单一因素造成贫困的情况并不多见,更常见的是多种因素的作用。因此就需要我们采取一系列的措施,加大扶贫资金投入,严格控制人口数量,提高人口素质,普及生态知识,树立生态观念,改善生态环境和基础设施薄弱环节,恰当地发展工业,积极发展生态农业。

如对于中国的荒漠化治理,就需要帮助荒漠化地区公众将脱贫致富与防治荒漠化有机结合起来。否则,即使国家投入很大的力量改造荒漠,最终还会有人在短期经济利益的驱动下破坏环境,形成"政府保护,公众破坏"的局面,最终达不到防治荒漠化的目的。因此,防治荒漠化必须与脱贫致富相结合,治沙必须治贫。只有有效防治了荒漠化,经济发展才是可持续的;只有实现脱贫致富,群众才会自觉维护防治荒漠化的成果。所以,与单纯考虑防治荒漠化相比,这是一种积极有效的办法。

专栏 13-4

将脱贫致富与环境保护结合起来

在这方面,我国有不少成功的例子。为了防治荒漠化,国家在毛乌素沙地栽植了毛柳林带。以前当地人只是去砍伐,不管种植,因此毛柳资源越来越少,环境不断恶化。后来,当地有人利用毛柳适于编织的特点,开办了以毛柳为原料的联合公司,既开发利用毛柳,又负责毛柳的栽种。这样,毛柳林成为一种可持续利用的资源,既为当地带来了财富,又有效地防治了荒漠化。除了毛柳资源之外,对于其他资源也可以采取这种方法,将资源的开发利用和生产保护赋予同一经济实体。这样,国家几乎不需要很大投入,特定的经济实体为了保证有充分优质的资源供其开发利用,获得较高的经济利益,也会自觉地保护资源,从而走上可持续发展和脱贫之路。

可见,发展中国家只有找到一种既能保护环境,又能带来经济效益的方法,把脱贫致富寓于保护环境之中,把保护环境寓于脱贫致富当中,才能走上经济和环境相互协调的康庄大道。

这就是发展中国家的选择,也是发展中国家的必然选择。

三、从可持续发展观到科学发展观

为了解决中国的环境资源问题,必须从经济增长观走向可持续发展观。

1992年,中国政府向联合国环境与发展大会提交了《中华人民共和国环境与发展报告》,系统回顾了中国环境与发展的过程与状况,同时阐述了中国关于可持续发展的基本立场和观点。1992年8月,中国政府制定"中国环境与发展十大对策",提出走可持续发展道路是中国当代以及未来的选择。1994年,中国政府制定完成并批准通过了《中国21世纪议程——中国21世纪人口、环境与资源白皮书》,确立了中国21世纪可持续发展的总体战略框架和各个领域的主要目标。在此之后,国家有关部门和很多地方政府也相应的制定了部门和地方可持续发展实施行动计划。1996年3月第八届全国人民代表大会第四次会议批准的《国民经济和社会"九五"计划和2010年远景目标纲要》,把可持续发展作为一条重要的指导方针和战略目标,并明确做出了中国今后在经济和社会发展中实施可持续发展战略的重大决策。"十五"计划还具体提出了可持续发展各领域的阶段目标,并专门编制和组织实施了生态建设和环境保护专项规划,社会和经济的其他领域也都全面地体现了可持续发展战略的要求。"十一五"规划第六篇专门谈论"建设资源节约型、环境友好型社会",内容涉及发展循环经济、保护修复自然生态、加大环境保护力度、强化资源管理、合理利用海洋和气候资源5个方面。

为了全面推动可持续发展战略的实施,明确21世纪初我国实施可持续发展战略的目标、基本原则、重点领域及保障措施,保证我国国民经济和社会发展第三步战略目标的顺利实现,在总结以往成就和经验的基础上,根据新的形势和可持续发展的新要求,我国相关部门于2003年制定了《中国21世纪初可持续发展行动纲要》(以下简称《纲要》)。

《纲要》总结了10年来我国实施可持续发展的成就与问题,提出了可持续发展的指导思想、目标与原则,规定了可持续发展的重点领域,提出了实现可持续发展目标的保障措施,是进一步推进我国可持续发展的重要政策文件。

《纲要》指出,我国实施可持续发展战略的指导思想是:坚持以人为本,以人与自然和谐为主线,以经济发展为核心,以提高人民群众生活质量为根本出发点,以科技和体制创新为突破口,坚持不懈地全面推进经济、社会与人口、资源、生态环境的协调,不断提高我国的综合国力和竞争力,为实现第三步战略目标奠定坚实的基础。

《纲要》提出了中国21世纪初可持续发展的总体目标:可持续发展能力不断增强,经济结构调整取得显著成效,人口总量得到有效控制,生态环境明显改善,资源利用率显著提高,促进人与自然的和谐,推动整个社会走上生产发展、生活富裕、生态良好的文明发展道路。

《纲要》提出中国可持续发展所应坚持的基本原则是:持续发展,重视协调的原则;科教兴国,不断创新的原则;政府调控,市场调节的原则;积极参与,广泛合作的原则;重点突破,全面推进的原则。

《纲要》指出我国将在六个领域推进可持续发展。重点领域有:

(1) 在经济发展上,按照"在发展中调整,在调整中发展"的动态调整原则,通过调整产业结构、区域结构和城乡结构,积极参与全球经济一体化,全方位逐步推进国民经济的战略性调整,初步形成资源消耗低、环境污染少的可持续发展国民经济体系。

(2) 在社会发展上,建立完善的人口综合管理与优生优育体系,稳定低生育水平,控制人口总量,提高人口素质。建立与经济发展水平相适应的医疗卫生体系、劳动就业体系和社会保障体系。大幅度提高公共服务水平。建立健全灾害监测预报、应急救助体系,全面提高防灾减灾能力。

(3) 在资源优化配置、合理利用与保护上,合理使用、节约和保护资源,提高资源利用率和综合利用水平。建立重要资源安全供应体系和战略资源储备制度,最大限度地保证国民经济建设对资源的需要。为此要优化配置、合理使用、有效保护和安全供给水资源,合理利用土地资源,改善能源结构,提高能源效率;可持续地利用森林资源、草地资源、矿产资源、海洋资源、气候资源。

(4) 在生态保护和建设上,建立科学完善的生态环境监测、管理体系,形成类型齐全、分布合理、面积适宜的自然保护区,建立沙漠化防治体系,强化重点沙土流失区的治理,改善农业生态环境,加强城市绿地建设,逐步改善生态环境质量。

(5) 在环境保护与污染防治上,实施污染物排放总量控制,强化重点城市大气污染防治工作,加强重点海域的环境综合整治。加强环境保护法规建设和监督执法,修改完善环境保护技术标准,大力推进清洁生产和环保产业发展。积极参与区域和全球环境合作,在改善我国环境质量的同时,为保护全球环境作出贡献。

(6) 在能力建设上,建立完善人口、资源和环境的法律制度,加强执法力度,充分利用各种宣传教育媒体,全面提高全民可持续发展意识,建立可持续发展指标体系与监测评价系统,建立面向政府咨询、社会大众、科学研究的信息共享体系。

为了落实上述任务,《纲要》提出了六项保障措施:一是运用行政手段,提高可持续发展的综合决策水平;二是运用经济手段,建立有利于可持续发展的投入机制;三是运用科教手段,为推进可持续发展提供强有力的支撑;四是运用法律手段,提高全社会实施可持续发展战略的法制化水平;五是运用示范手段,做好重点区域和领域的试点示范工作;六是加强国际合作,为国家可持续发展创造良好的国际环境。[13]

纲要的提出及其贯彻对于我国实施可持续发展战略具有十分重要的意义。但是,仅仅这些还不够。因为环境问题的产生是在多种因素,如人口规模和增长、制度安排和变化、文化价值观念以及科学技术的作用下产生的,也只有在这些因素的作用下才能解决。因此要分析解决环境问题,就必须反思批判我们的社会结构,改变我们的社会因素。不仅如此,如果考察我们的社会,所存在的问题还不单纯是环境问题,甚至有时主要的不是环境问题,而是整个社会发展问题。这一点对于中国是比较突出的。

专栏 13-5

中国所面临的问题不单纯是环境问题

传统经济增长观一是忽视资源、生态、环境等自然系统方面的承载力,把大自然看做是取之不尽、用之不竭的原料库和垃圾场,从而不考虑自然成本,不考虑经济增长对资源、生态和环境的影响;二是缺乏整体协调的观念,只关注经济增长,不关注社会进步的其他方面。引发了一系列的问题。

经济增长给中国人带来的福利是毋庸赘言的,2002 年中国农民的年人均纯收入 2 476 元,城镇居民年人均可支配收入 7 703 元,扣除物价因素,分别是 1978 年的 53 倍和 4.7 倍。但是,中国也为经济增长付出了沉重的代价。

从世界银行 2000 年底公布的数据看,我国自然资产损失(包括能源耗竭损失、二氧化碳污染损失、矿产耗竭损失、森林耗竭损失等)占 GDP 的比重惊人,20 世纪 70 年代初,占 GDP 的 6%~7%,70 年代末到 80 年代初,这一损失达到峰值高达 GDP 的 30%。

经历了 25 年高速增长之后:

中国是世界上城乡差距最大的国家之一。不算政府财政对城镇居民的补贴,中国目前的城乡收入差距是 3.11 倍,这个数字在 1996 年是 1.9,在 1990 年是 2.02,在 1985 年是 1.72,在 1978 年是 2.36。

中国是世界上地区差距最大的国家之一,国情专家胡鞍钢称之为"一个国家,四个世界",不同的省份如此,同一个省份的不同地区也是如此。中国最富的地区上海与最穷的地区贵州的人均 GDP 差距,在 1978 年是 9.1 倍,在 2002 年是 12.9 倍。

中国是世界上贫富差距最大的国家之一。反映一个国家贫富差距的基尼系数,根据中国社会科学院经济研究所收入分配课题组的最新数据,中国 1995 年是 0.437,2002 年是 0.454。

中国是世界上教育投资严重不足的国家。中央及国务院 1993 年颁布的《中国教育改革和发展纲要》规定,至 20 世纪末,教育经费的支出要达到 GDP 的 4%。2001 年,经过不懈的努力,中国的教育支出达到了 GDP 的 3.19%,但是与 5.1% 的世界平均水平仍然相差甚远。

中国是世界上就业压力最大的国家之一,每年至少需要新创造 1 500 万个就业岗位才能缓解压力,但是现在 GDP 每增长一个百分点,创造出来的就业机会只有20世纪80年代的1/3。

……

实践证明，以经济建设为中心不能等同于以经济增长为中心，否则会给经济的健康发展带来损害。[14]

在这种情况下，我们应该怎么办呢？我国政府清楚地意识到，环境问题的产生与其他社会问题的产生是紧密联系在一起的，环境问题的解决也应该在解决其他社会问题的过程中进行。为此，在推进可持续发展战略的同时，提出了科学发展观。

2003年10月14日，中国共产党十六届三中全会通过了《中共中央关于完善社会主义市场经济体制的若干问题的决定》（以下简称《决定》），第一次明确提出了"坚持以人为本，树立全面、协调、可持续的发展观，促进经济社会和人的全面发展"。这是新的科学发展观，用于指导我国现代化建设。它的基本内涵除了可持续发展外，还要以人为本，全面、协调地发展。所谓以人为本，就是要坚持以经济建设为中心，坚持走科技含量高、经济效益好、资源消耗低、环境污染少、人力资源优势得到充分发挥的新型工业化道路。把人的发展作为经济社会发展的根本动力，把经济发展的目的放在满足人民群众不断增加的物质文化需要上。所谓全面发展，就是要着眼于经济、社会、政治、文化、生态等各方面的发展，不是光考虑经济，还要考虑社会，考虑自然能不能支撑；不是光搞物质文明，还要建设政治文明和精神文明；不是只进行企业的结构调整，还要进行"政府、企业、公众"社会结构的调整。所谓协调发展，就是各方面发展要相互衔接、相互促进、良性互动。它有五个方面："发展动力、发展质量、发展公平"的有机协调；"发展数量、发展效益、发展速度"的有机协调；"点状发展、轴状发展、面状发展"的有机协调；"人与自然、人与人、人自身"的有机协调；"个体利益、团体利益、整体利益"的有机协调。

要全面理解和认真落实科学发展观，就要强调纲要所提出的"统筹城乡发展、统筹区域发展、统筹经济社会发展、统筹人与自然的和谐发展、统筹国内发展和对外开放"。统筹城乡发展的实质是解决"三农"问题，促进二元经济结构向现代社会经济结构的转变，改变现阶段中国城市化滞后于工业化、城市化水平低、城乡差距持续扩大的状况，推进城乡改革，消除体制性障碍，如调整国民收入分配结构和财政支出结构，大幅度增加农民可以直接受益的资金投入比重，改革土地征占制度，依法保护农民的土地财产权利，统一城乡税制，从根本上治理农民负担过重的问题。公正对待农民工，让进城农民融入城市，加大政府对农村义务教育的支持力度，切实改进农村公共卫生服务，逐步缩小城乡社会保障水平的差距，通过"三化"——工业化、城市化、市场化，促进"三农"问题的解决。统筹区域发展的实质是鼓励沿海地区先发展起来并继续发挥优势，支持和帮助内地发展,采取一系列措施,如建立统一开放竞争有序的国内市场,促进地区的协调发展,适当发展城镇化,缩小城乡差距和区域差距,实现全国基本公共服务均等化,大力开发人力资源,实施知识发展战略,逐步缩小地区差别,实现地区协调发展和共同富裕。统筹经济和社会发展的实质是在经济发展的基础上实现社会全面进步,增进全体人民的福利。只有统筹经济和社会发展,切实解决失业、贫困、社会保障、国民教育、公共卫生和医疗,以及社会分配等方面的问题,才能满足广大群众的迫切需要,保证经济的持续发展,维护社会稳定,达到全面建设小康社会和实现现代化的既定目标。经济发展是社会发展的前提和基础,也是社会发展的根本保证;社会发展是经济发展的目的,也为经济发展提供精神动力、智力支持和必要条件。统筹人与自然和谐发展的实质是坚持可持续发展战略,保持人口的适度增长、资源的永续利用和良好的生态环境,这就需要我国的城市化和工业化道路的选择、发展模式、发展战略和技术政策的确定以及社会生活方式的选择,都应该考虑资源环境的承载能力,进行人与自然之间正常的物质和能量交流。统筹国内发展和对外开放的实质是更好地利用国内和国外两种资源、两个市场,顺利实现中国经济的振兴。为此需要完善涉外经济体制,制定应对国际经济摩擦的战略和政策,提高出口商品档次和质量,建立双边和区域自由贸易关系,打破加入WTO后不利条款的负面影响,通过实施"走出去"战略和提高国际援助改善贸易环境等。

科学发展观是对"发展是硬道理"的丰富和补充,它表明"发展是硬道理"并不意味着"增长是硬道理",也不意味着"增长率是硬道理"、"GDP增长是硬道理",而是意味着社会的整体协调发展才是硬道理。如此,就应该把资源成本和环境成本纳入国民经济核算体系,从根本上改变政府官员的政绩观,推动粗放型增长模式向低消耗、高效率、低排放的集约型模式转变,真正把科学发展观落实到社会经济建设的各个层面、各个领域,从工业文明走向生态文明。

可以说,《中华人民共和国国民经济和社会发展第十一个五年规划纲要》(以下简称《"十一五"规划纲要》)典型地体现了科学发展观的内涵,是一个全面落实科学发展观的规划纲要。[16]它的指导原则有六点:

(1)必须保持经济平稳较快发展。要进一步扩大国内需求,调整投资和消费的关系,合理控制投资规模,增强消费对经济增长的拉动作用。正确把握经济发展趋势的变化,保持社会供求总量基本平衡,避免经济大起大落,实现又快又好发展。

(2)必须加快转变经济增长方式。要把节约资源作为基本国策,发展循环经济,保护生态环境,加快建设资源节约型、环境友好型社会,促进经济发展与人口、资源、环境相协调。推进国民经济和社会信息化,切实走新型工业化道路,坚持节约发展、清洁发展、安全发展,实现可持续发展。

(3) 必须提高自主创新能力。要深入实施科教兴国战略和人才强国战略,把增强自主创新能力作为科学技术发展的战略基点和调整产业结构、转变增长方式的中心环节,大力提高原始创新能力、集成创新能力和引进消化吸收再创新能力。

(4) 必须促进城乡区域协调发展。要从社会主义现代化建设全局出发,统筹城乡区域发展。坚持把解决好"三农"问题作为重中之重,实行工业反哺农业、城市支持农村,推进社会主义新农村建设,促进城镇化健康发展。落实区域发展总体战略,形成东中西优势互补、良性互动的区域协调发展机制。

(5) 必须加强和谐社会建设。要按照以人为本的要求,从解决关系人民群众切身利益的现实问题入手,更加注重经济社会协调发展,千方百计扩大就业,加快发展社会事业,促进人的全面发展;更加注重社会公平;使全体人民共享改革发展成果;更加注重民主法制建设,正确处理改革发展稳定的关系,保持社会安定团结。

(6) 必须不断深化改革开放。要坚持社会主义市场经济的改革方向,完善现代企业制度和现代产权制度,建立反映市场供求状况和资源稀缺程度的价格形成机制,更大程度地发挥市场在资源配置中的基础性作用,提高资源配置效率,切实转变政府职能,健全国家宏观调控体系。统筹国内发展和对外开放,不断提高对外开放水平,增强在扩大开放条件下促进发展的能力。

在这样的指导原则之下,根据全面建设小康社会的总体要求,《"十一五"规划纲要》提出了未来五年要努力实现的经济社会发展的主要目标:

(1) 宏观经济平稳运行。国内生产总值年均增长 7.5%,实现人均国内生产总值比 2000 年翻一番。城镇新增就业和转移农业劳动力各 4500 万人,城镇登记失业率控制在 5%。价格总水平基本稳定。国际收支基本平衡。

(2) 产业结构优化升级。产业、产品和企业组织结构更趋合理,服务业增加值占国内生产总值比重和就业人员占全社会就业人员比重分别提高 3 个和 4 个百分点。自主创新能力增强,研究与试验发展经费支出占国内生产总值比重增加到 2%,形成一批拥有自主知识产权和知名品牌、国际竞争力较强的优势企业。

(3) 资源利用效率显著提高。单位国内生产总值能源消耗降低 20% 左右,单位工业增加值用水量降低 30%,农业灌溉用水有效利用系数提高到 0.5,工业固体废物综合利用率提高到 60%。

(4) 城乡区域发展趋向协调。社会主义新农村建设取得明显成效,城镇化率提高到 47%。各具特色的区域发展格局初步形成,城乡、区域间公共服务、人均收入和生活水平差距扩大的趋势得到遏制。

(5) 基本公共服务明显加强。国民平均受教育年限增加到 9 年。公共卫生和医疗服务体系比较健全。社会保障覆盖面扩大,城镇基本养老保险覆盖人数达到 2.23 亿人,新型农村合作医疗覆盖率提高到 80% 以上。贫困人口继续减少。防灾减灾能力增强,社会治安和安全生产状况进一步好转。

(6) 可持续发展能力增强。全国总人口控制在 136 000 万人。耕地保有量保持 1.2 亿公顷,淡水、能源和重要矿产资源保障水平提高。生态环境恶化趋势基本遏制,主要污染物排放总量减少 10%,森林覆盖率达到 20%,控制温室气体排放取得成效。

(7) 市场经济体制比较完善。行政管理、国有企业、财税、金融、科技、教育、文化、卫生等领域的改革和制度建设取得突破,市场监管能力和社会管理水平明显提高。对外开放与国内发展更加协调,开放型经济达到新水平。

(8) 人民生活水平继续提高。城镇居民人均可支配收入和农村居民人均纯收入分别年均增长 5%,城乡居民生活质量普遍提高,居住、交通、教育、文化、卫生和环境等方面的条件有较大改善。

(9) 民主法制建设和精神文明建设取得新进展。法制建设全面推进,形成有中国特色社会主义法律体系。思想道德建设进一步加强,构建和谐社会取得新进步。

材料评论

1. 我国科研单位对我国做了两个 1995—2000 年经济发展模型,如果污染治理投入比例每年增加 0.1 个百分点,2000 年增加到 1.5%,模型一对 5 年平均经济发展速度的影响为每年降低 0.04 个百分点;模型二每年降低 0.08 个百分点。两者平均,五年平均发展速度每年降低 0.06 个百分点。也就是说,5 年平均发展速度从规划的 9% 降低到 8.49%。降低的幅度不大,但却基本控制了我国日益恶化的环境污染,这是完全应该接受的。

请你针对上述材料,对"中国应该走经济发展与环境保护相协调的道路"加以评论。

2.《中华人民共和国国民经济和社会发展第十一个五年规划纲要》提出了"十一五"时期经济社会发展的主要指标(表 13-2)。其中的量化指标分为预期性和约束性两类。所谓预期性指标是国家期望的发展目标,主要依靠市场主体的自主行为实现。政府要创造良好的宏观环境,并适时调整宏观调控方向和力度,综合运用各种政策引导社会资源配置,努力争取实现。所谓约束性指标是在预期性基础上进一步明确并强化了政府责任的指标,是中央政府在公共服务和涉及公众利益领域对地方政府和中央政府有关部门提出的工作要求。政府要通过合理配置公共资源和有效运用行政力量,确保实现。

表 13-2 "十一五"时期经济社会发展的主要指标[16]

类别	指标	2005 年	2010 年	年均增长/%	属性
经济增长	国内生产总值/万亿元	18.2	26.1	7.5	预期性
	人均国内生产总值/元	13 985	19 270	6.6	预期性
经济结构	服务业增加值比重/%	40.3	43.3	[3]	预期性
	服务业就业比重/%	31.3	35.3	[4]	预期性
	研究与试验发展经费支出占国内生产总值比重/%	1.3	2	[0.7]	预期性
	城镇化率/%	43	47	[4]	预期性
人口资源环境	全国总人口/万人	130 756	136 000	<8‰	约束性
	单位国内生产总值能源消耗降低/%			[20]	约束性
	单位工业增加值用水量降低/%			[30]	约束性
	农业灌溉用水有效利用系数	0.45	0.5	[0.05]	预期性
	工业固体废物综合利用率/%	55.8	60	[4.2]	预期性
	耕地保有量/亿公顷	1.22	1.2	-0.3	约束性
	主要污染物排放总量减少/%			[10]	约束性
	森林覆盖率/%	18.2	20	[1.8]	约束性
公共服务人民生活	国民平均受教育年限/年	8.5	9	[0.5]	预期性
	城镇基本养老保险覆盖人数/亿人	1.74	2.23	5.1	约束性
	新型农村合作医疗覆盖率/%	23.5	>80	[>56.5]	约束性
	五年城镇新增就业/万人			[4 500]	预期性
	五年转移农业劳动力/万人			[4 500]	预期性
	城镇登记失业率/%	4.2	5		预期性
	城镇居民人均可支配收入/元	10 493	13 390	5	预期性
	农村居民人均纯收入/元	3 255	4 150	5	预期性

注:国内生产总值和城乡居民收入为 2005 年价格;带[ ]的为五年累计数;主要污染物指二氧化硫和化学需氧量。

请你就中国社会的现实状况以及科学发展观的主要内涵对上述材料进行评论。

问题与讨论

1. 中国环境问题的历史、现状与未来怎样?
2. 从中国工业化、城市化道路的选择说明中国环境问题产生的原因。

3. 你认为中国怎样解决未来的能源资源问题?

4. 什么是"环境库兹涅茨曲线"(EKC)? 请你结合中国国情和当地实际情况进行深入分析和论述。

5. 摆脱贫困与保护环境矛盾吗?

6. 你认为中国有必要走"边发展经济,边保护环境"的道路吗? 为什么?

7.《中国21世纪初可持续发展行动纲要》的主要内容是什么?

8. 科学发展观的主要内涵是什么? 为什么在中国要坚持科学发展观?

9. 结合本章图13-4说明"中国应该走绿色发展之路"。

10. 有人认为,① 中国人类生存环境的"先天脆弱性"(它由中国可持续发展的自然基础决定);② 中国正处于人类社会发展序列谱上对应的"非稳定状态"的频发时期(800~3 000美元)(它由中国社会的发展阶段性决定);③ 中国正处于发展与公平的"两难"阶段(它由中国经济发展的阶段性决定);④ 中国正处于环境与发展的"两难"境地(它由中国环境与发展遵循的基本规律决定);⑤ 中国正处于经济"转轨"的关键时期(计划向市场;经济宏观调控;经济利益的再分配);⑥ 中国正面临社会"转型"的"双重任务"(社会形态:权势社会到经济社会;经济社会到知识社会;农业社会到工业社会;工业社会到信息社会);⑦ 全球化对中国社会稳定带来的威胁与挑战(对中国整体的影响;对中国社会各阶层的影响);⑧ 国内外反华势力对中国社会安全构成的挑战(单极世界霸权;民族矛盾;恐怖主义;极端宗教;黑社会等)。

对此你是如何理解的? 由此说明中国贯彻科学发展观的重要性。

参考文献

[1] 参见邹逸麟. 我国环境变化的历史过程及其特点初探[J]. 新华文摘,2002(10):62-66;
刘沛林. 历史上人类活动对长江流域水灾的影响[J]. 新华文摘,1992(2):69-72.

[2] 洪大用. 社会变迁与环境问题[M]. 北京:首都师范大学出版社,2001:93.

[3] 毛寿龙. 迈向绿色的市场经济——对经济体制与环境保护的初步分析[M]//公共论丛. 北京:生活·读书·新知三联书店,1997.

[4] 中国GDP增长走势图(1978—2003)[N]. 人民日报,2004-2-2(13).

[5] 胡鞍钢. 中国环境十大危机[J]. 发现,1997:3.

[6] 张雷. 中国国家资源环境安全的国际比较分析[J]. 中国软科学,2002(8):29-30.

[7] 洪大用. 社会变迁与环境问题[M]. 北京:首都师范大学出版社,2001:96-103.

[8] 董锁成.中国百年资源、环境与发展报告——1950—2050年资源、环境与经济演变和对策[M].武汉:湖北科学技术出版社,2002:1-17.

[9] 中国可持续发展战略研究组.2006中国可持续发展战略报告——建设资源节约型和环境友好型社会[M].北京:科学出版社,2006:51-52.

[10] 联合国开发计划署驻华代表处.中国人类发展报告2002——绿色发展,必选之路[M].北京:中国财政经济出版社,2002:104.

[11] 转引自胡大源.处在经济发展与环境改善之间的政府政策选择[J].国际经济评论,1998(3-4):25-26.

[12] 转引自戴维·皮尔斯.世界无末日[M].张世秋,译.北京:中国财政经济出版社,1996:25.

[13] 中国21世纪初可持续发展行动纲要[N].人民日报,2003-7-25(6、7).

[14] 一群怪兽的诞生与命运[N].南方周末,2004-3-11(A8).

[15][16] 中华人民共和国国民经济和社会发展第十一个五年规划纲要[N].科技日报,2006-3-17(3).

后　记

1999年7月,我来到中国科学院研究生院工作。根据学校要求,要为中国科学院硕士研究生开设相关课程。开设什么样的课程呢?我想这应该充分体现我的研究特点和内容。

1993年9月至1996年7月,我在山西大学科技与社会研究所师从郭贵春教授攻读硕士学位,研究工作主要围绕科学哲学进行,探讨了实验实在论、测量实在论、仪器实在论三个论题。

1996年9月至1999年7月,我在中国人民大学哲学系师从刘大椿教授攻读博士学位,完成博士论文"生态政治:面对环境问题的国家抉择",主要研究人类社会发展道路的选择、市场体制与政府干预、国际政治等与环境问题的关联,比较广泛地涉猎了环境哲学、环境经济学、环境与政治、环境战争以及可持续发展战略等方面内容。研究成果已于2003年由山西科学技术出版社出版。

2000年12月至2002年12月,我在不影响中国科学院研究生院相关工作的基础上,进入山西大学科技哲学研究中心,在郭贵春教授的指导下,从事博士后研究工作。研究成果——"后现代生态科技观:从建设性的角度看"已于2003年由科学出版社出版。这主要是进行科学、技术与环境关联的哲学研究,即从科学哲学、技术哲学、自然哲学的角度研究环境问题产生的科学技术原因以及环境问题解决的科学技术发展之道。

基于上述研究经历,我决定在中国科学院研究生院开设"环境与社会:人文视野中的环境问题"课程,使中国科学院的硕士研究生能够从人文社会的角度思考环境问题的产生原因及其解决之道。

从2000年开始,我就一直在进行前述相关方面的进一步研究以及上述课程的教学。而且为了满足讲授这门课程的需要,又涉猎了环境与人口、环境与消费主义文化、环境与宗教以及中国可持续发展战略等方面的内容。可以说,本书的写作就是在上述多年研究和教学的基础上,修改并完善课程讲义完成的,是我多年来研究和教学工作的一个总结。本书的完成是我的两位导师多年来对我培养、关心、帮助的结果,师恩难忘。

后　记

　　2004年下半年,中国科学院研究生院与高等教育出版社启动"中国科学院研究生教材出版计划",在中国科学院研究生院人文学院胡新和教授和李伯聪教授的鼓励和帮助下,本人申请出版"环境与社会"教材,并获得通过。之后,中国科学院研究生院教务处的张兆华老师、高等教育出版社李海风同志与我联系,就书稿的进一步修改以及其他相关事宜作了探讨,我于2005年6月拿出完成的书稿。之后,高等教育出版社陈正雄同志对书稿进行了认真、细致地编辑加工,使本书更加完善。在此对他们表示衷心的感谢!

　　本书是应中国科学院研究生院的要求,为硕士研究生编写的"环境与社会"通识课教材。然而,按照我对这门课的理解——研究性教学以及我写作本书的宗旨——用相关理论分析并解决相关实际问题,对相关专题进行了研究,本书的性质就不仅是知识性的叙述,而且更是探索性和开放性的研究或讨论了;不仅是教材,实际上也是一部研究性的著作。目的不只是给读者灌输某种知识,而是试图给他们一些启发,强化他们的问题意识和批判反思精神,使他们能够运用相应的理论,分析并解决相关的环境问题。因此,本书对许多问题的探讨力图新颖、广泛、深刻,具有探索性和开放性。当然,由于本书论题广泛,加之本人才疏学浅,其中肯定存在不当之处,在此我们真诚希望读者和学界同仁批评指正。

　　需要指出的是,在进行这本书的出版申请之时,我曾约请了中国科学院研究生院资源与环境学院侯彦林教授和生物系吴晓东博士、中国科学院科技政策管理研究所袁志彬博士、中央民族大学王文东博士与我共同写作部分章节,后因出版计划提前,除王文东博士提供了"环境与宗教"的初稿外,其他老师没能参与本书的写作。这不能不说是一个遗憾。可以肯定的是,如果他们都能参与本书的写作,本书的质量将会更高。

　　完稿后,我的朋友朱松美老师审读了部分章节,提出了宝贵意见;我所指导的研究生杨会丽、魏沛、陆群峰、顾敏做了一些校对和整理工作,在此一并致谢。

　　特别是书稿完成后,牛文元教授在百忙中欣然为本书作序,这种奖掖后生的精神令人感动。在此致以特别的感谢!

肖显静
2006年6月于北京玉泉路

郑 重 声 明

高等教育出版社依法对本书享有专有出版权。任何未经许可的复制、销售行为均违反《中华人民共和国著作权法》,其行为人将承担相应的民事责任和行政责任,构成犯罪的,将被依法追究刑事责任。为了维护市场秩序,保护读者的合法权益,避免读者误用盗版书造成不良后果,我社将配合行政执法部门和司法机关对违法犯罪的单位和个人给予严厉打击。社会各界人士如发现上述侵权行为,希望及时举报,本社将奖励举报有功人员。

反盗版举报电话:(010) 58581897/58581896/58581879
传　　真:(010) 82086060
E - mail:dd@hep.com.cn
通信地址:北京市西城区德外大街 4 号
　　　　　高等教育出版社打击盗版办公室
邮　　编:100120

购书请拨打电话:(010)58581118

图书在版编目(CIP)数据

环境与社会:人文视野中的环境问题/肖显静著.北京:高等教育出版社,2006.9(2010重印)

ISBN 978-7-04-018404-4

Ⅰ.环… Ⅱ.肖… Ⅲ.环境社会学 Ⅳ.X-05

中国版本图书馆 CIP 数据核字(2006)第 102983 号

策划编辑	陈正雄	责任编辑	陈正雄	封面设计	王凌波	责任绘图	朱 静
版式设计	范晓红	责任校对	杨雪莲	责任印制	韩 刚		

出版发行	高等教育出版社	购书热线	010-58581118
社　　址	北京市西城区德外大街 4 号	免费咨询	800-810-0598
邮政编码	100120	网　　址	http://www.hep.edu.cn
总　　机	010-58581000		http://www.hep.com.cn
		网上订购	http://www.landraco.com
经　　销	蓝色畅想图书发行有限公司		http://www.landraco.com.cn
印　　刷	中原出版传媒投资控股集团	畅想教育	http://www.widedu.com
	北京汇林印务有限公司		
开　　本	787×1092　1/16	版　　次	2006 年 9 月第 1 版
印　　张	23.75	印　　次	2010 年 5 月第 2 次印刷
字　　数	450 000	定　　价	32.50 元

本书如有缺页、倒页、脱页等质量问题,请到所购图书销售部门联系调换。

版权所有　侵权必究

物料号　18404-00